21世纪高等院校金融学教材新系

U0674750

金融市场学
Financial Market

（第五版）

陈善昂 ▶ 主编
（厦门大学）

东北财经大学出版社
Dongbei University of Finance & Economics Press

·大连·

图书在版编目（CIP）数据

金融市场学 / 陈善昂主编. —5版. —大连：东北财经大学出版社，
2022.8（2024.6重印）

（21世纪高等院校金融学教材新系）

ISBN 978-7-5654-4636-8

Ⅰ.金…　Ⅱ.陈…　Ⅲ.金融市场-经济理论-高等学校-教材　Ⅳ.F830.9

中国版本图书馆 CIP 数据核字（2022）第 148554 号

东北财经大学出版社出版

（大连市黑石礁尖山街217号　邮政编码　116025）

网　　址：http://www.dufep.cn

读者信箱：dufep@dufe.edu.cn

大连东泰彩印技术开发有限公司印刷　东北财经大学出版社发行

幅面尺寸：170mm×240mm　　字数：386千字　　印张：18.5　　插页：1

2022年8月第5版　　　　　　　　　　　2024年6月第2次印刷

责任编辑：田玉海　　　　　　　　　　　责任校对：吴　央

封面设计：姜　宇　　　　　　　　　　　版式设计：钟福建

定价：42.00元

第五版前言

本教材出版以来，获得了多方面的好评与支持，被众多高校选用。广大师生在使用本教材的过程中，给我们提供了很多非常好的、富有建设性的意见和建议。在此，我们表示衷心的感谢！

党的二十大报告指出："深化金融体制改革，建设现代中央银行制度，加强和完善现代金融监管，强化金融稳定保障体系，依法将各类金融活动全部纳入监管，守住不发生系统性风险底线。"

近年来，金融市场特别是国内金融市场发生了巨大变化，为了让读者了解金融市场的最新动态，以及更好地教与学，现做第五版修订。

第五版在第四版的基础上所进行的修订主要包括：

（1）数据更新。我国货币市场、债券市场、股票市场、外汇市场、投资基金市场、金融衍生品市场等重要金融数据全部更新至2021年底。

（2）资料更新。根据我国金融市场发展的新情况，增补了同业存单、银行承兑汇票、科创板、注册制、北交所、私募基金、金融衍生品市场、金融市场监管等内容。

（3）突出本土化特色，增加了大量关于我国金融市场情况的介绍。

（4）增加了思政课堂专栏，加强教材的育人属性，也方便任课教师使用本教材做好思政教育工作。

（5）增补了部分章节中的例题，对每章末综合训练做了较大的修改、补充和完善。

为方便教学，本书配有电子课件，选用本教材的老师请登录"www.dufep.cn"免费下载，每章末综合训练的答案要点也包含在课件中。

由于我们水平有限，疏漏或不当之处在所难免，恳请广大读者谅解，并且欢迎批评指正。下列 E-mail 地址恭候您的批评和指正：chenshanang@xmu.edu.cn。

在本教材的修订与再版过程中，得到了东北财经大学出版社和厦门大学经济学院金融系一如既往的大力支持，田玉海副编审提出了许多宝贵的建议并且做了大量的工作。我的研究生李冬、吴沛雯、王振南、杨楠等在更新数据、补充资料、校对方面也做了许多细致的工作，在此一并表示最真诚的感谢！

厦门大学经济学院金融系　　陈善昂

目　录

第1章

金融市场导论

★ 导读

本章是导论，主要阐述了金融市场的概念，并对金融市场进行了全面但简要的描述性介绍，为后面各章详细阐述金融市场的运行机制做好铺垫，使读者可以对金融市场有一个全面的认识。通过本章的学习，读者应达到如下目标：

1.掌握金融市场的定义、特点、构成要素及类型。

2.对金融市场在经济金融体系中的地位与重要性形成认识。

3.对金融市场的演变历程以及发展趋势有一个全面、系统的了解与认识。

4.掌握金融自由化、金融创新、金融工程、资产证券化的含义。

5.对金融全球化给中国带来的机遇与挑战有自己的思考。

★ 关键概念

金融市场　金融资产　金融工具　直接金融市场　离岸金融市场　反映功能　金融创新　金融工程　资产证券化

第1章关键概念

§1.1　金融市场的定义

1.1.1　金融市场的内涵和基本特征

金融市场（financial market）通常是指以金融资产为交易对象而形成的供求关系及机制的总和。其具体含义为：

第一，金融市场是进行金融资产交易的场所，它不受空间与时间的限制。这个场所可以是有形的，如证券交易所；也可以是无形的，如外汇交易员们通过电子通信系统（电信网络和互联网）构成的看不见的市场进行着资金的调拨；有些金融市场可以全天24小时运行，如全球外汇市场。

第二，金融市场交易的对象是金融资产。金融资产是相对于实物资产而言的，表现为各种金融工具或产品（如外汇、债券、股票等），代表持有人对实物资产或未来现金流的索取权，对于持有人来说是资产、是财富。交易双方的关系不是简单的买卖关系，而是建立在信用基础上的资金使用权的有偿转让。

第三，金融市场包含金融资产交易过程中所产生的各种运行机制，包括价格机制、发行机制、监督机制等，其中最主要的是价格机制。在金融市场上，利率就是资金的价格，在这种特殊的价格信号指引下，资金可以迅速合理地流向高效率部门。

现代经济系统中的市场通常划分为产品市场和要素市场两种类型，产品市场提供生产所产出的商品或服务；要素市场提供生产所需要的劳动力、资金等要素，金融市场是要素市场的重要组成部分。由于金融资产属于无形资产，其交易不受空间与时间的限制，因此，金融市场属于虚拟经济范畴。图1-1描绘了构成一国经济金融价值的四个层次：第一层次为物质产品；第二层次为商品与真实的服务贸易；第三层次为货币、股票、债券等基础性金融资产；第四层次为商品期货、金融期货、期权等金融衍生产品。前两个层次属于实体经济的范畴，后两个层次属于虚拟经济的范畴，金融市场就包括后两个层次。现在，由于经济的货币化程度与金融化程度不断提高，金融市场的交易规模远远超过了实体经济的规模，特别是金融衍生品市场，其都是保证金交易，从而使交易规模迅速扩大。因此，根据规模的大小，一国经济金融价值的四个层次表现为倒金字塔结构。

金融市场的深度、广度和弹性是发达的金融市场必须具备的三大特点。深度（depth）是指给定交易价格的情况下可以交易的金融资产数要足够多；广度（breadth）指交易者和交易工具多样，使交易活动不会出现单边市场趋势，系统性风险较小；弹性（elasticity）指金融工具价格的调整速度，大幅度的异常波动可以在较短的时间内得到调整。深度是纵向指标，广度是横向指标，弹性是波动指标。

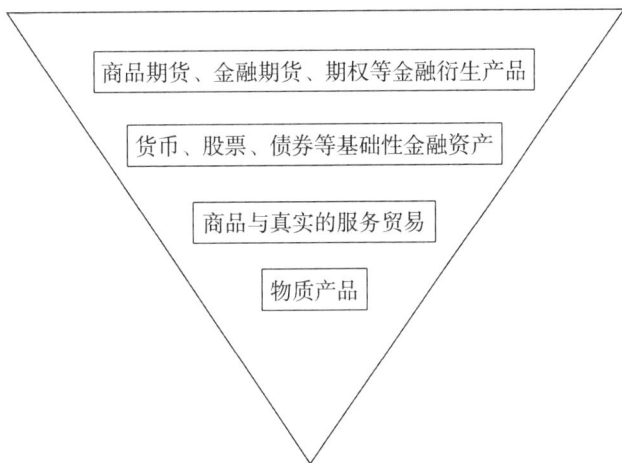

图 1-1 一国经济金融价值的四层次倒金字塔结构

1.1.2 金融市场的构成要素

1. 金融市场的主体

金融市场主体即金融市场的交易者，可以表现为自然人或法人。这些交易者可以是资金的供给者，也可以是资金的需求者，在一定的条件下角色可以转换。具体说来，金融市场的主体一般包括政府、企业、各种金融机构和个人。

（1）政府是金融市场的监管者、调节者和资金需求者。

首先，政府通过颁布各种法律、法规等，授权监管机构对金融市场的运行进行监督，使金融市场的运行符合经济发展目标。其次，中央银行通过在金融市场上公开买卖有价证券来调节货币供应量，从而达到调节经济的目的。政府债券是实施财政政策的重要工具，财政部门可以通过政府债券引导资金流向，同时政府债券也是中央银行执行货币政策的重要工具。再次，中央政府和地方政府是金融市场上主要的资金需求者。一般情况下，中央政府和地方政府都可以通过发行政府债券来筹集资金，以弥补财政赤字和进行基础设施建设等。

（2）企业是金融市场上资金的需求者和供给者。

在企业的运营过程中，由于其资金量的波动性，会产生资金的盈余和短缺，它们可以采用银行贷款、短期融资券、企业债券、股票等方式筹措资金，同时，它们也可以将暂时闲置的资金投资于金融市场以获取收益。而且，很多企业为了转移价格风险，也会通过金融市场进行套期保值。

（3）金融机构泛指从事各类金融活动的组织，主要包括存款性金融机构和非存款性金融机构。

存款性金融机构是指通过吸收公众存款或其他融资渠道筹集资金，并将之贷给需要资金的各经济实体和投资于有价证券等以获取收益的金融机构。存款性金融机构主要包括商业银行、储蓄机构和信用合作社。商业银行是最重要的一种存款性金融机构。它既是金融市场上的资金供给者，又是资金需求者，同时还发挥着信用中介功能、支付中介功能和金融服务等功能。

非存款性金融机构的资金来源和存款性金融机构不一样，存款性金融机构是通过吸收公众存款获得资金支持，而非存款性金融机构主要是通过发行证券或以契约性的方式获得资金。非存款性金融机构主要有保险公司、养老基金、投资银行和投资基金等。保险公司有两种类型：人寿保险公司及财产保险公司。人寿保险公司为人们因意外事故或死亡而造成的经济损失提供保险。一般来说，人寿保险公司只有在契约规定的事件发生时或者到达约定的期限时才进行保险金的给付，因此，其现金流量是可以预测的。这样，人寿保险公司就可以将资金投入到收益比较高、期限比较长的项目上去。财产保险公司提供财产意外损失的保险，财产灾害事故的发生具有偶然性和不确定性，因而其现金流量是不稳定的，而且难以预测。因此，财产保险公司在资金的运用上比较注重流动性，以货币市场上的金融工具为主，还有一部分投资于安全性较高的政府债券、高级别的企业债券等。养老基金是一种用于支付退休收益的基金，其资金来源是公众为退休后生活所准备的储蓄金。养老金的缴纳一般由政府立法加以规定，因此其资金来源是有保证的。与人寿保险一样，养老基金也能较精确地估计未来若干年它们应支付的养老金，因此，其资金运用主要投资于长期公司债券、质地较好的股票和发放长期贷款上。投资银行专门从事证券承销发行和交易，它主要通过发行股票和债券取得资金来源。投资银行的主要业务有代理证券发行、代理证券买卖、自营证券买卖以及其他咨询服务业务等，它是证券市场上最活跃的金融机构之一，既是资金需求者也是资金供给者。投资基金通过向社会公众出售其股份或受益凭证募集资金，并将所获资金分散投资于多样化证券组合。投资基金是金融市场上主要资金供给者，其资金主要投资于股票、债券、期货和期权等各种金融工具。

（4）个人是金融市场上的活跃主体之一。

一方面，个人投资者通过购买各种有价证券、期货、外汇等金融工具实现投资或投机的目的，成为资金供给者；另一方面，他们通过抵押、变现所持有的金融资产融入资金，成为资金需求者。总体看来，虽然个人投资者消费大宗商品和不动产时表现为资金需求者，但从各国的情况来看，个人投资者总体上是金融市场上最重要的资金供给者。

2.金融市场的客体

金融市场的客体是金融资产或金融工具。**金融工具（financial instruments）是指金融市场的交易对象或交易标的物，它泛指在金融市场上进行资金融通的各类凭证或契约。**对持有人来说，金融工具是资产，是财富。但从整个社会角度，金融资产并不是真实财富。金融工具必须具有一些重要的特性：收益性、流动性和安全性。收益性指的是金融工具能够带来价值的增值。流动性指的是金融工具可以通过在金融市场上交易进行转让，金融工具的流动性越强，其流通的范围就越广。安全性指的是投资在金融工具上的本金和利息能够安全地收回。任何金融工具都是以上三种特性的某种组合。一般来说，流动性、安全性与收益性成反向相关，安全性、流动性越高的金融工具其收益性就越低。金融工具种类繁多，主要分为票据、债券、外汇、股票、基金、期货、期权等。为了加深理解，可以对金融工具做以下分类：

（1）按权利标的物的不同，金融工具可以分为票据和证券。票据体现了持有者对货币的索取权，如汇票、本票、支票等；证券则表明投资，体现持有人拥有的权利，如股票和债券。

（2）按索取权性质的不同，金融工具可以分为股权证券（股票）和债务证券（债券）。股票代表所有权，投资者以股东身份出现，索取股息和红利。债券代表债权，投资者以债权人身份出现，索取利息和本金。

（3）按发行期限长短，金融工具可以分为短期金融工具（1年以内）、中期金融工具（1年以上10年以下）、长期金融工具（10年以上）和永久金融工具（股票）。

（4）按发行者的资信状况不同，证券可以分为若干级别。美国穆迪投资者服务公司、标准普尔公司和惠誉国际信用评级有限公司等都提供商业公司的财务信息并对大型企业债券、市政债券和政府债券按质进行信用评级。它们用字母等级表示证券的信用等级。最好的信用等级是 AAA 或 Aaa，评级为 BBB 或 Baa 及更高的证券被认为是投资级证券。信用等级较低的证券被认为是投机级证券或垃圾证券。

3.金融中介与服务机构

金融中介与服务机构是指在金融市场上充当交易媒介、从事资金融通交易或促使交易顺利进行的各类组织和机构，主要包括证券交易所、商品交易所、登记结算机构、会计师事务所、律师事务所、资产评估师事务所、信用评价机构、投资咨询公司等。在这些中介机构中，交易所的地位非常重要，它是集中交易制度下金融市场的组织者和一线监管者。金融中介与服务机构是金融市场的主要参与者，但与金融市场主体有明显的不同。金融中介与服务机构参与金融市场的主要目的不是进行筹资或投资，而是通过提供交易设施、服务等赚取咨询及服务费用、佣金收入和席位费等。金融中介与服务机构是连接投资者与筹资者的桥梁，能提高金融市场的运作效率并促进金融市场的发展。

§1.2　金融市场的分类

1.2.1　按融资期限划分

1.短期金融市场

短期金融市场又叫货币市场（money market），是进行短期资金融通的市场，交易对象是期限在1年以内的金融资产。货币市场主要解决市场主体的短期性、流动性的资金需求，所使用的金融工具主要有同业拆借协议、存单、票据、国库券等。货币市场中金融工具的共同特点是期限短、流通性强、交易成本低和风险低。货币市场一般没有正式的组织，其交易活动不是在特定的场所集中开展，而是通过现代电子通信系统进行。因此，货币市场是一个无形的市场。市场交易量大是货币市场区别于其他市场的重要特征之一，巨额交易使得货币市场实际上成为一个批发市场。

2.长期金融市场

长期金融市场又叫资本市场（capital market），是进行长期资金融通的市场，交易对象是期限在1年以上的金融资产。资本市场包括两大部分：银行中长期存贷款市场和有价证券市场，期限短则几年，长则数十年。资本市场的显著特点为融通资金期限长、风险较大。

1.2.2　按交易层次划分

1.一级市场

一级市场（primary market）是指首次发行证券或发行某种金融资产的市场，也称初级市场或发行市场。一级市场的主要功能是融资。金融工具的发行有两种方式：一种是将金融工具销售给少数特定的机构（一般是机构投资者），称为私募发行；另一种是将金融工具广泛地发售给非特定的社会公众，称为公募发行。发行市场是一个无形的市场，它没有特定的场所。新证券的承销也不在有组织的场所中进行，而是通过电子通信系统将发行人和投资者连接起来。

2.二级市场

二级市场（secondary market）是指已发行证券的流通市场，又称为次级市场、交易市场。二级市场的主要功能是为投资者提供投资场所，为资金需求者提供资产变现场所。根据其组织形式，流通市场又可分为场内市场和场外交易市场。场内市场就是指在证券交易所交易的市场，一般是有形市场；场外交易市场又称柜台交易（OTC）或店头交易市场。场外市场是在证券交易所之外进行证券买卖的市场，具体又可以分为第三市场（the third market）和第四市场（the fourth market）。

1.2.3　按交割方式划分

金融市场的交易过程包括成交与交割两个环节，成交是指交易双方达成协议，而交割就是交易双方履行协议而结束整个交易。根据交割方式的不同，可将金融市场分为现货市场（spot market）、远期市场（forward market）和期权市场（option market）等。现货市场上双方交易成交后立即或者在很短的一段时间（一般是两个工作日）内进行交割。远期市场上，交易双方在达成协议后，要到将来某一特定的时间才进行交割。期货市场（future market）是标准化的远期市场，期货交易的最终目的并不完全是实现商品所有权的转移，而是通过期货合约来规避风险或投机获利。期权市场上，交易双方在达成协议后，就赋予期权买方拥有在将来某一特定的时间或一特定时期内根据市场情况选择是否进行交割的权利。

1.2.4　按交易标的物划分

1. 货币市场

货币市场（money market）是交易短期债权的市场，期限短到隔夜，长到一年。发达的货币市场上的金融工具一般包括国库券、大额可转让定期存单、商业票据、银行承兑汇票、银行同业拆借、联邦基金（美国）、正回购和逆回购以及欧洲美元等。

国库券是期限少于一年的政府债券，所以也称短期政府债券。由于有政府信用作保证，它在所有的金融工具中具有最强的流动性。而且国库券收入是免税的，在美国，许多风险厌恶型投资者都偏好投资国库券，国库券拥有最庞大的市场。大额可转让定期存单是一种银行的定期存款，存款者不能因为需用资金而随时任意提取存款，只能进行转让。在美国，一般这种可以转让的定期存单面额都超过 100 000 美元。商业票据是一些大公司发行的短期无担保负债票据，期限一般少于 270 天。银行承兑汇票是客户委托银行承兑的远期汇票，一般期限是 6 个月。由于银行是汇票持有人最终支付的责任人，所以安全性很高，可以像其他债权一样在二级市场上流通。银行承兑汇票也可以像国库券一样在面值基础上折价发行。银行间同业拆借是银行间为了调剂短期资金余缺而相互进行借贷的资金，资金借贷的时间非常短，一般是隔夜拆借，很少有超过 7 天的。世界上目前影响力最大的银行间同业拆借市场是伦敦同业拆借市场，它的欧洲美元贷款利率（主要是 LIBOR）已经成为世界上最重要的短期利率报价。联邦基金是指美国商业银行存入联邦储备银行准备金账户上的资金。在联邦基金市场上，有多余储备金的银行将资金借给储备金不足的银行，所使用的利率成为联邦基金利率。正回购和逆回购是两种政府债券的交易形式。正回购是指交易商将政府债券以隔夜的形式卖给投资者，承诺在第二天以略高的价格购回；逆回购刚好相反，交易商寻找持有政府债券的投资者，将他们的证券买下，约定在未来某个时间以高于原来的价格再出售给投资者。正回购和逆回购都是融资的手段。欧洲美元是指在外国银行或者美国银行的外国分支机构中的美元存款。这种存款的特点是数额巨大且监管宽松。绝大多数欧洲美元为数额巨大、期限少于 6 个月的定期存款。

我国的货币市场起步于 1984 年，近 40 年来发展非常迅速。交易的金融工具主要包括银行同业拆借、国债回购协议、中央银行票据、银行承兑汇票、企业短期融资券、同业存单等。

货币市场的具体内容与运行机制详见本书第 2 章。

2. 债券市场

债券市场（bond market）与货币市场的区别主要在于期限的不同。债券的期限一般长于 1 年，主要为 2～10 年，有些债券是 30 年期的，还有一些债券是永久性的，并没有固定的到期日。这一市场包括的金融工具有中长期国债、公司债券、市政债券、抵押债券与联邦机构债券。

大多数债券定期支付利息，称为"息票"，也有许多零息票债券。很多债券的息票都是事先固定的，被称为固定收入证券，但是也有债券的利息是浮动的，这种债券就是浮动利率债券。随着金融市场全球化的不断深入，许多借款人可以发行多币种的证券，如外国债券与欧洲债券。

世界上最大的债券市场是以美元和日元标明面值的债券市场，二者占到世界债券市场的2/3，其次是欧元和英镑的债券市场，在这些市场中，政府债券仍占主要地位。我国的债券市场起步于1981年，40多年来债券种类不断增多，发行规模和交易规模不断扩大。

债券市场的具体内容与运行机制详见本书第3章。

3.股票市场

股票市场（stock market）是指股票的发行和交易市场。股票市场与债券市场属于资本市场的范畴。

股票或普通股代表着公司股份中的所有权份额。普通股有两个特点：一是剩余请求权；二是有限责任。剩余请求权意味着普通股持有人对公司收益与资产的索取权排在最后一位。在公司分配收益与清算资产时，只有在其他利益相关人如税务机构、公司职员、供应商、贷款银行、债券持有人与其他债权人等都得到满足后，普通股股东才能就剩余收益与资产请求索取。有限责任意味着在公司经营失败破产时，股东最多损失最初的投资额，股东的个人资产不需要拿来抵债。

公司股权除普通股外还会有优先股。优先股拥有股权和债权的双重特征。它与债券的相同点是承诺每年付给持有人一笔固定的收入。在公司管理权限方面，优先股的持有人与债券持有人一样没有表决权。但优先股仍然是一种股权投资，公司有向优先股持有者分红的决定权，但并没有合约义务必须支付这些红利，相反，优先股股利通常具有累计性，即未付红利可以累积起来。优先股在公司破产时的资产要求权排在债券之后。

世界上最大的股票市场在美国，即纽约证券交易所和美国全国证券交易商协会自动报价系统（NASDAQ，纳斯达克）。我国股票市场的正式建立以1990年底上海和深圳证券交易所成立为标志，30多年来发展极为迅速，2021年已经成为世界第二大股票市场。

股票市场的具体内容与运行机制详见本书第4章。

4.外汇市场

狭义的外汇市场（foreign exchange market）指以外汇专业银行、外汇经纪商、中央银行等为交易主体，通过电话、交易机、互联网等现代电子通信手段实现交易的无形市场，通常被称为外汇的批发市场。广义的外汇市场泛指进行外汇交易的场所，包括外币期货交易所、上述的批发市场以及银行同企业、个人间外汇买卖的零售市场。

外汇市场具有空间统一性和时间连续性两个基本特点。空间统一性是指由于各国外汇市场都用现代化的电子通信系统（电话、电报、电传、互联网等）进行外汇交易，因而使它们之间的联系越来越紧密，形成一个统一的世界外汇市场。时间连续性是指世界上的各个外汇市场在营业时间上相互交替，形成一种前后继起的循环作业格局。外汇市场是一个无形市场，它分散在全世界，由国际电信网络和互联网将交易商的交易室联系在一起。外汇交易在 5 个地点最为活跃：伦敦、纽约、香港、新加破、东京，其他地区的总和与这 5 个地区的总和差不多。这些交易量中商业交易（出于贸易与投资需要）占 5% ~ 20%，但并不是说其他的 80% ~ 95% 都是投机交易，其中有许多交易是银行在银行间市场冲销和其他银行的头寸进行的交易。

我国外汇市场起步于 20 世纪 80 年代，90 年代特别是进入 21 世纪以来发展非常迅速。

外汇市场的具体内容与运行机制详见本书第 5 章。

5. 金融衍生品市场

金融衍生品市场（derivatives market）是指金融衍生品的创设和交易市场。金融衍生品也称金融衍生工具、或有证券，是依赖于其他基本的标的资产——原生性金融产品和基础性金融产品而创造出的新型金融产品。金融衍生品的价值是由其交易的标的资产的价格决定的。金融衍生品主要包括远期（期货）、期权和互换等基本类型。由于具有套期保值、价格发现、投机、套利等多方面功能与作用，20 世纪 80 年代以来，金融衍生品不断地被创设出来，交易规模不断扩大，因而，金融衍生品市场在金融市场上变得越来越重要。

金融衍生品市场的具体内容与运行机制详见本书第 7 章。

1.2.5　按交易中介划分

金融市场按交易中介划分，可以分为直接金融市场和间接金融市场。**直接金融市场是指资金供给者直接向资金需求者进行融资的市场。直接融资包括企业向企业、企业向个人的直接资金融通，也包括企业通过发行债券和股票的方式进行融资。**但即使是直接融资，一般也常常经由金融机构（主要是投资银行）充当中介来办理。间接金融市场是指以银行等信用中介为媒介来进行融资的市场。在间接金融市场上，资金所有者将资金贷放给银行等信用中介，再由信用中介机构转贷给资金需求者。资金所有者的债权是针对信用中介的，对资金的最终使用者不具权利要求。直接金融市场和间接金融市场的差别并不在于是否有中介机构，而在于中介机构的作用和特征。在直接金融市场上，也有中介机构的介入，但这些机构并不是资金的中介，多数充当信息中介和服务中介，如证券交易所等。

1.2.6　按地域划分

金融市场按其作用的地域范围来划分，可以分为国内金融市场和国际金融市场。国内金融市场是指金融交易的作用范围仅限于一国之内，它除了包括全国性的金融市场之外，还包括一国范围内的地方性金融市场。国际金融市场则是进行金融资产国际交易的场所。国际金融市场有广义和狭义之分。狭义的国际金融市场指进行各种国际金融业务的场所，有时又称传统的国际金融市场，包括货币市场、资本市场、外汇市场、黄金市场以及金融衍生品市场等；广义的国际金融市场除了包括上述市场外，还包括离岸金融市场。**所谓离岸金融市场（offshore finance market），是指非居民间从事国际金融交易的市场**。离岸市场由非居民参与，资金来源于所在国的非居民或来自于国外的外币资金。离岸金融市场基本不受所在国的金融监管机构的管制，并可享受税收方面的优惠待遇，资金出入境自由。离岸金融市场是一种无形市场，从广义来看，它只存在于某一城市或地区而不存在一个固定的交易场所，由所在地的金融机构与金融资产的国际性交易而形成。目前，全球几个著名的金融中心包括伦敦、纽约、东京和香港等。

国内金融市场是国际金融市场形成的基础。从金融监管角度看，国内金融市场及传统的国际金融市场都要受到所在国金融监管当局的管制，而离岸金融市场则是完全国际化的市场，它不受任何国家法令的限制，主要经营境外货币。国际金融市场是国内金融市场发展到一定阶段的产物，是与实物资产的国际转移和资本的国际流动日益频繁、金融业的不断发展及现代电子信息技术的高度发达相辅相成的。

专栏 1-1

港元保卫战

随着各种金融衍生产品及其市场的诞生和发展，外汇即期市场、远期市场、货币市场、资本市场、衍生市场之间由于无套利均衡关系的存在，相互联系，牵一发而动全身。

1997 年 8 月份以及随后几次国际投机家冲击香港金融市场就是一个典型例证。国际投机家进攻香港金融市场时，利用各个市场之间的紧密联系，运用"立体投机"策略：首先在货币市场上，拆借大量港元；在股票市场上，借入成份股；在股票期指市场累积期指空头；然后在外汇市场上利用即期交易抛空港元，同时卖出港元远期合约；迫使中国香港特区政府提高利率捍卫联系汇率；在股票市场上，将借入的成份股抛出，打压期指……由于金融市场之间的密切联系，"立体投机"加强了投机家的风险暴露，也更令杠杆投机威力和收益大增。与此同时，为了保卫港元，中国香港特区政府调动所有力量打了一场精彩的货币保卫战。

第一轮，1997 年 8 月 13 日恒指被打压到了 6 660 低点后，中国香港特区政府调动港资、华资及英资入市，与对手展开针对 8 月股指期货合约的争夺战。投机资本打压指数，中国香港特区政府则奋力守住指数，迫使投机家事先高位沽空的合约无法于 8 月底之前在低位套现。中国香港特区政府入市后大量买入投机资本抛空的 8 月股指期货合约，将价格由入市前的 6 610 点推高到 24 日的 7 820 点，涨幅超过 8%，高于投机资本 7 500 点的平均建仓价位。收市后，中国香港特区政府宣布，已动用外汇基金干预股市与期市。但金融狙击手们仍不甘心，按原计划，于 8 月 16 日迫使俄罗斯宣布放弃保卫卢布的行动，造成 8 月 17 日美欧股市全面大跌。然而，8 月 18 日恒生指数有惊无险，在收市时只微跌 13 点，令做空力量大失所望。

第二轮，1997 年 8 月 25 日至 28 日，双方展开转仓战，迫使投机资本付出高额代价。27 日和 28 日，投机资本在股票现货市场倾巢出动，企图打压指数。经过 8 天的激烈争夺，中国香港特区政府死守股市的同时，在期货市场上将 8 月合约价格推高到 7 990 点，结算价为 7 851 点，比入市前高 1 200 点。8 月 27 日、28 日，中国香港特区政府将所有卖单照单全收，27 日交易金额达 200 亿港元，28 日交易金额达 790 亿港元，创下香港最高交易额纪录。时任香港财政司司长的曾荫权立即宣布：在打击国际炒家、保卫香港股市和货币的战斗中，香港特区政府已经获胜。香港期货交易所于 29 日推出三项新措施：由 8 月 31 日开市起，对于持有 1 万张以上恒指期货合约的客户，征收 150% 的特别按金，即每张恒指期货合约按金由 8 万港元调整为 12 万港元；将大量持仓呈报要求由 500 张合约降至 250 张合约必须呈报；呈报时亦须向期交所呈报大量仓位持有人的身份。

第三轮，1997 年 9 月，中国香港特区政府乘胜追击，继续推高股指期货价格，迫使投机资本亏损离场。9 月 7 日，中国香港特区政府金融管理部门颁布了外汇、证券交易和结算的新规定，限制投机者投机活动，当日恒生指数飙升 588 点，以 8 076 点报收。同时，日元升值、东南亚金融市场的稳定，使投机资本的资金和换汇成本上升，投机资本不得不败退离场。9 月 8 日，9 月合约价格升到 8 220 点，8 月底转仓的投机资本要平仓退场，每张合约又要亏损 4 万港元。9 月 1 日，在对 8 月 28 日股票现货市场成交结果进行交割时，中国香港特区政府发现由于结算制度的漏洞，有 146 亿港元已成交股票未能交割，部分炒家得以逃脱。

最终，在这次震动全球的东南亚金融危机中，一场扣人心弦的货币保卫战终以中国香港特区政府的胜利落下帷幕。

资料来源：改编自百度百科。

§1.3　金融市场的功能

金融市场是现代市场经济体系的核心，金融市场是通过其功能与所发挥的作用确立这一地位的。金融市场主要有 6 种功能：融通功能、交易支付功能、聚敛功能、配置功能、调节功能和反映功能。这 6 种功能可以归纳为金融市场的微观功能和宏观功能。

1.3.1　微观功能

金融市场的微观功能主要表现在为各类主体获得及时的资金融通。国民经济各部门由于类型不同，所处的发展阶段也不同，难以实现同一时期的货币收入和货币支出的均衡。一方面，政府部门和企业有时需要筹措大量的资金来实现其行政活动和经济活动的目标，成为资金需求者；另一方面，其他类型企业、金融机构以及个人又存在相当数量的资金急需寻找投资场所，以达到获取投资收益的目的。在这种情况下，就需要一个场所为资金的供应者与资金需求者进行资金的融通。金融市场则通过各种金融工具的使用充分解决了资金的供求矛盾。微观功能还表现在为各主体提供支付结算服务。这里的支付结算功能既包括国内经济实体之间的结算，又包括国际经济实体之间结算，这一功能主要由商业银行来承担。

1.3.2 宏观功能

从经济系统运行的整体上看，金融市场提供了以下几种经济功能：聚敛功能、配置功能、调节功能和反映功能。

1.聚敛功能

金融市场的聚敛功能是指金融市场通过创造多种多样的金融工具并为之提供良好的流动性，以满足资金供求双方对不同期限、收益和风险的要求，从而引导众多分散的小额资金汇聚成为可以投入社会再生产的大规模资金。比如，政府可以通过发行债券、企业可以通过发行债券或股票，从市场上筹集到巨额的建设资金与生产资金。

2.配置功能

金融市场的配置功能表现在三个方面：一是资源的配置；二是财富的再分配；三是风险的再分配。金融工具价格的波动反映了不同部门的收益率的差异，由于资本的趋利本性，金融工具的交易客观上有助于将资源从低效率部门转移到高效率部门，从而实现稀缺资源的合理配置和有效利用；在经济货币化与金融化程度不断提高的条件下，金融资产成为社会财富的重要存在形式，金融资产价格的波动，改变了社会财富的存量分布，即实现了社会财富的再分配；金融资产价格的确定实际上反映了风险和收益的动态均衡。金融市场的参与者根据自身对风险的态度选择不同的金融工具，风险厌恶者可以通过出让收益的方式或者套期保值的方式将风险转嫁给风险爱好者，从而实现风险的再分配。

3.调节功能

金融市场的调节功能表现在两个方面：一是为政府的宏观经济政策提供传导途径，实现政府对经济的调节。金融市场的存在为政府实施宏观调控创造了条件。存款准备金、再贴现和公开市场操作等货币政策工具的实施都必须以金融市场的良好发育作为前提。二是促进金融市场参与者自我完善。企业只有通过完善法人治理，健全经营管理机制，保持良好的发展势头，才能继续生存并发展壮大，否则，投资者就会通过金融市场选择"用脚投票"的方式来惩罚企业，企业就难以在金融市场上继续筹集资金。这实际上也反映了金融市场对国民经济活动的自发调节。

4.反映功能

金融市场是国民经济的"晴雨表"，这指的就是金融市场的反映功能。从宏观经济角度看，经济的每次繁荣总是首先表现为金融市场的异常活跃，而经济的衰退又总是以金融市场的崩溃为信号。金融市场与国民经济的关系十分密切，总是能为国民经济的景气提供准确灵敏的信息。从微观角度看，交易所里上市证券价格的波动，反映出各投资主体对该价格的认可程度，也反映出上市企业的经营管理情况及发展前景。最后，金融市场是中央银行进行公开市场操作的场所。货币供应量的变化反映出宏观经济运行的状况；金融市场行情的变化也反映出各国宏观调控政策的制定与实施信息。可见，金融市场行情变化能够充分反映国民经济发展变化的各类信息。

§1.4　金融市场的形成和发展趋势

1.4.1　金融市场的形成

1.全球金融市场的形成

金融市场形成至今历时近400年，但在二战结束之后才进入快速发展时期。

16世纪初，证券交易活动开始在西欧出现。1609年，荷兰成立了世界上第一个有形的、有组织的证券交易所——阿姆斯特丹证券交易所，标志着现代金融市场的初步形成。从17世纪初至第一次世界大战前，英国成为世界上最大的殖民者，伦敦也相应成为国际贸易中心和国际金融中心。1600年，英国设立了最早的股份公司——东印度公司。1694年，英国成立英格兰银行，标志着现代银行信用制度的确立。18世纪60年代，英国进行产业革命，欧美各国相继进行工业革命。英国成为当时世界上最大的工业强国，其自由贸易有力地扶持了本国市场经济的发展，促进了证券交易的出现。1773年，在伦敦乔纳森咖啡馆正式成立了英国第一家证券交易所，即伦敦证券交易所的前身。它很快取代阿姆斯特丹证券交易所，成为当时世界上最大的证券交易所。该交易所最初仅交易政府债券，以后扩大到公司债券和矿山、运河股票。各国竞相在伦敦证券交易所发行公债，同时英国国内股份公司的设立也进入了快速发展的阶段，从而使伦敦证券交易所的股票交易和债券交易达到了相当的规模。1816年，英国首先实行了金本位制，还发展了汇票贴现制度和贴现行，并以英格兰银行作为贴现行的最终贷款人。现代货币市场结构在当时已逐步完善。19世纪的英国形成了国际性的货币市场和资本市场，伦敦成为国际贸易与国际金融的中心。20世纪初，英国证券市场以其独特的形式有效地促进了资本的积聚和集中。到20世纪30年代，英国90%的资本都处于股份公司控制之下，金融公司、投资银行、信托投资公司、证券公司等证券经营机构也获得了极大的发展。

二战后到20世纪60年代，英国由于是两次世界大战的参战国，实力大为削弱，金融市场的领导地位大为下降。同时美国凭借在战争中扩张的实力，建立了以美元为中心的布雷顿森林货币体系，美元成为主要的国际储备货币和结算货币，美国成为国际金融市场的霸主。纽约的金融市场迅速崛起，成为世界的金融中心。此外，瑞士由于是两次战争的中立国，保存了经济实力，并始终奉行自由汇兑的外汇管理制度，其外汇市场和黄金市场尤其发达。因此，这个时期国际金融市场主要以美国、英国和瑞士为核心。

20世纪50年代末，英镑发生贬值。英格兰银行大幅提高利率，并加强外汇管制以阻止英镑外流。伦敦的商业银行为了摆脱业务困境，开始系统地吸收美元存款。于是，一个在美国境外的美元资金借贷市场形成了，这就是欧洲美元市场。20世纪60年代以后，又相继出现了欧洲英镑市场、欧洲马克市场、欧洲日元市场等。东京凭借其地处纽约、伦敦之间的区位优势迅速崛起，从而形成了纽约、伦敦和东京三个新的国际金融中心。

20世纪70年代末80年代初开始，许多发展中国家和地区纷纷进行金融改革，实行金融自由化政策以扶持本国金融市场。这一时期的国际金融市场不再以某个国家或者某几个国家为典型代表，而是明显地表现出多极化趋势，发展中国家和地区也纷纷建立了举世瞩目的国际金融市场。这一阶段以亚洲的新加坡、中国香港和拉丁美洲的墨西哥、巴西、阿根廷为代表。新兴市场的投资回报率较高，吸引了众多的投资者。但高收益往往伴随着高风险，1997年的东南亚金融危机、2002年的阿根廷金融危机都出现了国际游资套利的身影。

2.我国金融市场的发展

（1）改革开放前我国的金融市场。

我国的金融市场起步于晚清。1869年上海成立了买卖外国公司股票的"捐客总会"，后来发展为"上海众业公所"，1916年正式成立"上海股票商业公会"。上海有全国最大的证券交易所，黄金交易量在远东首屈一指，外汇交易量也很大。抗日战争爆发以后，各种金融机构西迁重庆。抗战胜利后，上海又重新设立证券交易所，恢复了全国金融中心的地位。但由于经济的衰落，金融市场的规模和影响已不能和抗战前相比。

解放初期，金融市场极度混乱，物价飞涨，黑市猖獗，投机盛行。针对这种情况，政府没收官僚资本，肃清法币，发行人民币，禁止金银私下买卖，终于使金融活动步入正轨。在此后的30年内，中国实行高度集中的计划经济体制，否定市场经济，物资统一分配，产品统购包销，财政统收统支，银行信贷资金按计划供应。在这种体制下，金融业没有得到发展，银行作用范围十分狭小。在这种情况下，我国不存在典型意义上的金融市场。

改革开放以来，随着经济体制和金融市场改革的逐步深入，我国的金融市场经历了一个形成到发展的过程。

（2）改革开放后我国的金融市场。

①货币市场。

1984年12月，中国人民银行发布《商业汇票承兑、贴现暂行办法》，决定在全国开展这项业务，并于1986年正式开办可对专业银行贴进票据的再贴现业务。同业拆借市场的发展是从1984年起步的，全国相继建立起50多个区域性资金市场，1986年中国人民银行发布《关于推进金融机构同业拆借有关问题的通知》，规定各个金融机构都可以进行资金头寸拆出和拆入。1996年，中国人民银行建立了全国统一的金融机构间同业拆借市场——上海银行间同业拆借市场。经过几十年的发展，我国已经建立起以同业拆借市场、回购市场、银行承兑汇票市场、同业存单市场、短期融资券市场为主体的货币市场体系，范围覆盖全国各类金融主体。

②资本市场。

1981年1月，国务院公布了《中华人民共和国国库券条例》，财政部开始发行国库券。1982年开始，我国金融机构又分别在香港、新加坡、法兰克福等地发行港元、美元、德国马克债券，筹集外资。1988年，国债流通市场正式启动。1996年，国债市场发展基本实现了"发行市场化、品种多样化、券面无纸化、交易电脑化"的目标。国债市场不仅成为弥补财政赤字的重要手段，而且成为筹集经济建设资金的重要渠道。1990年12月相继成立了上海证券交易所（简称"上交所"）和深圳证券交易所（简称"深交所"），标志着我国证券市场正式建立。2004年5月和2009年9月，深交所相继设立了中小企业板和创业板。2019年6月，上交所科创板正式开板。2021年9月，北京证券交易所（简称"北交所"）注册成立。至此，我国多层次资本市场体系初步形成。

截至2021年底，我国境内上市公司达4615家，股票总市值91.68万亿元，其中流通市值75.15万亿元。债券总数64546只，总市值130.42万亿元。公募基金总数9175只，基金总份额21.38万亿份，基金资产净值24.59万亿元。而且，我国证券市场国际化程度明显加快。

③外汇市场。

1980年10月，我国开办了外汇调剂业务，逐步建立起外汇调剂市场。1992年，上海外汇调剂中心正式接纳日本东京银行、美国花旗银行、法国东方汇理银行等外资银行参与交易，标志着我国的外汇调剂市场开始与国际接轨。1994年1月1日，我国开始实行以市场供求为基础的、单一的、有管理的浮动汇率制度。同时对外汇管理体制进行了改革，实施"银行结售汇制、汇率并轨、建立银行间外汇交易市场"。1996年12月1日，我国正式接受国际货币基金组织（IMF）第八条款，实现了人民币经常项目可兑换。2005年7月21日，我国开始实行以市场供求为基础、参考一篮子货币进行调节、有管理的浮动汇率制度。2010年6月19日，中国人民银行宣布，进一步推进人民币汇率形成机制改革，增强人民币汇率弹性。2015年8月11日，中国人民银行宣布完善人民币兑美元汇率中间价报价机制，主要内容是，做市商在每日银行间外汇市场开盘前，参考上日银行间外汇市场收盘汇率，综合考虑外汇供求情况以及国际主要货币汇率变化向中国外汇交易中心提供中间价报价。2016年10月1日起，人民币正式纳入了国际货币基金组织的特别提款权（SDR）货币篮子，人民币国际化迈出了非常重要的一步。截至2021年12月31日，人民币兑美元汇率从2005年汇率改革前的1∶8.2765升值到1∶6.3730，升值了29.86%。我国外汇储备余额为3.25万亿美元，为世界上第一大外汇储备拥有国。

1.4.2 金融市场的发展趋势

1.金融全球化

20世纪70年代末以来，世界经济出现了一体化趋势，金融市场的国际化趋势在深度和广度上都取得了重大进展。金融市场的国际化趋势主要表现为金融交易的国际化和市场参与者的国际化。金融全球化促进了国际资本的流动，有利于稀缺资源在国际范围内的合理配置，促进世界经济的融合与共同增长。金融市场的全球化也为投资者在国际金融市场上寻找投资机会，合理配置资产持有结构、利用套期保值技术分散风险创造了条件。但是，从另一方面看，金融全球化加快了金融风险的国际蔓延，增大了防范金融风险的难度。由于全球金融市场的联系更加紧密，一旦发生利率和汇率波动或局部的金融动荡，会马上传递到全球各大金融中心，使金融风险的控制显得更为复杂。例如，1997年爆发的东南亚金融危机迅速地从一场地区性金融危机演化为全球性金融危机。2001年的"9·11"事件和2003年的伊拉克战争都对全球股票市场、外汇市场、黄金市场和原油期货市场产生重大影响。2007年，美国次级抵押贷款危机（简称"次贷危机"）演变成一场影响世界各国多年的全球性金融海啸。金融全球化增大了政府在执行货币政策与金融监管方面的难度。由于国际资本流动加快，一些政策变量的国际传递性增强，政府在实施货币政策和进行宏观调控时往往更难估计其传导过程及影响。全球性金融海啸爆发以来，各国中央银行被迫多次紧急注入巨额流动性资金，对美国联邦储备体系（FED）的注资行动采取跟随策略。此外，涉及国际性的金融机构及国际资本的流动问题，往往不是一国政府所能左右的，也给政府金融监管部门在金融监管及维护金融稳定上带来了极大的困难。

金融全球化的前提是金融自由化。金融自由化是指20世纪70年代末以来在西方国家，特别是发达国家所出现的一种逐渐放松甚至取消对金融活动的一些管制措施的过程。其主要表现为：减少或取消国与国之间对金融机构活动范围的限制。国家间相互开放本国的金融市场，给予外国金融机构国民待遇；放松或解除外汇管制，促进资本的国际流动；放宽金融机构业务活动范围的限制，允许金融机构之间的业务适当交叉；放宽或取消对银行的利率管制；鼓励金融创新活动，允许和支持新型金融工具的交易。金融自由化促进了金融业经营效率的提高。

2.金融创新

20世纪80年代，国际金融市场的发展迎来了一次金融创新的浪潮，而且呈现不断加速的势头。金融创新的主要驱动力来自于20世纪70年代以来社会经济制度变革和规避管制以及电子技术的进步。1971年布雷顿森林货币体系崩溃，国际金融市场动荡加剧。一是汇率的浮动化使得国际贸易和国际投资活动中的汇率风险加剧，企业和金融机构都需要新型的金融工具来管理汇率风险。二是多次发生的"石油危机"导致了商品价格尤其是基础商品价格的剧烈变动，西方主要国家出现了两位数的恶性通货膨胀，导致市场利率高企，而银行等金融机构受存款利率上限的限制，根本无法提供有吸引力的价格来吸收资金，造成了资金的"脱媒"，在市场竞争中处于不利的地位。为了缓解经营困境，并应付来自国内外金融同业之间的竞争，金融机构纷纷采取金融创新措施以绕过管制，加之现代电子计算机及通信技术的飞速发展，一些新的金融工具不断地被创造出来。

金融创新可以分为基础金融产品的创新和金融衍生产品的创新。基础金融产品的创新中，一类是与活期存款竞争的创新，如可转让提款通知书、证券回购协议、货币市场互助基金等，流动性强而不受活期存款利息支付的限制，将收益性和流动性结合起来；另一类是与储蓄和定期存款竞争的创新，如可转让大额存单、货币市场存款单、长期回购协议等，以证券化方式增强金融中介发行的金融工具的流动性，规避了法律的限制，逐渐打破了原有的金融管制。金融衍生品的创新包括互换、期货、期权等，最初以规避市场风险为目的，但它很快吸引了投资者和投机者的注意和踊跃参与，其中，表外创新业务更是得到银行的推波助澜。

20世纪80年代以后，金融创新的重要标志就是金融工程化。**所谓金融工程，就是把工程思维引入金融领域，综合采用各种工程技术方法（包括数学建模、数值计算、网络图解、仿真模拟等）设计、开发新型的金融产品，创造性解决金融问题**。其中的"新型"和"创造性"是指金融思想的跃进、对已有观念的重新理解与运用，或者是对已有的金融产品进行拆分和重新组合。金融工程技术的应用可以概括为四个主要方面：套期保值、投机、套利与构造组合。

（1）套期保值（hedge）俗称"对冲"，是指一个已存在风险暴露的实体力图通过持有一种或多种与原有风险头寸相反的套期保值工具来消除该风险。完全的套期保值是不多见的，大多只是对风险暴露超过既定水平部分进行抵补。

（2）投机（speculation）是指市场主体利用对市场某些特定走势的预期来对市场未来的变化进行预测，并据以制造原先并不存在的风险。

（3）套利（speculation）是指通过将大量有着内在联系的金融产品组合起来以保证这种组合无风险地获得利润（当然套利机会并非时刻都有，并且难于捕捉）。

（4）构造组合是指对几项金融交易或几种风险暴露重新进行构造组合，以期规避风险或牟取收益。

金融创新，特别是金融工程化，是一把双刃剑。比如，在1997—1998年的东南亚金融危机中，国际炒家正是利用它来设计精巧的套利和投机策略，发动了对这些新兴国家和地区的"货币战争"与"资本战争"。特别是，席卷世界的2007年美国次贷危机，与华尔街的贪婪与疯狂创新有直接关系。因此，在金融市场全球化不断加深的大背景下，一方面，各国货币当局和金融监管部门必须创新金融监管手段，防范和化解系统性金融风险，维护国内金融市场的稳健运行。另一方面，国际上必须加强宏观金融政策协调和金融监管协调，维护国际金融市场的有序运行。

3.资产证券化

资产证券化（asset securitization）是指把流动性较差但质量较高、预期未来有

稳定现金流收入的资产通过商业银行或投资银行的集中及重新组合，形成一个资产池，然后出售给特设信托机构（SPV），由后者进行必要的信用增级后，发行以该资产池所产生的现金流为担保的可在市场上流通的证券的过程。进行资产证券化后，原资产所有人就将被证券化资产的未来现金流收益权转让给了投资者，因此，资产证券化的核心是对证券化资产中的风险和收益进行分离和重组，使其定价和重新配置更加有效，促使各参与方受益。资产证券化之所以在20世纪80年代以来成为一种国际性的趋势，主要原因是金融管制的放松和金融创新的发展。商业银行资产结构重要的缺陷在于缺乏良好的流动性，收益来源集中在存放款的利差上。这种资产结构和收益结构无法适应新的经济金融环境。在金融管制放松和金融创新的大背景下，资产证券化应运而生。

资产证券化最早起源于美国。20世纪70年代以来，资产证券化作为一种金融创新，发展非常迅速。随着20世纪80年代以来住宅抵押证券市场的不断扩大，资产证券化又有了一些新的发展：（1）将住宅抵押贷款证券化的做法应用到其他小额债权上，使得资产证券化的领域大大拓宽，如汽车贷款、信用卡应收款、住宅资产净值贷款和大型设备租赁等。（2）出现了商业不动产融资的流动化趋势。（3）产生了担保抵押债券。担保抵押债券是将住宅抵押凭证（pass-through）、住宅抵押贷款等汇集起来，以此为担保所发行的债券。其发行方式是由某个金融企业作为发行人，收买住宅抵押凭证并设立集合基金。在以此为担保同时发行3至4组债券。发行者以抵押集合基金每月产生的资金流动为资金来源，在对各组债券支付利息的同时，只对其中的某一组债券的持有人偿还本金。资产证券化对经济的积极作用引起了各国重视。自20世纪80年代，欧洲的资产证券化得到了长足的发展，韩国、中国香港针对各自的问题也开展了大量的资产证券化。

资产证券化的影响主要表现在以下几个方面：首先，对投资者来说，资产的证券化趋势为投资者提供了更多的可供选择的新证券种类。其次，对金融机构来说，通过资产的证券化，可以改善其资产的流动性，特别是对原有呆账债权的转换，对其资金周转效率的提高是一个很大的促进。最后，对整个金融市场来说，资产的证券化为金融市场注入了新的交易手段。资产证券化中的风险表现出一定的复杂性，一旦处理不当，就会影响整个金融体系的稳定。同时，资产证券化也使金融监管当局在信贷扩张及货币供应量的估计上面临更复杂的问题，对金融的调控监管产生一定的不利影响。2007年爆发的美国次贷危机就是这方面一个生动的例子。美联储一系列的加息举措，导致房价下跌，一些以前不符合贷款要求的中低收入阶层（次级抵押借款人）无法通过租金偿还贷款。由于资产证券化，基础资产的波动经过一系列的放大，立即影响了美国庞大的抵押贷款市场，并迅速蔓延到欧洲、东亚一些地区，引发了全球金融海啸。

1998年以来，我国住房抵押贷款市场得到蓬勃的发展，抵押贷款已成为我国居民购买住房的主要支付方式。但随着住房抵押贷款的发展，商业银行也面临着资产结构和资产流动性的问题，而资产证券化是一种很好的解决办法。2005年，我国资产证券化开始试点，资产证券化第一单为国家开发银行发行的"开元"一期信贷资产证券化，由52.8亿元债权构成资产池，发行量41.77亿元，其中优先A档29.2亿元，优先B档10亿元，次级档2.5亿元。但是，由于2008年金融危机的爆发，我国暂停了资产证券化。2013年8月，国务院决定进一步扩大信贷资产证券化试点。自此，我国资产证券化开始蓬勃发展。

2021年全年，全国共发行3.14万亿元有价证券，同比增长8.9%。其中，信贷资产证券化（信贷ABS）发行0.92万亿元（占30%），企业资产证券化（企业ABS）发行1.58万亿元（占50%），资产支持票据（ABN）发行0.64万亿元（占20%）。截至2021年底，资产证券化存量为5.14万亿元，同比增长12%。其中，信贷ABS余额1.79万亿元，占市场总量的35%；企业ABS存量2.41万亿元，占市场总量的47%；ABN存量0.95万亿元，占市场总量的18%。

★ 思政课堂

党的十八大以来中国资本市场的发展成就

中国资本市场起步于1981年的国库券首次发行。40多年来，资本市场不断冲破体制机制上的重重阻力，一步步地得到了发展。党的十八大报告中提出要"全面深化金融体制改革，健全促进宏观经济稳定、支持实体经济发展的现代金融体系，加快发展多层次资本市场"。自此，资本市场发展进入快车道，并且取得了辉煌的成就。主要表现为：

一、多层次资本市场体系不断完善

1990年12月，上海证券交易所和深圳证券交易所成立，全国性股票市场（主板）正式建立。当时，股票市场的定位主要是支持国有企业改革，因而能够发行股票并上市的主要是国有企业。

2004年5月，深交所在主板市场内设立中小企业板块。在中小企业板上市的公司主要是达不到主板上市条件，但主业突出、具有成长性和科技含量高的中小企业。中小企业板不是独立的二板市场，而是深交所主板的一部分，是创业板的前奏。

2009年10月，创业板在深交所开市，这是我国的二板市场。在创业板上市的公司大多是成立时间较短、规模较小，业绩也不突出，但具有较高成长性，未来有较大成长空间。成立10多年来，创业板积极服务国家创新驱动发展战略，支持创新型、成长型企业发展，催生了如宁德时代、迈瑞医疗、东方财富、智飞生物等千亿市值的公司。

2019年7月，科创板在上交所开市。科创板是独立于现有主板的新设板块，其定位是"坚持面向世界科技前沿、面向经济主战场、面向国家重大需求，主要服务于符合国家战略、突破关键核心技术、市场认可度高的科技创新企业"。

2021年9月，北京证券交易所有限责任公司成立，11月15日开市。至此，我国多层资本市场体系基本形成。

二、市场规模迅速扩大

2012年至2021年，共有2 434家公司通过IPO并上市。其间，共有8 089家公司通过IPO、增发、配股等股权融资方式募集资金超过13.38万亿元。2021年底，境内上市公司总数为4 615家，总市值为91.6万亿元，分别是2011年底的2倍和4.26倍，成为了仅次于美国的世界第二大股票市场。

债券市场也是资本市场的重要组成部分。2012年至2021年，债券累计发行量337.43万亿元。其中，2021年全年发行22.83万亿元，是2011年的3.06倍。截至2021年底，债券市场存量64 546只，余额达到130.42万亿元。

基金市场也是资本市场的重要组成部分，它是随着股票市场和债券市场而发展起来的。截至2021年底，公募基金为9 175只，基金资产净值为24.59万亿元，分别是2011年底的13.03倍和9.89倍。截至2021年底，私募基金产品为124 117只，资产净值为19.76万亿元，分别是2015年底的5.15倍和3.89倍。

三、资本市场国际化程度迅速提升

我国资本市场国际化起步于20世纪90年代，主要表现为国内企业赴境外上市。国内企业赴境外上市地点主要集中在中国香港、美国、新加坡等地的证券交易所。在中国香港上市的股票称为H股，在中国香港之外的境外上市股票称为中国概念股。

党的十八大以来，资本市场国际化程度迅速提升，主要表现在：一是沪港通和深港通的开通。2014年和2016年，沪港通和深港通相继开通，极大地促进了两地资本市场的联系和共同繁荣发展，拓展资本市场的广度和深度，大幅提升了A股市场对境外投资者的吸引力。另外，沪港通和深港通交易均使用人民币结算，有利于人民币的跨境流通，进一步推动人民币国际化。二是A股部分纳入MSCI指数。2017年6月，MSCI决定将A股部分纳入MSCI新兴市场指数和MSCI ACWI全球指数，成为中国资本市场改革与演进以及国际投资者与中国市场相互适应、更好互动、互利共赢的重要契机和推进器。

★ 本章小结

金融市场是现代市场经济体系的核心，是指以金融资产为交易对象而形成的供求关系及机制的总和。金融市场的组成包括金融市场的主体、客体和金融中介机构。

金融市场可以按多种方式进行分类，其中最常用的是按交易标的划分为货币市场、债券市场、股票市场、外汇市场、黄金市场和金融衍生品市场。

金融市场由于具有融通功能、交易支付功能、聚敛功能、配置功能、调节功能和反映功能等而在现代经济体系中发挥着越来越重要的作用，逐渐成为现代市场经济体系的核心。

金融全球化、金融创新和资产证券化是金融市场发展的主要趋势。

★ 综合训练

1.1 单项选择题

1.金融市场交易的对象是（　　）。

A.资本 　　　　　　B.金融资产 　　　　　　C.劳动力 　　　　D.土地与房屋

2.金融市场各种运行机制中最主要的是（　　）。

A.发行机制 　　　　B.交易机制 　　　　　　C.价格机制 　　　D.监督机制

3.世界上第一个有形的、有组织的证券交易所是（　　）。

A.纽约证券交易所 　　　　　　　　　　B.伦敦证券交易所

C.威尼斯证券交易所 　　　　　　　　　D.阿姆斯特丹证券交易所

4.企业通过发行债券和股票筹集资金主要体现的是金融市场的（　　）。

A.聚敛功能 　　　B.配置功能 　　　C.调节功能 　　　　D.反映功能

5.非居民间从事国际金融交易的市场是（　　）。

A.到岸金融市场 　　　　　　　　　　　B.离岸金融市场

C.非居民金融市场 　　　　　　　　　　D.金融黑市

1.2 多项选择题

1.发达金融市场必须具备的特点有（　　）。

A.深度 　　　　　　　B.广度 　　　　　　　C.高度

D.厚度 　　　　　　　E.弹性

2.政府作为金融市场的主体之一，其扮演的角色主要有（　　）。

A.监管者 　　　　　　B.调节者 　　　　　　C.资金需求

D.资金供给者 　　　　E.中介

3.根据交割方式的不同，金融市场可以分为（　　）。

A.现货市场 　　　　　B.远期市场 　　　　　C.期货市场

D.期权市场 　　　　　E.无形市场

4.金融工程技术的应用主要表现在（　　）。

A.套期保值 　　　　　B.投机 　　　　　　　C.套利

D.构造组合 　　　　　E.价格发现

5.金融市场的配置功能表现在（　　）。

A.资源的配置 　　　　B.财富的再分配

C.风险的再分配 　　　D.套利 　　　　　　E.发现价格

1.3 思考题

1.假设你发现一只装有100万元的宝箱。请回答：

A.这是实物资产还是金融资产？

B.社会财富会因此而增加吗？

C.你会更富有吗？

D.你能解释你回答B、C时的矛盾吗？有没有人因为这个发现而受损呢？

2.与产品市场及其他要素市场比较，金融市场有哪些主要特点？

3.什么是金融工具的流动性？它对金融市场有何重要意义？

4.什么是资产证券化？如何理解资产证券化对金融市场的影响？

5.结合实际，分析金融全球化对中国的积极与消极影响。

6.简述金融机构在金融市场上的特殊地位。

第2章

货币市场

★ 导读

从这一章开始至第7章，对金融市场中的各主要子市场的具体内容与运行机制进行系统、全面的介绍。货币市场是一国国内金融市场中规模最大、流动性最强的子市场，本章介绍货币市场的基本原理与各子市场的特征、交易机制和实际应用。通过本章的学习，读者应达到如下目标：

1.掌握货币市场的定义、特点与构成。

2.掌握货币市场各子市场的基本原理、交易机制与实际应用。

3.掌握货币市场各子市场的风险与收益特征。

4.对我国货币市场的发展情况有一个比较全面的了解和把握。

5.对货币市场在经济金融体系中的地位和作用有自己的理解与认识。

★ 关键概念

货币市场 同业拆借市场 回购协议 商业票据 银行承兑汇票 大额可转让定期存单 短期政府债券 货币市场共同基金

§2.1 货币市场的概念与特征

2.1.1 货币市场的概念

货币市场也称短期资金市场，是指期限在1年以内的金融工具交易市场。其突出的特点是融资期限短和被融通的资金主要是作为再生产过程中所需要的流动资金。为了很好地理解货币市场的定义，区分两组概念是必要的：（1）金融工具的固有期限与实际期限是有区别的。固有期限（original maturity）指金融工具的发行日与到期日之间的时间间隔；实际期限（actual maturity）则是交易当日和到期日之间的时间间隔，显然实际期限一般比固有期限短。货币市场和资本市场就是按金融工具的实际期限来划分的。（2）货币与货币市场工具是有区别的。货币包括流通中现金（M0）、狭义货币（M1）与广义货币（M2）；货币市场强调的是货币市场工具的短期性，货币市场工具一般期限较短，最短的只有1天，最长的不超过1年，较为普遍的是3～6个月，由于这些金融工具期限短，可以很容易地转化成货币支付手段M0和M1，有较强的货币性，因而被称为"准货币"，显然货币市场工具主要指的是广义货币M2。

2.1.2 货币市场的构成

货币市场主要由6个子市场构成，它们分别是：同业拆借与回购协议市场、大额可转让定期存单市场、短期政府债券市场、票据市场、同业存单市场和货币市场共同基金。其中，票据市场又可细分为商业票据市场、银行承兑汇票市场与中央银行票据市场。

2.1.3 货币市场的特征

1.货币市场的参与者

货币市场的参与者主要包括政府（财政部与中央银行）、工商企业、商业银行和其他金融机构等，单笔交易的规模很大，因而属于批发市场。货币市场将短期资金供给者与需求者联系起来。一方面，这使这些主体有效管理其流动性有了可能。货币市场既能满足资金需求者（包括财政部门、商业银行、工商企业等）的短期资金需要，也可以为资金暂时闲置者（包括工商企业、商业银行等）提供投资获利的机会。另一方面，这为中央银行实施货币政策（公开市场操作）提供了便利。另外，货币市场中所形成的利率被视为整个金融市场的"基准利率"。比如，伦敦银行间同业拆借利率（London Interbank Offered Rate，简写作LIBOR），它是在伦敦银行间市场上的商业银行对存于非美国银行的美元进行交易时所要求的利率。LIBOR常常作为商业贷款、抵押、发行债务利率的基准。同时，浮动利率长期贷款的利率也是在LIBOR的基础上确定。我国现在也有了类似LIBOR的"基准利率"——

SHIBOR，其全称是"上海银行间同业拆借利率"。

2.风险特征

一般来说，金融市场上存在利率风险、价格风险、再投资风险、违约风险、通胀风险、汇兑风险与政治风险等。然而总体上看，货币市场是一个风险较小的市场。这是因为：货币市场工具期限短，流动性强，因而其利率风险小并且易于规避；变现容易，价格稳定，因此再投资风险亦比较小；参与者信誉卓著，因而违约风险小；通胀风险和汇兑风险虽然难以避免，但其高效的流动性使投资者易于撤离市场，不至于被套牢；最后，一国的法律规章在短期内不会频繁变动，因而政治风险不大。

当然，风险通常与收益成正比，货币市场工具风险小，价格稳定，在为投资者带来稳定合理的利息收入或使投资者不至于遭受重大资产损失的同时，也不太可能为投资者带来丰厚利润或投资回报。

3.交易特征

与股票市场不同，货币市场并没有统一的、集中的交易场所（如证券交易所），它是一个无形市场，交易者主要通过互联网等现代电子通信工具进行交易。在这个市场上，速度是至为关键的因素，大多数交易也许仅需几秒钟，最多几分钟即可完成。市场套利机会只现于瞬时，稍纵即逝，而一旦把握，则回报也是即时实现的。

相比其他类型的市场，货币市场进入障碍小，工具庞杂，交易途径多，因而吸引了众多机构和个人投资者；在该市场中，价格稳定、流动性强、易变现，所以市场交易异常活跃；尤其值得一提的是，由于市场上充斥着各式各样的证券交易商、投资银行家和基金管理者，他们日夜守在屏幕之前搜寻套利机会，一旦良机出现，巨额资金即刻蜂拥而至，价格瞬间就会得到调整，因此，这一市场是效率最高的。

§2.2 同业拆借市场与回购协议市场

2.2.1 同业拆借市场

1.同业拆借市场的定义

同业拆借市场，也称同业拆放市场，是指金融机构之间以货币借贷方式进行短期资金融通的市场。同业拆借的资金主要用于弥补银行短期资金的不足，票据清算的差额以及解决临时性资金短缺需要。由于同业拆借市场交易量大，能敏感地反映资金供求关系和货币政策意图，影响货币市场利率，因此，同业拆借市场是货币市场体系的重要组成部分。

2.同业拆借市场的形成与发展

同业拆借市场最早出现于美国，其形成的根本原因在于法定存款准备金制度的实施。按照美国《联邦储备法》的规定，加入联邦储备银行的会员银行，必须按存款数额的一定比例向联邦储备银行缴纳法定存款准备金。而由于清算业务活动和日常收付数额的变化，总会出现有的银行存款准备金多余、有的银行存款准备金不足的情况。存款准备金多余的银行需要把多余部分投放出去，以获得利息收入，而存款准备金不足的银行又必须设法借入资金以弥补准备金缺口，否则就会因延缴或少缴准备金而受到中央银行的处罚。在这种情况下，存款准备金多余和不足的银行，在客观上需要互相调剂。于是，1921年在纽约形成了以调剂联邦储备银行会员银行的准备金头寸为内容的联邦基金市场。在英国，伦敦同业拆借市场的形成，则是建立在银行间票据交换过程的基础之上。

在经历了20世纪30年代的"大萧条"之后，西方各国普遍强化了中央银行的作用，相继引入法定存款准备金制度作为控制商业银行信用规模的手段，与此相适应，同业拆借市场也得到了较快发展。在经历了长时间的运行与发展之后，当今西方国家的同业拆借市场，与形成之初相比，无论在交易内容、开放程度方面，还是在融资规模等方面，都发生了深刻的变化。拆借交易不仅仅发生在银行之间，还扩展到银行与其他金融机构之间。拆借已不仅仅限于补足存款准备和轧平票据交换头寸，还包括银行相互之间的存款以及证券交易商和政府拥有的活期存款，金融机构如在经营过程中出现暂时的、临时性的资金短缺，也可进行拆借。更重要的是，同业拆借已成为银行实施资产负债管理的有效工具。由于同业拆借的期限较短，风险较小，许多银行都把短期闲置资金投放于该市场，以利于及时调整资产负债结构，保持资产的流动性。特别是那些市场份额有限，承受经营风险能力脆弱的中小银行，更是把同业拆借市场作为短期资金经常性运用的场所，力图通过这种做法提高资产质量、降低经营风险、增加利息收入。

同业拆借市场交易程序简单快捷，借贷双方可通过电话直接联系，或与市场中介联系，在借贷双方就贷款条件达成协议后，贷款方可直接或通过代理行经中央银行的电子资金转账系统将资金转入借款方的资金账户，转账程序数秒内即可完成。归还贷款也用同样方式划转本金和利息，有时利息的支付也可通过向贷款行开出支票的方式进行。

总的来说，同业拆借市场有以下几个特征：（1）融通资金期限短，流动性高。（2）利率由供求双方议定，随行就市。（3）具有严格的市场准入条件。同业拆借一般在金融机构或指定的某类金融机构之间进行，而非金融机构或非指定的金融机构，不能进入同业拆借市场。（4）技术先进、手续简便，成交时间短。（5）信用交易且交易数额较大。在同业拆借市场上进行资金借贷或融通，一般不需要以担保或抵押品作为借贷条件，完全是一种信用交易关系，双方都以自己的信用担保，严格遵守交易协议。

3.同业拆借市场的参与者

同业拆借市场的主要参与者是商业银行，它既是主要的资金供应者，又是主要的资金需求者。由于同业拆借期限短、风险小，许多银行都愿意把短期闲置资金投放于该市场，以便及时调整资产负债结构，保持资产的流动性。

非银行金融机构如证券经纪商、互助储蓄银行、储蓄贷款协会等也是同业拆借市场的重要参与者。它们大多以贷款人的身份出现在市场上，但有时也是资金的需求方,譬如券商办理短期拆入业务时。此外,外国银行的代理机构和分支机构也是同业拆借市场的参与者。市场容量的扩大使市场功能不断扩大,并促使各种金融机构的横向联系日益紧密。

同业拆借交易有时是通过市场中介来完成的。同业拆借市场中介指的是那些为资金拆入者和资金拆出者联系交易以赚取手续费的经纪商,包括两类:一是专门从事拆借市场及其他货币市场中介业务的专业经纪商;二是非专门从事拆借市场中介业务的兼营经纪商,大多由商业银行担任,它们不仅充当经纪商,自己也参与市场交易。

4.同业拆借市场的利率及期限

同业拆借市场的拆借期限以1~2日最为常见,最短的是隔夜拆借。拆借期限一般不会超过1个月,但少数拆借的交易期限也有可能长达1年。同业拆借款项按日计息,拆借利息与拆借本金的比率称为拆息率。拆息率每天都有变化,甚至每时每刻都发生着变化,灵敏地反映着货币市场资金的供求状况。在国际货币市场上较有代表性的拆息率有以下四种:伦敦银行间同业拆借利率、新加坡银行间同业拆借利率、香港银行间同业拆借利率、美国联邦基准利率。

我国于2007年1月1日推出了上海银行间同业拆借利率(SHIBOR)。SHIBOR是由信用等级较高的银行自主报出的人民币同业拆出利率计算确定的算术平均利率,是单利、无担保、批发性利率。目前,对社会公布的SHIBOR品种包括隔夜、1周、2周、1个月、3个月、6个月、9个月及1年。2013年6月20日(结息日),上海银行间同业拆借市场爆发了流动性风险,隔夜SHIBOR曾创下了13.44%(年化)的历史高点。为了拓展银行业存款类金融机构的融资渠道,2013年12月,中国人民银行发布了《同业存单管理暂行办法》,推动了同业存单市场的发展。图2-1为2006年至2021年底我国SHIBOR(隔夜)走势图。

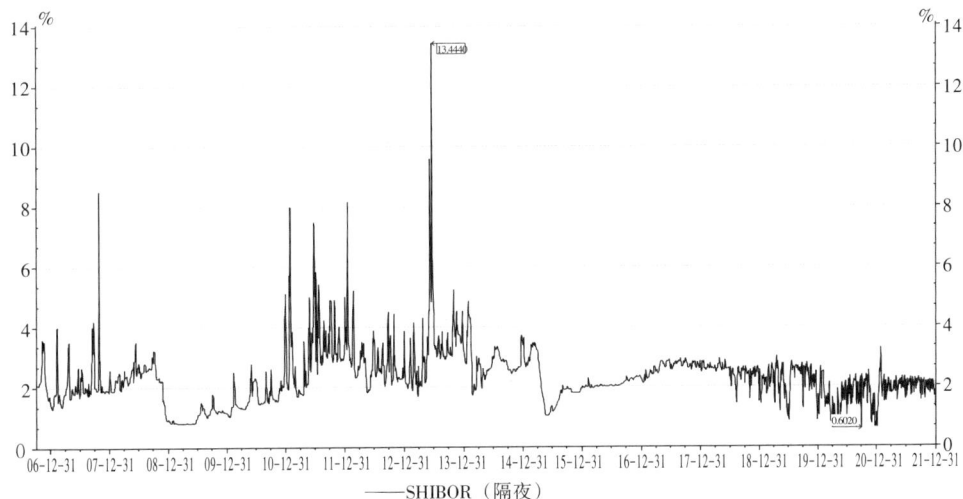

图2-1 2006年至2021年底我国SHIBOR(隔夜)走势图

2.2.2 回购协议市场

1.回购协议市场的定义

回购协议市场是通过回购协议（repurchase agreement）进行短期资金融通交易的场所，市场活动由（正）回购与逆回购组成。这里的回购协议是指资金融入方在出售证券的同时和证券购买者签订的、在一定期限内按约定价格购回所卖证券的协议。通过回购，回购方可获取即时资金，因而从本质上说，回购协议是一种抵押贷款，其抵押品就是证券。在此，应把握两点：（1）虽然回购交易是以签订协议的形式进行交易的，但协议的标的物却是证券。（2）我国回购协议市场上回购协议的标的物是经中国人民银行批准的，可用于在回购协议市场进行交易的政府债券、中央银行债券及金融债券。

回购协议市场是从以下几个方面吸引投资者的。（1）该市场为拥有暂时闲置资金的短期投资者提供投资获利的可能。实际上，大量的回购协议交易属于隔夜回购。隔夜回购的利率通常比基准利率低，尽管利率很低，但对那些暂时闲置资金数额巨大但又无法进入同业拆借市场的投资者来说，总比没有回报要好。（2）在拥有暂时闲置资金数量每日不定的情况下，投资者可通过滚动隔夜回购的办法来有效地管理可能的闲置资金。

2.回购协议市场的历史与发展

将回购协议市场发展壮大的是美国。1969年，美国联邦储备委员会规定：银行运用政府债券进行回购协议形成的资金来源，可以不受法定存款准备金的限制。这进一步推动了银行踊跃参与回购协议交易，并将回购协议的内容主要集中到国库券和地方政府债券。从20世纪60年代开始，当通货膨胀的阴云开始笼罩整个西方世界时，回购协议市场却迎来了意想不到的黄金时期。随着市场利率的上升，大多数公司的财务主管们急于为手中掌握的短期资金寻找妥当的投资场所。企业的积极参与也为回购协议市场带来了大批投资者。

除了工商企业和商业银行以外，美国各级地方政府也是回购协议市场的积极参与者。因为按照美国法律的规定，美国各级地方政府的闲置资金必须投资于政府债券或者以银行存款的形式持有，并且要保证资金的完整性。在以前，这极大地限制了地方政府在财务上的灵活性。回购协议市场的出现正好提供了既满足必须投资于政府债券的限制，又能保障还款的投资渠道。因此政府成为该市场的积极参与者。

目前，美国的回购协议市场依然是世界上规模最大的回购协议市场。拥有数万亿美元短期资金的共同基金是这个市场上的最大投资者。

3.回购协议市场的交易机制

回购协议市场的参与者主要是金融机构和企业，它们既是买者（资金贷出方），又是卖者（资金借入方）。回购协议市场是无形市场，交易通过电信网络来完成。大多数交易在资金贷出方和资金借入方之间直接进行，但也有少数交易通过市场专营商进行。这些专营商大多为证券交易商，它们同需要资金的一方签订回购协议，并同供应资金的一方签订逆回购协议。

商业银行和证券交易商是回购协议市场的主要资金借入方。银行利用回购协议市场筹措短期资金，相对其他方式具有两大明显优势：一是银行持有大量的政府债券和政府代理机构债券，这些都是回购协议项下的优质抵押品。二是银行利用回购协议所取得的资金不需要缴纳存款准备金。回购协议中的资金贷出方很多，如非银行金融机构、地方政府、存款机构、外国银行及外国政府等。其中，资金实力雄厚的非银行金融机构最为重要，如货币市场共同基金。对于中央银行来说，可以通过回购交易进行公开市场操作。

回购协议一经签订，即意味着资金借入方承诺向资金贷出方出售政府债券、政府代理机构债券或其他证券以换取即时可用的资金；待协议期满，再用即时可用资金做相反交易。从表面上看，这是两笔方向相反的证券买卖交易，而实际上是以证券作为抵押的短期借贷。回购协议的期限从 1 日至数月不等，期限 1 日则称为隔夜回购，长于 1 日则统称期限回购。证券出售方应在协议到期日按约定价格加一定利息购回该证券，而不管证券在此期间内是升值还是贬值。

回购协议分为质押式回购和买断式回购两种类型。（1）质押式回购是交易双方以债券为权利质押所进行的短期资金融通业务。在质押式回购交易中，资金借入方（正回购方）在将债券出质给资金贷出方（逆回购方）融入资金的同时，双方约定在将来某一日期由正回购方向逆回购方返还本金和按约定回购利率计算的利息，逆回购方向正回购方返还原出质债券。（2）买断式回购又称开放式回购，它与质押式回购的主要区别在于标的券种的所有权归属不同。在质押式回购中，贷出方（逆回购方）不拥有标的券种的所有权而只拥有质押权，在回购期内，贷出方无权对标的债券进行处置。而在买断式回购中，贷出方拥有标的券种的所有权，有权对标的证券进行处置。2021 年，我国银行间货币市场回购协议成交金额 1 045.2 万亿元，其中质押式回购成交 1 040.5 万亿元，占 99.55%，买断式回购仅成交 4.7 万亿元。

4.回购协议市场的交易定价及风险

回购利率是回购协议市场上的价格，回购协议市场的风险主要包括利率风险与信用风险。

（1）回购利率与利率风险。

在回购市场上，利率并不统一，其确定取决于以下因素：①用于回购的证券质地。证券信用等级越高，流动性越强，回购利率就越低。②期限长短。一般来说，期限越长，面临的不确定性因素越多，利率也会越高，因为实际利率可能会随时调整。③交割条件。如果采用实物交割，则回购利率较低，其他交割方式利率会相对高些。④货币市场中的其他子市场的利率水平，尤其是同业拆借市场利率。由于回购交易实际上是一种用高信用证券（主要是政府债券）作抵押的贷款方式，风险相对较小，因而其利率也相对较低。

（2）回购协议市场的信用风险。

尽管回购协议中使用的是高质量的抵押品，但是交易的双方也会面临信用风险。回购协议交易中的信用风险来源如下：如果到约定期限后交易商无力购回证券，客户就只能保留这些抵押品。如果债券利率上升，手中持有的证券价格就会下跌，客户所拥有的债券价值就会小于其借出的资金价值；如果债券的市场价值上升，交易商就又会担心抵押品的收回，因为这时其市场价值要高于贷款数额。

§2.3　票据市场

2.3.1　票据的定义与特点

票据是以无条件支付一定金额为基本效能的有价证券。它是按照法律规定的格式，载明收款人可于指定日期无条件向付款人收取款项，并可以流通转让的书面凭证，是金融市场上通行的结算和信用工具。根据其性质与特征的不同，票据有汇票、本票、支票三种形式，其中汇票是最重要的票据；根据出票目的的不同，票据又可分为商业票据和银行承兑汇票两种；在中国，还有一种特有的票据——中央银行票据。本节主要介绍商业票据市场、银行承兑汇票市场以及中央银行票据市场。

票据具有以下几个明显的特征：（1）票据是一种完全有价证券。票据的权利随票据的设立而设立，随票据的转让而转让。只有在权利行使之后，票据体现的债权债务关系才宣告结束。（2）票据是一种设权证券。票据所代表的财产权利，即一定金额的给付请求权，完全由票据的制成而产生。换言之，票据的制成并非用来证明已经存在的权利，而是创立一种新的权利。（3）票据是一种要式证券。票据的制成和记载事项必须严格依据法律规定进行，并且票据的签发、转让、承兑、付款、追索等行为的程序和方式也都必须依法进行。如果违反了法律规定，将会导致票据行为的无效或对票据权利产生影响。

票据是一种流通证券。票据权利可以通过一定的方式转让，一般包括背书或交付。票据债权债务关系的转让不需依照民法中有关债权转让的规定进行，从而使票据具有了高度的流通性。西方国家票据制度特别强调了这一点，英美等国就是以"流通证券"来描述票据的。一般来说，无记名票据通过交付就能转让，而记名票据转让时，则须经过背书。

2.3.2　商业票据市场

1.商业票据市场的定义

商业票据（Commercial Paper，简称 CP）是信誉卓著的大公司为了筹措资金，以贴现方式出售给投资者的一种短期无担保承诺凭证。美国的商业票据属本票性质，英国的商业票据则属汇票性质。由于商业票据没有担保，仅以信用作保证，因此能够发行商业票据的一般都是规模巨大、信誉卓著的大公司。

商业票据市场就是商业票据发行与交易的市场，即包括初级市场和二级市场。商业票据的发行者是非金融企业或非银行金融机构，存在直接发行与间接发行两种方式。商业票据信誉较高，收益率也较高。投资者买进商业票据以后，一般不在二级市场上卖出，而是等待期满后取得本息。因此，商业票据的二级市场并不活跃。

2.商业票据的历史及发展

商业票据是货币市场上历史最悠久的工具，最早可追溯至 19 世纪初。早期商业票据的发展和运用几乎都集中在美国，发行者主要是纺织品工厂、铁路、烟草公司等非金融性企业，购买者主要是商业银行。20 世纪 20 年代以后，商业票据的性质发生了变化，消费信贷公司主要通过发行商业票据来筹措资金。20 世纪 60 年代以后，美国商业票据的发行迅速增加，其原因主要有：（1）随着经济的持续增长，企业的规模与实力不断壮大，为了降低融资成本，很多企业选择了发行商业票据。（2）美联储体系实行从紧的货币政策，那些过去使用银行短期贷款的公司发现由于 Q 条例的限制，银行无法贷款给它们，于是转向商业票据市场寻找替代的资金来源。（3）银行为满足其日益扩张的资金需要与逃避 Q 条例的限制，自己发行商业票据。

历史上，商业银行是商业票据的主要购买者。但自 1950 年以来，由于商业票据风险较低、期限较短、收益较高，许多公司也开始购买商业票据。现在，该市场的主要投资者是保险公司、非金融企业、银行信托部门、地方政府、养老基金等，商业银行已退居次要地位，但在该市场仍具重要作用，这主要体现在代理发行、代为保管票据以及提供票据发行的信用额度支持等方面。由于许多商业票据是通过"滚动发行"偿还的，即发行新票据取得资金偿还旧票据，加之许多投资者选择商业票据时很看重是否有银行的信用额度支持，因此商业银行的信用额度支持对商业票据的发行影响极大。

20 世纪 80 年代以后，欧洲与日本等国家的商业票据市场得到了快速发展，并且出现了欧洲商业票据。美国商业票据与欧洲商业票据的差异如下：（1）美国商业票据的期限一般少于 270 天，最常见的是 30～50 天，而欧洲商业票据的时间则长一些；（2）美国发行者必须拥有未使用过的银行信用额度，而欧洲商业票据市场上则不需要这样的信用支持；（3）美国商业票据的发行既可采用直接发行，也可通过交易商销售，但欧洲商业票据的发行一般都是直接发行；（4）欧洲商业票据市场上的交易商多种多样，但美国则只有在市场上占据统治地位的少数几个；（5）欧洲商业票据期限较长，因而经常在二级市场上流通，而在美国投资者一般采取持有策略，流动性较差。

3.商业票据的交易机制

（1）发行者。商业票据的发行者包括金融性公司和非金融性公司。金融性公司主要有三种：附属性公司、与银行有关的公司及独立的金融公司。第一类公司一般附属于某些大的制造业公司，如附属于通用汽车公司的通用汽车承兑公司；第二类是银行控股公司的下属子公司；其他则为独立的金融公司。非金融性公司发行的商业票据较金融性公司偏少，发行所得主要解决企业的短期资金需求。商业票据的发行视经济及市场状况的变化而变化。一般说来，高利率时期发行数量较少，资金来源稳定时期、市场利率较低时，发行数量较多。

（2）销售渠道。商业票据的销售渠道有二：一是发行者通过自己的销售力量直接出售；二是通过商业票据交易商间接销售。

（3）面额及期限。在美国商业票据市场上，虽然有的商业票据的发行面额只有25 000美元或50 000美元，但大多数商业票据的发行面额都在100 000美元以上。在二级市场上，商业票据的最低交易数额为100 000美元。商业票据的期限较短，一般不超过270天。市场上未到期的商业票据平均期限在30天以内，大多数商业票据的期限在20天至40天之间。

（4）信用评估。美国主要有四家评级机构对商业票据进行评级，它们是穆迪投资服务公司、标准普尔公司、德莱·费尔普斯信用评级公司和费奇投资公司。商业票据的发行人至少要获得其中一个的评级，大部分获得两个。商业票据的评级和债券的信用评级一样，也分为投资级和非投资级。美国证券交易委员会（SEC）认可两种合格的商业票据：一级票据和二级票据。一般说来，要想成为一级票据，必须有两家评级机构对所发行的票据给予了"1"的评级，要成为二级票据则必须有一家给予了"1"的评级，至少还有一家或两家的评级为"2"。二级票据为中等票据，货币市场基金对其投资会受到限制。

（5）非利息成本。非利息成本包括：①信用额度支持费用。一般以补偿余额的方式支付，即发行者必须在银行账号中保留一定金额的无息资金，有时则按信用额度的0.375%～0.75%一次性支付。②代理费用，主要是商业银行代理发行及偿付的费用。③信用评估费用。

4.我国商业票据市场

2008年3月，中国人民银行发布了《银行间债券市场非金融企业债务融资工具管理办法》，允许非金融企业在银行间债券市场发行短期融资券融资。可见，我国的商业票据市场就是短期融资券市场。短期融资券按期限分为一般短期融资券和超短期融资券两种类型。一般短期融资券的期限在一年以内，而超短期融资券的期限在270天以内。根据wind的统计，2012年至2021年的10年间，一般短期融资券累计发行量达到67 397.5亿元，超短期融资券累计发行量达到244 875亿元。截至2021年底，一般短期融资券余额为5 160亿元，超短期融资券余额为18 398.5亿元。

2.3.3 银行承兑汇票市场

1.银行承兑汇票的定义

汇票是最常见的票据类型之一。《中华人民共和国票据法》规定，汇票是出票人签发的，委托付款人在见票时，或者在指定日期无条件支付确定的金额给收款人或者持票人的票据。

汇票涉及三个基本当事人，即出票人、收款人和付款人。其中，出票人是开立票据并将其交付给他人的商业企业。出票人对持票人承担票据在提示付款或承兑时必须付款或者承兑的保证责任。收款人即持票人，是凭汇票向付款人请求支付票据金额的人。付款人就是受出票人委托支付票据金额的人。

汇票经付款人在票面上承诺到期付款的"承兑"字样并签章后，就成为承兑汇票。承兑就是付款人承诺在汇票到期日支付汇票金额的票据行为。承兑人承担汇票不可撤销的第一性付款责任。由商业企业承兑的汇票为商业承兑汇票，由银行承兑的汇票即为银行承兑汇票。**银行承兑汇票就是银行在汇票上签章承诺付款的远期汇票，期限一般在6个月以内。**

承兑银行承担了不可撤销的第一性付款责任，实际上就是银行对企业的授信，因此，企业必须在银行开立存款账户并交纳承兑手续费。

银行承兑汇票产生于国际贸易，一般由进口商的国内银行开出信用证预先授权。现举例说明。

【例2-1】假设中国A企业要从美国进口一批汽车，并希望在60天后支付货款。A企业请求中国银行按购买数额开出不可撤销信用证（中国银行就成了开证行），然后寄给美国出口商。信用证中注明货物装运的详细要求并授权美国出口商按出售价格开出以中国银行为付款人的远期汇票。汽车装船后，出口商开出以中国银行为付款人的汇票，并经由美国通知将汇票连同有关单据寄往中国银行，要求承兑。中国银行审核无误后，在汇票正面加盖"承兑"图章，并填上到期日。承兑后，这张远期汇票便成为中国银行的不可撤销负债。中国银行承兑后将承兑过的汇票交由美国的通知行交还给开出汇票的出口商。出口商收到汇票后，可要求通知行贴现（即押汇），取得现款。美国通知行取得汇票后，可持有至到期日向中国银行收款，也可以将汇票拿到市场上出售。

在这里，需要把握的要点是：银行承兑的作用在于为汇票成为流动性票据提供信用保证。汇票是列明付款人和收款人的双名票据，经银行作为第三者承兑后则成为三名票据。承兑银行成为主债务人，而付款人则成为第二债务人。实际上，银行承兑汇票相当于对银行开列的远期支票。持票人可以在汇票到期时提示付款，也可以在未到期时向银行尤其是承兑银行要求贴现取得现款。银行贴进票据后，可以申请中央银行再贴现，或向其他银行转贴现，更一般的做法是直接卖给证券交易商，再由其转卖给其他投资者。银行承兑汇票最重要的投资者是商业银行和非银行金融机构。

2.银行承兑汇票市场

银行承兑汇票市场可以分为初级市场和二级市场。

（1）初级市场，即银行承兑汇票的发行市场，银行承兑汇票不仅在国际贸易中运用，也在国内贸易中运用。但总的来说，为国际贸易创造的银行承兑汇票占绝大部分。银行承兑汇票最常见的期限有30天、60天和90天等几种。单笔交易规模一般为10万美元和50万美元。因为承兑银行都是信誉卓著的大银行，所以银行承兑汇票的违约风险较小，但依然无法规避利率风险。

（2）二级市场，即银行承兑汇票市场的流通市场。银行承兑汇票被创造后，银行既可以自己持有当作一种投资，也可以拿到二级市场上背书转让。因此，银行承兑汇票二级市场的参与者主要是创造承兑汇票的承兑银行、市场交易商及投资者。二级市场上的银行大致可分为两个层次。第一层次是规模大、信用卓著的大银行，它们创造的银行承兑汇票最安全，市场性最强，因而利率（贴现率）最低。第二层次是规模相对较小的银行，它们创造的银行承兑汇票的利率通常要高于第一层次的银行承兑汇票的利率。

（3）价格。银行承兑汇票是一种贴现票据，它按低于票面金额的价格出售，在期满时按票面金额偿还，两者之间的差额就是利息。银行承兑汇票以年贴现率标价。

【例2-2】某投资者买进票面金额为100 000美元、期限为90天的银行承兑汇票，年贴现率为15%，这意味着该投资者得到的利息为：

100 000×15%×90/360=3 750（美元）

那么，他将支出96 250美元（100 000-3 750）买进银行承兑汇票，在期满时将得到按票面金额偿还的100 000美元。

3.银行承兑汇票市场的意义

同其他货币市场工具相比，银行承兑汇票在某些方面更能吸引储蓄者、银行和投资者，因此它是既受借款者欢迎，又为投资者青睐，同时也是银行所喜欢的信用工具。同时，银行承兑汇票市场也是中央银行积极参与的市场。

（1）从银行角度看。首先，银行运用承兑汇票可以增加经营效益。银行通过创造银行承兑汇票，不占用自己的资金就可以赚取手续费。由于银行承兑汇票拥有很大的二级市场，很容易变现，因此银行承兑汇票不仅不影响其流动性，而且提供了传统银行贷款所无法提供的多样化的投资组合。其次，银行运用承兑汇票可以增加其授信能力。一般各国银行法都规定了其银行对单个客户提供信用的最高额度（上限）。通过创造、贴现或出售符合监管要求的银行承兑汇票，银行对单个客户的授信可在原有的基础上有所增加。最后，各国银行法还规定出售合格的银行承兑汇票所取得的资金一般不必缴纳准备金。这样，在流向银行的资金减少的信用紧缩时期，这一措施将刺激银行出售银行承兑汇票，引导资金从非银行部门流向银行部门。

（2）从借款人角度看。首先，借款人利用银行承兑汇票较传统银行贷款的利息成本及非利息成本要低。要求银行承兑汇票的企业实际上就是借款者，它必须向银行交付一定的手续费。当它向银行贴现后，又取得现款，故其融资成本为贴息和手续费之和。传统银行贷款除必须支付一定的利息外，借款者还必须在银行保持超过其正常周转资金余额的补偿性最低存款额，这部分存款没有利息，构成企业的非利息成本。对比而言，使用传统银行贷款利息成本比运用银行承兑汇票的成本高。其次，借款者运用银行承兑汇票比发行商业票据筹资更为有利。能在商业票据市场上发行商业票据的都是规模大、信誉好的企业。许多借款者都没有足够的规模和信誉以竞争性的利率发行商业票据。这部分企业却可以运用银行承兑票据来解决资金上的困难。

（3）从投资者角度看。投资者最关心是投资的收益性、安全性和流动性。投资于银行承兑汇票的收益同投资于其他货币市场信用工具以及商业票据的收益不相上下。银行承兑汇票的承兑银行对汇票持有者承担不可撤销的第一性付款责任，汇票的背书人或出票人承担第二责任，即如果银行到期拒绝付款，汇票持有人还可向汇票的背书人或出票人追索。因此，投资于银行承兑汇票的安全性非常高。最后，质量一流的银行承兑汇票具有公开的贴现市场，可以随时转售，因而具有较高的流动性。

（4）从中央银行的角度看。中央银行参与银行承兑汇票市场主要是为创造汇票的银行提供信用保证。当银行信用不足时，可通过合格承兑汇票的再贴现获得中央银行的信用支持。所谓合格银行承兑汇票，是指符合中央银行再贴现要求的承兑汇票，其基本要求是银行承兑汇票必须为自偿性商业交易融资。中央银行买进银行承兑汇票有三条渠道：①通过再贴现贴进商业银行的合格承兑汇票；②预付银行承兑汇票担保的资金；③中央银行通过公开市场操作买卖银行承兑汇票。以上三项措施都会影响银行体系的总储备。

4.我国银行承兑汇票市场的发展

我国票据市场由银行承兑汇票市场和商业承兑汇票市场两部分组成，其中，银行承兑汇票市场是最重要的子市场。

1984年12月，中国人民银行发布《商业汇票承兑、贴现暂行办法》，决定在全国开展这项业务。1986年至1993年，银行承兑汇票市场曾达到了较大规模，但也出现了许多问题，如票据行为不规范、假票现象严重等，导致了资金体外循环和市场秩序比较混乱的局面。为此，1995年，全国人大审议通过了《中华人民共和国票据法》，并于1996年1月正式实施。

2000年至2009年，银行承兑汇票市场发展得一直比较平稳。但是，进入2010年，由于中央银行收紧了货币信贷政策，银行承兑汇票市场规模迅速扩大，下半年连续多月单月新增"未贴现银行承兑汇票"超过2万亿元。特别是，银行承兑汇票业务与委托贷款、信托贷款、同业理财等相互促进、交叉发展，推动了金融机构同业业务和影子银行的迅速膨胀。

2016年12月，中国人民银行发布了《票据交易管理办法》，批准成立了上海票据交易所。上海票据交易所是全国统一的票据交易平台，具备票据报价交易、登记托管、清算结算、信息服务等功能，承担中央银行货币政策再贴现操作等政策职能，是我国票据领域的登记托管中心、交易中心、风险防控中心、数据信息研究中心。上海票据交易所的成立，促进了我国银行承兑汇票市场规范且快速的发展。2017年以来我国票据市场的发展情况见表2-1。

表2-1 　　　　　中国票据市场发展情况（2017—2021）　　　　单位：万亿元

年份	承兑		贴现		转贴现	
	银行承兑汇票	商业承兑汇票	银行承兑汇票	商业承兑汇票	银行承兑汇票	商业承兑汇票
2017	11.12	1.90	6.31	0.65	41.77	2.72
2018	15.55	2.55	9.09	0.82	31.60	3.00
2019	17.36	3.02	11.52	0.94	35.87	2.95
2020	18.47	3.62	12.38	1.03	40.96	3.15
2021	20.35	3.80	13.80	1.22	42.07	4.87

数据来源：上海票据交易所网站。

2.3.4 中央银行票据市场

1.中央银行票据概述

中央银行票据简称央行票据，是中央银行为调节商业银行超额准备金而向商业银行发行的短期债务凭证，简称央行票据，其实质是中央银行债券。之所以叫"中央银行票据"，是为了突出其短期性特点（期限以3个月和12个月为主）。中央银行票据为中国所特有。

2.中央银行票据对市场的影响

作为中央银行调控货币市场的重要手段，央行票据主要会对市场产生以下几个方面的影响：

（1）央行票据是中央银行调节货币供应量和短期利率的重要工具。中央银行在公开市场操作中，引入银行票据替代回购品种，增加了公开市场操作的自由度。最开始，公开市场操作主要有回购和现券两大工具，但是由于财政部发行一年期以下的短期国债很少，因此现券操作品种为中长期固定利息债和浮息债。与短期国债相比，操作中长期债券的弊端在于：对债市的冲击过大，尤其是对中长期债券的利率影响过于直接；与货币政策操作的短期性要求会产生冲突；价格波动过大。而从实际效果来看，部分公开市场一级交易商过于注重通过公开市场现券操作博取价差收入，而忽视了对货币政策传导意图的理解。引入央行票据后，中央银行则可以利用这些票据或回购及它们的组合进行"余额控制，双向操作"。中央银行通过对票据进行滚动操作，增加了其公开市场操作的灵活性和针对性，加强了对短期利率的影响，增强了调节货币供应量的能力和执行货币政策的效果。近几年，中央银行货币政策工具有了很多创新，如MLF与LPR。

（2）如果形成每周操作的中央银行票据发行机制，可以为央行票据二级市场的交易提供基础。为使央行票据的作用得以充分发挥，促进二级市场流动性的提高，各主要机构也可能对关键期限品种（如 3 个月、6 个月和 1 年品种）进行连续报价。连续拍卖和报价机制一方面有助于票据二级市场的活跃，另一方面有助于构造出银行间市场的短期基准利率曲线，为回购、拆借和其他短期利率产品的定价提供参考。票据流动性将随新发行票据的数量增加而逐步改善。只有形成了央行票据的滚动发行机制，以及票据持有者结构的进一步多样化，才能使央行票据的二级市场交易逐步发展起来。

（3）商业银行可以通过参与公开市场操作或在二级市场买入等方式持有央行票据，以灵活调剂手中的头寸，减轻短期资金运用压力。

3. 中央银行票据市场的发展情况

2014 年，中国人民银行创设了中期借贷便利（MLF）这一新的货币政策工具，自此暂停发行新的央行票据。2019 年，为提升中小银行永续债的流动性，中国人民银行开展了央行票据互换（CBS）操作，重新启动了央行票据的发行，只是发行数量非常少。2019 年至 2021 年，3 年共发行 31 只央行票据，发行金额为 1 530 亿元。截至 2021 年底，央行票据存量为 3 只，余额仅为 150 亿元。

§2.4　大额可转让存单市场

2.4.1　大额可转让定期存单市场概述

大额可转让定期存单（negotiable certificates of deposits，简称 CDs），是由商业银行发行的、可以在市场上转让的存款凭证。大额可转让定期存单的期限一般为 14 天到 1 年，金额较大，一般最少为 10 万美元。其产生于 20 世纪 60 年代的美国。当时，市场利率因通货膨胀而不断上升，由于受 Q 条例的限制，美国的商业银行不能通过支付较高的市场利率筹措资金，同时，大公司为了增加临时闲置资金的利息收益，纷纷将资金投资于安全性较好，又具有一定收益的货币市场工具，如国库券、商业票据等，由此导致了资金的"脱媒"。为了扭转这种不利的局面，花旗银行率先设计了大额可转让定期存单这种短期的有收益票据来吸引企业的短期资金，其他商业银行纷纷效仿。此后，这一货币市场工具迅速在各大银行得到推广。

同传统的定期存款相比，大额可转让定期存单具有以下几点不同：（1）定期存款记名、不可流通转让；而大额定期存单则是不记名的、可以流通转让。（2）定期存款金额不固定，可大可小；而可转让定期存单金额较大，在美国向机构投资者发行的 CDs 面额最小为 10 万美元，二级市场上的交易单位为 100 万美元，但向个人投资者发行的 CDs 面额最小为 100 美元。（3）定期存款利率固定；而可转让定期存单利率既有固定的，也有浮动的，且一般来说比同期限的定期存款利率高。（4）定期存款可以提前支取，提前支取时要损失一部分利息；可转让存单不能提前支取，但可在二级市场流通转让。

大额定期存单一般由较大的商业银行发行，主要是由于这些机构信誉较高，可以相对降低筹资成本，且发行规模大，容易在二级市场流通。

2.4.2 大额可转让定期存单的种类

1.国内存单

国内存单是由美国国内银行发行的，是历史最悠久且最为重要的一种存单。存单上注明存款的金额、到期日、利率及利息期限。国内存单的期限由银行和客户协商确定，常常根据客户的流动性要求灵活安排，期限一般为30天到12个月，也有超过12个月的。流通中未到期的国内存单的平均期限为3个月左右。一级市场上国内存单的利率一般由市场供求关系决定，也有由发行者和存款者协商决定的。利息的计算通常按距到期日的实际天数计算，1年按360天计。利率又有固定和浮动之分。国内存单以记名方式或无记名方式发行，但大多数是以无记名方式发行。

2.欧洲美元存单

欧洲美元存单是美国境外银行（外国银行和美国银行在外的分支机构）发行的以美元为面值的一种可转让定期存单。欧洲美元存单市场的中心在伦敦，但欧洲美元存单的发行范围并不仅限于欧洲。

3.扬基存单

扬基存单也叫"美国佬"存单，因为美国人曾被叫做"扬基（Yankee）"。扬基存单是外国银行在美国的分支机构发行的一种可转让的定期存单。其发行者主要是欧洲和日本等地著名的国际性银行在美分支机构。扬基存单期限一般较短，大多在3个月以内。外国银行发行扬基存单之所以能在美国立足基于如下两个方面的原因：一是这些银行持有美国执照，增加了投资者对扬基存单的安全感。二是其不受联储条例的限制，无法定准备金要求，使其同国内存单在竞争上具有成本优势。因为外国银行在美国发行证券一般都比美国国内银行支付更高的利息，但由于扬基存单在准备金上的豁免，使得其成本同国内存单的成本不相上下，甚至更低。

4.储蓄机构存单

这是较晚出现的一种存单，它是由一些非银行金融机构（储蓄贷款协会、互助储蓄银行、信用合作社）发行的一种可转让定期存单。其中，储蓄贷款协会是主要的发行者。储蓄机构存单或因法律上的规定，或因实际操作困难而不能流通转让，因此其二级市场规模很小。

5.我国的大额存单

2015年6月，中国人民银行公布了《大额存单管理暂行办法》，我国大额可转让存单自此诞生。大额存单的发行主体为银行业存款类金融机构，包括商业银行、政策性银行、农村合作金融机构以及中国人民银行认可的其他金融机构等。大额存单发行对象分个人和机构投资者两类。个人投资者认购的大额存单起点金额不低于30万元，机构投资者则不低于1 000万元。大额存单期限包括1个月、3个月、6个月、9个月、1年、18个月、2年、3年和5年共9个品种。

2.4.3 大额可转让存单市场的交易机制

1. 利率和期限

20 世纪 60 年代，可转让存单主要以固定利率的方式发行，这在利率稳定的当时深受投资者欢迎。但 20 世纪 60 年代后期开始，金融市场利率波动加剧并趋于上升，在这种情况下，投资者都希望投资于短期的信用工具，可转让存单的期限大大缩短。20 世纪 60 年代存单的期限为 3 个月左右，70 年代以后缩短为 2 个月左右。另外，还出现了滚动存款单据（roll-over CDs）。

2. 风险和收益

对投资者来说，可转让存单的风险有两种：一是信用风险；二是市场风险。信用风险指发行存单的银行在存单期满时无法偿付本息的风险。在美国，虽然一般的会员商业银行必须在联邦存款保险公司投保，但由于存单发行面额大，而每户存款享受的最高保险额只有 10 万美元，因此存单的信用风险依然存在。市场风险指的是存单持有者急需资金时，难以将存单在二级市场上立即出售变现或不能以较合理的价格出售。尽管可转让存单的二级市场非常发达，但其发达程度仍比不上国库券市场，因此并非完全没有市场风险。一般地说，存单的收益取决于三个因素：发行银行的信用评级、存单的期限及存单的供求量。当然，收益和风险的高低也紧密相连。可转让存单的收益一般要高于同期的国库券收益，原因在于：国库券信用风险低并且具有免税优惠，而且国库券市场的流动性也比存单市场高。在以上四种存单中，欧洲美元存单的利率高于国内存单（一般高 0.2% ~ 0.3%），欧洲美元存单的利率也略高于扬基存单的利率。

3. 大额可转让定期存单的投资者

大公司是大额可转让存单的最大买主。对于公司来说，在保证资金流动性和安全性的情况下，其现金管理目标就是寻求剩余资金收益的最大化。由于大额可转让定期存单市场的高流动性，加上可观的收益率，故公司可将剩余资金投资于存单，并将存单的到期日同各种固定的预期支出的支付日期联系起来，到期以存单的本息支付。至于一些意外的资金需要，则公司可在二级市场上出售存单来获取资金。金融机构也是存单的积极投资者。货币市场共同基金在存单的投资上占据着很大的份额，其次是商业银行和银行信托部门。银行可以购买其他银行发行的存单，但不能购买自己发行的存单。此外，政府机构、外国政府、外国中央银行及个人也是存单的投资者。

4. 大额可转让定期存单价值

对许多投资者来说，大额可转让定期存单既有定期存款的较高利息收入的特征，同时又有活期存款可随时获得兑现的优点，是追求稳定收益的投资者的一种较好选择。对银行来说，发行存单可以增加资金来源，而且由于这部分资金可视为定期存款而能用于中期放款。发行存单的意义不仅在于增加银行存款，更主要是由发行存单所带来的对银行经营管理方面的作用。存单发行使银行在调整资产的流动性及实施资产负债管理上拥有了更灵活的手段。存单市场的流动性在很大程度上是通过存单交易商维持的。存单交易商的功能主要有两个：一是以自己的头寸买进存单后再零售给投资者；二是支持存单的二级市场——为存单的不断买卖创造市场。由于存单较国库券的风险要大，因而以存单做抵押进行回购协议交易时，买回存单的价格要高于买回短期国库券的价格。

2.4.4 大额可转让定期存单的计算

大额可转让定期存单是按票面金额的百分比标价的。例如，假定存单的标价是98.25，这意味着该存单的价格是票面金额的98.25%。存单的利息通常按"存款天数/360"方法计算。购买平价存单以后，在期满时可以得到的利息是：

平价存单期满时的利息=本金×年利率×存款天数÷360

在期满时得到的本息是：

平价存单期满时的本息=本金×（1+年利率×存款天数÷360）

购买贴现存单以后，在期满时可以得到的利息是：

贴现存单期满时的本息=票面金额×年贴现率×存款天数÷360

在期满时得到的本金则是票面金额。

【例2-3】某投资者购买了票面金额为100万美元、年利率为15%、期限为180天的存单。他在期满时得到的利息是：

1 000 000×15%×180÷360 = 75 000（美元）

本息和则为：

1 000 000×（1+15%×180÷360）=107 5000（美元）

又如，某投资者购买票面金额为100万美元，年贴现率为15%，期限为90天的存单。他支付的本金是：

1 000 000×（1-15%×90÷360）=962 500（美元）

在期满时他得到的利息是：

1 000 000×15%×90÷360 = 37 500（美元）

或   1 000 000-962 500 = 37 500（美元）

2.4.5 同业存单

2013年12月，中国人民银行发布了《同业存单管理暂行办法》，允许银行业存款类金融机构法人在全国银行间市场上发行同业存单，拓宽了银行业存款类金融机构的融资渠道。

同业存单就是存款类金融机构在全国银行间市场上发行的记账式定期存款凭证，是一种货币市场工具。同业存单的发行主体为存款类金融机构，主要是股份制商业银行、城市商业银行等，投资和交易主体为全国银行间同业拆借市场成员、基金管理公司及基金类产品。2013年以来，同业存单发行规模迅速增多，见表2-2。

表2-2　　　　　　　　我国同业存单历年发行情况（2013—2021）

年份	票面利率（%）	浮息债票面利差（%）	实际发行总额（亿元）	发行只数
2013年	5.2035		340.00	10
2014年	4.6567		8 985.60	973
2015年	3.6304	0.262347	52 888.70	5 911
2016年	3.0926	0.167249	129 461.30	16 341
2017年	4.5961	0.275635	200 982.20	26 810
2018年	4.0177	0.196147	210 976.10	27 283
2019年	3.0673	0.110047	179 197.94	27 783
2020年	2.6792	0.137512	189 766.60	28 619
2021年	2.7858	0.118760	217 972.00	29 955

　　同业存单的发行利率、发行价格等以市场化方式确定。其中，固定利率存单期限原则上不超过1年，包括1个月、3个月、6个月、9个月和1年，参考同期限上海银行间同业拆借利率定价。浮动利率存单以上海银行间同业拆借利率为浮动利率基准计息，期限原则上在1年以上，包括1年、2年和3年。截至2021年底，同业存单存量为16 522只，余额达到13.89万亿元。

§2.5　短期政府债券市场

2.5.1　短期政府债券及其市场特征

1.短期政府债券的定义

　　短期政府债券，是政府部门作为债务人承担到期偿付本息责任，期限在1年以内的债务凭证。 在发达国家，短期政府债券主要指的就是国库券（T-Bills）。

2.短期政府债券的市场特征

　　（1）违约风险小。由于国库券是国家的债务，因而它被认为是没有违约风险的。相反，即使是信用等级最高的其他货币市场票据，如银行承兑汇票、可转让存单等，都存在一定的风险，尤其在经济衰退时期。国库券无违约风险的特征增加了对投资者的吸引力，国库券利率也被市场理解为无风险利率。

　　（2）相比其他政府债券，国库券的面额相对较小。以美国为例，1970年以前，国库券的最小面额为1 000美元。1970年初，国库券的最小面额升至1 000~10 000美元，目前为10 000美元。其面额远远低于其他货币市场票据的面额（大多为10万美元）。对许多小投资者来说，国库券通常是他们能直接从货币市场购买的唯一有价证券。

（3）流动性强。国库券的另一个显著特征就是其超强的流动性。这一特征使得国库券能在交易成本较低及价格风险较低的情况下迅速变现。国库券之所以具有这一特征，是由于它是一种在高组织性、高效率和在竞争市场上交易的短期同质工具（short-term and homogeneous instrument）。

（4）收益免税。由于国库券属于政府债券，所以可以享受免税待遇，从而增大了国库券对投资者的吸引力。

2.5.2　短期政府债券市场的运行机制

1.短期政府债券的发行

在发达国家，短期政府债券通过拍卖方式发行，具体有两种形式：

（1）竞价方式。采用竞价方式时，机构投资者报出认购国库券的数量和价格，每个认购者可多次报价，并根据不同的价格决定认购数量。竞价方式多为同市场联系密切的机构投资者使用，它们认购国库券中的绝大部分。

（2）非竞价方式。采用非竞价方式时，由投资者报出认购数量，并同意以公认的竞价平均价格购买。采用非竞价方式的多为个人及其他小投资者。因为这样他们可以避免竞价方式的风险：他们不会因报价太低而丧失购买机会，也不会因报价太高而承担高成本认购的风险。非竞价方式认购的国库券数额较少，通常低于总拍卖额的15%。

国库券通过拍卖方式发行，具有两大优点：一是在传统的认购方式下，财政部事先设置好发行证券的息票和价格，实际上在出售之前就决定了发行收益，若认购金额超过发行额，可足额发行；若认购金额少于发行金额，则只能部分发行。而采用拍卖方式，较认购方式简单，耗时也少。在拍卖过程中，市场决定收益，因而不存在发行过多或不足的问题。财政部仅决定国库券的供应量，其余皆由市场决定。二是采用拍卖方式发行，也为财政部提供了灵活的筹资手段。因为财政部负债中的少量变化可简单地通过变动每周拍卖中的国库券的供应来实现。

2.短期政府债券的投资者

在发达国家的短期政府债券市场上，最主要的投资者包括个人、商业银行、外国投资者、中央银行及其他投资者。

（1）个人。以美国为例，20世纪60年代中期以后，个人已成为国库券的大宗投资者。20世纪70年代末期前，面额较小的国库券是个人投资者唯一可投的货币市场投资工具。但此后的市场变化大大扩大了小额资金投资者的短期投资选择范围，从而使个人购买国库券的比例有所降低。一是Q项条例修改后允许存款机构提供6个月期的"货币市场存单"（money market certificates），其利率按存款时6个月期的国库券利率加0.25%计算。二是货币市场共同基金的迅速发展，为投资者提供接近现行货币市场利率的收益，而资金份额低至1 000～5 000美元。

（2）商业银行。商业银行持有的国库券数量与个人持有量呈反方向变化。在经济活动强盛和利率上升时期，银行对国库券的投资一般下降；在经济活动疲软时期，银行则大量增加其国库券的持有量。银行投资于国库券除了单纯的收益目的外，还因为国库券可以作为银行的"第二准备金"。银行持有国库券，只损失少许流动性，便可将超额储备迅速变成可盈利资产；反之，当银行出售国库券时，又可以获得额外资金用以贷款或满足合理的储备需求。

（3）外国投资者。由于美元可以作为国际储备货币的特性，因此，许多外国政府及商业银行都愿意持有一定比例的美国国库券，以兼顾储备的流动性及盈利性。

（4）中央银行。政府短期债券尤其是国库券在货币政策的施行中正起着越来越重要的作用。中央银行一般通过调节商业银行的储备水平来完成货币供应指标。在金融市场比较发达的市场经济国家，中央银行影响商业银行的头寸基本上通过短期政府债券的买卖来进行。另外，政府短期债券的发行可以反映政府部门的意图，而中央银行通过买卖政府债券进行公开市场操作，一方面以政府债券为基础，另一方面也可以配合财政政策的实施。

（5）其他投资者。国库券的其他投资者还包括地方政府、非银行金融机构和非金融企业。由于金融市场上供投资者选择的金融工具日益增多，投资渠道趋于多样化，因此，在这些机构的投资组合中，国库券所占比例呈现日趋下降的态势。

3.国库券的收益与报价

国库券的收益率一般以银行贴现收益率（bank discount yield）表示，其计算方法为：

$$Y_{BD} = \frac{10\,000 - P}{10\,000} \times \frac{360}{t} \times 100\%$$

其中：Y_{BD} 为银行贴现收益率；P 为国库券价格；t 为距到期日的天数。在公式中之所以用 10 000 是因为国库券的面额一般为 10 000 美元。

【例2-4】一张面额 10 000 美元、售价 9 800 美元、到期期限 182 天（半年期）的国库券，其贴现收益率为：

［（10 000－9 800）/10 000］×360/182×100%＝3.96%

若我们已知某国库券的银行贴现收益率，我们就可以算出相应的价格，其计算方法为：

$$P = 10\,000 \times [1 - Y_{BD} \times (t/360)]$$

实际上，用银行贴现收益率计算出来的收益率低估了投资国库券的真实年收益率。真实年收益率指的是所有资金按实际投资期所赚的相同收益率再投资的话，原有投资资金在一年内的增长率，它考虑了复利因素。其计算方法为：

$$Y_E = [1 + (\frac{10\,000 - P}{P})]^{365/t} - 1$$

其中：Y_E 为真实年收益率。

在例2-4中，该国库券的真实年收益率为：

$$Y_E = [1 + (\frac{10\,000 - 9\,800}{9\,800})]^{365/182} - 1 = 4.13\%$$

从以上计算可以看出，银行贴现收益率低估了国库券的真实收益率。与真实年收益率相比，银行贴现收益率存在三个问题：首先，在折算为年利率时，银行贴现收益率用的是360天而不是365天。其次，它用单利计算法而不是复利计算法。最后，贴现公式中的分母用的是面额而不是投资额。

由于在实践中期限小于1年的大多数证券的收益率都是按单利计算的，因此《华尔街日报》在国库券行情表的最后一栏中所用的收益率既不是银行贴现收益率，也不是真实年收益率，而是债券等价收益率。其计算方法为：

$$Y_{BE} = \frac{10\,000 - P}{10\,000} \times \frac{360}{t} \times 100\%$$

其中：Y_{BE}为债券等价收益率。

债券等价收益率考虑了365天（如遇闰年年份，公式中的365则为366天）和分母应为投资额的问题，但未考虑复利问题。例2-4中国库券的债券等价收益率为：

[(10 000 - 9 800)/9 800]×365/182×100%=4.09%

可见，债券等价收益率低于真实年收益率，但高于银行贴现收益率。

2.5.3 我国的短期政府债券市场

1981年1月，国务院公布了《中华人民共和国国库券条例》，财政部开始发行国库券。该条例规定，国库券不得当作货币流通，不得自由买卖，还本付息期限为5年。可见，当时的国库券实际上就是中长期国债。

在其后的多年里，我国的国库券主要通过行政手段定额分配出售，定额分配按各省（自治区、直辖市）收入多少向其分摊国库券。然后由各省（自治区、直辖市）将分配到的国库券摊派给下一级政府，再由该级政府摊派给其管辖范围内的国有企业。国有企业再将购买国库券的责任转嫁到企业职工身上，用国库券（或本应由国有企业购买的一部分债券）取代部分工资。因此，1995年以前，75%的已发行国库券由"个人"持有。政府通过激发人们的爱国热情呼吁人们购买并持有国库券，同时也确实通过将国库券的收益率提高到比银行存款利率高出1到2个百分点的办法，使得国库券对投资者更具吸引力。

进入20世纪90年代，政府开始尝试通过承购包销和公开招标拍卖方式销售国库券，但是这些方法在90年代中期前并没有取代行政摊派。从行政摊派到承购包销和竞争性的招标拍卖的转变导致了国库券投资者的多样化，尤为重要的是机构投资者参与的增多。除商业银行外，非银行金融机构主要包括信用合作社、信托投资公司、证券公司、保险公司和基金公司。另外，还有特殊结算成员，包括中国人民银行、财政部和三家政策性银行。其中，商业银行是国库券的主要持有者，所持有的国库券约占总额的3/4。

1994年，我国政府发行了期限在1年以内的国库券，这是真正的短期政府债券。但是，到了1997年因种种原因减缓了国库券的发行步伐。特别是，自2003年以来，1 年或 1 年以下的短期政府债券几乎全部为中国人民银行所发行的央行票据所替代。原因是中国人民银行发现市场中缺少短期国债品种而无法对冲大量增加的外汇占款，被迫自己发行债券出售给国有商业银行，从而吸收银行系统中由于中国人民银行过度干预外汇市场而造成的过剩流动性。

§2.6 货币市场共同基金

2.6.1 货币市场共同基金概述

货币市场共同基金（money market fund，MMF）也称货币市场基金或货币基金，是一种特殊类型的共同基金，它可以使基金管理人将许多零散的机构及个人投资者的资金汇集起来，再投资于货币市场工具（如国库券、商业票据和银行承兑汇票等）。

货币市场共同基金最早出现于 1971 年的美国，是金融创新的典型产物。20 世纪 70 年代初，美国对商业银行与储蓄银行提供的大部分存款利率均进行管制，而货币市场工具则执行浮动利率，但许多中小投资者无法进入货币市场（因有最低交易额规定），货币市场共同基金则在这一状况下应运而生。到了 20 世纪 70 年代末，由于持续的高通货膨胀导致市场利率激增，货币市场工具如国库券和商业票据的收益率超过了 10%，远远高于银行与储蓄机构为储蓄存款和定期存款所支付的 5.5% 的利率上限。随着储蓄机构的客户不断地从储蓄存款和定期存款中抽出资金投向收益更高的货币市场共同基金，货币市场共同基金的总资产迅速扩大，并在资产总额上超过了股票和债券共同基金。因此，货币市场共同基金的迅速发展是市场利率超过银行和其他存款机构管制利率的产物。同时货币市场共同基金迅速发展并且保持活力的原因还在于所受管制较少，货币市场共同基金没有法定的利率上限，而且对提前取款也没有罚款。

2.6.2 货币市场共同基金的发行与运作

1.货币市场共同基金的发行

货币市场共同基金是一种开放型基金，即其基金份额可以随时购买和赎回。当符合条件的基金经理人设立基金的申请经有关部门许可后，他就可着手基金份额的募集。投资者认购基金份额与否一般依据基金的招募说明书来加以判断。基金的发行方式有公募与私募两种。

货币市场共同基金的初次认购按面额进行，一般不收或收取很少的手续费。由于开放型基金的份额总数是随时变动的，因此，货币市场共同基金的交易实际上是指基金购买者增加持有或退出基金的选择过程。其购买或赎回价格按基金前一交易日结束后的净资产值来计算。

2.货币市场共同基金的主要特征

货币市场共同基金是专门投资于货币市场工具的基金。与一般的基金相比，除了具有一般基金的专家理财、分散投资等特点外，货币市场基金还具有其他特征：

（1）基金的初次认购按面额进行，一般不收或收取很少的手续费。一般开放型基金的份额总数是随时变动的，但货币市场基金与其他投资于股票等证券交易的开放型基金不同，其购买或赎回价格所依据的净资产值是不变的，货币市场基金的重要特征就是标准化，其面值始终为1元。同时，对基金所分配的盈利，基金投资者可以选择是转换为新的基金份额还是领取现金两种方式中的一种。一般情况下，投资者会用投资收益再投资，增加所持基金的份额。由于货币市场基金的净资产值是固定不变的，因此，衡量该类基金表现好坏的标准就是其投资收益率。

（2）货币市场共同基金主要投资于货币市场中高质量的证券组合，包括国库券、央行票据、大额可转让定期存单、银行承兑汇票、同业存单等。货币市场基金是规避利率管制的一种金融创新，其产生的最初目的是给投资者提供稳定或高于商业银行等存款类金融机构存款利率的市场利率水平。因此，货币市场基金产生之后，就在各种短期信用工具中进行选择组合投资。由于一些货币市场基金为追求高回报而投资于高风险的证券，导致其发生巨额亏损，损害了投资者的利益，监管层因而要求货币市场基金提高在顶级证券上的投资比例。这里，所谓的顶级证券是指由一些全国性的证券评级机构中的至少两家评级在其最高的两个等级之中的证券。由于货币市场基金投资的高质量证券具有流动性高、收益稳定、风险小等特点，而资金较少的小投资者除了在货币市场上可以购买短期政府债券外，一般不能直接参与货币市场交易。货币市场基金的出现满足了一部分小额资金投资者投资货币市场获取稳定收益的要求，因此大受投资者欢迎。

（3）货币市场共同基金实行的是"每天计利、每月分红"的政策。基金每天根据当日收益情况为投资者计算当日收益并分配，通常公布7天的平均年化收益率来计算投资者投资期间的累计收益，采取每月分红的方式将累计收益按月发送到基金投资者的账户上，使投资者的收益定期落袋为安。

年化收益率计算举例如下：如果某货币市场基金的当日收益率为0.2%，那么，其7天平均年化收益率为8.058%。计算过程如下：

$$r_7 = [1 + (0.002 \times 360)]^{1/7} - 1 = 0.08058$$

（4）货币市场基金提供的是一种有限制的存款账户。在美国，货币市场基金的投资者可以签发以其基金账户为基础的支付命令来取现或进行支付。这样，货币市场基金的基金份额实际上发挥了能获得短期证券市场利率的支票存款的作用。尽管货币市场基金在某种程度上可以作为一种存款账户使用，但它们在法律上并不算存款，因而不需要提取法定存款准备金及受利率限制。当然，货币市场基金账户所开支票的数额是有最低限额要求的。因此，货币市场共同基金并不能完全等同于活期存款账户。

（5）享受多项税收优惠政策。货币市场共同基金存款不需缴纳利息收入所得税。因此单从这个角度来说，个人投资者投资货币市场基金就可以获得一定的税收优惠。其他的税收优惠还包括：银行间回购与交易所国债回购协议利息收入目前也都是免税的；个人投资基金的分红收入也是免税的。

专栏 2-1

货币市场共同基金的申购与赎回

货币市场基金与活期存款在性质上不同。活期存款属于银行负债，银行必须保证本金安全并支付利息。而银行系货币市场基金属于银行理财，不是银行负债，银行不必保证本金安全和支付收益。但是，两者在运行和操作上非常类似。银行系货币市场基金，申购后有收益，同时也可在正常交易时间随时赎回。

目前，我国货币市场基金主要有三类，即银行系、券商系和第三方支付平台系。现以银行系为例，介绍货币市场基金的申购与赎回步骤。

1. 开户

本人凭身份证到相应的银行网点开立一张储蓄卡，同时开通手机银行功能，在通过风险等级测试后，就可以通过手机银行 App 进入货币市场基金页面。

2. 申购

0.01 元起购，在货币市场基金页面点击转入，输入相应金额即对应购买的金额，点击确认转入，即可成功申购到相应金额的基金份额。如果是交易时间当日 15：30 之前购买，则从 T 日（即当日）开始计算收益；超过该交易时间，则从 T+1 日（即次日）开始计算收益。在申购成功后银行会把银行卡里的钱转移到基金账户里，这时候银行卡里的钱就没有了，但是基金账户上就有份额了。另外，货币基金所得的收益会自动进行再投资。

3. 赎回

通过货币市场基金页面，点击转出，输入需转出的金额，即可实时赎回，也可以直接消费和转账使用该资金，但是不同银行每日的赎回额度会有所不同。

需要说明的是，在货币市场基金的申购和赎回上，银行系、券商系、第三方支付平台系遵循相同的规则。

资料来源：天天基金网。

2.6.3 我国货币市场基金的发展

在我国，货币市场共同基金一般称为货币市场基金，按此习惯，我们对其加以介绍。我国货币市场基金兴起于 2005 年，作为一种新型的投资理财工具，很快受到世人的关注，因而发展非常迅速。截至 2021 年 12 月 31 日，我国共有 332 只货币市场基金，共 93 468.50 亿份，资产净值为 94 111.29 亿元。表 2-3 显示了 2010 年以来我国货币市场基金规模的变化情况。从中可以看出，我国货币市场基金的募集规模呈快速上升趋势。2019 年以来，由于股票市场和债券市场持续活跃，货币市场基金的份额和净值占全部基金的比重均出现了一定程度下降。

表2-3　　　　　　　　我国货币市场基金发展情况（2010—2021 年）

截止日期	全部基金			货币市场基金					
	总数	截止日份额（亿份）	截止日资产净值（亿元）	总数	占比（%）	截止日份额（亿份）	占比（%）	截止日资产净值（亿元）	占比（%）
2021年	9 175	213 587.31	245 897.36	332	3.62	93 468.50	43.76	94 111.29	38.27
2020年	7 403	172 798.49	200 616.63	333	4.50	80 533.53	46.61	80 535.76	40.14
2019年	6 091	137 477.29	146 966.50	374	6.14	74 106.42	53.90	74 105.61	50.42
2018年	5 153	128 746.98	129 254.29	383	7.43	81 706.63	63.46	81 628.70	63.15
2017年	4 692	110 377.27	115 508.34	395	8.42	71 329.03	64.62	71 315.28	61.74
2016年	3 821	88 634.54	91 115.82	327	8.56	44 686.49	50.42	44 686.86	49.04
2015年	2 687	76 856.01	83 477.91	262	9.75	45 763.00	59.54	45 761.33	54.82
2014年	1 891	42 128.22	44 499.18	229	12.11	21 875.21	51.93	21 873.81	49.16
2013年	1 552	31 180.10	29 295.39	148	9.54	8 801.44	28.23	8 802.29	30.05
2012年	1 174	31 558.97	27 971.95	95	8.09	7 074.89	22.42	7 075.41	25.29
2011年	914	26 510.50	21 680.55	51	5.58	2 948.95	11.12	2 948.95	13.60
2010年	704	24 228.41	24 972.49	46	6.53	1 532.77	6.33	1 532.77	6.14

资料来源：Wind资讯。

★ 思政课堂

我国四个城市跻身全球前十大金融中心之列

2022年3月，英国伦敦 Z/Yen 集团与中国（深圳）综合开发研究院（CDI）联合发布了第 31 期全球金融中心指数（GFCI 31）。本次共有 119 个金融中心进入 GFCI 榜单，全球前十大金融中心排名依次为：纽约、伦敦、香港、上海、洛杉矶、新加坡、旧金山、北京、东京、深圳。我国四个城市跻身全球前十大金融中心之列，这是我国金融业改革和金融市场发展取得巨大成就的体现。

"全球金融中心指数"（Global Financial Centers Index，GFCI），是全球最具权威的国际金融中心地位的指标指数。2007年3月开始，Z/Yen 集团通过编制全球金融中心指数，对全球范围内的46个金融中心进行评价。2016年7月，中国（深圳）综合开发研究院与 Z/Yen 集团建立了战略伙伴关系，共同开展金融中心研究，持续合作编制 GFCI，并于每年3月和9月定期更新，以显示金融中心竞争力的变化，受到全球金融界的广泛关注。截止到2022年3月，该指数已经发布31期，而评价对象已经扩大到全球119个金融中心。

该指数着重关注各金融中心的市场灵活度、适应性以及发展潜力等方面。全球金融中心指数的评价体系涵盖了营商环境、金融体系、基础设施、人力资本、声誉及综合因素等五大指标。

资料来源：金融中心信息网（IFC）。

★ 本章小结

货币市场是金融市场的重要组成部分，是指1年期以内的短期金融工具交易所形成的供求关系和运行机制的总和，包括同业拆借市场、回购市场、商业票据市场、银行承兑汇票市场、大额可转让定期存单市场、中央银行票据市场、同业存单市场、货币市场共同基金市场以及短期政府债券市场等多个子市场。

同业拆借市场是金融机构（尤其是商业银行）之间进行短期资金融通活动的重要场所。回购市场上短期资金的供求者通过签订证券回购协议来进行资金的融通。商业票据市场上交易的是由信用等级较高的大公司以贴现方式出售的一种无担保的短期融资凭证。我国商业票据市场称为短期融资券市场。银行承兑汇票市场具有结算和融资两个重要功能。大额可转让定期存单是银行为逃避利率管制而进行创新的产物，主要用于吸引企业及个人的短期闲置资金。中央银行票据是中央银行为调节商业银行超额准备金而向商业银行发行的短期债务凭证，其实质是中央银行债券。货币市场共同基金以投资货币市场上高等级的证券为主，它允许持有其份额的投资者以支票形式兑现。短期政府债券市场就是国库券发行及流通的市场。

★ 综合训练

2.1 单项选择题

1.中央银行在货币市场上买卖有价证券是在开展它的（   ）业务。

A.盈利性　　　　　B.公开市场操作　　　C.保值性　　　D.投融资

2.在承兑汇票关系人中，承担汇票不可撤销第一性付款责任的是（   ）

A.出票人　　　　　B.付款人　　　　　　C.承兑人　　　D.背书人

3.关于政府短期债券的市场特征，以下叙述正确的是（   ）。

A.违约风险大　　　B.流动性小　　　　　C.收益免税　　D.面额大

4.对于我国商业银行大额可转让定期存单，个人投资者认购的起点是（   ）。

A.5万元　　　　　　B.20万元　　　　　　C.30万元　　　D.50万元

5.某投资者买进票面金额为100万元、期限为90天的银行承兑汇票，年贴现率为10%，那么该投资者持有至到期可以得到的利息是（   ）：

A.1.67万元　　　　B.2万元　　　　　　C.2.5万元　　　D.5万元

6.如果某货币市场基金的当日收益率为0.3%，那么其7天平均年化收益率是（　　）。

　A.8.06%　　　　　　　B.9.25%　　　　　　　　C.10.36%　　　　D.11.03%

2.2　多项选择题

1.不是货币市场工具特征的有（　　）。

A.流动性　　　　　　　B.可销售性　　　　　　　C.长期限

D.股金变现　　　　　　E.高风险

2.属于货币市场工具的有（　　）。

A.短期国库券　　　　　B.存款单　　　　　　　　C.商业票据

D.长期国债　　　　　　E.欧洲美元

3.同业拆借的资金主要用于（　　）。

A.解决临时性的资金短缺需要　　　　B.解决季节性的资金短缺需要

C.弥补短期资金的不足　　　　　　　D.弥补票据清算的差额

E.发放固定资产贷款

4.汇票的基本当事人包括（　　）。

A.出票人　　　　　B.付款人　　　　　C.收款人　　　　　D.承兑人

5.在回购市场中，决定利率的因素有（　　）。

A.用于回购的证券的质地　　　　　　B.交割的条件

C.回购期限的长短　　　　　　　　　D.货币市场其他子市场的利率水平

E.通货膨胀水平

6.货币市场共同基金可以投资的品种有（　　）。

A.同业拆借与回购协议　　B.商业票据　　　　　　C.银行承兑汇票

D.国库券　　　　　　　　E.普通股

2.3　思考题

1.同业拆借市场的主要特征有哪些？

2.如果经济进入急剧的衰退阶段，你预计商业票据和国库券之间的收益率差额将会如何变化？为什么？

3.美国短期国债的期限为180天，面值10 000美元，价格9 600美元。银行对该国库券的贴现率为8%。请回答：

（1）计算该国库券的债券收益率（不考虑除息日结算）。

（2）简要说明为什么国库券的债券收益率不同于贴现率。

4.在回购市场上，某证券的回购价格为200万元，回购利率为6%，回购期限是1个月，则该证券的出售价格应为多少？

5.设有一张本金为200万元的大额可转让定期存单，存单原利率为10%，原期限为180天，投资人持有存单60天后出售，距到期日还有120天，出售时利率为12%，该存单出售时的价格是多少？

6.为什么银行承兑汇票备受机构投资者青睐？

7.货币市场共同基金有哪些主要特征？

第3章

债券市场

★ 导读

债券市场是政府债券市场、企业债券市场、银行间债券市场等多个子市场的总称，是政府参与和调控金融、金融机构进行资产负债管理和风险管理、企业投融资活动等的重要市场。本章系统介绍了债券市场的构成及运行机制。通过本章的学习，读者应达到如下目标：

1.掌握债券基本概念、基本要素及风险收益特征。

2.掌握债券市场的构成、运行机制以及实际运用。

3.掌握债券的信用评级体系与方法。

4.对债券市场在经济金融体系中的地位和作用有一个比较深刻的认识。

5.对我国债券市场的发展情况与未来趋势有一个全面、系统的了解与认识。

★ 关键概念

债券　政府债券　公司债券　金融债券　国际债券　私募发行　公募发行　债券信用评级　主权债务

第3章关键概念

§3.1 债券的定义与特征

3.1.1 债券的定义与基本要素

1.债券的定义

债券（bond）是政府、企业、银行等债务人为筹集资金，按照法定程序发行，并向债权人承诺于指定日期支付利息和到期偿还本金的一种债务凭证。

由此，债券包含以下四层关系：

（1）债券发行人（借款人）是资金的借入者；

（2）债券投资者是资金的供给者；

（3）发行人需要按约定的条件还本付息；

（4）债券投资者与发行者之间是一种债权债务关系，债券发行人即为债务人，投资者（或债券持有者）即为债权人，债券是债的证明书，具有法律效力。

2.债券的基本要素

债券的两个主体分别是债务人与债权人。债务人筹措所需资金，按法定程序发行债券，取得一定时期资金的使用权及由此而带来的利益，同时又承担着举债的风险和偿还的义务，按期还本付息。债权人定期转让资金的使用权，有依法或按合同规定取得利息和到期收回本息的权利。此外，债券还有提前赎回与卖回、税收待遇、违约的可能性、流通性等方面的规定。

债券有许多品种，它们都包含以下几个基本要素：

（1）债券面值。债的面值包括面值币种和面值大小两个内容。面值币种取决于发行人的需要和债券的种类；面值大小是指债券的票面额。比如，美国国债面值币种为美元，债券面值的大小从100美元到100万美元不等。

（2）债券利率。债券利率也称票面利率，是债券利息同债券面值之比。债券利率有固定利率与浮动利率之分，前者是事先约定的，直到还本期满，不会发生改变；后者则是变化的，或随某个参照利率的变动而变动，或者进行定期（如每月或每半年）调整。比如欧洲浮动利率债券多以LIBOR作为参考利率。

（3）债券的偿还期限。债券的还本期限短则数月，长则几十年。但不管期限是长是短，还本的时间都比较固定，不可随意变动。根据债券的偿还期限来对债券进行分类也是常用的分类方法。一般说来，偿还期限在1年以内的称为短期债券，偿还期限在1到10年间的称为中期债券，偿还期限超过10年的称为长期债券，没有规定偿还期限的称为永久性债券。目前我国的债券以短期、中期债券为主，长期债券比较少，没有永久性债券，见表3–1。

表3-1 我国按剩余期限分类的债券规模（2021 年 12 月 31 日）

类别	债券数量（只）	债券数量比重（%）	债券余额（亿元）	余额比重（%）
1 年以内	28 920	44.81	355 601.33	27.26
1～3 年	17 686	27.40	328 157.99	25.16
3～5 年	9 592	14.86	225 523.58	17.29
5～7 年	2 581	4.00	117 089.75	8.98
7～10 年	2 471	3.83	153 974.05	11.80
10 年以上	3 293	5.10	123 981.17	9.51
合计	64 543	100.00	1 304 327.87	100.00

资料来源：Wind资讯。

3.1.2 债券的基本特征

债券作为一种重要的融资手段和金融工具，具有如下特征：

1.收益性

债券的收益主要体现在两个方面：一是债券可以给投资者带来定期或不定期的利息收入；二是资本利得，即债券当前的价格或债券出售时所得到的价格高出投资者持有债券时所付出的价格部分。

2.流动性

流动性即债券可以迅速地以较合理的价格（接近市场价格）变现的能力。虽然债券到期时才能偿还本金，但在到期之前，债券一般都可以在流通市场上自由转让，具有很强的流动性，而这种流动性受其所在债券市场的发达程度、债券发行人的资信度、债券期限的长短以及利息支付方式等因素的影响。

3.偿还性

由于债券体现的是债权人与发行人之间的债权债务关系，这决定了债券必须是有期限的。债券在发行时必须明确其还本付息日期，并在到期日按约定条件偿还本金并支付利息。

4.安全性

与股票相比，债券通常规定固定的利率，与企业经营绩效没有直接联系，收益比较稳定，风险较小。此外，在企业破产时，债券持有者享有比股票持有者优先的对企业剩余资产的索取权，并且债券发行前都会进行严格的信用评级，以降低违约风险。这里的安全性主要针对信用风险，但除了信用风险，实际上债券还存在其他风险，比如利率风险、再投资风险等。

5.节税效果

对发行公司债券的企业而言，公司债券的资金成本通常较低（与权益资金相比），且定期支付的利息费用可作为公司所得税负的抵扣，具有节税的效果，这称为税盾（tax shields）。因此，在财务状况许可的前提下，发行公司债券是比较经济的筹资方式。

3.1.3 债券的种类

债券的种类繁多，按发行主体不同可分为政府债券、公司债券、金融债券与国际债券等四大类，而各类债券根据其要素组合的不同又可细分为不同的种类。

1.政府债券

政府债券是指中央政府、政府机构和地方政府发行的债券，它是以政府的信誉作保证，因而通常无需抵押品。其风险在各种投资工具中是最小的。

（1）中央政府债券。中央政府债券是财政部门发行的以国家财政收入为保证的债券，也称为国债或国家公债。其特点有：首先是一般不存在违约风险，由中央政府预算安排偿还，故又称为"金边债券"；其次是可以享受税收优惠，其利息收入免缴所得税。按发行目的不同，国债可分为财政公债和建设公债，前者是为弥补财政收入的不足而发行，后者是为进行公共建设筹集资金而发行。按是否与物价挂钩，国债可分为固定利率公债和保值公债，前者在发行时就确定名义利率，投资者得到的真实利率取决于投资期的通货膨胀率，而后者的本金则随通货膨胀指数作调整，利息是根据调整后的本金支付的，因而不受通货膨胀影响。

（2）政府机构债券。在美国、日本等国家，除了财政部外，一些政府机构也可发行债券。这些债券的收支偿付均不列入政府预算，而是由发行机构自行负责。有权发行债券的政府机构有两种：一种是政府部门机构和直属企事业单位，如美国联邦住宅和城市发展部下属的政府全国抵押协会（Ginnie Mae，GNMA）；另一种虽然由政府主办却属于私营的机构，如美国的联邦全国抵押贷款协会（Fannie Mae，FNMA，即"房利美"）和联邦住宅抵押贷款公司（Freddie Mac，FHLMC，即"房地美"）。这些与政府有关的机构或政府资助的企业具有某些社会功能，它们通过发行债券筹资以降低筹资成本，其债券最终由中央政府作后盾，因而信誉也很高。

（3）地方政府债券。在多数国家，地方政府都可以发行债券，这些债券也是由政府担保，其信用风险仅次于国债和政府机构债券，同时也具有税收豁免特征。按偿还的资金来源又可分为普通债券和收益债券两大类。普通债券是以发行人的无限征税能力为保证来筹措资金用于提供基本的政府服务，如教育、治安、防火、抗灾等，其偿还列入地方政府的财政预算。收益债券则是为了给某一特定的具有盈利能力的建设项目（如公用电力事业、自来水设施、收费公路等）筹资而发行的，其偿付依靠这些项目建成后的营运收入。

专栏3-1

我国地方政府债券

1994年通过的《中华人民共和国预算法》第二十八条规定，除法律和国务院另有规定外，地方政府不得发行地方政府债券。但是，由于形势的变化，各地方政府通过各种途径（包括成立地方政府融资平台、BOT、BT 等）变相地大量举债，地方政府债务问题成为备受关注的焦点。

2009 年，为实施好积极的财政政策，增强地方安排配套资金和扩大政府投资的能力，国务院同意地方发行 2 000 亿元债券，由财政部代理发行，列入省级预算管理。2011 年起，国务院批准部分省市地方政府可自行发债试点，首批试点省市包括上海、浙江、广东和深圳四省市。

2014 年修订的《中华人民共和国预算法》第三十五条规定，经国务院批准的省、自治区、直辖市的预算中必需的建设投资的部分资金，可以在国务院确定的限额内，通过发行地方政府债券举借债务的方式筹措。举借债务的规模，由国务院报全国人民代表大会或者全国人民代表大会常务委员会批准。

2015 年起，我国地方政府债券数量和规模逐年增多，占全部债券存量的比重不断上升。2009 年至 2021 年的 12 年间，共发行地方政府债券 9 350 只，发行规模累计 38.29 万亿元。截至 2021 年底，地方政府债券存量 7 729 只，余额 30.30 万亿元，占全部债券存量的 23.23%，为债券市场规模最大的品种，见表 3-2。发行地方政府债券意义重大：一是通过债务置换化解了地方政府存量债务危机；二是通过新增发债增加了地方政府的资金来源，增加了地方政府的举债透明度；三是通过限额管理增强了地方政府的财政约束。

表3-2　　　　　　　　我国地方政府债券历年发行及余额情况

年度	地方政府债发行数量（只）	地方政府债发行规模（亿元）	地方政府债券存量（只）	地方政府债券余额（亿元）	地方政府债券余额占全部债券存量的比重（%）
2021	1 991	74 826.30	7 729	302 995.75	23.23
2020	1 848	64 438.13	6 230	254 864.10	22.30
2019	1 093	43 624.27	4 874	211 182.93	21.75
2018	930	41 651.67	4 064	180 699.54	21.08
2017	1 134	43 580.94	3 377	147 448.24	19.72
2016	1 158	60 428.40	2 266	106 281.80	16.54
2015	1 035	38 350.62	1 123	48 260.12	9.95
2014	43	4 000.00	97	11 623.50	3.23
2013	24	3 500.00	62	8 616.00	2.87
2012	18	2 500.00	44	6 500.00	2.47
2011	16	2 000.00	76	6 000.00	2.69
2010	10	2 000.00	60	4 000.00	1.94
2009	50	2 000.00	50	2 000.00	1.11

资料来源：Wind 资讯。

2.公司债券

公司债券是非金融机构企业为筹措营运资本而发行的债券，代表公司的债务，该债券要求不管公司业绩如何都应优先偿还其固定收益，否则将在有关破产法的框架下寻求解决。 因而其风险小于股票，但比政府债券高。公司债券的种类很多，通常按照不同标准可分为不同类别：按抵押担保状况，可分为信用债券、抵押债券、质押债券、保证债券等；按利率水平，可分为固定利率债券、浮动利率债券、指数债券和零息债券等；按内含选择权不同，可分为可赎回债券、偿还基金债券、可转换债券和带认股权证的债券。其中，可赎回债券（callable bond）是指发行人有权在债券到期日之前以特定的价格赎回的公司债券，可视为债券与看涨期权的结合体。可转换债券（convertible bond）是指持有者有权在一定时期内按一定比例或价格将之转换成一定数量的公司普通股的公司债券。可转换债券兼具债权和股权的双重特征。可赎回债券和可转换债券属性及对债券定价的影响参见第10章第1节"债券价值分析"。

3.金融债券

金融债券由银行和一流的非银行金融机构发行，筹集的资金用于发放贷款和投资。 与公司债券相比，金融债券的发行条件较为宽松。由于金融机构的社会资信度高，易为公众接受，所以发行量大，交易活跃，流动性仅次于国债而且利率也不低，是一种颇受欢迎的投资工具。

4.国际债券

国际债券是发行人为筹措资金，在国外金融市场上、以外国货币为面值发行的债券。 国际债券的一个重要特征是发行人与投资者属于不同的国家，筹集的资金来源于国外金融市场。根据发行债券所用的货币和发行地点的不同，国际债券可以分为两类：外国债券和欧洲债券。

（1）外国债券（foreign bonds）是指债券的发行人在本国以外的市场上以当地货币为面值所发行的债券。例如1982年，中国国际信托投资公司在日本东京以私募方式发行的100亿日元债券就是外国债券。外国债券一般以发行地所在国为依据来命名，例如，非美国公司在美国以美元为面值发行的外国债券被称为"扬基债券"（Yankee Bond），非日本公司在日本以日元为面值发行的外国债券被称为"武士债券"（Samurai Bond）。境外机构在中国境内发行以人民币为面值的债券被称为"熊猫债券"。2005年10月，国际金融公司（IFC）和亚洲开发银行（ADB）首次获准在我国银行间债券市场发行人民币债券。

（2）欧洲债券（euro bonds）是指债券的发行人在本国以外的市场上、以第三国货币为面值所发行的债券。例如，中国一家公司在英国金融市场上发行的以美元为面值的债券，就称为欧洲债券。欧洲债券的发行人、发行地和面值货币分别属于三个不同的国家。

5.我国债券的种类

我国发行的债券按发行主体不同，可分为国债、地方政府债、金融债、企业债、公司债、短期融资券以及证券化资产等几种，见表3-3，其中，同业存单、央行票据、短期融资券等属于货币市场工具，其他属于资本市场工具。

表3-3　　　　我国按发行主体分类的债券余额（2021年12月31日）

类别	债券数量（只）	债券数量比重（%）	债券余额（亿元）	余额比重（%）
国债	262	0.41	230 254.62	17.65
地方政府债	7 729	11.97	302 995.75	23.23
央行票据	3	0.00	150.00	0.01
同业存单	16 522	25.60	138 978.30	10.66
金融债	2 509	3.89	305 288.36	23.41
企业债	2 641	4.09	22 357.20	1.71
公司债	10 691	16.56	98 246.61	7.53
中期票据	7 272	11.27	80 225.19	6.15
短期融资券	2 630	4.07	23 559.31	1.81
定向工具	3 549	5.50	23 443.55	1.80
国际机构债	21	0.03	410.00	0.03
政府支持机构债	182	0.28	18 595.00	1.43
资产支持证券	9 991	15.48	51 154.41	3.92
可转债	424	0.66	7 011.58	0.54
可交换债	88	0.14	1 504.89	0.12
合计	64 544	100.00	1 304 327.87	100.00

资料来源：Wind资讯。

专栏 3-2

美国次级抵押贷款危机简介

一、危机的爆发

2007年3月13日，美国第二大次级抵押贷款公司——新世纪金融公司（New Century Financial Corp）被美国证券交易委员会停止上市交易资格，4月2日申请破产保护。这一事件标志着美国次级抵押贷款危机（即"次贷危机"）的爆发。由于次级抵押贷款危机，很多国际性大银行出现了巨额亏损。2007年第4季度，花旗银行亏损98.3亿美元；2007财年，日本公共养老基金亏损5.84万亿日元，法国兴业银行亏损71亿美元；截至2008年第1季度，瑞士银行累计亏损400亿美元，德意志银行当季亏损25亿欧元（约39亿美元），雷曼兄弟紧急融资30亿美元以补充资本金，美林证券连续3个季度亏损，还有很多银行未披露亏损情况，危机不断扩大……

二、什么是次级抵押贷款

美国房地产抵押贷款市场根据借款人的信用评分划分为三个层次。第一个层次是优质贷款市场，这些借款人的个人信用分数在660分以上，贷款主要是选用最为传统的30年或15年固定利率按揭贷款；第二层次是"Alt-A"贷款市场，这个市场既包括信用分数在620分到660分之间的主流阶层，也包括少部分信用分数高于660分的高信用度客户（因不愿意或不能提供收入证明）；第三层次是次级抵押贷款市场（sub-prime market），该市场的客户信用分数在500分到620分之间，由于借款人的信用评分比较低，因此，次级抵押贷款利率比较高，通常要比优惠利率高2～3个百分点。

三、美国次级抵押贷款市场的启动

美国次级抵押贷款市场的启动与20世纪80年代的三个法规密切相关，即1980年《存款机构解除管制与货币控制法案》允许贷款公司收取更高的利率和费用（废除Q条例），使次级抵押贷款合法化；1982年《可选择按揭贷款交易平价法案》允许利率浮动以及发放浮动利率抵押贷款和大额尾付金贷款；1986年《税务改革法案》禁止下调消费者贷款利率，但允许下调主要住房抵押贷款利率。20世纪90年代初开始的经济繁荣刺激了房价上涨，使次级抵押贷款市场发展很快。1993年开始，华尔街开始将次级抵押贷款证券化（优质贷款和"Alt-A"贷款早在20世纪70年代就已经证券化了，而且这些贷款产品的二级市场很活跃）。

四、美国抵押贷款证券市场的运转机制

在美国，个人贷款者是向抵押贷款公司而不是直接向银行申请抵押贷款。抵押贷款公司将抵押贷款出售给商业银行或投资银行。银行将抵押贷款打包成"资产组合"或"资产池"进行证券化，然后出售给证券投资者以转移风险。抵押贷款证券化债券主要包括抵押传递证券（mortgage pass-through securities）、担保抵押债券（collateralized mortgage obligations，CMO）、资产担保证券（asset backed securities，ABS）、剥离式抵押担保证券（stripped mortgage-backed securities）等几大类。银行在购买抵押贷款时会与抵押贷款公司签署协议，要求后者在个人贷款者拖欠还贷的情况下，回购抵押贷款。同时，银行还会购买一些信用违约互换合约，相当于购买一种规避抵押贷款违约率上升的"保险"。

五、几乎所有人都赚钱的时期

美国经济在2000年后陷入了高科技泡沫破裂后的短暂衰退之中。格林斯潘主持下的美联储大幅削减联邦基金利率，强行增进市场流动性，在短短两年内就将美国经济拉出了低谷。标准普尔500指数在格林斯潘退休时已经接近1 300点，而2003年初只有850点左右。

美国经济复苏的过程中，房地产市场起到了最重要的作用。在制造业和服务业尚缺乏投资机会的时候，在极低的利率环境刺激下，大量资金流入了房地产市场。买房然后坐等房产升值一时间成为美国个人投资者最流行的投资方式。如果借助财

务杠杆，投资回报还会进一步放大。住房抵押贷款，就是个人投资者能够使用的最直接的财务杠杆。

在房价只涨不跌的时期，房地产市场内的投机气氛会被强烈激发，而风险意识会大大减弱。浮动利率的抵押贷款、若干年只还利息的抵押贷款、零首付抵押贷款等纷纷涌现。而部分信用等级较低、收入不稳定的投资者，甘冒风险申请次级抵押贷款，期望房产升值带来的利润会远超过次级抵押贷款的高利息成本。同时，次级抵押贷款公司也放松了对贷款者信用评级的审核。

在这个时期，链条上的绝大部分人都会获利，抵押贷款证券化的好处就在于能使房产增值的收益分配给更多的人。抵押贷款公司的利润来自于将抵押贷款出售给银行，银行的利润来自于将抵押贷款证券出售给抵押贷款证券购买者，而抵押贷款证券购买者会享受到比购买国债或投资级债券更高的收益。这还不包括那些间接参与进来的投资者，即购买抵押贷款公司或者银行股票的投资者。唯一出现损失的可能就是那些在信用违约互换市场中打赌抵押贷款违约率会上升的人。

六、几乎所有人都赔钱的时期

房价不可能只涨不跌，世界上不存在永远的牛市。

美国房产价格的上涨在2005年底达到一个顶峰。2006年以来，成屋销售、新屋销售和营建支出等房地产行业的指标都出现了回落。在房地产市场投机气氛浓烈的时候，房产价格的下跌会迫使房产投资者竞相杀价急于出局，但少有购买者。最终的结果是房价跌势加重。

在市场发展的方向与投资者下注的方向相反时，最先出局的就是那些承担了自己不应该承担的风险的人。个人次级抵押贷款者是第一批倒下的，因为他们承受了更高的利率，本身又因为种种原因无法保证持续还贷。2006年第4季度，美国次级抵押贷款者的拖欠率为13.3%，达到了4年来的最高纪录。个人次级抵押贷款者所购房屋将被抵押贷款公司收回成为"foreclosure"（"法拍屋"）。

次级抵押贷款公司是第二批倒下的。一方面，在个人次级抵押贷款拖欠率上升的情况下，次级抵押贷款公司按规定需要拨备更多的资金来应对，这就减少了公司的利润。另一方面，次级抵押贷款公司还要按事先约定回购出售给银行的次级抵押贷款，这是对公司资产负债表的又一个沉重打击。留给这些公司的只有大量的坏账和极少量的流动资金。这就是新世纪金融公司破产以及美国其他许多次级抵押贷款公司濒临破产的原因。

从表面上看，像花旗、美林、雷曼兄弟等这样的大银行似乎可以幸免于难。它们把次级抵押贷款打包成证券出售给投资者，还可以要求次级抵押贷款公司回购拖欠的抵押贷款，两方面都转移了风险。但事实上，在次级抵押贷款拖欠率不断上升的情况下，抵押贷款证券市场上次级抵押贷款证券的购买者就会锐减，银行的利润来源就会被掐断。而如果它们要求回购抵押贷款的公司本身又陷入了破产，那银行就会跟着出现巨额坏账甚至是亏损。

在问题浮出水面时，那些高收益高风险的次级抵押贷款证券是最先开始丧失生命力的。购买了次级抵押贷款债券的对冲基金、保险公司和某些大的机构不得不接受损失，它们的运营风险会因此加大。间接受到不利影响的，包括购买了次级抵押贷款公司和开展相关业务银行的股票的投资者。

如果事情到此为止的话，不会出现更多的受害者。如果抵押贷款市场的问题继续恶化，那些评级更高的证券也会受到打击，更多的投资者会受到影响，而市场流动性会逐渐丧失。因此，这引起了人们的极大担忧。

七、给新兴国家与发展中国家的警示

新兴国家与发展中国家（如东亚和东南亚国家），经济增长过于依赖房地产业，如果简单地复制美国的抵押贷款证券化模式，一旦出现房产贬值，市场破坏力将以比以往快得多的速度扩散到比以往更为广泛的金融领域和相关行业，民众的恐慌将远甚于久经沙场的美国市场投资者。

要实现抵押贷款证券化，政府首先需要衡量实体经济与资本市场的承受能力，其次要保证房地产市场的资金链基本健康，并对申请抵押贷款者的诚信有强力约束，避免将一笔烂账以证券化名义扔进证券市场，最后毁掉整个证券市场。

资料来源：比特纳. 贪婪、欺诈和无知——美国次贷危机真相［M］. 覃扬眉，丁颖颖，译. 北京：中信出版社，2008.

§3.2 债券市场的运行

3.2.1 债券发行市场

1.债券的发行方式

债券的发行方式，按发行方式和认购对象，可分为私募发行与公募发行；按有无中介机构协助发行，可分为直接发行与间接发行；按定价方式，又可分为平价发行、溢价发行和折价发行。

（1）按债券发行方式和认购对象分为私募发行与公募发行。

债券的私募发行，是指面向少数特定投资者的发行。一般来讲，私募发行的对象主要有两类：一类是有所限定的个人投资者，一般情况是限于发行单位内部或有紧密联系的单位内部的职工或股东；另一类是指定的机构投资者，如专业性基金（包括养老退休基金、人寿保险基金等），或与发行单位有密切业务往来的企业、公司等。

债券的公募发行，是指公开向社会非特定投资者的发行，充分体现公开、公正的原则。相对于私募发行而言，公募发行既有优点也有不足。其优点主要有：一是可以提高发行者的知名度和信用度，从而有利于扩大筹资的渠道，享受较有利的筹资条件；二是所发行的债券可以上市转让流通，从而可以提高其流动性和吸引力；三是发行范围广泛，因而筹资潜力较大；四是发行者与投资者完全处于平等竞争、公平选择的地位，受投资者制约较少。其不足主要有：一是公募发行必须向证券主管机关申报和注册，要接受发行资格和条件的严格审查，不仅有一定的难度，而且费时，还要支付必要的申请费用；二是一般需要有中介机构予以协助，需要支付大量的承销费用；三是要向社会公布经过社会权威部门评估、审计及公证的财务状况等重要内部信息，同时要接受债券评级机构的资信评级等，因此不仅费时，而且要支付一大笔费用。

（2）按债券发行有无中介人介入分为直接发行和间接发行。

直接发行是发行人自己办理有关发行的一切手续，并直接向投资者发行债券的方式。直接发行没有中介人介入可节省委托发行的手续费，但发行人要自己办理各种发行手续，要耗费大量人力物力，有时反而导致发行成本增高。直接发行方式一般用于私募债券和金融债券。

间接发行是指债券发行人委托投资银行、证券公司等中介机构办理发行事务的发行方式。这是一种典型的、普遍采用的方式。采用这种发行方式，虽然要支付一笔委托手续费，但它可以使发行人从复杂的发行事务中解脱出来。并且，发行中介机构具有丰富的发行债券的经验、专门人才和广泛的销售网点，能保证债券发行工作顺利完成。间接发行一般适用于公募发行的债券，按照发行人和发行代理机构承担的义务和风险不同，又可分为以下三种方式：

① 代理发行，即代理发行机构只负责按发行人规定的条件销售债券，它既不垫付资金，也不承担销售风险。到了合同规定的发行期限，推销不掉的债券退还给发行人，代理机构没有义务认购。对发行人来说，这种方式风险较大，但手续费较低。

② 助销发行，也叫余额承购，是代理发行机构与发行人签订助销合约，由助销人首先以销售方式代理发行债券，到合同规定的期限，若有推销不完的剩余债券，由助销人悉数认购，以保证发行人筹资计划的顺利实现。因为助销人要承担发行过程中的各种风险，所以费用较高。

③ 承销发行，又称总额承购包销，是代理发行机构一开始就用自己的资金承购发行的全部债券，然后按市场条件转售给投资者。承销人承担全部销售风险，而发行公司无须等发行结束就可以一次得到全部所筹的资金，可以保证其筹资计划顺利实现。承销发行的费用要大大高于前两种形式。

在总额承购包销方式中，根据承销人的多少和风险的分配形式不同而分为协议承销、俱乐部承销和银团承销三种：协议承销是由一个承销公司包销发行人全部待发行债券的承销形式，在这种形式下，发行风险由该承销公司独力承担，所以其手续费也全部归这个承销公司；俱乐部承销是由若干承销公司合作包销，每个承销公司所获得的包销费、包销份额及所承担的风险都均等分摊；银团承销是目前最常见的债券包销形式，其特点是由一个承销人牵头，若干承销公司参与包销活动，以竞争的形式确定各自的包销份额，并根据包销份额规定包销费率的高低，组成承销银团。在发行过程中出现的各种风险，均由各承销公司按其包销的份额承担。这种方式将竞争机制和风险分散机制引入债券的承销过程中，对于发行人降低成本和承销人减少风险都很有利。

（3）按债券发行定价分为平价发行、溢价发行和折价发行。

债券上标明的利率称为票面利率，是在发行时事先确定的。不管市场行情如何变化，发行人都必须按照这个利率支付利息。而债券发行当日资金市场的利率则称为市场利率。当债券利率与市场利率不一致时，就会影响债券的发售价格。当债券票面利率与市场利率一致时，债券可按其面值出售，即平价发行。当债券票面利率高于市场利率时，潜在投资者必将乐于购买，这时债券就应以高于面值的价格出售，即溢价发行。当债券票面利率低于市场利率时，潜在投资者会把资金投向其他更高利率的项目，这时债券就应以低于面值的价格出售以吸引投资者，即折价发行。

2.债券的发行流程

债券的发行与股票类似，不同之处主要体现在发行合同书和债券评级两个方面。同时，由于债券是有期限的，因而其一级市场多了一个偿还环节。

（1）发行合同书。

发行合同书（indenture）也称信托契据（trust deed），是说明公司债券持有人和发行债券公司双方权益的法律文件，由受托管理人（trustee）——通常是银行——代表债券持有人利益监督合同书中各条款的履行。

债券发行合同书一般很长，其中各种限制性条款占很大篇幅。对于有限责任公司来说，一旦资不抵债而发生违约时，债权人的利益会受损害，这些限制性条款就是用来保护债权人利益的，它一般可分成否定性条款和肯定性条款。

①否定性条款。否定性条款是指不允许或限制股东做某些事情的规定。最一般的限制性条款是有关债券清偿的条款，例如利息和偿还基金的支付，只要公司不能按期支付利息或偿还基金，债券持有人就有权要求发行公司立即偿还全部债务。

典型的限制性条款包括对追加债务、分红派息、营运资金水平与债务比率、使用固定资产抵押、变卖或购置固定资产、租赁、工资以及投资方向等都可能做出不同程度的限制。这些限制实际上是对发行公司设置某些最高限。

有些债券还包括所谓"交叉违约"（cross defaut）条款。该条款规定，对于有多笔债务的公司，只要对其中一笔违约，则认为公司对全部债务违约。

②肯定性条款。肯定性条款是指对发行公司应该履行某些责任的规定，如要求营运资金、权益资本达到一定水平以上。这些肯定性条款可以理解为对发行公司设置某些最低限。

无论是肯定性条款还是否定性条款，公司都必须严格遵守，否则可能导致"违约"。但在违约的情况下，债权人并不总是急于追回全部债务，一般情况下会设法由债券受托管理人找出变通办法，要求公司改善经营管理，迫使公司破产清算一般是债权人的最后手段，因为破产清算对于债权人通常并不是最有利的。

（2）债券信用评级。

信用评级的目的并不是向市场的参与者推荐购买、销售或持有一种证券。另外，信用评级还是降低融资成本的工具。高等级的信用可以帮助企业较方便地取得金融机构的支持，得到投资者的信任，能够扩大融资规模，降低融资成本。债券信用评级的内容详见本章第3节。

（3）债券的偿还。

债券是一种债权凭证，除永久性债券外，其他所有的债券到期必须偿还本金。按照偿还方式的不同，债券的偿还可分为期满偿还、期中偿还、延期偿还三种。按偿还时的金额比例又可分为全额偿还和部分偿还。而部分偿还还可按偿还时间分为定时偿还和随时任意偿还；而在期中偿还时还可以采用抽签偿还和买入注销偿还两种方式。

① 期满偿还。期满偿还就是按发行所规定的还本时间在债券到期时一次性全部偿还债券本金。债券在期满时偿还本金是由债券的内在属性所决定的，是买方和卖方在一般情况下不言自明的约定，如果债券的发行人在发行债券时考虑到不一定能在债券到期时一次性偿还本金，就必须在发行时事先予以说明，且订好特殊的还本条款。

② 期中偿还。期中偿还就是在债券到期之前部分或全部偿还本金的偿还方式。在采取期中偿还时，部分偿还就是经过一段时间后将发行额按一定比例偿还给投资者。一般是每半年或1年偿还一批，其目的是减轻债券发行人一次性偿还的负担。部分偿还按时间划分又可分为定时偿还和随时偿还。定时偿还是在债券到期前分次在规定的日期按一定的比例偿还本金。定时偿还的偿还日期、方式、比例都是在债券发行时就已确定并在债券的发行条件中加以注明。随时偿还是一种由发行者任意决定偿还时间和金额的偿还方式。这种偿还方式完全凭发行者的意愿，有时会损害投资者的利益，在实际中并不常用。

③ 延期偿还。延期偿还就是在债券发行时就设置了延期偿还条款，赋予债券的投资者在债券到期后继续按原定利率持有债券直至一个指定日期或几个指定日期中一个日期的权利。这一条款对债券的发行人和购买者都有利，它在筹资人需要继续发债和投资人愿意继续购买债券时省去发行新债的麻烦，债券的持有人也可据此灵活地调整资产组合。

3.2.2 债券的流通

1.债券交易流程

债券交易分为场内（交易所）交易和场外交易（OTC）两大类，这两类交易流程各有其自身的特点。

（1）我国证券交易所的基本做法。

①交易流程。我国交易所债券交易流程主要有开户、委托、成交、清算和交割、过户这五个步骤。

第一，开户。债券投资者要进入证券交易所参与债券交易，首先必须在一家证券经纪公司开立现金账户和证券账户，其中，现金账户用来买进债券并通过该账户支付买进债券的价款，证券账户只能用来交割债券。

第二，委托。开立账户后，投资者就可以与证券公司确立证券交易委托关系。委托方式有：买进委托和卖出委托，当日委托和多日委托，随行就市委托和限价委托，停止损失委托和授权委托，停止损失限价委托、立即撤销委托、撤销委托，整数委托和零数委托等多种。

第三，成交。证券公司在接受客户委托后，就要由其驻场人员在交易所内迅速执行委托，完成交易。在交易所内，债券成交必须遵循"三先"原则，即"价格优先，时间优先，客户委托优先"。价格优先就是证券公司按照交易最有利于委托人的价格买进或卖出债券。时间优先就是要求在相同的价格申报时，应该与最早提出该价格的一方成交。客户委托优先主要是要求证券公司在自营买卖和代理买卖之间，首先进行代理买卖。

第四，清算和交割。债券成交后就进行券款的交付，即清算和交割。债券的清算是指对同一证券公司在同一交割日对同一种国债券的买和卖相互抵消，确定出应当交割的债券数量和应当交割的价款数额，然后按照"净额交收"原则办理债券和价款的交割。债券的交割就是将债券由卖方交给买方，将价款由买方交给卖方。

第五，过户。过户是指将债券的所有权从一个所有者名下转移到另一个所有者名下。

②报价。我国交易所交易债券的报价，表3-4为2021年12月31日沪市债券的报价，列示了当前价格、最新到期收益率、涨跌幅度以及成交金额等要素。

表3-4　　　　　　　　　　沪市债券报价（2021年12月31日）

债券简称	代码	现价（元）	最新到期收益率（YTM）（%）	涨跌（%）	成交金额（亿元）
20国债07	019633.SH	105.53	3.492	0.03	0.0014
国开1803	018009.SH	115.60	3.445	-0.03	0.135
21国债16	019664.SH	100.07	2.113	0.02	8.803
国开1702	018006.SH	100.41	2.013	0	0.7736
19联想01	155138.SH	99.94	9.869	0.01	0.001919
20世茂G3	175077.SH	50.00	162.569	0	0.00455

资料来源：Wind资讯。

（2）债券场外交易的操作流程。

债券的场外交易市场是债券市场的主体。场外交易以自营买卖为主，也有少量的代理买卖。由于证券交易商可以在自营买卖中与普通投资者直接交易，所以，在自营买卖中，投资者与投资者、投资者与证券商之间的交易可以不通过交易所和经纪商，就如我们日常生活中的协商议价一样。但是，也有些投资人既不参与场内交易，也不参与场外交易，所有的交易都是委托代理人完成。这样，受托人在场外市场交易的流程与自营买卖的流程是一样的，不过需要随时听从投资人的指令并向投资人汇报行情。

2.我国银行间债券市场

（1）我国银行间债券市场的形成。

银行间债券市场是相对于交易所市场而言的，是中国人民银行实施公开市场操作的市场，也是大金融机构之间融通资金的重要市场，该市场的利率反映了金融机构资金的松紧程度和中央银行货币供应的意图，具有政策指导意义。

1997年上半年，股票市场过热，大量银行资金通过各种渠道流入股票市场，其中交易所的债券回购成为银行资金进入股票市场的重要形式之一。为此，同年6月，中国人民银行发布了《关于各商业银行停止在证券交易所证券回购及现券交易的通知》，要求商业银行全部退出上海和深圳交易所，商业银行在交易所托管的国债全部转到中央国债登记结算有限责任公司（简称"中央结算公司"）；同时规定各商业银行可使用其在中央结算公司托管的国债、中央银行票据和政策性金融债券等自营债券通过全国银行间同业拆借中心（简称"同业中心"）提供的交易系统进行回购和现券交易，从此，机构投资者进行债券大宗批发交易的场外市场——银行间债券市场的正式启动。

（2）银行间债券市场组织架构和参与主体。

根据《中华人民共和国中国人民银行法》的规定，中国人民银行履行监督管理银行间债券市场的职能。中国人民银行作为银行间债券市场的主管部门，负责制定市场管理办法和规定，对市场进行全面监督和管理，拟定市场发展规划和推动市场产品创新等。

中央结算公司和同业中心为市场参与者提供债券托管、结算服务以及交易中介和信息服务，同时负责对债券交易、结算进行实时监测和监督。

目前，银行间债券市场参与者包括金融机构法人及其授权分支机构、非金融机构法人和基金等投资主体；财政部、政策性银行和中信公司等筹资主体通过银行间债券市场发行债券筹集资金；中国人民银行通过银行间债券市场进行公开市场操作，调节货币供应量，实现货币政策调控目标。

（3）银行间债券市场运行框架。

①银行间债券市场交易品种与成交情况。

目前，银行间债券市场的交易品种包括国债、同业存单、政策性金融债、地方政府债等。2021年，全国银行间债券市场成交金额达212万亿元，占全部债券成交金额的92.48%，而交易所市场仅成交17.22亿元，占全部债券成交金额的7.52%，见表3-5。

表3-5   **2021 年我国债券市场成交情况（分市场）**

月份	银行间净价成交额（亿元）	交易所成交额（亿元）	合计（亿元）	银行间市场成交占比（%）
12月	224 233.98	15 849.28	240 083.25	0.9340
11月	220 343.03	23 245.95	243 588.98	0.9046
10月	142 778.86	12 357.58	155 136.45	0.9203
9月	178 336.50	18 626.63	196 963.13	0.9054
8月	198 357.95	18 769.48	217 127.43	0.9136
7月	199 961.58	18 005.56	217 967.15	0.9174
6月	182 876.06	11 869.12	194 745.18	0.9391
5月	148 284.62	14 628.52	162 913.14	0.9102
4月	169 083.54	9 977.01	179 060.55	0.9443
3月	187 975.24	10 037.96	198 013.20	0.9493
2月	107 421.78	6 464.26	113 886.03	0.9432
1月	160 003.59	12 404.77	172 408.37	0.9281
合计	2 119 656.73	172 236.12	2 291 892.85	0.9248

资料来源：Wind资讯。

②银行间债券市场交易方式。

银行间债券市场交易以询价方式达成，交易双方自主谈判，逐笔成交，即交易双方通过交易系统、互联网、电子通信等渠道对交易要素进行谈判，达成一致后逐笔订立成交合同。目前交易主要通过同业中心的本币交易系统进行。

③银行间债券市场债券托管与结算。

银行间债券市场采用实名制——一级账户托管体制，托管依托中央结算公司的债券簿记系统进行。债券结算包括债券交割和资金支付两方面，实行逐笔实时全额结算。债券交割通过中央结算公司的债券簿记系统进行，资金支付以转账方式进行。

④银行间债券市场债券交易类型。

银行间债券市场的债券交易包括债券回购和现券买卖两种。现券买卖是指交易双方以约定的价格转让债券的交易行为。债券回购是指资金融入方在出售债券的同时和债券购买者签订的、在一定期限内按原定价格或约定价格购回所卖债券的交易行为。债券回购就是第2章货币市场中介绍过的回购协议。债券回购分质押式回购和买断式回购两种，以质押式回购为主，见表3-6。2021年，在我国银行间债券市场交易中，债券回购累计成交799.67万亿元，占比77.72%；现券累计成交229.19

万亿元，占比22.28%。

表3-6 　　　　　　　　　 **2021 年我国债券市场成交情况（分类型）**

月份	现券（亿元）	现券比重（%）	回购（亿元）	回购比重（%）	总成交额（亿元）
12月	240 083.25	22.92	807 406.04	77.08	1 047 489.29
11月	243 588.98	23.55	790 743.24	76.45	1 034 332.22
10月	155 136.45	21.46	567 740.73	78.54	722 877.18
9月	196 963.13	21.34	726 204.40	78.66	923 167.52
8月	217 127.43	23.03	725 674.70	76.97	942 802.14
7月	217 967.15	23.31	717 132.85	76.69	935 100.00
6月	194 745.18	22.40	674 570.67	77.60	869 315.85
5月	162 913.14	21.67	588 730.19	78.33	751 643.33
4月	179 060.55	21.52	652 893.01	78.48	831 953.56
3月	198 013.20	22.14	696 434.67	77.86	894 447.86
2月	113 886.03	19.93	457 523.71	80.07	571 409.74
1月	172 408.37	22.57	591 590.34	77.43	763 998.71
合计	2 291 892.85	22.28	7 996 644.54	77.72	10 288 537.39

资料来源：Wind资讯。

§3.3　债券的信用评级

3.3.1　债券信用评级概述

1.债券信用评级定义及意义

债券信用评级，又称为资信评级，是由专业的机构或部门，按照一定的方法和程序，在对企业进行全面了解、考察调研和分析的基础上，对这些经济主体或金融工具在特定期间内按时偿付债务的能力和意愿进行评价，并用简单明了的符号将这些意见向市场公开，达到为投资者服务的目的的一种管理活动。归纳起来，信用评级的功能和作用如下：

（1）揭示债券发行人的信用风险，降低交易成本。高等级的信用可以帮助企业较方便地取得金融机构的支持与投资者的信任，能够扩大融资规模，降低融资成本。

（2）信用评级是金融市场上的"身份证"与"通行证"。良好的信用等级可以提升政府与企业的声誉，任何国家（地区）政府和企业到国际金融市场上发债融资时，必须先经两家以上的评级机构评定信用级别，信用等级的高低决定了融资成本和融资数量。

（3）改善经营管理的外在压力和内在动力。企业债券发行时要在大众媒体上公告其信用等级，只有级别高的企业才容易得到投资者的青睐。企业信用等级向社会公告，这本身就对企业有一定压力，将促进企业为获得优良等级而改善经营管理。

（4）信用评级还可协助政府部门加强市场监管，有效防范金融风险。一般来说，监管对评级的应用主要有三个方面：一是根据信用级别限制被监管机构的投资范围，比如许多国家都规定商业银行、保险公司、养老基金等机构投资者不得购买投机级（即 BBB 级以下）债券；二是根据信用评级制定金融机构的资本充足率；三是有关发债机构的信息披露和最低评级的要求。各国的监管经验表明，政府监管部门采用信用评级结果的做法，有助于提高信息透明度，有效防范金融风险。

2.债券信用评级机构

目前国际上公认的最具权威性的信用评级机构，主要有美国标准普尔公司、穆迪投资者服务公司、惠誉国际信用评级有限公司。

（1）美国标准普尔公司。

该公司在 1941 年由标准统计公司及普尔出版公司合并而成，公司历史则可追溯到 1860 年。当时，普尔（Henry Varnum Poor）出版了《铁路历史》及《美国运河》，并以"投资者有知情权"为宗旨率先建立了金融信息业。时至今日，早已成为行内权威的标准普尔仍在认真严格地履行最初的宗旨。

标准普尔作为金融市场的公认标准，提供被广泛认可的信用评级、独立分析研究、投资咨询等服务。标准普尔提供的多元化金融服务中，标准普尔 500 指数已经成为美国投资组合指数的基准。该公司同时为世界各地超过 220000 家证券及基金进行信用评级。现在，标准普尔已成为一个世界级的资讯品牌与权威的国际分析机构。

（2）穆迪投资者服务公司。

穆迪投资者服务公司（Moody's Investors Service）是由约翰·穆迪于 1909 年创立的。约翰·穆迪在 1909 年首创对铁路债券进行信用评级。1913 年，穆迪开始对公用事业和工业债券进行信用评级。现在，穆迪公司是国际权威投资信用评估机构，同时也是著名的金融信息出版公司。

（3）惠誉国际信用评级有限公司。

惠誉（Fitch）国际信用评级有限公司（简称惠誉国际）是唯一的欧资国际评级机构，总部设在纽约和伦敦。1913 年，惠誉国际由约翰·惠誉（John K.Fitch）创办，1997 年底并购英国 IBCA 公司，又于 2000 年收购了 Duff &Phelps 和 Thomson Bank Watch。目前，惠誉国际 97% 的股权由法国 FIMALAC 公司控制。Hearst Corporation 于 2006 年并购了惠誉集团 20% 股份。

1975 年，美国证券交易委员会认可穆迪公司、标准普尔、惠誉国际为"全国认定的评级组织"（Nationally Recognized Statistical Rating Organization，NRSRO）。

3.3.2　信用评级的主要内容

公司债券信用评级的内容主要包括对发行公司的经营环境、法人治理结构与内部风险管理体制、主要风险与管理、财务状况、债权保护条款等方面的分析。

1.经营环境

经营环境方面主要考察发行公司所处的经济环境、行业环境、监管状况和社会环境。

2.法人治理结构与内部风险管理体制

在此方面，主要考察发行公司的股权结构、股东的性质及股东对公司经营的支持与限制，领导者素质及员工素质，公司治理结构（股东大会、董事会、监事会、经营管理团队之间的实际运作机制）等。

3.主要风险与管理

这主要考察发行公司的信用风险、流动性风险、市场风险等。

（1）信用风险的评估主要包括定性分析与定量分析。定性分析的主要内容是发行公司贷款的决策程序、风险控制标准与措施、呆坏账的处置政策、有关法规等。定量分析主要是根据行业水平、监管要求、合理标准等，进行有关指标的比较和分析，并对未来走势进行预测。这些指标主要有不良资产/贷款总额、准备金/不良资产、不良资产/（所有者权益+准备金），以及资产风险度、贷款的集中度、关联贷款等。

（2）流动性风险是指发行公司无力为负债的减少或资产的增加提供融资，在极端情况下，流动性不足会造成发行公司的清偿问题。流动性风险的定性评估主要是对发行公司在危机中自行融资能力的评估，包括在市场上筹资与融资的能力、增加资本的能力以及发行公司对流动性问题的重视程度和应急计划。

（3）市场风险是指市场价格的变动导致发行公司表内和表外头寸遭受损失的风险。市场风险主要有汇率风险、利率风险等。利率风险是指发行公司的财务状况在利率出现不利变动时所面临的风险，这种风险不仅影响发行公司的盈利水平，也影响其资产、负债和表外金融工具的经济价值。

4.财务状况

财务状况分析主要考察发行公司的盈利能力、偿债能力、杠杆比率、流动性比率以及现金流对总负债比率。

（1）盈利能力。对发行公司而言，抵御风险的最重要能力是其持续盈利能力。持续盈利能力的基础是发行公司的核心能力，这包括发行公司获得存款的能力、筹资与融资成本、资金来源的稳定性等，也包括获得优质成员的竞争力、资产的合理组合及资产的盈利能力、资产的适当增长等。除了对历史和现状进行分析外，更重要的是预测其未来情况。主要的定量评估指标包括资产收益率（ROA）与净资产收益率（ROE）。资产收益率是息税前利润（EBIT）与总资产之比，净资产收益率是净利润与净资产之比。较高的资产收益率与净资产收益率表明公司的盈利能力强，因而在资本市场上更有能力筹资。

（2）偿债能力。一般用收入与固定成本之比来衡量发行公司的偿债能力，具体包括：①利息保障倍数，是息税前利润（EBIT）与应付利息之比；②固定费用偿付比率，是利息保障倍数的扩展形式，计算公式为"（EBIT+税前固定费用）/（税前固定费用+应付利息）"。低水平或下降的偿债能力比率意味着可能会发生现金流困难。

（3）杠杆比率。债务与净资产（即资本）总额之比。过高的杠杆比率表明负债过多，财务负担过重，标志着公司可能无力获取足够的收益以保证债券的偿还与安全性。

（4）流动性比率。最常见的两种流动性比率是流动比率（流动资产与流动负债之比）、速动比率（扣除存货之后的流动资产与流动负债之比）。

（5）现金流对总负债比率，是现金总流量与债务之比。

标准普尔公司以现金流对总负债比率为标准划分公司信用等级，见表3-7。

表3-7   标准普尔公司为划分公司的信用等级定期计算的几种比率的中值（3年期）

	AAA	AA	A	BBB	BB	B	CCC
EBIT利息保障倍数	23.80	19.50	8.00	4.70	2.50	1.20	0.40
EBITDA利息保障倍数	25.50	24.60	10.20	6.50	3.50	1.90	0.90
营运资金/总负债（%）	203.30	79.90	48.00	35.90	22.40	11.50	5.00
自由营运资金/总负债（%）	127.60	44.50	25.00	17.30	8.30	2.80	-2.10
总负债EBITDA倍数	0.40	0.90	1.60	2.20	3.50	5.30	7.90
资本收益率（%）	27.60	27.00	17.50	13.40	11.30	8.70	3.20
总负债/（总负债+权益）	12.40	28.30	37.50	42.50	53.70	75.90	113.50
历史违约率（%）	0.50	1.30	2.30	6.60	19.50	35.80	54.40

注：EBITDA为利息、税、折旧和摊销之前的收入。

资料来源：博迪，凯恩，马库斯. 投资学［M］. 汪昌云，张永冀，等译. 北京：机械工业出版社，2017：354.

5.债权保护条款

所谓债权保护条款，就是发行公司在发行债券时，制定或提供的特别保护措施，如规定债务的优先顺序、由第三方提供担保、建立偿债基金、对公司的利润分配进行限制、公司以自有的资产提供抵押、银行等提供融资便利和授信等。这些措施是防范债券违约风险的重要措施。

3.3.3 主要评级机构的级别标准与标记

对长期债券的评级标准和标记，上述信用评级机构的级别标准是类似的，但是级别的标记有差别。

1. 美国信用评级标准

表3-8、表3-9和表3-10分别介绍了美国几家最主要的信用评级机构对长期债券与商业票据的评级标准和标记。

表3-8　　　　　　　　**美国各主要评级机构的级别标记（长期债券）**

级别性质	级别内容	穆迪	标准普尔
投资级	信誉最高	Aaa	AAA
	信誉很高	Aa	AA
	信誉较高	A	A
	有一定信誉	Baa	BBB
投机级	有投机因素	Ba	BB
	投机的	B	B
	可能不偿还	Caa	CCC
	可能不偿还	Ca	CC
	不偿还	C	C
	不履行债务	D	D

表3-9　　　　　　　　**美国标准普尔公司对短期债券的评级标准**

级别性质	标准普尔	级别内容
投资级	A-1	质量最高，按时还本付息能力很强，安全性好。如果有的证券信用等级更好，可以再加上一个"＋"
	A-2	具有令人满意的按时还本付息的能力，但是，流通程度比"A-1"级要差些
	A-3	具有充分的如期偿还债务的能力，但是在金融与经济形势发生逆转时，其安全性比前两等级的证券要脆弱得多。
投机级	B	具有投机性的证券
	C	其偿债能力是令人怀疑的
	D	信用等级最低的，通常是指那些已违约的债券

表3-10 美国标准普尔公司对长期债评级标准

级别性质	标准普尔	级别内容
投资级	AAA	信誉最高,在还本付息方面能力极强,几乎没有任何风险
	AA	信誉很高,还本付息能力较强,与AAA级只有轻微的差别
	A	信誉较高,还本付息能力较强,对外部环境与经济形势的变化更敏感
	BBB	具有充分的还本付息能力和防护能力,外部环境与经济形势发生不利的变化时,更易受影响,会减弱还本付息的能力
投机级	BB	有投机因素,但程度相对较低,近期违约的可能性较低,但有很大的不确定性,一旦经济形势逆转,按时还本付息的能力将大打折扣
	B	目前具有还本付息能力,但违约的可能高于上一等级,金融、经济形势的逆转会削弱还本付息的能力与意愿
	CCC	现在就可以看出有可能违约,其还本付息取决于金融、经济形势的良好,如果形势较差,就可能无力还本付息
	CC	这一等级通常被用于那些优先债务已被评为或默认为CC级的发行者所发行的次级债务,已明显迫近违约
	D	已违约,发行人已破产的证券

备注:AA到B级用1、2、3标号进一步分成三个小级。一般地说,如果发行者所发行的优先债务被评为或默认为AAA级,它所发行的次级债务就会被评为AAA或AA+级。如果该发行者所发行的优先债务被评为或默认为AA级,它所发行的次级债务就会评为A+级。如果发行的次级债务,其级别在典型情况下就会比优先债务级别低两级。

2.我国的信用评级

由于我国的信用评级起步较晚,信用评级的影响力有限,中诚信对短期融资券的评级方法见表3-11。

表3-11 中诚信短期融资券评级方法

等级符号	含义
A-1+	受评对象短期还本付息能力最强,安全性最高
A-1	受评对象短期还本付息能力很强,安全性很高
A-2	受评对象短期还本付息能力较强,但安全性不如 A-1 级
A-3	受评对象短期还本付息能力一般,但与 A-1 和 A-2 级相比,其安全性更易受不良环境的影响
B	受评对象短期还本付息的能力较低,安全性很易受不良环境的影响,有一定的违约风险
C	受评对象短期还本付息能力很低,违约风险较高
D	受评对象短期不能按期还本付息

资料来源:中诚信公司网站。

由表3-8至表3-10可以看出，发达国家信用评级标准不仅有严格的评级流程而且还有详细可操作的实施细则，具有国际公信力。目前，我国已有信用评级机构13家，信用增进机构23家，此外还有各类信用担保机构，但是我国信用评级发展历史短，标准尚不完善，流程缺乏透明度，操作缺乏经验，行业公信尚未建立起来。

专栏3-3

欧洲主权债务危机

主权债务是指主权国家代表本国向国际或区域金融机构、外国金融机构或其他国际金融市场投资者借贷或为他人的借贷提供担保而形成的，并以国家信用保证偿付本金和利息的债务。一旦主权国家不能按照合同约定期限偿还本金和利息，就会发生债务违约，爆发主权债务危机。2009年底爆发的欧洲债务危机就是主权债务危机。

一、欧洲主权债务危机的爆发

2009年10月，希腊政府宣布2009年财政赤字将达到GDP的12.7%，远高于欧盟规定的3%的上限。12月，国际三大评级机构下调希腊主权评级，希腊主权债务危机随即愈演愈烈。紧接着，欧元区内的葡萄牙、爱尔兰、意大利、西班牙等也暴露出了主权债务问题，这5个国家被合称为PIIGS（有的媒体将其戏称为"笨猪五国"）。欧元区面临着成立以来最为严峻的考验。

二、欧洲主权债务危机的主要原因

1.全球性金融海啸是欧洲主权债务危机的外部诱因

2008年，美国次贷危机演化成了全球性金融海啸，也点燃了欧洲暗藏于风平浪静海面下的巨大债务风险。各国为拯救危机开支巨大，部分国家多年来财政纪律松弛、控制赤字不力，导致了这些国家的政府负债与财政赤字均大大超过了规定的上限。2009年，欧元区平均赤字率（与GDP之比）达到6.4%，平均政府负债率（与GDP之比）达到85%，分别超过了3%和60%的上限，直接引发了这一轮欧洲主权债务危机。

2.欧元区的先天性缺陷是主权债务问题的内因

欧元区实行统一的货币政策，但没有统一的财政政策和银行体系。这种缺陷在经济遇到冲击时凸显出来，危机各国失去了货币贬值、债务货币化等货币手段，政府只能采用财政政策来刺激国内经济、拯救金融体系和维持高福利支出，导致了财政赤字扩大和债务水平大幅升高，成为本次危机的导火索。

3.欧盟内外部的结构性矛盾是债务危机爆发的重要原因

欧元区内部劳动生产率和竞争力差距不断扩大，德国和荷兰基本一直处于经常项目顺差，而希腊、西班牙等危机国则出现了巨额贸易赤字和经常账户赤字，长时间的积累导致政府债务和对外债务不断攀升。

三、欧洲主权债务危机的处置

1.建立欧洲金融稳定基金

2010年5月，欧盟与国际货币基金组织成立了"欧洲金融稳定机制"（ESM），建立了欧洲金融稳定基金（EFSF）。IMF提供贷款援助重组债务，欧洲央行（ECB）实施"加强信贷支持"和"证券市场计划"等非常规政策，增强银行在金融市场上的融资能力，恢复货币政策传导机制。

2.推出"直接货币交易（OMT）"计划

2012年9月，欧洲央行宣布将以严格的条件约束推出无限量购买欧元区成员国主权债券的"直接货币交易（OMT）"计划。OMT计划表明欧洲央行可以无限印钞，具有了如美联储一样的干预能力。

3.启动欧洲银行业联盟

2013年，欧洲银行业联盟正式启动，包括单一监管机制、单一清算机制及单一存款保险计划等。银行业联盟打破了主权债危机和银行业危机之间的恶性循环，稳定了金融系统。

此外，为化解主权债务危机，欧洲各国通过紧缩财政、重整金融业、加快经济结构调整进行了自救。

经过ESM、OMT和银行业联盟三箭齐发和危机国大幅度的财政紧缩和结构改革下，造成欧洲主权债务危机的问题得到解决或者改善，市场对欧元区的信心逐步恢复。但值得注意的是，欧元区麻烦并未结束。

★ 思政课堂

首单"重大科技成果产业化"专题金融债券成功发行

2022年4月19日，中央结算公司支持国家开发银行成功发行"重大科技成果产业化"专题金融债券100亿元，期限3年，发行利率2.43%，认购倍数6.19倍，获得市场投资者的广泛参与和踊跃认购。本次发行募集资金将主要用于支持科技创新成果转化和产业化，涉及重大科技成果产业化示范工程、"百城百园"行动、国家重大能力平台建设等相关信贷项目。科技部成果与区域司副司长黄圣彪、国家开发银行资金部副总经理臧健、国家开发银行发展部副总经理田文东等莅临现场指导债券发行工作并参观公司展厅、估值中心、ECC指挥中心和债券发行中心。中央结算公司董事长水汝庆会见，共同见证本次债券成功发行，并介绍了公司作为国家金融基础设施，在服务债券市场运行、宏观政策实施、金融市场定价基准和债券市场对外开放等方面发挥的重要作用。

本次债券发行是中央结算公司立足国家重要金融基础设施职责定位，助力国开行深入贯彻习近平总书记"坚持把科技自立自强作为国家发展战略支撑"重要指示精神，充分发挥市场机制作用，引导社会资金加大对科技创新链后端成果转化与产业化金融支持，加快建设科技强国，实现高水平科技自立自强的有力举措。

近年来，中央结算公司坚守国家重要金融基础设施初心使命，以科技创新赋能为愿景，不断提高技术研发和自主掌控能力，构建信创技术体系，实现核

★ 本章小结

债券是最主要的固定收益证券，债券市场是金融市场最重要的子市场之一。债券的基本要素包括面值、票面利率与偿还期限（含付息频率）等，包括收益性、流动性、偿还性、安全性等基本特性。

债券的种类很多。按发行主体的不同可分为政府债券（含地方政府债券与政府机构债券）、公司债券和金融债券等；按有无担保可分为信用债券和担保债券；按利息支付方式的不同可分为定息债券、贴息债券、附息票债券、永久性债券；按发行方式的不同可分为公募债券与私募债券。

债券市场包括发行市场与流通市场两个部分，其中流通市场由于证券交易所市场与场外交易市场组成。在美国，证券交易所市场比较重要，而在我国，目前债券交易市场以银行间债券市场为主。

债券信用评级对债券市场的健康发展极为重要。美国拥有标准普尔、穆迪投资服务公司等最具权威性的信用评级机构，100多年的发展历史形成了规范的操作流程与信用评级标准。

★ 综合训练

3.1 单项选择题

1.国库券和BAA级公司债券的收益率差距会变大的情形是（ ）。

A.利率降低 B.经济不稳定 C.信用下降 D.以上均可

2.以折价方式卖出债券的情形是（ ）。

A.债券息票率大于当期收益率，也大于债券的到期收益率

B.债券息票率等于当期收益率，也等于债券的到期收益率

C.债券息票率小于当期收益率，也小于债券的到期收益率

D.债券息票率小于当期收益率，但大于债券的到期收益率

3.我国某家金融机构在英国伦敦发行了10亿美元的债券，这种债券被称为（ ）。

A.扬基债券 B.熊猫债券 C.英国债券 D.欧洲债券

4.关于政府机构债券说法不正确的是（ ）。

A.以信誉为保证，无需抵押品 B.债券由中央银行作后盾

C.债券的收支偿付列入政府的预算 D.财政部和一些政府机构均可发行

5.根据标准普尔的信用评级标准，下列属于投机级债券的是（　　）。

A.BBB　　　　　　　B.BB　　　　　　　C.AAA　　　　　　　D.AA

6.利息保障倍数常用于衡量债券发行人的偿债能力，其公式是（　　）。

A.EBIT/总资产　　　　　　　　　　　　　B.EBIT/净资产

C.EBIT/应付利息　　　　　　　　　　　　D.债务/净资产

3.2　多项选择题

1.目前我国银行间债券市场的交易品种包括（　　）。

A.国债　　　　　　　B.同业存单　　　　　　　C.地方政府债券

D.政策性金融债券　　　E.可转换债券

2.目前国际上公认的最具权威性的信用评级机构主要有（　　）。

A.标准普尔　　　　B.穆迪　　　　　C.惠誉国际　　　　D.中诚信

3.关于可转换债券，论述正确的有（　　）。

A.收益率通常比标的普通股要高

B.可转换债券可能会推动标的股票价格的上涨

C.可转换债券通常是由发行公司的特定资产提供担保

D.可转换债券可以看作一种普通债券附加一份期权

4.关于债券的提前赎回条款，表述不正确的有（　　）。

A.很有吸引力，因为可以立即得到本金加上溢价，从而获得高收益

B.当利率较高时倾向于执行回购条款，因为可以节省更多的利息支出

C.相对于不可赎回的类似债券而言，通常有一个更高的收益率

D.以上均不对

5.关于债券的到期收益率，表述不正确的有（　　）。

A.当债券以折价方式卖出时，低于息票率；当以溢价方式卖出时，高于息票率

B.所支付款项的现值等于债券价格的折现率

C.现在的收益率加上平均年资本利得率

D.以任何所得的利息支付都是以息票率再投资这一假定为基础的

3.3　思考题

1.债券包括哪些基本要素或属性？

2.为什么公司债券的利率会比政府债券的利率高？

3.在我国证券交易所成交债券必须遵循哪些原则？其主要内容是什么？

4.信用评级有何重要意义？

5.信用评级的主要评估内容与指标有哪些？

6.可转换债券的含义及特点是什么？

7.债券作为融资手段和金融工具，具有哪些特征？

第 4 章

股票市场

★ 导读

　　股票市场是最重要的资本市场之一，股票价格指数被誉为一国经济的"晴雨表"。本章分6节，全面系统地介绍了股票市场的构成与运行机制，特别是重点对我国股票市场的改革与发展历程进行了介绍。通过本章的学习，读者应达到如下目标：

　　1.掌握股票的类型与风险收益特征。

　　2.掌握股票市场的组织结构、运作机制与实际运用。

　　3.掌握股票价格指数的编制方法、各主要指数的特点。

　　4.对我国股票市场改革的主要内容与发展趋势有全面、深刻的认识。

　　5.掌握股票分析的基本方法。

★ 关键概念

　　股票　一级市场，二级市场　注册制　核准制　溢价发行做市商制度　股价指数

§4.1 股票概述

4.1.1 股票的概念与特点

股票是由股份有限公司在筹集资本时向出资人发行的股份凭证。股票代表着其持有人对股份公司的所有权,这种所有权是一种综合权利,包括参加股东大会、投票表决、参与公司的重大决策、收取股息或分享红利等权利。股票作为金融工具具有以下几个特点:

1.长期性

股票具有不可赎回性(可赎回优先股除外),投资者认购了股票后,不能要求退股,要想变现就只能到流通市场上卖给第三者。从期限上看,只要公司存在,所发行的股票就存在,股票的期限等于公司存续期。

2.流通性

股票可以在股票市场上转让、买卖,也可以继承、赠予、抵押。股票的流通性使得长期投资短期化,投资者可以自由地选择是在流通市场上将投资变现还是继续持有。

3.风险性

与基金、债券、存款等投资方式相比,股票投资具有更大的风险。股票投资者能否获得预期的回报,不仅取决于公司所在的行业、公司自身的发展等非系统性风险,还受国际国内经济、政治、社会等系统性风险影响。这些因素不断变化,股票价格随之涨跌,进而可导致投资者的盈亏。

4.收益性

股东凭其持有的股票,有权从公司领取股息或红利,获取投资的收益。股票的收益还表现为股票投资者可以获得价差收入或实现资产保值增值,通过低买高卖赚取价差利润。

5.有限的权利和义务

这主要体现为股东的剩余索取权和剩余控制权。股东的权益在利润和资产分配上表现为索取公司对债务还本付息后的剩余收益,即剩余索取权;公司破产则股东只以出资额为限承担有限责任。股东的剩余控制权体现在公司的重大经营决策上,如公司高管的选择、重大投资项目的确定、兼并与反兼并等。

4.1.2 股票的类型

股票按不同的分类方法和不同的组合设计可以产生诸多的类别。不同类别的股票所代表的股东的权利与义务也不尽相同。

1.按股东享有的权利分类

按股东享有的权利,股票可分为普通股与优先股。

（1）普通股。

普通股是股票中最普遍的一种形式，是股份公司最重要的股份，其持有人享有股东的基本权利和义务。普通股的股利分配不固定，上不封顶下不保底。在对公司盈利和剩余资产的分配顺序上处在债权人和优先股股东之后，所以普通股是风险最大的。

普通股股东享有的主要权利有：

① 经营决策的参与权。普通股股东有权参加股东大会，听取董事会工作报告和财务报告并提出自己的意见和建议；有权选举公司董事和监事；有权对公司重大经营决策进行投票表决。普通股股东的参与权主要通过投票表决来实现，绝大多数的股份公司采取"一股一票制"，投票的方法有多数投票制和累积投票制两种。普通股股东可以亲自参加股东大会，也可以填写授权委托书，委托代理人行使其权利。

② 公司盈余分配权。公司董事会根据公司状况提出分配方案，经股东大会通过后，普通股股东可获得股利收益。各国对公司派发股利政策都做有相关规定。《中华人民共和国公司法》（以下简称《公司法》）规定，公司的税后利润首先必须用于弥补亏损，若有剩余，再按一定比例从剩余利润中依次提取法定公积金，支付优先股股利，然后再提取一定比例的任意公积金，剩余部分方可用于支付普通股股利。股利分配方案与公司未来发展有关：成长型公司往往把大量盈余再投资，不进行或很少进行现金股利分配。收入型公司现金流充裕，则更倾向于分配现金红利。

③ 优先认股权。由于股份公司在再融资增发新股时，公司的总市值不变，而股份数量增多，股价会下跌。为保证公司原股东的利益不受损害，公司一般会以较低的价格让普通股股东优先认购新增发的股票。原股东可以选择行权认购，也可以选择放弃或者转让优先认股权。

④ 剩余索取权（又称剩余资产分配权）。股份有限公司破产后，在公司清偿债权人的债务和优先股股东财产分配之后若有剩余，普通股股东有权参与公司剩余财产的分配。若公司破产清算时，资不抵债，普通股股东则一无所得。

（2）优先股。

优先股具有一些既类似于权益又类似于债务的特点：①如同债券一样，它向持有者许诺每年提供一个固定的收入流，类似于一种无期限的永久性债券，另外，同债券一样，持有者不会获得公司管理的参与权；②优先股是一种权益投资，公司一般仍会向持有者进行分红支付，尽管它并没有这样操作的契约性义务；③优先股在税务处理上不同，优先股股利的支付被当作红利，在税后支付。在公司破产清偿时，优先股的求偿权排在债券之后普通股之前。

优先股可以按权利的不同再进行细分：

① 累积优先股和非累积优先股。在对公司股息的索取权方面，如果公司当年盈利较少不足以支付优先股股息，累积优先股可以将股息累积到下一年，或者等公

司经营好转资金充裕时一并支付。非累积优先股则不具备这个条件。显然，投资者更偏好累积优先股，因而这种优先股更为流行。

②参与优先股与非参与优先股。参与优先股股东在公司对优先股股东按预先承诺的标准支付股息后，若还有剩余，可以与普通股股东一起参与剩余利润的分配。非参与优先股则没有这个权利。

③可转换优先股与不可转换优先股。可转换优先股，指在规定的时间内，优先股股东可以按一定的转换比率把优先股转换成普通股。当公司盈利状况不佳时，优先股股东就可以仍持有优先股，以保证较为固定的股息收入；而当公司大量盈利、普通股价格上涨时，他就可以行使其转换的权利从中获利。优先股也可以兼有转换性和累积性，它对投资者就更具吸引力。

④可赎回优先股与不可赎回优先股。可赎回优先股，即允许公司在一定时间内按发行价格加上一定比例的补偿收益予以赎回的优先股。不可赎回优先股则是永久性的。显然，可赎回优先股使公司占据主动。

2.按是否记名分类

按是否记名，股票可分为记名股票和不记名股票。记名股票是指股票上记载有股东的姓名，并登载于公司股东名册上的股票。不记名股票则不在股票上记载姓名，在公司股东名册上也无记载。对记名股票来讲，只有在股票和股东名册上登记了姓名者，才被承认为股东，才能行使股权。而对不记名股票来讲，只要持有股票即取得股东资格。因此，记名股票的转让要采取背书的方式，同时还须到公司办理过户手续，即将受让人的姓名、地址记载于股票和公司股东名册上。这样，受让人才能取得公司的股东资格，才能合法行使股权。而对不记名股票来说，只要股票转手，受让者即成为公司正式股东。不记名股票在流通转让方面比记名股票要简便得多，但不利于管理，所以，许多国家都制定了相应的法规对不记名股票的发行和交易进行控制和管理，有的国家或地区甚至禁止股份公司发行不记名股票。由于股东具有参与企业经营管理的权利，公司的一些重大决策需要在股东大会上由股东根据所持的股份数来投票表决，所以公司发行的股票不会完全是不记名的。

3.按是否有面额分类

按是否有面额，股票可分为面额股票和无面额股票。面额股票是指票面上记载着股票的金额。股票持有者可以根据自己所持股票的面额总值和公司发行股票的面额总值来确立自己在该公司中所占的股份比例。一般来说，股票发行价格原则上不得低于股票面额。无面额股票是在票面上不载明金额，只标明每股占资本总额的比例，故又称份额股票。无面额股票以企业财产价值的一定比例为其划分标准，其实际价值随企业财产的增减而变动，处于不确定状态。

4.按股票发行和交易范围分类

按发行和交易范围的不同，我国股票可划分为人民币普通股票（A股）和人民币特种股票（B股）。A股是指股份有限公司经过特定程序发行的以人民币标明面值、由境内中国居民买卖的普通股；B 股也称为人民币特种股票，是指那些在中国内地注册、在中国内地上市的特种股票，以人民币标明面值，只能以港元或美元认购和交易，刚开始参与投资者仅限于中国香港、中国澳门、中国台湾地区居民和外国人。2001 年 2 月 19 日，B 股向境内个人居民投资者开放。此外，还有 H 股、N 股，分别指的是我国企业（公司）在内地注册、在中国香港联合证券交易所发行上市的港元股票和在美国纽约证券交易所发行上市的美元股票。

5.按风险收益水平分类

按风险收益水平，又可以将股票分为蓝筹股、收入股、成长股和垃圾股等。蓝筹股是一些大型、资金实力雄厚、长期业绩比较稳定、信誉卓著的公司发行的股票。通常这类股票是市场的中坚力量，在各自的行业内有不俗的表现，能为投资者带来比较稳定的股息和资本利得。收入股一般是发展进入成熟阶段，又没有更新、更好的投资项目的公司发行的股票。这类公司由于新投资较少，从而把大部分的利润用作股息发放。投资者通常能获得稳定的收入，股价波动幅度相对较小。成长股，顾名思义，是成长性较好、发展速度较快的公司发行的股票。这类公司往往投资较多，股息发放较少，但随着公司的发展壮大，它经常给投资者带来很高的资本增值。垃圾股，是指公司业绩较差，甚至连续亏损或者经营极不稳定的公司股票。此类股票股价波动幅度极大，风险极高。

§4.2 股票市场概述

4.2.1 股票市场的概念、结构与分类

股票市场的基本结构包括股票的发行市场和流通市场。发行市场又称为"一级市场"，是股票首次发行与交易的市场。它一方面为资金的需求者提供了筹资的渠道，另一方面为资金的供应者提供投资的渠道。股票流通市场是已经发行的股票进行交易的市场，又称为"二级市场"。流通市场既为原投资者提供了随时变现的机会，又为新的投资者提供了投资机会。流通市场更重要的功能在于它使得股票的长期投资短期化，集中的单个风险分散化。

股票发行市场是流通市场的前提和基础，没有发行市场，就不存在流通市场。发行市场的规模决定了流通市场的规模，并在一定程度上影响流通市场上证券的交易价格（主要通过供求价格机制）；而流通市场又是发行市场得以更好发展的重要前提。流通市场可以使股票具有流通性，保证投资者可以把股票转手出售，达到变现和分散风险的目的。正是由于流通市场的存在，才能够吸引大量的投资者进入股票市场，认购新发行的股票，这样又推动了股票发行市场的发展。股票发行市场和流通市场是相辅相成、互相促进的关系。

除股票市场的基本结构外，股票市场还可以从不同的角度进行不同的划分。

1.按照市场的组织形式分类

按市场组织形式不同，股票市场可以分为交易所市场和场外市场。场外交易市场是相对于证券交易所而言的，凡是在证券交易所之外的股票交易活动都可称作场外交易，或称为柜台交易（OTC）。场外交易市场与证券交易所相比，没有固定的集中的场所，而是分散于各地，规模有大有小，由做市商（market maker）来组织交易。场外交易市场无法实行公开竞价，其价格是通过商议达成的，1971年美国全国证券交易商协会NASD（National Association of Securities Dealers）开始启用的一套电子报价系统，称为全国证券交易商协会自动报价系统NASDAQ（纳斯达克），从而改变了以前依靠"粉红单"和电话公布和查询行情的做法，推动了美国场外交易市场的发展。

此外，按市场组织形式不同，在交易所市场和场外市场之外，股票市场还有第三市场与第四市场。第三市场是指原来在证券交易所上市的股票移到场外进行交易而形成的市场，换言之，第三市场交易的是既在交易所上市又在场外市场交易的股票。由于美国的证券交易所曾经实行固定佣金制，第三市场兴起于20世纪60年代。1975年5月1日，美国的证券交易委员会宣布取消固定佣金制，而且交易所内部积极改革，采用先进技术，提高服务质量，加快成交速度，从而第三市场不像以前那样具有吸引力了。

第四市场是指大机构和富有的个人绕开通常的经纪人，彼此之间利用电子通信网络（electronic communication networks，ECNs）直接进行的证券交易。这些网络允许会员直接将买卖委托挂在网上，并与其他投资者的委托自动配对成交。由于没有买卖价差，其交易费用非常便宜。而且有些ECNs允许用户进行匿名交易，从而满足了一些大机构投资者的需要。目前，NASDAQ的交易就是通过高效率的ECNs完成的。ECNs雨后春笋般地发展着，较著名的有：Instinet、Island ECN、REDIBook、Archipeligo、Brass Utilities、Strike Technologies、POSIT、Crossing Network等。它的发展一方面对证券交易所和场外交易市场产生了巨大的竞争压力，促使这些市场降低佣金、改进服务；另一方面也对证券市场的管理提出了挑战。

2.其他划分标准

按照交易的地域及空间范围，股票市场也可以划分为地方性市场、区域性市场、全国性市场和国际性市场等。

我国股票市场建立30年来发展非常迅速。截至2021年底，上市公司4 697家，上市股票4 775只，总股本7.92万亿股，总市值99.11万亿元。2011年以来的股票市场规模见表4-1。

表4-1　　　　我国股票市场的规模（2011—2021）

日期	上市公司总数（家）	上市股票总数（只）	总股本（亿股）	总市值（亿元）
2021	4 697	4 775	79 241.943	991 118.152

日期	上市公司总数（家）	上市股票总数（只）	总股本（亿股）	总市值（亿元）
2020	4 195	4 274	73 763.386	869 170.506
2019	3 777	3 857	69 760.455	658 155.008
2018	3 584	3 666	65 130.685	487 222.818
2017	3 485	3 567	61 100.470	630 761.101
2016	3 052	3 134	55 983.365	556 584.045
2015	2 827	2 909	50 092.961	583 968.070
2014	2 613	2 696	43 931.081	427 053.899
2013	2 489	2 574	40 659.429	272 153.267
2012	2 494	2 579	38 487.360	267 411.440
2011	2 342	2 428	36 194.879	249 693.166

资料来源：Wind资讯。

4.2.2 股票市场的功能

股票市场作为金融市场特别是资本市场的重要组成部分，对国民经济的发展起着重要的作用。

1. 直接融资与投资功能

股票市场是连接融资者和投资者的桥梁，是资金融通的重要渠道。股份公司可以通过在股票市场上发行股票，将社会上分散的闲置资金集中起来，形成巨额的、可以长期使用的资本。而投资者可以通过在股票市场购买股票实现投资的目的，从而分享企业的利润与经济增长带来的好处。股票市场为投资者提供了一个广阔的投资渠道。

2. 优化资源配置功能

投资者通过及时披露的各种信息，投资于经营业绩好、管理效率高且前景好的公司的股票，推动其股票价格上扬，为公司利用股票市场进行资本扩张提供了良好的外部环境。而经营业绩不好、管理不佳且前景暗淡的企业将会被投资者所抛弃，难以取得上市资格或继续筹集资金。市场力量引导资金流向优质的企业，从而起到优化资源配置的作用。

3. 价格发现功能

股票市场通过竞价机制为公司的股票定价，在市场有效的前提下，股票价格反映了公司的一切信息，包括公司的价值和未来成长潜力。市场上对股票的需求和供给共同决定了股票的交易价格。股票的交易价格即市场价格，代表股票市场对发行公司的价值判断。

4.风险的分散与转移功能

在股票发行市场上，公司在筹集资金的同时也将公司的部分风险转移给了股东；而在流通市场上，投资者可以根据自己的风险偏好选择不同的股票组合，通过投资组合来分散风险。

5.信息传递功能

通过现代化的传播手段，股票市场将来自各方面的、不同角度的有关政治、经济、金融的动态信息汇集于市场，并迅速传播。同时，信息的接受者从股票市场了解各种股票的行情和投资机会。通过上市公司公布的财务报表反映企业经营状况，由某一企业逐步扩大到行业，直至整个经济的状况。股价指数作为一国经济的晴雨表，反映着经济和金融的发展动态。

6.宏观调控功能

股票市场以其特有的筹资、融资和导向功能，将宏观经济运作中的各部分有效地联结起来。公开市场业务作为中央银行实施货币政策的重要手段之一，就是通过在金融市场上买卖有价证券（主要是政府债券）来达到调控经济的目的。股票市场的高效运行有利于中央银行充分掌握市场信息，准确进行目标确定和操作决策，有利于市场灵敏地对政策工具的实施做出反应，以达到对宏观经济的调控目的。

此外，股票市场还以其独特的监督管理机制，强化市场约束机制，促进公司治理结构的优化和经营管理水平的提高。

§4.3　股票的发行市场

4.3.1　股票发行市场的概念与发行制度

1.股票发行市场的概念

股票发行市场是通过发行新股票来筹集资本的市场，是股份公司筹集资金、将社会闲散资金转化为公司资本的场所。企业发行股票并上市有诸多好处：首先，公司首次发行上市可以筹集到大量的资金，上市后也有再融资的机会，从而为企业进一步发展壮大提供了资金来源。其次，可以推动企业建立规范的经营管理机制，完善公司治理结构，不断提高运行质量。再次，股票发行需满足较为严格的标准，并通过监管机构的审核，是对公司管理水平、发展前景、盈利能力有力的考验。最后，股票交易的信息通过网络等媒介不断向社会发布，扩大了公司的知名度，提高了公司的市场地位和影响力，有助于公司树立品牌形象，提高公司实力，等等。

2.股票市场的发行制度

股票市场的发行制度可以分为注册制和核准制两大类。

（1）注册制。**注册制是指发行申请人在准备发行股票时，必须依法将与发行有关的一切信息和资料公开，制成法律文件，向证券主管机关（或证券监管机构）呈**

报并申请注册。证券主管机关只负责审查发行申请人是否履行了信息披露义务，即只对申报资料的全面性、真实性、准确性和及时性作形式审查。如果申报资料没有包含任何不真实的信息且证券主管机关对申报资料没有异议，则经过一定的法定期限，申请自动生效。一旦申请生效，发行人就可以发行股票，其发行无须再由证券主管机关批准。

（2）核准制。**核准制是指发行申请人在准备发行股票时，不仅要充分公开与发行有关的一切信息和资料，而且必须符合有关法律和证券主管机关规定的必备条件，证券主管机关有权否决不符合条件的股票发行的申请**。在核准制下，证券主管机关不仅要进行注册制下所要求的形式审查，而且要对发行申请人的经营业绩、发展前景、发行数量和发行价格等条件进行实质审核，并以此作为发行申请人是否符合发行实质条件的判断，进而最终决定是否准予发行。

从以上两种发行制度的不同可以看出，在注册制下，证券主管机关只对发行人申报材料的真实性进行形式审查，不对发行人的业绩前景作实质性的判断，将判断权交给投资人，由投资人决定是否购买发行人发行的股票。而在核准制下，证券主管机关必须对发行人的业绩前景作实质性的判断，实际上是在投资人之前对发行人进行提前的判断。一般采取注册制的国家多是证券市场历史较长、证券市场较为规范、投资者较为理性的国家和地区，如美国。而证券市场历史较短、各种制度还不完善、投资者不太成熟的国家则多采用核准制。

★ **思政课堂**

股票发行注册制改革

注册制，即证券市场的证券发行注册制，是公司发行证券上市的制度，区别于核准制。

证券发行注册制最重要的特征是：在注册制下证券发行审核机构只对注册文件进行形式审查，不进行实质判断。证券发行注册目的是向投资者提供据以判断证券实质要件的形式资料，以便做出投资决定，证券注册并不能成为投资者免受损失的保护伞。如果公开方式适当，证券主管机关不得以发行证券价格或其他条件非公平、发行者提出的公司前景不尽合理等理由而拒绝注册。

2018年11月5日，习近平主席在首届中国国际进口博览会开幕式发表主旨演讲时宣布在上海证券交易所设立科创板并试点注册制。自此，我国股票发行制度从过去的核准制向着注册制大步迈进。2019年7月，科创板在上海证券交易所开市，注册制试点正式落地。2020年3月新修订的《中华人民共和国证券法》（以下简称《证券法》）实施，第九条规定：公开发行证券，必须符合法律、行政法规规定的条件，并依法报经国务院证券监督管理机构或者国务院授权部门注册。

2020年4月27日，中央全面深化改革委员会第十三次会议审议通过了《创业板改革并试点注册制总体实施方案》。2020年8月，深圳证券交易所创业板开启注册制试点。

2020年10月9日，国务院印发《关于进一步提高上市公司质量的意见》，提出将"全面推行、分步实施证券发行注册制，支持优质企业上市"。证监会表示，注册制试点已经达到了预期目标，2022年全面实行注册制的条件已逐步具备。

资料来源：改编自中国证券监督管理委员会、上海证券交易所等网站。

4.3.2 股票发行的类型与发行方式

1.股票的发行类型

股票按其发行类型，主要分为初次发行和增资发行两种。

（1）首次发行。

首次发行（initial public offerings，IPO）是指公司首次公开发行股票。首次发行一般都是发行人在满足必须具备的条件并经证券主管部门核准或注册后，通过证券承销机构面向社会公众公开发行股票。通过首次发行，发行人不仅募集到了所需资金，而且完成了股份公司的设立或转制。

（2）增资发行。

增资发行是指股份公司组建上市后为达到增加资本金目的而发行股票的行为。公司增资的方式有向社会公众发行股份、向现有股东配售股份、公司债转换为公司股份等。①向现有的股东配售股份，又称为配股。它是指公司以一定的价格按照股东所持股份的一定比例向现有股东出售股票。现有股东购买新发行的股份不能超过规定的数额，现有股东也有权放弃购买新发行的股票。②向社会公众发行股票，又称增发。它是指公司以一定的价格向社会公众出售股票。投资者可以按照一定的程序申请购买股票，公司按照增发的数量和合格的申请数量以及一定的规则确定可以购买股票的投资者和他们所能购买的股票数量。③可转债转换。公司如果发行了可转换债券，可转换债券持有人如行使转换权利，公司应按照可转换的股票数量向债券持有人支付股票，同时收回债券，从而公司的负债减少、股本增加。表4-2列示了我国近十年股票发行市场的规模。

2.股票的发行方式

按照发行对象的不同，股票可以分为公募发行和私募发行两种方式；按照是否有中介机构的介入又可以分为直接发行和间接发行两种方式。

（1）按照发行对象分类。

① 公募发行（public placement）。公募发行是指向不特定的社会公众发行股票。在公募发行的情况下，任何合法的投资者都可以认购拟发行的股票。采用公募发行的优点是：可以扩大股票的发行量，筹资潜力大；可以申请在证券交易所上市，增加股票的流动性和公司的知名度；无须向投资者提供优厚的条件；发行人具

有较大的经营管理独立性。其缺点是：发行程序比较复杂，发行费用高，需要向社会公开大量公司信息。

表4-2　　　　　　　　　我国股票发行市场的规模（2011—2021）　　　　　金额单位：亿元

年份	集资金额合计		IPO		增发	
	募集家数	募集资金	首发家数	首发募集资金	增发家数	增发募集资金
2021	1 212	18 177.85	524	5 426.54	520.00	9 082.58
2020	1 087	16 786.16	437	4 805.50	377.00	8 345.12
2019	655	15 422.82	203	2 532.48	268.00	6 896.98
2018	530	12 105.71	105	1 378.15	289.00	7 534.88
2017	1 143	17 167.92	438	2 301.09	583.00	12 679.26
2016	1 156	20 701.70	227	1 496.08	837.00	16 470.96
2015	1 078	15 840.68	222	1 574.25	824.00	11 988.66
2014	618	8 515.19	122	657.41	464.00	6 336.34
2013	290	4 590.03	2	0.00	265.00	3 560.42
2012	320	4 481.69	154	1 030.00	156.00	3 242.72
2011	484	7 160.71	277	2 688.47	184.00	3 720.54

资料来源：Wind资讯。

② 私募发行（private placement）。私募发行是指向特定的少数投资者发行股票。私募发行的对象有两类：一类是公司的老股东或员工；一类是投资基金、社会保险基金、保险公司、商业银行等大型金融机构以及与发行人有密切往来关系的企业机构投资者。私募发行的手续简单，可以节省发行费用和发行时间；无须向社会公众公布公司信息，有利于保守商业秘密。其缺点是：投资者数量有限，证券流通性较差；公司必须向投资者提供高于市场平均水平的优厚条件；发行公司的经营管理易受到干扰。

公募发行和私募发行各有优劣。公募发行是股票发行中最常见、最基本的发行方式。而在成熟的证券市场上，随着大量机构投资者的出现，私募发行也呈逐年增长的趋势。我国股票市场上近10年来兴起的定向增发，也是私募发行的一种。

（2）按照有无发行中介分类。

① 直接发行。直接发行是指发行人直接向投资者发行股票的方式。这种方式可以节省向发行中介支付的手续费，但是如果发行量较大，由于缺乏专门的业务知识和广泛的发行网点，发行人要承担较大的发行失败的风险。这种发行方式只适用于向既定的发行对象发行或发行人知名度高、发行数量较少、风险较低的股票。

② 间接发行。间接发行是指发行人委托证券公司、投资银行等证券中介机构

代理发行股票的方式。根据受托机构对发行责任的不同，间接发行可以分为包销、代销和余额包销这三种发行方式。第一，包销（firm underwriting）是指受托的中介机构（承销商）以低于发行价的价格将发行人拟发行的股票全部买进，再转卖给投资者。承销商承担股票无法全部销售出去的风险，相应地获得股票销售的差价收益。第二，代销（best-effort underwriting）是指承销商许诺尽可能多地销售股票，但不保证能够完成预定的销售额。销售期满，销售的金额和未销售完的股票全部交还给发行人，承销商只获得中介费用，不承担股票无法销售完的风险。第三，余额包销发行是指承销商先履行代销的职责，如果销售期满，尚有未销售完的股票，承销商按低于发行价的价格全部买进。

4.3.3 股票发行价格与发行程序

1.股票发行价格的类型

股票的发行价格是新发行股票发售时投资者实际支付的价格。按照发行价格与股票票面金额之间的关系，可以分为平价发行、溢价发行和折价发行三种类型。其中，以票面金额的价格发行股票，为平价发行；以高于票面金额的价格发行股票，为溢价发行；以低于票面金额的价格发行股票，为折价发行。我国《公司法》第一百二十七条规定：股票发行价格可以按票面金额，也可以超过票面金额，但不得低于票面金额。可见，我国不允许折价发行。实际上，自20世纪90年代实行股份制以来，我国股票发行都是溢价发行，还没有出现过折价发行的情况。

2.股票发行定价的方式

股票发行定价的方式是指决定股票发行价格的制度安排，主要有议价法、拟价法、竞价法、定价法等。我国股票发行定价方式有以下几种：

（1）协商定价。在溢价发行股票的方式下，发行人和主承销商协商议定承销的价格和公开发行的价格，并报证券监管部门批准，承销价格和发行价格的差额就是承销商的报酬；也可以仅协商议定公开发行价格并报证券监管部门备案，承销商按发行总额的一定比例收取承销费用。

（2）一般询价方式。在对一般投资者上网发行和对机构投资者配售结合的发行方式下，发行人和主承销商事先确定发行量和发行底价，通过向机构投资者询价，并根据机构投资者的申购情况确定最终发行价格，以同一价格向机构投资者配售和对一般公众投资者上网发行。

（3）累计投标询价方式。这是一种根据不同价格下投资者的认购意愿确定发行价格的定价方式。具体做法是主承销商确定并公布发行价格区间，投资者在此区间内按照不同的发行价格申报认购数量。通过累计计算，主承销商得出不同价格的累积申购量，并根据超额认购倍数确定发行价格。

3.股票发行定价方法

无论采取哪种定价方式，发行人和承销商都要事先商定一个发行价格区间。通常有以下几种估算方法：

（1）市盈率法。市盈率是指股票市场价格与每股净利润的比率，计算公式为：

市盈率=股票市场价格/每股净利润

在市盈率法下，新发行股票的定价为：

新股发行价格=经过调整后的预测每股净利润×发行市盈率

发行市盈率一般根据二级市场上同类企业的平均市盈率、发行人经营情况和成长性综合确定。在市盈率法下，发行人和主承销商需要预测净利润和发行市盈率两个因素。

（2）可比公司竞价法。它是主承销商通过对可比较的或具有代表性的同行业公司的股票发行价格和它们的二级市场表现进行分析比较，并以此为依据估算发行价格的定价方法。

（3）市价折扣法。它是指发行公司和主承销商采用该股票一定时点上或时段内二级市场的价格的一定折扣作为发行底价或发行价格区间的端点。这种方法只适合增资发行方式。

（4）贴现现金流量法。它是通过预测公司将来的现金流量并按照一定的贴现率计算公司的现值，从而确定股票发行价格的定价方法。这种方法需要预测公司未来的现金流量，在理论上是最好的方法，但在现实中要准确预测公司未来的现金流量是不可能的，所以很难以此来确定股票的发行价，更多的是以此为一个辅助指标，和别的方法结合使用。

4.股票发行程序

各国对股票的发行都有严格的法律程序，不同的国家、不同的证券市场，其股票的发行程序也不尽相同。以下简要介绍首次公开发行的程序。

（1）准备阶段。发行公司拟订了资金使用计划和新股发行计划以后，需要聘请一家证券承销商负责发行事宜，并由承销商负责组织一个包括律师、会计师、资产评估师等组成的专家小组，负责对公司的尽职调查和发行前的准备工作。准备工作主要包括：①对发行公司进行改造，重组整合成适合公开发行并上市的公司；②对发行公司进行评估，准备招股说明书等申请文件并大致确定公司的价值和发行价格准备各种资料；③编制招股说明书。

（2）申请阶段。主承销商与拟发行公司将申请书、招股说明书、承销协议等申请文件提交证券监管机关，申请公开招股。在注册制下，注册生效以后发行公司就可以发行股票了；在核准制下，只有在申请被批准后发行公司才能发行股票。

（3）推介阶段。推介即通常所说的路演（road show）。在提出发行申请到发行申请被批准或注册生效之间的时期内，发行公司与主承销商可以推介拟发行的股票，包括提前通知市场有关新股发行情况、大致确定目标投资群体，通过巡回展示或其他推介形式吸引投资者购买。

（4）发售阶段。在注册期满或申请被批准后，发行公司须提交并公开招股说明书的最后文本，同时要与主承销商正式签署承销协议，并由主承销商负责组织承销团。承销团成立以后，股票便可以在公开发行日向投资者发售了。在股票全部发售完毕后，主承销商负责公布认购结果并将所筹集资金转交发行公司，办理股份登记。如果发行公司想成为上市公司，主承销商还要负责上市事宜和上市以后的市场维持。

§4.4 股票的流通市场

股票的流通市场又称为二级市场、交易市场，是指对股票进行买卖、转让、流通的市场。股票流通市场的存在保证了股票的流动性，为投资者提供了投资和变现的途径，保证了股票发行市场的正常运行。股票流通市场按照组织程度不同，分为证券交易所和场外交易市场。与主板市场相对应的二板市场是20世纪股票流通市场的重要创新之一。

4.4.1 证券交易所

证券交易所是依据国家有关法律经证券管理部门批准设立的证券集中交易的高度组织化的市场，是"二级市场"的主体，也是整个证券市场的核心。证券交易所本身并不参与证券的买卖，只提供交易场所和服务，但同时还兼有审核证券发行和监管证券交易的职能。比如，我国《证券法》第二十一条规定：按照国务院的规定，证券交易所等可以审核公开发行证券申请，判断发行人是否符合发行条件、信息披露要求，督促发行人完善信息披露内容。

1.证券交易所的组织形式

（1）公司制证券交易所。它是以股份公司形式设立的并以营利为目的的法人团体，一般是由银行、证券公司、信托机构以及各类民营公司共同出资建立的。公司制证券交易所本身的股票也可以流通转让。但任何成员公司的股东、高级职员、雇员都不能担任证券交易所高级职员，以保证交易的公正性。2021年9月3日注册成立的北京证券交易所，是经国务院批准设立的中国第一家公司制证券交易所。

（2）会员制证券交易所。它是以会员协会形式设立的不以营利为目的的法人团体，一般由证券公司、投资银行等组成。证券交易所的会员参加会员大会，有选举权和被选举权；参加交易所组织的证券交易，并享受证券交易所提供的服务。同时，会员必须缴纳各项经费并遵守交易所制定的规则。会员大会是权力机构，决定交易所的基本经营方针。理事会是执行机构。会员制证券交易所规定只有会员才能进入交易大厅进行证券交易，其他人要买卖证券交易所上市的证券，必须委托会员进行。我国上海证券交易所、深圳证券交易所均实行会员制。

2.证券交易所的上市制度

股票上市是指已经发行的股票经证券交易所批准后，在交易所公开挂牌交易的行为。股票上市是连接股票发行和股票交易的"桥梁"。股票上市后，实现了公司的市场化定价，可以扩大公司的知名度，有利于推动上市公司建立完善的治理结构，还有利于公司进一步融资。对投资者来说，股票上市使得股票的买卖方便快捷，成交价格也较为合理，行情和公司信息也较易获得。申请上市的股票必须满足证券交易所规定的一些条件，方可挂牌上市。各国对股票上市的条件和具体标准各有不同，即使是同一个国家，不同证券交易所的上市标准也不尽相同。上市的标准一般包括以下几点：（1）股票发行要达到一定的规模；（2）满足股票持有分布的要求，私募股票通常因无法满足这个标准而不能上市；（3）发行人的经营状况良好等。股票上市以后，如果不能满足证券交易所关于股票上市的条件，它的上市资格可以被取消，交易所停止股票的上市交易被称为终止上市（退市）或摘牌。

3.证券交易所的交易制度

股票在证券交易所内的交易又称为场内交易，投资者必须委托有资格的证券经纪商（一般为交易所会员）在交易所内代为买卖股票。为了保证股票交易的公开、公平、公正并高效有序地进行，证券交易所制定了交易原则和交易规则。

（1）交易原则。证券交易遵循价格优先、时间优先原则。

（2）交易规则。交易规则保证了股票交易高效有序地进行。证券交易所的主要交易规则有：

①交易时间。交易所有严格的交易时间，在规定的时间内开始和结束集中交易活动。各国证券交易所根据本国工作日和工作时间确定交易时间。有的交易所开前后两市，午前营业时间为前市，午后营业时间为后市。上交所、深交所和北交所都是开两市。

②交易单位。交易所规定每次申报和成交的交易数量单位，一个交易单位称为"一手"，委托买卖的数量通常为一手或一手的倍数，数量不足一手的股票称为零股。上交所、深交所和北交所规定，股票每100股为一手，零股可以一次性卖出，但不得买入。

③价位。交易所规定每次报价的价格最小变动单位。各证券交易所规定的价位不尽相同，我国上交所规定，A股的价位为人民币0.01元，B股的价位为0.001美元；深交所规定，A股的价位为人民币0.01元，B股的价位为0.01港元。

④报价方式。传统的股票交易采用口头报价并辅以手势，现代证券交易所采用电脑报价方式。

⑤价格决定方式。大部分证券交易所都是指令驱动市场，即经纪人根据投资者的委托指令在证券交易所按连续、公开竞价方式形成证券价格，当买卖双方在价格一致时，便立即成交并形成成交价格。按照价格形成的时间是否连续，又可以分为集合竞价和连续竞价方式。

上交所、深交所和北交所采取开盘价和收盘价由集合竞价产生，交易日其他价格由连续竞价方式产生的制度。集合竞价过程中没有成交的委托，自动进入连续竞价过程。在集合竞价方式下，证券交易所的电脑主机将一定时间内收到的所有交易委托都集中起来，进行一次性的撮合处理，形成一个最终的价格。所有高于此价格的买方报价和所有低于此价格的卖方报价都以此价格成交，其他的委托报价都不成交。在连续竞价方式下，证券交易所的电脑主机在交易时间内对委托报价按照价格优先、时间优先的原则排序。当新进入一笔买进委托时，若委托买价大于等于已有的委托卖价，则按委托卖价成交；当新进入一笔卖出委托时，若委托卖价小于等于已有的委托买价，则按委托买价成交。若新进入的一笔委托无法成交时，则继续按照价格优先、时间优先的原则排序等待。这样循环往复，直至收市。各个证券交易所对股票收盘价的规定有所不同，有的是以当天最后一笔交易的价格作为收盘价，有的是在收盘前几分钟，按照集合竞价的方式决定收盘价。比如，沪深股市的收盘价都是通过收盘集合竞价产生，收盘集合竞价时间为14：57至15：00。

⑥涨跌幅限制制度。涨跌幅限制制度即涨跌停板制度，是指规定一种股价或整个股价指数在每个交易日上涨和下跌最大限度的制度安排。其目的在于防止股价的暴涨暴跌，保护投资者的利益。注册制试点以前，上交所、深交所规定，在交易所交易的股票除首日上市以外，在一个交易日内，每只股票的交易价格在上一个交易日收盘价的±10%浮动。ST类股票的交易价格在上一个交易日收盘价的±5%浮动。注册制试点以来，在一个交易日内，上交所科创板和深交所创业板股票的涨跌幅为±20%，北交所股票的涨跌幅为±30%。

⑦交易委托种类。证券交易委托是投资者通知经纪人进行证券买卖的指令，其主要种类有市价委托和限价委托。市价委托是指委托人自己不确定价格，而委托经纪人按市场上最有利的价格买卖证券；限价委托是指委托人给定一个价格限制，经纪人按照规定价格或更有利的价格进行证券买卖。具体地说，对于买进委托，成交价不能高于限定价格；对于卖出委托，成交价不能低于限定价格。

⑧大宗交易。大宗交易一般是指交易规模——包括交易的数量和金额——都非常大，远远超过市场的平均交易规模。我国大宗交易由买卖双方采用议价协商的方式确定成交价，并经证券交易所确认后成交。大宗交易的成交价格不作为该证券当日的收盘价，也不纳入指数计算，不计入当日行情，成交量在收盘后计入该证券的成交总量。在我国，大宗交易在收盘后半小时内进行，申报价格须在当日竞价时间内已成交的最高和最低成交价格之间。

⑨清算。股票买卖成交以后，就进入交割过户的清算阶段。清算一般分为证券公司之间的清算和证券公司与委托客户之间的清算两个步骤。前者在证券交易所的清算部进行，通常采用净额清算制；后者根据交易所的规定有所不同，在成交以后若干天内清算，这称为T+n制，n代表了成交以后多少天内可以清算完毕，有T+0、T+1、T+2等。

（3）交易制度优劣的判别标准。

交易制度是证券市场微观结构的重要组成部分，它对证券市场功能的发挥起着关键的作用。交易制度的优劣可从以下六个方面来考察：流动性、透明度、稳定性、效率、成本和安全性。

①流动性是指以合理的价格迅速交易的能力，它包含两个方面：即时性和价格影响低。前者指投资者的交易愿望可以立即实现；后者指交易过程对证券价格影响很小。流动性的好坏具体可用如下三个指标来衡量：市场深度（market depth）、市场广度（market breadth）和弹性（resiliency）。如果说在现行交易价格上下较小

的幅度内有大量的买卖委托，则市场具有深度和广度。如果市场价格因供求不平衡而改变，而市场可以迅速吸引新的买卖力量使价格回到合理水平，则称市场具有弹性。

② 透明度指证券交易信息的透明，包括交易前信息透明、交易后信息透明和参与交易各方的身份确认。其核心要求是信息在时空分布上的无偏性。

③ 稳定性是指证券价格的短期波动程度。证券价格的短期波动主要源于两个效应：信息效应和交易制度效应。合理的交易制度设计应使交易制度效应最小化，尽量减少证券价格在反映信息过程中的噪音。

④ 交易制度的效率主要包括信息效率、价格决定效率和交易系统效率。信息效率指证券价格能否迅速、准确、充分反映所有可得的信息。价格决定效率指价格决定机制的效率，如做市商市场、竞价市场中价格决定的效率等。

⑤ 证券交易成本包括直接成本和间接成本。前者指佣金、印花税、手续费、过户费等。后者包括买卖价差、搜索成本、迟延成本和市场影响成本等。

⑥ 证券交易市场的安全性主要指交易技术系统的安全。

4.4.2 二板市场

二板市场的正式名称为"第二交易系统"，也称为创业板市场，是与现有的股票交易所市场即主板市场相对应的概念。例如，美国的 NASDAQ 市场、伦敦 AIM 市场、欧洲 EASDAQ 市场、欧洲 EUROLD 市场、新加坡 SESDAQ 市场、中国香港创业板市场、深交所创业板市场、上交所科创板等，其中以美国的 NASDAQ 市场最为成功。

二板市场有以下特点：

1. 上市标准相对较低

由于二板市场多是面向新兴的中小企业和高科技企业，因此其上市的规模和盈利条件都较低，大多数对盈利没有要求。

2. 做市商制度

做市商制度又称为报价驱动市场，是指做市商同时报出同一种股票的买入价格和卖出价格，投资者直接与做市商进行交易而不是与投资者进行交易，做市商负责维持股票的买卖，并且随时调整价格。 二板市场多采用做市商制度，做市商是承担某一只或某几只股票买进和卖出的独立的交易商。它们一方面为投资者报价，直接与投资者交易；一方面接受客户的限价委托，代为完成交易。

3. 电子化交易

二板市场多采用高效率的电脑交易系统，无需交易场地。二板市场为极具发展潜力的中小企业提供了融资支持、为风险投资的退出提供了渠道。二板市场作为20世纪流通市场的一项创新，大大地丰富了资本市场，进一步完善了资本市场体系。

最为成功的二板市场是美国的 NASDAQ 市场。但很多二板市场的企业规模较小，市场价格难以确定，投资风险较大，使得交易清淡，而且，上市的企业多为新兴企业。缺乏长期的业绩历史、上市限制较少，都使得二板市场风险较大，欧洲、日本、韩国、中国香港的二板市场都不是很成功，其中的经验和教训都值得我们借鉴。

专栏4-1

创业板——创业创新主引擎

创业板又称二板市场（Second-board Market）即第二股票交易市场，是与主板市场（Main-Board Market）不同的一类证券市场，专为暂时无法在主板市场上市的创业型企业提供融资途径和成长空间的证券交易市场。创业板是对主板市场的重要补充，在资本市场占有重要位置。创业板与主板市场相比，上市要求更加宽松。在创业板市场上市的公司往往成立时间较短、规模较小，业绩也不突出，但具有较高成长性，未来有较大成长空间。创业板最大特点是低门槛进入、严要求运作，有助于有潜力的中小企业获得融资机会，也是一个孵化创业型、中小型企业的摇篮。

2009年10月23日，深交所创业板正式开板。10月30日，创业板首批28家公司正式上市，公司股票代码以"300"开头。

成立十几年来，创业板积极服务国家创新驱动发展战略，支持创新型、成长型企业发展。创业板上市公司中，6成以上属于战略新兴产业，8成以上拥有自主研发核心能力，9成以上为高新技术企业，诞生了宁德时代、迈瑞医疗、东方财富、智飞生物等千亿市值的公司。我国创业板是全球成长最快的服务创业创新的市场，市值及成交金额在全球创业板市场居领先地位。

2020年6月12日，证监会发布《创业板首次公开发行股票注册管理办法（试行）》，8月24日，创业板注册制首批企业挂牌上市，宣告资本市场正式进入全面改革"深水区"，创业板2.0扬帆起航。

放眼全球资本市场，海外创业板市场也主要服务于新兴产业尤其是高新技术产业，在促进产业发展升级方面起到了至关重要的作用。美国NASDAQ是创业板市场的典型，素有"高科技企业摇篮"之称，培育了一大批高科技巨人，如微软、英特尔、苹果、思科等。在NASDAQ巨大示范作用下，世界各大资本市场也开始设立自己的创业板市场。

国外创业板市场与主板市场的主要区别是：不设立最低盈利规定，以免高成长公司因盈利低而不能挂牌；提高对公众最低持股量要求，以保证公司有充裕的资金周转；设定主要股东的最低持股量及出售股份的限制，比如两年内不得出售名下的股份等，以使公司管理层在发展业务方面保持对股东的承诺。此外，创业板使用公告板作为交易途径，不论公司在何地注册成立，只要符合要求即可获准上市。

资料来源：改编自深圳证券交易所网站。

4.4.3　科创板

科创板（The Science and Technology Innovation Board，STAR Market），是由国家主席习近平于 2018 年 11 月 5 日在首届中国国际进口博览会开幕式上宣布设立，独立于现有主板市场的新设板块。在该板块内，进行股票发行注册制改革试点。

2019 年 1 月，中国证监会发布《关于在上海证券交易所设立科创板并试点注册制的实施意见》，强调指出：在上交所新设科创板，坚持面向世界科技前沿、面向经济主战场、面向国家重大需求，主要服务于符合国家战略、突破关键核心技术、市场认可度高的科技创新企业。科创板重点支持新一代信息技术、高端装备、新材料、新能源、节能环保以及生物医药等高新技术产业和战略性新兴产业，推动互联网、大数据、云计算、人工智能和制造业深度融合，引领中高端消费，推动质量变革、效率变革、动力变革。

2019 年 6 月 13 日，科创板正式开板；7 月 22 日，科创板首批 25 家公司上市交易。

从实际运作来看，科创板的改革主要聚焦几个方面：一是试点注册制相关的发行上市审核规则。根据职责分工，上交所需要按照试点注册制理念和要求，承担科创板发行上市审核的职责。对审核内容、机制、方式、程序、交易所与证监会注册审核的衔接安排、各方主体职责和自律监管等，作了明确规定。二是科创板股票市场化发行相关的发行承销规则。管理层就科创板股票发行与承销过程中，网下询价参与者条件和报价要求、网下初始配售比例、网下网上回拨机制、战略配售、超额配售选择权等事项作出差异化安排。三是发行上市后持续监管相关的上市规则。针对科创企业特点，就信息披露、表决权差异、持续督导、股份减持、股权激励等事项，作出必要的调整完善。四是科创板二级市场交易运行相适应的交易规则。引入投资者适当性制度、适当放宽涨跌幅限制、调整单笔申报数量、上市首日开放融资融券业务等差异化机制安排作出集中规定。

截至 2021 年 12 月 31 日，科创板共上市企业 377 家，总市值达 54 756 亿元。其中，包括重要的芯片企业如中芯国际、时代电气、中微公司；生物科技企业如百济神州、康熙诺、君实生物和其他行业的高新技术公司。科创板的创业、创新和科技含金量成色十足。

在上交所设立科创板并试点注册制，对于完善多层次资本市场体系，提升资本市场服务实体经济的能力，促进上海国际金融中心、科创中心建设具有重要意义，同时也为上交所发挥市场功能、弥补制度短板、增强包容性提供了至关重要的突破口和实现路径，具有重要战略意义和良好实践结果。

4.4.4　北京证券交易所

北京证券交易所于 2021 年 9 月 3 日注册成立，是经国务院批准设立的中国第一家公司制证券交易所，受中国证监会监督管理。其经营范围包括为证券集中交易提供场所和设施、组织和监督证券交易以及证券市场管理服务等业务。

2021年9月2日，习近平主席在中国国际服务贸易交易会全球服务贸易峰会致辞中宣布，继续支持中小企业创新发展，深化新三板改革，设立北京证券交易所，打造服务创新型中小企业主阵地。

11月15日，北交所正式开市。北交所开市后，个人投资者准入门槛为开通交易权限前20个交易日日均证券资产50万元，同时具备2年以上证券投资经验。在北交所开市前已开通精选层交易权限的投资者，其交易权限自动平移至北交所。机构投资者准入不设置资金门槛。另外，全国中小企业股份转让系统（即新三板）同步修改投资者适当性管理办法，新三板创新层投资者准入资金门槛即日起由150万元调整为100万元。

北交所构建了一套契合创新型中小企业特点的涵盖发行上市、交易、退市、持续监管、投资者适当性管理等基础制度安排，补足多层次资本市场发展普惠金融的短板。北交所与上交所、深交所一起形成相互补充、相互促进的中小企业直接融资成长路径。未来将培育一批"专精特新"中小企业，形成创新创业热情高涨、合格投资者踊跃参与、中介机构归位尽责的良性市场生态。对私募股权投资机构（PE）、创业投资机构（VC）而言，北交所的设立进一步拓宽了创投项目的退出通道，大大增强了投资人对创业投资，尤其是"投早、投小"的信心。

深化新三板改革，设立北京证券交易所，是资本市场更好支持中小企业发展壮大的内在需要，是落实国家创新驱动发展战略的必然要求，是新形势下全面深化资本市场改革的重要举措。北交所将与沪深交易所、区域性股权市场形成错位发展和互联互通的格局，中国资本市场多层次市场结构进一步完善。

§4.5 股票价格指数

股票价格指数是反映股票市场平均价格水平和变动趋势的指标，也是一个国家或地区政治、经济状况的灵敏信号，被誉为经济的"晴雨表"。股票价格指数的编制，方便了投资者对整个市场行情的把握，由于大部分的股票有一种齐涨共跌的特点，因而对指数的判断，也成为人们投资决策的重要参考指标。股价指数在计算时要注意以下四点：①样本股票必须具有典型性、普遍性，为此，选择样本股票应综合考虑其行业分布、市场影响力、规模等因素；②计算方法要科学，计算口径要统一；③基期的选择要有较好的均衡性和代表性；④指数要有连续性，要排除非价格因素对指数的影响。

4.5.1 股票价格平均数的计算

股票价格平均数反映一定时点上市场股票价格的绝对水平，它可分为简单算术股价平均数、修正的股价平均数和加权股价平均数三类。

1.简单算术股价平均数

简单算术股价平均数是将样本股票每日收盘价之和除以样本数得出的，即：

$$\text{简单算术股价平均数} = \frac{1}{n}\left(P_1 + P_2 + P_3 + \cdots + P_n\right) = \frac{1}{n}\sum_{i=1}^{n} P_i \tag{4.1}$$

其中：n 为样本的数量，P_n 为第 n 只股票的价格。

世界上第一个股票价格平均数——道·琼斯股票价格平均数在 1928 年 10 月 1 日前就是使用简单算术平均法计算的。

简单算术股价平均数虽然计算较简便，但它有两个缺点：（1）它未考虑各样本股票的权重，从而未能区分重要性不同的样本股票对股价平均数的不同影响。（2）当样本股票发生拆细、派发红股、增资等情况时，股价平均数就会失去连续性，使前后期的比较发生困难。所以后来对计算方法做了修正。

2.修正的股价平均数

修正的股价平均数有两种：

（1）除数修正法，又称道氏修正法。这是美国道·琼斯公司为克服简单算术平均法的不足，在 1928 年始创的一种计算股价平均数的方法。该法的核心是求出一个除数，以修正股票因拆细、增资、发放红股等因素造成的股价平均数的变化，以保持股价平均数的连续性和可比性。具体做法是以股票新价总额除以旧价平均数，求出新除数，再以计算期的股价总额除以新除数，从而得出修正的股价平均数，即：

新除数=变动后的新股价总额/旧股价平均数

修正的股价平均数=报告期股价总额/新除数

（2）股价修正法。这是将发生股票拆细等变动后的股价还原为变动前的股价，使股价平均数不会因此变动。例如，假设第 j 种股票进行拆细，拆细前股价为 P_j，拆细后每股新增的股数为 R，股价为 P_j'，则修正的股价平均数的公式为：

$$\text{修正的股价平均数} = \frac{1}{n}\left[P_1 + P_2 + \cdots + (1+R) \times P_j' + \cdots + P_n\right] \tag{4.2}$$

由于 $(1+R)P_j' = P_j$，因此该股价平均数不会受股票分割等的影响。修正方法是把某种股票分割次数作为该种股票新价格的乘数，再加以总平均。

3.加权股价平均数

加权股价平均数就是根据各种样本股票的相对重要性进行加权平均计算的股价平均数，其权数 Q 可以是成交股数、股票总市值、股票总股本等，其计算公式为：

$$\text{加权股价平均数} = \frac{1}{n}\sum_{i=1}^{n} P_i Q_i \tag{4.3}$$

4.5.2　股价指数的计算

股价指数（indexes）是反映不同时点上股价变动情况的相对指标，通常是将报告期的股票价格与选定的基期价格相比，并将两者的比值乘以基期的指数值，即为报告期的股价指数。股价指数的计算方法主要有两种：简单算术股价指数和加权股价指数。

1.简单算术股价指数

计算简单算术股价指数的方法有两种：相对法和综合法。

（1）相对法，又称平均法，就是先计算各样本股价指数，再加总求出的算术平均数。其计算公式为：

$$股价指数 = \frac{1}{n}\sum_{i=1}^{n}\frac{P_1^i}{P_0^i} \tag{4.4}$$

其中：P_0^i为第i种股票的基期价格，P_1^i为第i种股票的报告期价格，n为样本数。英国的《经济学人》普通股价格指数就是采用这种计算方法计算出来的。

（2）综合法。综合法是先将样本股票的基期和报告期价格分别加总，然后相比求出股价指数，即：

$$股价指数 = \frac{\sum_{i=1}^{n}P_1^i}{\sum_{i=1}^{n}P_0^i} \tag{4.5}$$

2.加权股价指数

加权股价指数是根据各期样本股票的相对重要性予以加权，其权重可以是成交股数、总股本等。按时间划分，权数可以是基期权数，也可以是报告期权数。以基期成交股数（或总股本）为权数的指数称为拉斯拜尔指数，其计算公式为：

$$加权股价指数 = \frac{\sum P_1 Q_0}{\sum P_0 Q_0} \tag{4.6}$$

以报告期成交量（或总股本）为权数的指数称为派许加权指数，其计算公式为：

$$加权股价指数 = \frac{\sum P_1 Q_1}{\sum P_0 Q_1} \tag{4.7}$$

其中：P_0和P_1分别为基期和报告期的股价；Q_0和Q_1分别为基期和报告期的成交股数（或总股本）。

拉斯拜尔指数偏重基期成交股数（或总股本），而派许加权指数则偏重报告期的成交股数（或总股本）。目前世界上大多数股价指数都是派许加权指数，只有德国法兰克福证券交易所的股价指数为基期加权指数（拉斯拜尔指数）。

4.5.3 国际主要的股票价格指数

1.道·琼斯股价平均数

道·琼斯股价平均数（DJIA）习惯上称为道·琼斯指数，是世界上最早和最有影响的股票价格平均数，它由美国报业集团及道·琼斯公司编制并在《华尔街日报》上公布，最早由查尔斯·亨利·道和爱德华·琼斯于1884年7月3日发布，当时根据11种有代表性的美国股票价格计算出股票价格平均数。现在人们所说的道·琼斯指数实际上是5组平均数：①道·琼斯工业股票价格平均数，该平均数根据30种主要工商业公司股票编制，人们通常说的道·琼斯指数就是指该股价平均数。②道·琼斯运输业股票价格平均数，它是根据20家具有代表性的运输业公司股票价格编制的。③道·琼斯公用事业股票价格平均数，它是根据15家最大的公用事业股票价格编制的。④道·琼斯65综合股票价格平均数，它是工业、运输业、公用事业股价平均数的综合指数，更能反映股票市场变化趋势。⑤道·琼斯公正市价指数，该指数于1988年10月首次发表，以700家不同规模或实力的公司股票作为编制对象。道·琼斯股价平均数以1928年10月1日为基期，其编制方法原来为简单算术平均法，由于这一方法有明显不足，从1928年起，采用除数修正法，使其平均数能连续、真实地反映股价变动状况。

2.标准普尔股票价格指数

标准普尔公司是美国最大的证券研究机构，它于1923年开始编制和发布标准普尔股票价格指数。该指数最初的样本股票为233种，到1957年样本股票增加到500种，指数种类增加到95种。但最著名的是以下4组：工业、运输业、公共事业和500种股票综合指数，即标准普尔500种股票价格指数或简称为标准普尔500。标准普尔指数采用以样本股发行量为权数的计算期加权综合指数法，它以1941年到1943年为基期，设基期的平均值为10，每小时公布一次。

3.NASDAQ指数

NASDAQ（National Association of Securities Dealers Automated Quotations）中文全称是全美证券交易商自动报价系统，于1971年正式启用，是最成功的二板市场。NASDAQ市场设立113种指数，其中NASDAQ综合指数是反映在NASDAQ上市的所有美国公司和非美国公司普通股票市值的指标，是NASDAQ的主要市场指数。该指数按每个公司的市场价格来设权数，基准点为100，于1971年2月5日开始发布。

4.金融时报指数

金融时报指数是英国最具权威性的股价指数，由《金融时报》编制和发布。这一指数包括三种：一是工业股票指数，又称30种股票指数，以1935年7月1日为基期，基数为100；二是100种股票交易指数，又称"FT-100指数"，该指数自1984年1月3日编制并公布，基数为1 000；三是综合精算股票指数，该指数从伦敦股票市场精选了700种股票作为样本加以计算，自1962年4月10日起编制和公布，并令这一天为基期，基数为10。

4.5.4　我国主要的股票价格指数

1.上海证券交易所的指数

（1）上证综合指数。上海证券交易所编制的以上海证券交易所挂牌上市的全部股票为计算范围并以发行量为权数的加权综合股价指数。上证综合指数综合反映上交所全部A股、B股上市股票的股价走势。该指数自1991年7月15日起开始实时发布。基期为1990年12月19日，基点为100。1992年2月2日第一只B股上市后，增设了上证A股指数和B股指数，分别反映全部A股和全部B股的股价走势。上证A

股指数以 1990 年 12 月 29 日为基准日，基数为 100 点；上证 B 股指数以 1992 年 2 月 21 日为基准日，基数为 100 点。从 1993 年 6 月 1 日起，上交所又正式发布了上证分类指数，包括工业类指数、商业类指数、房地产类指数、公用事业类指数和综合类指数。

（2）上证成份股指数。上证成份股指数简称 180 指数，是 1996 年 7 月 1 日对原上证 30 指数进行调整和更名产生的指数。其样本股共 180 种，选择样本股的标准遵循规模（总市值、流通市值）、流通性（成交金额、换手率）、行业代表性三项指标。上证成份股指数依据样本稳定性和动态跟踪的原则，每半年调整一次成份股，每次调整比例一般不超过 10%，特殊情况下也可以对样本股进行临时调整。上证成份股指数采用派许加权综合价格指数公式计算，以样本股的调整股本数为权重，并采用流通股本占总股本比例分级加权的计算方法。当样本股名单发生变化、样本股的股本结构发生变化或股价出现非交易性因素的变动时，采用"除数修正法"修正原固定除数，以维护指数的连续性。

2.深圳证券交易所的指数

（1）深证综合指数。深证综合指数是由深圳证券交易所编制的以深圳证券交易所挂牌上市的全部股票为计算范围、以发行量为权重的加权综合股价指数，用以综合反映深交所全部上市股票的股价走势。该指数以 1991 年 4 月 3 日为基日，基数为 100 点，此外深交所还编制了分别反映全部 A 股和全部 B 股股价走势的深证 A 股指数和深证 B 股指数。深证 A 股指数以 1991 年 4 月 3 日为基日，1992 年 10 月 4 日开始公布，基数为 100 点，深证 B 股指数以 1992 年 2 月 28 日为基日，1992 年 10 月 6 日公布，基数为 100 点。

（2）深证成份股指数。深证成份股指数是由深圳证券交易所编制的一种成份股指数，通过对所有在深圳证券交易所上市的公司进行考察，按一定标准选出 52 家（其中 A 股 40 家，B 股 12 家）有代表性的上市公司作为成份股，以成份股的可流通股数为权数，采用加权平均法编制而成。深圳证券交易所分别公布深证成份指数、成份 A 股指数和成份 B 股指数。成份股指数以 1994 年 7 月 20 日为基期，基期指数为 1 000 点。2015 年 5 月 20 日，深证成份指数样本股扩容至 500 只。

3.沪深 300 指数

上述各股价指数，无论是综合指数，还是成份股指数，只是分别表征了两个市场各自的行情走势，都不具有反映沪深两个市场整体走势的能力。基于此，2005 年 4 月 8 日，上海证券交易所和深圳证券交易所联合编制了沪深 300 指数用于反映 A 股市场整体走势。样本选择标准为上海和深圳两个市场中规模大、流动性好的 300 只 A 股，覆盖了沪深两个市场 60% 以上的市值，具有良好的市场代表性。该指数以 2004 年 12 月 31 日为基日，基日点位为 1000 点。依据样本稳定性和动态跟踪相结合的原则，沪深 300 指数每半年调整一次成份股，每次调整比例一般不超过 10%。

4.恒生指数

恒生指数，由香港恒生银行全资附属的恒生指数服务有限公司编制，是以香港股票市场中的33家上市股票为成份股样本，以其发行量为权数的加权平均股价指数，是反映香港股市价格趋势最有影响的一种股价指数。该指数于1969年11月24日首次公开发布，基期为1964年7月31日，基期指数定为1000点。后来因为恒生指数按行业增设了分类指数，将基期改为1984年1月13日，并将该日收市指数的975.47点定为新基期指数。恒生指数经2001年10月3日调整后，推出新的两大恒生指数系列：一是恒生指数系列，包括恒生金融指数、恒生地产指数、恒生公用事业指数和恒生工商业指数；二是恒生综合指数系列，包括恒生香港综合指数（恒生香港大型股指数、恒生香港中型股指数、恒生香港小型股指数）和恒生中国内地综合股指数（恒生中国企业指数——H股指数、恒生中资企业指数——红筹股指数）。国企指数，又称H股指数，全称是恒生中国企业指数，也是由香港恒生指数服务有限公司编制和发布的。该指数以所有在联交所上市的中国H股公司股票为成份股计算得出加权平均股价指数。国企指数于1994年8月8日首次公布，以上市H股公司数目达到10家的日期，即1994年7月8日为基数日，当日收市指数定为1 000点。

专栏4-2

我国股票市场涨跌周期大事记

第一轮暴涨暴跌：100点—1 429点—400点。以1990年12月19日为基期，中国股市从100点起步；1992年5月26日，上证指数就狂飙至1 429点，这是中国股市第一个大牛市的"顶峰"。在一年半的时间中，上证指数暴涨1 329%。随后股市便迅猛而恐慌地回跌，暴跌5个月后，1992年11月16日，上证指数回落至400点下方。

第二轮暴涨暴跌：400点—1 536点—333点。上证指数从1992年底的400点低谷起航，开始了它的第二轮"大起大落"。这一次暴涨来得更为猛烈，从400点附近极速地窜至1993年2月15日1 536.82点收盘（上证指数第一次站上1 500点之上），仅用了3个月的时间，上证指数上涨了1 100点，涨幅达284%。但随后持续阴跌了17个月。1994年7月29日，上证指数跌至这一轮行情的最低点333.92点。

第三轮暴涨暴跌：333点—1 053点—512点。由于三大政策救市，1994年8月1日，新一轮行情再次启动，这一轮大牛行情来得更加猛烈而短暂，仅用一个多月时间，上证指数就猛窜至1994年9月13日的最高点1 053点，涨幅为215%。随后便展开了一轮持续16个月的下跌，1996年1月19日上证指数跌至512.80点。

第四轮暴涨暴跌：512点—1 510点—1 047点。1996年初，这一波大牛市悄无声息地在常规年报披露中发起。上证指数从1996年1月19日的500点上方启动。1997年5月12日达1 510点。不到半年时间，上证指数暴涨1 000点，涨幅接近200%。自1997年下半年开始了长达两年的"调整"，1999年5月17日跌至1 047点。

第五轮暴涨暴跌：1 047点—1 756点—1 361点。1999年"519"行情井喷，在短短的一个半月时间，股指上涨将近70%，1999年6月30日上证指数上攻至1 756点。它第一次将历史的"箱顶"（1 500点）狠狠地踩在了脚下。随后股市大幅回调，2000年1月4日，上证指数跌至1 361点。

第六轮暴涨暴跌：1 361点—2 245点—1 000点。由于受欧美股市大幅攀升的刺激，中国股市出现了较大幅度的上涨，2001年6月14日，上证指数创造了2 245点的历史新高。但随后出现了长达四年的熊市，2005年6月6日，上证指数跌破1 000点，最低为998.23点。与2001年6月14日的2 245点相比，总计跌去1 247点，这与此前某专家预言"推倒重来"的1 000点预测是十分巧合的。

第七轮暴涨暴跌：998.23点—6 124.04点—1 664.93点。2005年6月创下998.23点的低点之后，2006年1月以股权分置改革为契机，上证指数从1 200点启动，持续上涨，2007年10月16日创出了6 124.04点的历史新高。然而本轮行情牛熊转换相当快。自创出最高后股指迅速下探，至2008年10月28日，股指已跌至1 664.93点，跌幅为72.81%。

第八轮暴涨暴跌：1 664.93点—3 478.01点—2 148.45点。2008年底，为了抗危机，政府推出"扩内需、促增长"的10项措施、4万亿元刺激经济计划等，2009年股市出现了一波"不差钱"行情，至2009年8月4日上证指数创下了3 478.01点的高点，涨幅108.9%。但此后就步入了下跌调整行情，并绵延下跌达两年之久，至2012年1月5日跌至2 148.45点，跌幅为38%，2010年和2011年连续两年"熊冠全球"。

第九轮暴涨暴跌：2 162.67点—5 178.19点—2 638.30点。2014年5月9日，国务院印发"新国九条"，2014年11月17日"沪港通"正式启动，在多重利好刺激和融资甚至配资杠杆的强力驱动下，股市大幅上涨，2015年6月12日上证指数创下了5 178.19点的高点，涨幅达139.5%。创业板指数涨幅更大，从2014年5月16日的1 210.81点起步，至2015年6月12日创下了4 037.96点的历史高点，涨幅233.50%。但是，股票指数从2015年6月15日开始快速下跌，虽然国家出手救市，但跌幅仍然巨大。至2016年2月17日上证指数跌至2 638.30点，跌幅49.05%。创业板指数跌至1 779.18点，跌幅55.95%。2016年1月4日，上交所、深交所、中金所推出了熔断机制（以沪深300指数为基准），当天大盘就被熔断，7日再次熔断。8日，中国证监会宣布暂停熔断机制。至2016年1月27日，上证指数创下了2015年6月调整以来的新低2 638.30点。

第十轮暴涨暴跌：2 638.30点—3 587.03点—2 440.91点。2016年1月后，随着供给侧结构性改革的推进和受外围市场持续上涨的影响，股市走出了持续两年缓慢上涨的行情。至2018年1月29日，上证指数涨至3 587.03点，与2016年1月相比上涨了36%。但是，2018年3月起，国内外经济形势特别是中美贸易关系发生了巨大变化。受此影响，股市走出了持续下跌的行情，至2019年1月4日，上证指数跌至2 440.91点，相对2018年1月下跌了32%，创业板指数下跌了38%。2018年10月19日，国务院副总理刘鹤接受新华社等媒体采访时指出"股市估值处于历史低位，已经具有较高投资价值"。紧接着，国家有关部门和机构相继出台了救市和驰援民营上市公司的政策举措。

受健全资本市场体系和基础性制度建设等多重利好因素的影响，2019年1月起，中国股市走出了持续两年多的慢牛行情。

暴涨暴跌之后的中国股市何去何从，我们拭目以待。

§4.6　股票分析

如前文所述，个人如果想投资股票，选定一家信誉好的证券公司，开设证券账户与资金账户，存入资金，就可以自己买卖股票。买卖的方式有电话委托和网上委托等。然而，由于股票市场风险很大，要想在股票投资中获得不菲的收益却远非这么简单，个人不仅需要敏锐的嗅觉，超人的眼光，更需要勤做分析，分析选股是投资成功的关键，也是实际操作的核心所在。限于篇幅，本节仅简单介绍股票基本面分析和技术分析的理念，更深入具体的分析需要参阅相关资料。

1.基本面分析

股票价格是股票在市场上出售的价格。它的具体价格及其波动受制于各种经济、政治等方面的因素，并受到投资心理和交易技术等的影响。概括起来说，影响股票价格及其波动的因素，主要可以分为两大类：一个是基本面因素，另一个是技术因素。

所谓基本面因素，是指来自股票市场以外的经济、政治因素以及其他因素，其波动和变化往往会对股票的市场价格趋势产生决定性影响。一般来说，基本面因素主要包括经济性因素、政治性因素、人为操纵因素和其他因素等。

基本面分析方法，就是指把对股票的分析研究重点放在它本身的内在价值上。基本分析法就是利用丰富的统计资料，运用多种多样的经济指标，采用比例、动态的分析方法从研究宏观经济大环境开始，自上而下，逐步开展中观的行业兴衰分析，进而根据微观的企业经营、盈利的现状和前景，从中对企业所发行的股票作接近现实的客观评价，并尽可能预测其未来的变化，作为投资者决策的依据，基本面分析方法是市场投资重要的分析方法。影响股票内在价值的因素很多：宏观经济环境是景气还是萧条；各经济部门、各行各业的状况如何；发行该股票的企业的经营状况如何等。普通股估值原理与方法将在第10章介绍。

2.技术分析

技术分析是指投资者以股票市场的历史信息为基础，通过研究各种价格图表，分析技术指标、趋势指标，预测股票市场的未来发展趋势，从而做出投资决策的分析方式。技术分析基于三个基本的市场假设：①市场行为涵盖一切信息。这一假设是技术分析的基础。②价格沿趋势线移动。股票价格的变动是按一定规律进行的，股票价格有保持原来运动方向的惯性。这是进行技术分析最根本、最核心的因素。③历史会重演。技术分析实际上是对过去的市场价格变化的统计分析，价格形态通过一些特定的价格图表表示出来，这些图表在过去表示了人们对市场看好或看淡的心理，将来同样有效，因为人类的心理从来都是"江山易改本性难移"，历史常常是会重演的。

除此之外，还有行业分析、行为分析、组合投资分析等，限于篇幅以及本书主旨，在此不做详细阐述。

总的来说，基本面分析法能够比较全面地把握股票价格的基本走势，但对短期的市场变动不敏感。技术分析贴近市场，对市场短期变化反应快，但难以准确判断长期的趋势，特别是对于政策因素，难有预见性。基本面分析和技术分析各有优缺点和适用范围。基本面分析能把握中长期的价格趋势，而技术分析则为短期买入、卖出时机选择提供参考。投资者在具体运用时可以把两者有机结合起来，形成自己的分析框架，实现效用最大化。

★ 本章小结

股票是资本市场上最重要的金融工具之一，搭建了投资者和融资者之间直接进行资金融通的桥梁。它具有投资期限长、风险性、收益性、流通性、参与管理性、剩余财产索取性等方面的特点。按照不同的分类方法，股票可以划分出很多种类别。例如，按投资者享有的基本权利划分为普通股和优先股；按是否标明面值分为有面额股票和无面额股票；按是否记名分为记名股票和不记名股票；等等。

股票市场由发行市场和流通市场两部分组成，具有融通资金、优化资源配置、价格发现、风险的分散与转移、信息传递、宏观调控和改善公司治理结构等功能。

股票发行制度可分为注册制和核准制两大类。股票发行的类型包括首次发行和增资发行。股票的发行方式按照发行对象可以分为公募发行和私募发行；按照有无发行中介可以分为直接发行和间接发行。股票发行价格类型包括平价发行、溢价发行和折价发行三类。发行定价的方式包括协商定价、一般询价方式和累计投标询价方式等。发行定价方法包括市盈率法、可比公司竞价法、市价折扣法和贴现现金流量法等。股票发行程序包括准备阶段、申请阶段、推介阶段和发售阶段。

证券交易所是股票流通市场的主体。证券交易所按组织形式分为会员制和公司制两种形式。流通市场为股票创造了流动性。

股票价格指数反映了整个股票市场交易的价格趋势。按所选样本股范围的不同可以分为成份股指数和综合股价指数；按照不同的编制方法，股价指数可以分为简单算术股价指数和加权股价指数。

★ 综合训练

4.1　单项选择题

1.股东基于股票的持有而享有股东权利，是一种综合权利，其中首要的权利是（　　）。

A.参与公司的重大事项决策

B.公司资产收益权和剩余资产分配权

C.持有的股份可依法转让

D.选举管理者

2.记名股票的特点不包括（　　　）。

A.转让相对复杂或受限　　　　　　　　B.要求一次缴清出资

C.股东权利归属于记名股东　　　　　　D.安全性较好

3.通常将那些经营业绩较好，具有稳定较高现金股利支付的公司股票称为（　　　）。

A.潜力股　　　　　　B.成长股　　　　　　C.蓝筹股　　　　　　D.红筹股

4.一家公司的销售额和利润都快速地增长，且其速度要远远快于整个国家以及公司所在的行业的发展速度，那么这家公司发行的股票属于（　　　）。

A.蓝筹股　　　　　　B.投机股　　　　　　C.成长股　　　　　　D.收入股

5.目前，我国实行公司制的证券交易所是（　　　）。

A.深交所　　　　　　B.上交所　　　　　　C.北交所　　　　　　D.新三板

4.2　多项选择题

1.公司的优先股经常以低于其债券的收益率出售，是因为（　　　）。

A.优先股通常有更高的代理等级

B.优先股持有人对公司的收入有优先要求权

C.优先股持有人在公司清算时对公司的资产有优先要求权

D.优先股红利收入免缴所得税

2.在公司破产事件中（　　　）。

A.股东最有可能失去的是他们在公司股票上的最初投资

B.普通股东在获得公司资产赔偿方面有优先权

C.债券持有人有权获得公司偿付股东清算后所剩余财产的赔偿

D.优先股股东比普通股股东有获得赔偿的优先权

3.关于道·琼斯工业平均指数所涉及的股票，表述不正确的有（　　　）。

A.指数产生后从来没有发生过变化

B.包括大部分在纽约证券交易所交易的股票

C.当环境变化时会发生变化

D.由那些不会给投资者带来损失的股票组成

4.根据价格决定的不同特点，证券交易制度一般可以分为（　　　）。

A.连续竞价制度　　B.集合竞价制度　　C.委托驱动制度　　D.报价驱动制度

5.目前我国多层次资本市场体系包括（　　　）。

A.沪深主板　　　　　　B.上交所科创板　　　　　　C.深交所创业板

D.北交所　　　　　　E.新三板　　　　　　F.区域性股权交易中心

4.3　思考题

1.简述股票作为金融工具的特点，思考股票与债券之间的区别。

2.简述股票市场分散风险的机制。

3.如何评价证券交易制度的优劣？

4.比较股票发行的注册制与核准制。

5.相对主板而言，创业板有哪些突出的特点？

6.比较优先股和普通股的区别。

7.股票市场有哪些功能？

8.如何认识基本分析与技术分析的关系？

第5章

外汇市场

★ 导读

外汇市场是全天24小时连续运转的全球最大的金融市场。本章分为4个部分：第1节介绍外汇市场及其构成；第2节是本章的重点，介绍了即期外汇交易、远期外汇交易、外汇掉期交易、外汇期权交易等的基本原理和操作要点；第3节介绍影响汇率变化的因素；第4节介绍人民币汇率形成机制改革与人民币离岸市场。通过本章的学习，读者应达到如下目标：

1. 掌握外汇市场的基本概念及构成。

2. 掌握外汇即期交易、远期交易、掉期交易、保证金交易的基本原理与实际运用。

3. 掌握汇率变动的分析思路与方法。

4. 掌握人民币汇率形成机制改革的内容。

★ 关键概念

外汇汇率　直接标价法　间接标价法　外汇市场　即期外汇交易　远期外汇交易　外汇掉期交易　外汇期权交易　人民币离岸业务

第5章关键概念

§5.1 外汇市场及其构成

5.1.1 外汇

1.外汇的定义

每个国家或经济体都有自己独立的货币和货币制度，世界范围内商品流动和资本流动产生了国际债权债务，外汇作为国际结算的支付手段，成为国际经济交流必不可少的工具。

外汇有广义与狭义之分。广义的外汇包括一切用外币表示的资产，《中华人民共和国外汇管理条例》规定："外汇是指下列以外币表示的可以用作国际清偿的支付手段和资产，具体包括：（1）外币现钞，包括纸币、铸币；（2）外币支付凭证或者支付工具，包括票据、银行存款凭证、银行卡等；（3）外币有价证券，包括债券、股票等；（4）特别提款权；（5）其他外汇资产。"狭义的外汇是指以外币表示的可用于进行国际结算的支付手段。

2.外汇的特性

外汇具有三大属性：（1）外币性，必须是以外币表示的国外资产，本国货币表示的支付凭证和有价证券不能视为外汇；（2）可偿性，必须是在国外能得到偿付的货币债权；（3）可兑换性，必须是能自由兑换成其他支付手段的外币资产，不能兑换成其他国家货币的外国钞票不能视为外汇。

5.1.2 汇率

1.定义

汇率（exchange rate）又称汇价、外汇牌价或外汇行市，指两种不同货币之间的相对比价，也就是以一国货币表示的另一国货币的价格。从外汇市场的角度看，汇率是外汇市场上以一种货币表示的另一种货币的交易价格。

2.汇率的标价方式

汇率的标价方式有两种：直接标价法和间接标价法。

（1）直接标价法是以每单位外国货币值多少单位本国货币来表示外汇价格的标价方式。这种标价方式是站在支付者的立场上，因此又称为应付标价法。在直接标价法下，外国货币的数额不变，如果本国货币的数额增加，说明一定单位的外国货币可以兑换更多的本国货币，本币贬值。

（2）间接标价法是以每单位本国货币值多少单位外国货币来表示外汇价格的标价方式。这种标价方式是站在收入者的立场上，因此又称应收标价法。在间接标价法下，本国货币的数额不变，如果外国货币的数额增加，说明一定单位的本国货币可以兑换更多的外国货币，本币升值。

这两种标价法下的汇率互为倒数。除了英镑、欧元、美元、澳大利亚元、新西兰元等几种货币使用间接标价法，世界上绝大多数货币都采用直接标价法，例如，人民币 2021 年 12 月 31 日的外汇牌价为 1 美元=6.3730 元人民币，就属于直接标价法。

3.汇率的种类

按照不同的标准，汇率可有以下几种分类：根据汇率制定的方法不同，可分为基本汇率和套算汇率；根据外汇管理制度的不同，可分为固定汇率和浮动汇率；根据汇率是否由管理当局进行管制，可分为官方汇率与市场汇率；根据外汇交易交割时间长短不同，可分为即期汇率和远期汇率；从银行买卖外汇的角度可分为买入汇率、卖出汇率和中间汇率；根据银行外汇交易支付方式，可分为电汇汇率、信汇汇率和票汇汇率。

5.1.3 外汇市场

1.定义

外汇市场，是指各国中央银行、外汇银行、外汇经纪人和客户等外汇经营主体以及由它们形成的外汇供求关系的总和。外汇市场是全球最大、流通性最强的金融市场。外汇市场是真正意义上的全球化市场，把全球外汇交易中心联合成为一个统一的国际大市场，形成了伦敦、纽约、东京、新加坡、香港、巴黎、苏黎世、悉尼等金融中心。据国际清算银行统计，2019 年全球外汇市场（含外汇衍生产品交易）日均交易量已经超过 6.6 万亿美元。

2.外汇市场的类型

（1）外汇交易所市场和外汇柜台市场。

按组织形式的不同，外汇市场可分为外汇交易所市场和外汇柜台市场。外汇交易所市场也称为有形市场，即有固定的交易场所和交易时间限制的市场。外汇交易所多处在国际金融中心的所在地，有固定的营业日和开盘、收盘时间，从事外汇交易的外汇经纪商在每个营业日的规定时间内集中在交易所进行交易。外汇柜台市场，是一种无固定场所及无固定开盘和收盘时间的外汇市场，也称为无形市场。从事外汇交易的银行与经纪人，通过一个庞大的电话、互联网等现代通信网络组成的信息报价及交易系统进行交易。外汇柜台市场更具优越性，它不受场所和营业日及营业时间的限制、交易成本较低、交易及交割速度较快，是外汇市场的主要组织形式及市场类型。

（2）外汇零售市场与外汇批发市场。

按参与者的不同，外汇市场可分为零售市场与批发市场。外汇零售市场是外汇银行与一般客户之间的外汇交易市场。个人与银行间的外汇交易，多是为了应急支出或保值，这类外汇交易是小额的、频繁的。公司与银行的外汇交易则主要是由国际贸易活动及投资活动所产生的，这类外汇交易是经常的、大量的，构成银行外汇交易的主要部分。外汇批发市场则是指银行同业之间的外汇交易市场。批发市场成交数额巨大。银行间的外汇交易多是为了调整自身的外汇头寸，以防范汇率变动所产生的风险。从总的外汇市场交易份额或结构来看，绝大部分的外汇交易是批发交易，约占交易总量的95%。

（3）官方外汇市场与自由外汇市场。

按政府对市场交易干预程度的不同，外汇市场可以分为官方外汇市场与自由外汇市场。官方外汇市场是指受所在国政府管制，按照中央银行或外汇管理机构规定的官方汇率进行交易的外汇市场。自由外汇市场是指不受所在国家政府管制，汇率由外汇市场供求自由决定的外汇市场。与官方外汇市场相比而言，在自由外汇市场条件下，参加者、交易对象、交易额度、交易价格（汇率）及交易目的等都没有限制，可以完全或最大限度地由市场或供求双方决定。目前，伦敦是世界上最大的自由外汇市场。纽约、东京、新加坡、香港、苏黎世、法兰克福等，也都形成了比较发达的自由外汇市场。

（4）外汇现货市场与外汇期货市场。

按外汇买卖交割日期的不同，外汇市场可以分为外汇现货市场与外汇期货市场。这是不同交易方式和出于不同目的所形成的两类市场，同时也是两种最主要的外汇交易形式。现货市场一般是指外汇交易协议达成后，必须在数日内交割清算的市场。由于交易与交割之间时差非常短，汇率的波动性不会很大，现货市场上进行外汇交易汇率风险较小。期货市场是指外汇交易的双方购买或销售一种标准的外汇买卖契约，交易现在达成，在未来某一规定的日期进行交割，交割时是按交易时确定的汇率进行。外汇期货市场在某种程度上是浮动汇率制下为规避汇率变动风险，进行套期保值所形成的。

（5）国内外汇市场和国际外汇市场。

按外汇市场经营范围的不同，外汇市场可以分为国内外汇市场和国际外汇市场。国内外汇市场一般适用于发展中国家，该种市场主要进行的是外币与本币之间的交易，参加者主要限于本国居民，并且所进行的外汇交易要受到政府一定程度上的管制。国际外汇市场是指各国居民都可以自由参加的多种货币的自由买卖，交易不受所在国政府的管制。这种外汇市场基本上是一个完全自由的市场，是一种发达的外汇市场。

5.1.4 外汇市场的参与主体

外汇市场的参与主体主要包括外汇银行、顾客、外汇经纪人和中央银行等。

1.外汇银行

外汇银行又称为外汇指定银行，是指经过一国中央银行批准，可以经营外汇业务的商业银行或其他金融机构。外汇银行包括专营或兼营外汇业务的本国商业银行；在本国的外国商业银行分行及本国与外国的合资银行；其他经营外汇买卖业务的本国金融机构，如信托投资公司、财务公司等。外汇银行是外汇市场上最重要的参与者，处于中心地位，具有外汇供给者与需求者的双重身份，以外汇银行为主体的外汇供求已经成为决定外汇市场汇率的主要力量。

外汇银行从事两个层次的外汇业务：第一个层次是零售业务，银行代客户进行外汇买卖，并收兑不同国家的货币现钞，从中赚取差价。第二个层次是批发业务，这是银行为了平衡外汇头寸，防止外汇风险而在银行同业市场上进行的轧差买卖。外汇银行在外汇市场中的作用主要有：（1）为客户提供买卖外汇的金融服务，如外币存贷业务、汇兑业务及外汇信用证业务；（2）从事银行间的外汇调整交易，以轧平与客户外汇交易产生的外汇超买或外汇超卖的头寸，规避汇率和流动性风险；（3）充当"做市商"，形成对客户交易的汇率，并在做市过程中通过套汇和套利获取利润。

2. 顾客

在外汇市场中，顾客是指与外汇银行有外汇交易关系的法人或自然人，主要包括进出口商、跨国公司和居民个人。它们是外汇市场上的主要供求者，在外汇市场上的作用和地位仅次于外汇银行。进出口商为支付、保值或取得本币资金等目的进行外汇交易；跨国公司则为了调拨资金、规避汇率风险或投机等目的进行外汇交易；居民个人则由于侨汇、旅游、投机等原因买卖外汇。这些外汇供求者彼此是通过外汇银行间接完成外汇交易的，而在上述各种外汇供求者中，最重要的是跨国公司。

3. 外汇经纪人

外汇经纪人是指介于外汇银行之间、外汇银行和其他外汇市场参加者之间，为买卖双方接洽外汇交易并赚取佣金的中间商。同外汇银行一样，外汇经纪人也必须经过所在国中央银行的核准方可参与市场。外汇经纪人自身不需要持有外汇交易所涉及的外汇存货，因此无须承担汇率风险。外汇经纪人在外汇市场上的作用主要是提高外汇交易的效率，他们沟通外汇买卖双方的关系，提供有关汇率变动的信息，从而促进外汇交易顺利进行。

4. 中央银行

作为外汇市场的重要参与者，中央银行参与外汇买卖的最主要目的是维护官方认为的对国家有利的汇率水平和转移官方外汇储备的风险，并且通过制定和颁布一系列法令来维持外汇市场的交易秩序。中央银行干预外汇市场的主要手段是公开市场操作，中央银行干预外汇市场的范围与频率在很大程度上取决于该国政府实行什么样的汇率制度。假如一国货币与别国货币（或特别提款权或"一篮子货币"）挂钩，实行固定汇率制，那么该国中央银行的干预程度显然要比实行浮动汇率制的国家大得多。当中央银行抛出本币、买入外币时，就形成了对外汇的需求；而当中央银行抛出外币、回收本币时，就形成了外汇的供给。在一般情况下，中央银行在外汇市场上的交易数量并不大，其影响却非常广泛。这是因为外汇市场的参与者都密切地关注着中央银行的一举一动，以便能及时获取政府宏观经济决策的有关信息。

§5.2 外汇市场的交易

外汇市场可以大致划分为传统外汇市场和柜台衍生市场，前者包括即期、远期和掉期外汇交易，是20世纪70年代以前发展起来的；后者既包括远期和掉期，同时也包括货币互换和外汇期货、期权等交易方式，在外汇衍生产品中，期权占据绝对主导地位。本节主要介绍即期外汇交易、远期外汇交易、掉期外汇交易、期权外汇交易。

5.2.1 即期外汇交易

1.基本原理

（1）定义。

即期外汇交易（spot exchange transactions），又称现汇买卖，是交易双方以当时外汇市场的价格成交，并在成交后的两个工作日内办理有关货币收付交割的外汇交易。按惯例，交割日是成交之后的第二个工作日。在这两天内，买卖双方有充足的时间确认交易、安排清算和处理银行账户借记和贷记工作。即期外汇交易的主要作用是：满足临时性的收、付款要求，实现货币购买力的转移，调整货币头寸以及进行外汇投机等。

即期外汇交易是当前全球最为流行的外汇交易形式，占有相当大的交易份额。它之所以流行，原因有两方面：①市场波动性大，盈亏很快就能体现出来；②即期交易在两个工作日内结清，时间很短，因此信用风险低。

（2）交易惯例。

即期交易的汇率是即期汇率，或称现汇汇率。通常采用以美元为中心的报价方法，即以某个货币对美元的买进或卖出的形式进行报价。除了欧元与原"英联邦"国家的货币（如英镑、爱尔兰镑、澳大利亚元和新西兰元等）采用间接报价法（即以一单位该货币等值美元标价）以外，其他交易货币均采用直接报价法（即以一单位美元等值该货币标价）。外汇银行通常采用"双档报价"的方式，即报价行同时报出买入价和卖出价，买入价是指报价行愿意以此价买入标的货币的汇价，卖出价是报价行愿意以此价卖出标的货币的汇价，买入价与卖出价之间的价格差称为价差。银行买卖价差的大小除受成本因素影响外，主要取决于外汇市场的成熟程度和货币的流动性。在实行浮动汇率制之后，由于汇率波动的增大加大了外汇交易的风险和成本，各银行的买卖价差也扩大了。

按照即期外汇市场的报价惯例，通常用5位数字来表示买卖价。例如，国际外汇市场某天的汇价为：

EUR 1=USD 1.1440–1.1450

（买入价）（卖出价）

USD 1=JPY 110.10–110.26

（买入价）（卖出价）

报价的最小单位（基点，即 BP）是标价货币的最小价值单位的 1%。例如，欧元的最小币值为 1 欧分，那么美元兑欧元价中一个基点为 0.0001 欧元，如果美元兑欧元从 0.8741－0.8750 上升到 0.8841－0.8850，则称美元兑欧元汇率上升了 100 个基点。通常各银行的交易员在报价时只取最末两位数，因为前面几位数只有在外汇市场发生剧烈动荡时才会变化，一般情况下，频繁变动的只是最末两位数，如美元兑日元汇率为 110.10－110.25 时，交易员就只报 10／25。

银行和客户间的零售交易大多按银行报出的汇价买卖外汇，少数按客户要求作限价交易。所谓限价交易是指客户要求银行按指定汇价买卖一定数量的外汇。当市场汇价变化到符合客户要求时进行交易，否则银行不能进行交易。

2.交叉汇率的计算

在国际外汇市场上，各种货币的汇率普遍以美元标价，非美元货币之间的买卖必须通过美元汇率进行套算。通过套算得出的汇率叫交叉汇率。交叉汇率的套算遵循以下几条规则：

（1）两种货币都采用直接标价法，如果两种货币的即期汇率都以美元作为单位货币，那么计算这两种货币比价的方法是交叉相除：小数字除大数字得买入价；大数字除小数字得卖出价。

假定某天外汇市场上的汇率是：

USD 1=JPY 110.10－110.26

USD 1=CHF 0.9835－0.9840

这时单位瑞士法郎兑换日元的汇价为：

CHF=JPY（110.10/0.9835）－（110.26/0.9840）=JPY111.95－113.07

即银行买入 1 瑞士法郎，支付给客户 111.95 日元，银行卖出 1 瑞士法郎，向客户收取 113.07 日元。之所以这样计算，是因为两种货币都以美元为中心报价，这样要计算瑞士法郎对日元的汇价，首先必须将瑞士法郎换成美元，然后再以美元换取日元。0.9840 为银行的美元卖出价，也就是说，客户须支付 0.9840 瑞士法郎才能从银行购得 1 美元，买到美元后，再以美元买日元。而银行此时的美元买入价为 110.10，即客户卖 1 美元给银行可得到 110.10 日元，因此，CHF 1=JPY 1／0.9835× 110.10=JPY111.95。同理可求出卖日元买瑞士法郎的汇价。

（2）两种货币都采用间接标价法，如果两种货币的即期汇率都以美元作为计价货币，那么计算这两种货币比价的方法也是交叉相除：小数字除大数字得买入价；大数字除小数字得卖出价。

假定目前市场汇率是：

GBP 1=USD 1.2730－1.2750

EUR 1=USD1.1440－1.1450

则英镑兑欧元的汇价为：

GBP 1=EUR（1.2730/1.1440）－（1.2750/1.1450）=EUR 1.1127－1.1135

即客户若要以欧元买入英镑，须按 GBP 1=EUR 1.1135 的汇价从银行买入英镑。

若要卖英镑买欧元，则须按 GBP 1=EUR 1.1127 的汇价向银行卖出英镑。要计算客户卖欧元买英镑的汇率，首先必须卖欧元换美元，然后再以美元买英镑。因此，可反过来考虑：客户要买入 1 英镑需按照银行的英镑卖出价 GBP 1=USD 1.2750 支付 1.2750 美元，而要获得 1.2750 美元，须按银行的欧元买入价 EUR 1=USD 1.1440，支付 1.2730/1.1440 欧元，即 1.1127 欧元。同理可算出客户卖英镑买欧元的汇价。

（3）两种货币，一种采用直接标价法，另一种采用间接标价法。如果一种货币的即期汇率以美元作为计价货币，另一种货币的即期汇率以美元为单位货币，那么，这两种货币间的汇率套算应为同边相乘。

假设某天市场汇率如下：

GBP 1=USD 1.2730~1.2750

USD 1=JPY 110.10~110.26

则英镑兑日元的汇价为：

GBP 1=JPY 1.2730×110.10 - 1.2750×110.26= JPY140.15~140.58

即客户要以英镑买入日元，须按银行英镑的买入价 GBP 1=USD 1.2730，卖出 1 英镑得 1.2730 美元，然后再按银行对日元的买入价 USD 1=JPY 110.10，卖出美元，得 1.2730×110.10 日元。同理可算出客户卖日元买英镑的汇价。

3.即期外汇交易的操作

即期外汇业务包括客盘交易业务和同业交易业务。

（1）客盘交易业务指银行与除银行（同业）以外的客户（法人和自然人）所进行的即期外汇买卖业务。银行与客户之间的即期外汇交易主要有以下几种方式：①货币兑换：客户由于某种需要，将一种货币兑换成另一种货币。②汇出汇款：需要对外国支付外币的客户先向银行支付本币，再委托银行向国外的收款人汇款，银行接受委托后，便通知收款人的往来银行从本行的外币结算账户中借记一定的金额。③汇入汇款：收款人从国外收到外币汇款后，通过结汇卖给银行，得到本币款项。④外汇投资：外汇投资分为实盘外汇买卖和虚盘外汇买卖。我国目前按照国家的有关规定，个人只能进行实盘外汇买卖，还不能进行虚盘外汇买卖。

（2）同业交易是指银行间的即期外汇业务，主要产生于"外汇抛补"的需要，以及避免在外汇超买超卖情况下汇率变动给银行带来的风险。同业交易的程序是：①选择资信良好的交易对手；②报出自己银行的名称；③询价：询价银行向报价银行询问汇率；④报价：报价银行只报出汇率的最后两位数，并同时报出买价、卖价；⑤成交：询价银行首先报出买卖金额然后向报价银行承诺；⑥报价银行交易员说"OK，done"（成交）后，双方证实买卖货币的名称、汇率、具体金额、交割日及结算办法等。

5.2.2　远期外汇交易

1. 基本原理

（1）定义。

远期外汇交易（forward exchange transaction）是金融远期的一种，又称期汇交易，是指外汇买卖双方先签订合约，规定买卖外汇的数量、汇率和未来交割外汇的时间，到了规定的交割日期买卖双方再按合约规定办理货币收付的外汇交易。在签订合约时，除交纳一定数额（如10%）的保证金外，不发生资金的转移。远期交易的期限有1个月、3个月、6个月和1年等几种，其中3个月最为普遍。远期交易很少超过1年，因为期限越长，交易的不确定性越大。

（2）特点。

相对即期交易而言，远期外汇交易有以下特点：

① 买卖双方签订合约时，无须立即支付外汇或本国货币，而是按合约约定延至将来某个时间交割。

② 买卖外汇的主要目的，不是取得国际支付手段和流通手段，而是保值和避免外汇汇率变动带来的风险。

③ 买卖的数额较大，一般都为整数交易，有比较规范的合约。

④ 外汇银行与客户签订的合约必须由外汇经纪人担保，客户须缴存一定数额的保证金或抵押品，当汇率变化引起的损失较小时，银行可用保证金或抵押品抵补损失；当汇率变化引起的损失超过保证金或抵押品金额时，银行就应通知客户加存保证金或抵押品，否则合约视为无效。

远期外汇交易是一种非常灵活的工具，可以满足客户对币种、金额和到期日的特别要求，然而这些按客户需求设计的远期合约也存在成本高、流通性差、紧急时难以取消或修改的缺点。

（3）交易动机。

① 进出口商和外币资金借贷者可以通过远期外汇交易进行套期保值（hedge），事先将成本与收益固定下来从而规避外汇风险。

② 外汇银行利用远期交易以平衡远期外汇头寸。进出口商等顾客为规避外汇风险而进行期汇交易，实质上就是把汇率变动的风险转嫁给外汇银行。外汇银行为满足客户要求而进行期汇交易时，难免会出现同一货币同一种交割期限或不同交割期限的超买或超卖，这样，银行就处于汇率变动的风险之中。为此，银行经常利用远期外汇交易将不同期限不同货币头寸的余缺进行抛售或补进，由此求得远期外汇头寸的平衡。

③ 外汇投机者谋取投机利润。浮动汇率制下，汇率的频繁剧烈波动给外汇投机者进行外汇投机创造了有利条件。所谓外汇投机，是指根据对汇率变动的预期，有意保持某种外汇的风险敞口（多头或空头），希望从汇率变动中赚取利润的行为。外汇投机有两种形式：一种是先卖后买，即卖空或称"空头"；一种是先买后

卖，即买空或称"多头"。其特点是：投机活动并非基于对外汇的实际需求，而是想通过汇率变动的预期赚取风险收益；投机者与套期保值者不同，他们是通过有意识地持有外汇多头或空头来承担外汇风险，以期从汇率变动中获利。期汇交易只须缴纳少量保证金，无须付现汇，到期轧抵，计算盈亏，因此，不必持有巨额资金就可进行交易。所以，期汇投机成交额也较大，风险也较高。

2.远期汇率的标价方法及计算

远期交易的汇率也称作远期汇率，其标价方法有两种：一种是直接标出远期汇率的实际价格；另一种是报出远期汇率与即期汇率的差价，即远期差价，也称远期汇水。升水是远期汇率高于即期汇率时的差额；贴水是远期汇率低于即期汇率时的差额。就两种货币而言，一种货币的升水必然是另一种货币的贴水。

在不同的汇率标价方式下，远期汇率的计算方法是不同的。

直接标价法下：

远期汇率=即期汇率+升水

或远期汇率=即期汇率-贴水

间接标价法下：

远期汇率=即期汇率-升水

或　远期汇率=即期汇率+贴水

不过，如果标价中将买卖价格全部列出，并且远期汇水也有两个数值时，那么，前面这些情况也可以不去考虑，只要掌握下述规则即可求出正确的远期外汇买卖价格。

（1）若远期汇水前大后小时，表示单位货币的远期汇率贴水，计算远期汇率时应用即期汇率减去远期汇水。

【例5-1】假定市场即期汇率为 USD 1=CHF 0.9835-0.9840，3个月远期汇水为75/60，则3个月的远期汇率为：

USD 1=CHF（0.9835-0.0075）-（0.9840-0.0060）=CHF0.9760-0.9780

（2）若远期汇水前小后大时，表示单位货币的远期汇率升水，计算远期汇率时应用即期汇率加上远期汇水。

【例5-2】假定市场即期汇率为 GBP 1=USD 1.2730-1.2750，1个月远期汇水为35 /42，则1个月的远期汇率为：

GBP 1=USD（1.2730+0.0035）-（1.2750+0.0042）=USD 1.2765-1.2792

3.远期外汇交易的应用

（1）远期外汇交易方式。

远期外汇交易主要有两种方式：

① 固定交割日的远期交易，即交易双方事先约定在未来某个确定的日期办理货币收付的远期外汇交易。这是在实际中较常用的远期外汇交易方式，但它缺乏灵活性和机动性。

② 可以选择交割日的远期交易称为择期交易（optional forward transactions），

即主动请求交易的一方（客户）可在成交日的第三天起至约定的期限内的任何一个工作日，要求交易的另一方（银行）按照双方事先约定的远期汇率办理货币收付的远期外汇交易。择期外汇交易在交割日期上更具灵活性，适用于收付款日期不能确定的对外贸易。

购买择期交易的客户可以在汇率发生不利变动时保护自己，同时也可以在汇率发生有利变动时获利。由于择期交易在交割日上对客户较为有利，银行在择期交易中就会使用对客户较为不利的汇率，也就是说，银行将选择从择期开始到结束期间最不利于客户的汇率作为择期交易的汇率。银行具体的对择期交易报价的原则见表5-1。

表5-1 银行对择期交易报价的具体原则

汇率情况	银行买进美元，卖出其他货币	银行卖出美元，买进其他货币
美元升水 其他货币贴水	择期从现在开始，用即期汇率报价；择期从未来某一天开始，按择期开始的第一天远期汇率报价	按择期最后一天的远期汇率报价
美元贴水 其他货币升水	按择期最后一天的远期汇率报价	择期从现在开始，用即期汇率报价；择期从未来某一天开始，按择期开始的第一天远期汇率报价
美元从贴水到升水（或相反）	按择期期间最低美元贴水报价或按择期期间最高美元升水报价	按择期期间最高美元升水报价或按择期期间最低美元贴水报价

【例5-3】假设某家美国银行的报价如下：

即　期　　　　GBP 1=USD 1.2730–1.2750
1月期　　　　GBP 1=USD 1.2765–1.2792
2月期　　　　GBP 1=USD 1.2760–1.2780
3月期　　　　GBP 1=USD 1.2780–1.2790

如果择期从第1个月开始，到第3个月结束，对向该行出售外汇的客户来说适用的汇率是GBP 1=USD 1.2730，对于从该行购买外汇的客户来说适用的汇率为GBP 1=USD 1.2790。如果择期在第2个月和第3个月，则对出售外汇的客户和购买外汇的客户适用的汇率分别为GBP 1=USD 1.2760和GBP 1=USD 1.2790。

由此可见，对于购买者来说，适用的汇率在两种情况下都一样，而对出售外汇者来说，适用的汇率则有所差别。

（2）远期外汇交易实例。

套期保值是在远期市场上进行与现货市场相反方向的买卖行为。在远期外汇市场上买进外汇以避免外汇风险的行为即多头套期保值，买入者主要是负有即将到期的外币债务的进口商；在远期外汇市场上卖出外汇以避免外汇风险的行为即空头套期保值，卖出者主要是持有即将到期的外币债权的出口商。

【例5-4】美国进口商从法国进口一批价值100万欧元的货物，双方约定3个月后付款。即期汇率是EUR1=USD 1.1450，该进口商在签订合约的同时向银行购买了3个月期的欧元远期合约，银行在3个月后承诺将美元兑换成100万欧元，银行可能将远期合约的汇率定为EUR1=USD1.1450。

若3个月后欧元对美元升值，即期汇率为EUR1=USD1.1660，则进口商仍可按EUR1=USD1.1450的汇率购买欧元，而无须按EUR1=USD1.1660的即期汇率，减少了汇率波动造成的损失。

5.2.3　外汇掉期交易

外汇掉期（foreign exchange swap）是金融掉期的一种。金融掉期又称金融互换，是指交易双方按照预先约定的汇率、利率等条件，在一定期限内，相互交换一系列资金，来达到规避风险的目的。掉期业务结合了外汇市场、货币市场和资本市场的避险操作，为规避中长期的汇率和利率风险提供了有力的工具。国际掉期和衍生品协会（ISDA）成立于1985年，为国际场外衍生品交易提供了标准协议文本及附属文件。如果企业要与银行进行场外衍生品交易，那么它就得在交易前与银行签订ISDA协议。ISDA标准协议的出台，极大地推动了国际外汇掉期市场的发展。

2007年8月，中国人民银行发布了《关于在银行间外汇市场开办人民币外汇货币掉期业务有关问题的通知》，规定：**人民币外汇货币掉期是指在约定期限内交换约定数量人民币与外币本金，同时定期交换两种货币利息的交易协议**。外汇掉期货币包括美元、欧元、日元、港币、英镑五种货币。外币对人民币的掉期业务实质上是外币兑人民币即期交易与远期交易的结合，即"卖现汇+卖期汇"或者"买现汇+卖期汇"。具体而言，银行与客户协商签订掉期协议，分别约定即期外汇买卖汇率和起息日、远期外汇买卖汇率和起息日。客户按约定的即期汇率和交割日与银行进行人民币和外汇的转换，并按约定的远期汇率和交割日与银行进行反方向转换的业务。

【例5-5】厦门某贸易公司向美国出口产品，收到货款1 000万美元。该公司需将货款兑换成人民币用于国内支付。同时，公司需从美国进口原材料，将于3个月后支付1 000万美元的货款。以前的方法是做两笔现汇交易（结汇与购汇），即：现在卖出现汇1 000万美元（按银行买入价），3个月后再买入现汇1 000万美元（按银行卖出价）。这样做不仅涉及汇率风险，而且存在差价问题。假如，银行报出的现汇汇率是6.5020-6.5050，那么该公司以6.5020的价格将1 000万美元换成了6 502万元。3个月后该公司需要购汇时，假如美元升值，银行报出的现汇汇率是6.5520-6.5550，那么该公司就要以6.5550的价格购买1 000万美元（支付6 555万元），多支付53万元。

在银行开办美元掉期业务后，该公司就可以做一笔"卖现汇+买期汇"的组合：即期卖出1 000万美元买入相应的人民币，同时约定3个月后卖出人民币买入

1 000 万美元。按前述的银行报价,现汇买入价是 6.5020,3 个月掉期卖出价为+30(BP)(银行考虑到了汇率风险和中美利率差)。那么,该公司现在把 1 000 万美元换成 6 502 万元,约定 3 个月以后从银行购买 1 000 万美元(支付 6 505 万元),仅多支付 3 万元。通过掉期交易,该公司既解决了流动资金问题,还达到了锁定购汇成本和规避汇率风险的目的。

5.2.4 外汇期权交易

外汇期权交易是 20 世纪 80 年代才开始迅速发展的,它的兴起主要是因为国际金融环境的新变化,比如汇率波动不断加大、市场动荡加剧、各国金融开放以及金融创新的层出不穷。外汇期权交易始于美国,1982 年费城交易所开始推出外汇期权,之后柜台市场亦推出外汇期权产品。目前世界上已形成一个以伦敦和纽约银行间同业市场为中心,以费城和芝加哥等地的交易所为联系网络的国际性外汇期权市场。

1.基本原理

(1)定义。

外汇期权交易(foreign exchange options),又称货币期权,就是外汇交易双方在合约中约定外汇期权买方享有在合约到期日或之前,以规定的价格购买或出售一定数量货币的权利的交易方式。外汇期权是金融期权的一种。金融期权将在第 7 章"金融衍生品市场"进行具体介绍。

买入期权的一方被称为期权买方或持仓者,另一方则被称为期权卖方。基础货币的买卖价格被称为协议价。期权交易是一种权责不对等的交易方式,期权卖方有义务在期权买方要求履约时执行合约规定,而期权买方却不一定要承担履约的义务,当市场情况对他不利时,他有权放弃合约。期权买方为取得上述权利,必须向期权卖方支付一定金额的费用即期权费,期权费是不能追索的,即不管期权买方履约与否,只要签署了合约都必须缴纳期权费。

尽管期权的卖方会使用保值或对冲交易来保护自己,但仍承担无限大的风险。

(2)外汇期权交易的种类。

① 根据期权交易的方式可分为看涨期权(call option)和看跌期权(put option)。看涨期权又称为多头期权或买入期权,是买方在合约有效期内按规定的价格买进一定金额外汇的权利。看跌期权又称为空头期权或卖出期权,是买方在合约的规定期内按约定的价格卖出一定金额外汇的权利。外汇期权交易涉及两方面行为,即买入一种货币的同时卖出另一种货币。例如,按某价格卖出欧元买入美元的看跌期权等同于按同样价格买入美元卖出欧元的看涨期权。

② 根据期权交易的交割时间可分为欧式期权和美式期权。欧式期权需在合约到期日方可决定是行使期权还是放弃期权。美式期权则规定买方在合约期内的任何一天都可要求卖方执行合约。可见,美式期权的价值一般比欧式期权大,因为美式期权的买方在合约执行上更具有灵活性,享受的权利更多。

③按交易的组织方式可分为交易所外汇期权和场外外汇期权，后者又称为柜台交易。与外汇期货合约一样，在交易所交易的外汇期权合约是标准化的合约。持有标准化合约的客户可参与二级市场的买卖，因此合约具有较高的流动性。场外交易期权合约允许合约卖方或开立者（银行）与买方就合约内容进行协商决定，从而可以满足不同客户的特别要求。但由于不是标准化的合约，合约流动性不高，也没有相应的可转让流通的二级市场。

2.外汇期权交易的应用

使用外汇期权的目的是套期保值和投机，其使用方法和外汇远期、外汇期货交易基本相同。

德国某出口商3个月后将有一笔美元收入，为了规避到时美元可能贬值的风险，向银行购买了美元的3个月看涨期权。若3个月后美元贬值，其市场价格小于或等于协议价和期权费之和，该出口商就会选择行使期权。这样，该出口商承担的汇率风险大为减少，甚至带来了获利的可能性。同时，期权交易具有当合约到期行情不利时，可以不行使合约（履约）的优势。期权合约的持有人是否行使合约取决于合约处于什么状态。下面是合约的三种状态：

（1）赚钱（实值期权）：是指合约行使后立即带来净资产收益。就看跌期权而言，其交易货币的即期市场价格低于合约的协议价；就看涨期权而言，其交易货币的即期市场价格高于合约的协议价。当期权处于实值状态时，期权买方就会选择行使期权。

（2）赔钱（虚值期权）：指合约行使后会带来净资产损失。就看跌期权而言，其交易货币的即期市场价格高于合约协议价；就看涨期权而言，其交易货币的即期市场价格低于合约的协议价。当期权处于虚值状态时，期权买方会放弃行使期权。

（3）不赔不赚（平值期权）：指行使合约时，其交易货币的即期市场价格很接近或等于合约协议价。当期权处于平值状态时，期权买方是否选择行使期权没有差别。

期权合约上述三种状态图示参见第7章金融期权盈亏分布。

§5.3 汇率的影响因素

美联储前主席格林斯潘（Greenspan）曾说过：与其他经济指标比较，预测汇率者多，但成功者少，主要原因是汇率是个非常复杂的价格，汇率变动取决于对在不同国家投资等相对收益的预期变化，同时也取决于影响进出口趋势的众多因素，而在未来时间里，这些因素的净效果是特别难以预先估计的。的确，外汇市场的变化是各种因素交织影响的结果，大致可以分为宏观经济因素、政治因素和市场因素三大类，这些因素之间又相互联系、相互制约，并且同一个因素在不同的国家、不同的时间内所起的作用也不同。因此在对汇率实际变动进行分析时，必须对各种因素进行综合的分析，才能得出可靠的结论。

5.3.1 宏观经济因素

影响一国汇率变动的经济因素，主要体现在该国的经济实力或综合国力上，汇率中长期走势主要是由基本面因素决定的。简而言之，如果一国经济形势较好，实力较强，其商品在国际市场上竞争力就强，出口增加，其货币汇率必然坚挺；相反，如果一国国内生产停滞或衰退、物价上涨、通货膨胀等，其商品在国际市场上竞争力就弱，出口减少，其货币汇率必然疲软。影响汇率变动的宏观经济因素主要包括以下几个方面：

1. 国际收支状况

国际收支是影响汇率变动的重要因素，在考察其对汇率的影响时应注意，国际收支状况是否必然都会直接影响汇率发生变化，还要具体地看国际收支差额的性质：长期的、巨额的国际收支逆差，一般会导致本国货币币值下降；而暂时的、小规模的国际收支差额则不一定会最终影响汇率发生变动。

关于国际收支对汇率的作用早在 19 世纪 60 年代，英国人葛逊就对此做出了详细的阐述，之后，资产组合说也有所提及。国际收支直接反映了一个国家外汇供求的基本状况，当一国国际收支出现顺差，在外汇市场上表现为外汇供给大于外汇需求，从而引起外汇贬值、本币升值；反之，当一国国际收支出现逆差，在外汇市场上表现为外汇需求大于外汇供给，从而引起外汇升值、本币贬值。

自 2005 年 7 月 21 日（1：8.2765）汇改以来至 2021 年 12 月 31 日（1：6.3730），人民币兑美元汇率升值了 29.86%。这与我国经济快速增长、国际地位迅速上升、国际收支保持持续巨额顺差等因素直接相关，见表 5-2。

表5-2　　　　　中国经济增长、贸易差额与人民币兑美元汇率

截止时间	汇率	贸易差额：累计值（历年）	GDP总额	GDP总额	GDP占全球比重	GDP总量全球排名
	/1美元	亿美元	亿元	亿美元	%	
2004-12-31	8.2765	319.46	161 840.20	19 554.18	4.30%	6
2005-12-31	8.0682	1 020.00	187 318.90	23 216.94	4.61%	5
2006-12-31	7.8065	1 775.20	219 438.50	28 109.72	5.08%	4
2007-12-31	7.3036	2 643.44	270 092.30	36 980.71	5.74%	3
2008-12-31	6.8225	2 981.23	319 244.60	46 792.91	6.67%	3
2009-12-31	6.8272	1 956.87	348 517.70	51 048.41	7.70%	3
2010-12-31	6.5897	1 815.10	412 119.30	62 539.92	8.34%	2
2011-12-31	6.2948	1 548.97	487 940.20	77 514.81	9.27%	2

截止时间	汇率	贸易差额：累计值（历年）	GDP总额	GDP总额	GDP占全球比重	GDP总量全球排名
	/1美元	亿美元	亿元	亿美元	%	
2012-12-31	6.2303	2 303.09	538 580.00	86 445.28	11.32%	2
2013-12-31	6.0539	2 590.15	592 963.20	97 947.31	12.36%	2
2014-12-31	6.2040	3 830.58	643 563.10	103 733.58	13.17%	2
2015-12-31	6.4936	5 939.04	688 858.20	106 082.64	14.73%	2
2016-12-31	6.9495	5 097.05	746 395.10	107 402.71	14.72%	2
2017-12-31	6.5120	4 195.52	832 035.90	127 769.64	15.16%	2
2018-12-31	6.8658	3 509.47	919 281.10	133 892.79	16.11%	2
2019-12-31	6.9662	4 210.73	986 515.20	141 614.54	16.31%	2
2020-12-31	6.5398	5 239.90	1 015 986.20	155 354.32	17.39%	2
2021-12-31	6.3730	6764.30	1 143 670.00	179 455.52	18%以上	2

资料来源：根据国家统计局、中国人民银行等网站整理。

2.相对利率水平

一国利率水平的高低是反映借贷资本供求状况的主要标志，它直接关系到各种金融资产的价格、成本和利润高低，利率通过影响金融资产的供求影响汇率。如果一国的利率水平相对较高，就会使国外资金流入增加，本国资金流出减少，从而使本币相对外币升值；反之，如果一国的利率水平相对较低，将使本币对外币贬值。

在考察利率对汇率的影响作用时，应注意几点：一是影响汇率的是利率的相对水平而非绝对水平，因此要比较两国利率的差异；二是要考察扣除通货膨胀因素后的实际利率。如果本国利率上升，但其幅度不如外国利率的上升幅度，或不如国内通货膨胀率的上升幅度，就不可能导致本国货币汇率的上升。而且，利率差异对汇率的影响一般都是短期的，随着时间的延长，其作用会逐渐减弱，也就是说，利率对长期汇率的影响作用十分有限。此外，应注意的是，利率对汇率的影响也不是绝对的，这就要求我们在分析利率与汇率的关系时，要同时考虑其他因素，如远期汇率走势。只有当利率投机的收益足以抵补远期汇率的不利变化时，国际短期资本才会流入。

目前，国际资本流动规模大大超过国际贸易总额，利率差对资本尤其是套利资本的流动影响很大，它对汇率的影响在今后也将越来越大。

3.相对通货膨胀率

国内外通货膨胀率的差异是决定汇率长期趋势的主导因素。在纸币制度下，汇率从根本上来说是由货币所代表的实际价值决定的，通货膨胀引起的货币实际价值与名义价值的偏离必然会造成汇率水平的变化。按照购买力平价理论（purchasing power parity，PPP），货币购买力即两国物价水平的比价就是名义汇率。如果一国物价水平高，通货膨胀率高，说明本国货币购买力下降，会促使本币相对外币贬值；反之会使本币相对外币升值。一国货币的对内贬值转移到货币的对外贬值，需要一个较长的时间过程。

在分析通货膨胀对汇率的影响时，应注意以下几点：首先，由于各国普遍存在着通货膨胀问题，因此，必须通过比较国内外通货膨胀率的差异来考察其对汇率的影响。一般而言，如果一国的通货膨胀率超过另一个国家，则该国货币对另一国货币的汇率就要下跌；反之，则上涨。其次，通货膨胀对汇率的影响往往是通过国际收支这个中间环节间接实现的。通货膨胀会提高一国商品的价格，削弱本国商品在国际市场上的竞争能力，同时提高外国商品在本国市场上的竞争能力，从而导致经常项目的逆差。再次，通货膨胀还会影响一国的实际利率。由于实际利率等于名义利率减去通货膨胀率，当名义利率不变、通货膨胀率上升时，将导致实际利率的下降，引起资本的外流，可能导致资本项目的逆差。最后，通货膨胀还通过人们对物价、利率、汇率的预期心理和投机心理影响外汇市场的供求关系，进而影响汇率。

4.经济增长率

经济增长率是导致汇率波动最基本的原因之一，它在很大程度上决定汇率的长期变动方向。一般来说，高经济增长率会推动本国货币汇率上升，而低增长率则会造成该国货币汇率下跌。

经济增长率的差异对汇率变动的影响是错综复杂的。首先，一国经济增长率较高，而出口不变，该国经济增长是内需型增长，国民收入的增长，国内需求水平的提高，将增加进口，从而导致经常项目逆差。另一方面，一国经济增长率高，往往也意味着生产率提高很快，生产成本降低，使本国产品的国际竞争地位提高，而有利于增加出口，抑制进口。而且如果一国经济是以出口导向的，经济增长是为了生产更多的出口货物，则经济增长率的提高，可以使出口的增长弥补进口的增加。综合来看，高增长率一般在短期内会引起更多的进口，从而造成本国货币汇率下降的压力，但从长期来看，却会有力地支持本国货币的强劲势头。其次，一国经济增长率较高，通常也意味着该国投资收益率也较高，将吸引国外资金流入进行直接投资，从而增加本国国际收支资本项目的收入，扩大外汇供给，使本币汇率上升。

5.国内经济结构

国内经济结构是影响汇率变动的关键性因素，主要包括：经济体制、银行体制、资本市场及开放程度、外汇管理体制等。

从理论上讲，在经济体制中存在两种极端的情况：一种是固定性体制，另一种是灵活性体制。如果需求环境是稳定的，那么固定性体制就表现出优势，它可以通过严格的内部分工计划获得规模效益；如果市场环境是激烈变化的，那么大企业应付这种变化的成本很大，而小型、原子型的企业就表现出特定优势。

银行体制与企业体制密不可分。银行作为间接金融中介，通过筹集国内外资金并将这些资金投放到本国或外国的企业系统或参与资本市场。在当今世界经济中，银行体系已经成为·国经济的命脉，银行体系的波动将引起一系列连锁反应，银行体系的震荡会严重动摇一国经济的基础，引发或促进一国经济中深层次矛盾的全面暴露与爆发。如果一国银行参与资本市场的投机活动或其他泡沫较强的行业如房地产行业的程度较深，由于这些市场的波动性较大，一旦资本市场受到袭击或剧烈波动，将会直接侵蚀银行的利润甚至资产。

外汇储备的重要功能就是维持外汇市场的稳定。一国政府持有较多的外汇储备，表明政府干预外汇市场、稳定汇率的能力较强，因此，储备增加能加强外汇市场对本国货币的信心，从而有助于本国货币汇率的上升。反之，储备下降则会导致本国货币汇率的下跌。从国际经验看，即使一国的货币符合所有理论所设定汇率稳定的条件，如果这一货币遭受到投机力量的冲击且在短期内不能应对外汇市场上突然扩大的外汇冲击，这一货币只好贬值。进入21世纪以来，伴随着人民币的不断升值，我国外汇储备增加迅速。截至2021年12月，我国外汇储备已经达到3.25万亿美元，为世界上最大的外汇储备拥有国。

5.3.2 政治因素

1.政治环境

当今世界政治与经济密切相关，政治的不稳定会导致投资者对未来方向把握不明，本国投资者会减少本国投资以规避风险，外国投资者会撤资。由此必然导致本国经济增长缺乏动力，可能减弱本国经济实力，使国际竞争力下降，最终导致本币汇率的下降。而国内外较大的政治、军事等突发事件，比如国内的政局不稳、政权交替；国际政治局势的恶化或好转；地区性、局部性军事冲突的爆发、升级、缓和或结束等，对汇率变动都有着不可忽视的作用。当这些事件发生时，外汇市场的变化往往超过股票市场和债券市场的涨跌幅度。例如，在"9·11"事件后，欧元迅速突破0.9000关口，并在随后3年里摆脱了昔日的低迷，连破1.10、1.20、1.25等重要心理关口，欧元的反转与市场寻找安全资产规避地域风险的行为不无关系。再如，2016年6月23日英国全民公投决定"脱欧"，引发了英镑大跌。6月24日，英镑对美元单日下跌8.6%（由1.4798跌至1.3621），对欧元单日下跌6.4%（由1.3039跌至1.2254）。

2.宏观经济政策

宏观经济政策主要是指一国为了实现充分就业、物价稳定、国际收支平衡和经济增长的目标而实施的财政政策和货币政策。就经济政策的执行而言，它可分为紧缩性的经济政策和扩张性的经济政策，它们对国际收支乃至汇率的作用结果正好相反。扩张性的财政政策和货币政策都会刺激投资需求和消费需求，促进经济的发展，从而增加进口需求，使该国的贸易收支发生不利的变化，由此导致该国货币汇率的下跌。而且扩张性的货币政策还会降低利率，从而引起国际短期资本的大量流出，抑制短期资本的流入，从而可能引起资本项目的逆差，增加汇率下跌的压力。

扩张性的财政政策可能导致巨额的财政赤字，从而导致通货膨胀率的加剧以及国际收支的恶化，使汇率下浮。但如果政府为了弥补财政赤字，提高利率来发行国债或对付通货膨胀时，汇率反而可能上升。同理，当采取紧缩性的财政政策和货币政策时，就可能导致汇率的上升。

这些经济政策具体又包括汇率政策、利率政策和外汇干预政策等。其中汇率政策对外汇市场起着举足轻重的影响。

（1）汇率政策。

汇率政策是指一国政府通过公开宣布本国货币贬值或升值的办法，即通过明文规定来宣布提高或降低本国货币对外国货币的兑换比率使汇率发生变动。本币升值，是一国调整基本汇率使其货币的对外价值提高；本币贬值，是一国使其货币的对外价值降低。

（2）利率政策。

利率政策是指一国通过变动本国银行利率水平来对本国经济加以调整的经济政策。一些国家为了使汇率朝着有利于本国经济发展的方向变动，往往利用利率政策加以调节。提高利率，在国内可以紧缩信贷，抑制通货膨胀，在国际上可以增强对外资的吸引力，改善国际收支，从而有利于汇率稳定与经济健康发展；降低利率，会使一国国内信用宽松，易导致货币贬值，会使国际资本流入减少，资本流出增加，致使外汇汇率上升。利率政策的实施，是同一国中央银行的贴现政策、同该国鼓励或限制资本流动的政策联系在一起的，它们共同对汇率起到调节作用。在短期内，利率政策在汇率变动中的作用是很明显的。

（3）外汇干预政策。

各国政府为了使汇率变动有利于本国经济的发展，在外汇市场上大量买入或卖出某种货币，调整汇率变动方向，或公开政府态度、发表政府声明以影响市场预期，使汇率水平同国际贸易、国际资本流动、国内外通货膨胀和国内外经济状况相适应。当中央银行买入某种货币时，将使该货币在短期内需求增加，从而升值；当中央银行卖出某种货币时，将使该货币在短期内供应增加，从而贬值。这种干预效应有三种情况：一是在汇率变动剧烈时使它趋于缓和；二是使汇率稳定在某个水平；三是使汇率上浮或下浮到某个水平。尽管20世纪70年代以后西方各国政府纷纷放松了外汇管制，但政府的干预仍是影响汇率水平的重要因素，其短期影响尤为明显。

5.3.3 市场因素

影响汇率变动的市场因素主要包括市场预期心理和投机活动。

1.市场预期心理

人们对某些外汇市场信息的获取及听信程度、人们的市场预期心理及采取的相应措施等都会对汇率的变化产生影响。如果人们普遍对某种货币的发展前景看好，那么该种货币在市场上就会被大量买进，造成该种货币汇率上升；反之，人们普遍预期某种货币发展前景不佳，就很可能大量抛售这种货币，市场上对它的供给大大超过需求，这种货币的汇率就会下跌。这一过程就是"预期的自我实现"。

影响人们预期心理的主要因素有信息、新闻和传媒。在浮动汇率制下，汇率频繁而大幅度波动，人们常根据各种经济或非经济的因素或信息、新闻及传闻预测汇率波动的方向、幅度和趋势，并根据预测情况选择购买或抛售外汇。预期心理对汇率的影响有时甚至远远大于其他因素，随着国际资本流动的规模日益扩大，这种影响作用也越来越大，并且作为一个主观因素具有十分易变和捉摸不定的特点。

2.投机活动

浮动汇率制下汇率波动剧烈，这为外汇投机者进行外汇投机创造了有利的条件。外汇投机是指根据对汇率变动的预期，有意持有某种外汇的多头或空头，以期从汇率变动中赚取利润的行为。外汇投机活动并非基于对外汇的实际需求，而是想通过汇率涨落赚取差价利润，投机收益大小取决于投机者预测的准确程度。大的外汇投机活动，有时会使汇率发生剧烈的动荡。

自20世纪90年代以来，逐渐形成了数额高达数万亿美元的国际游资。以乔治·索罗斯（George Soros）掌管的"量子基金"等为代表的对冲基金随时都在窥视世界各国经济金融动态，动辄让巨额资金在短期快速大量进出某些汇市，以谋求暴利，同时造成有关国家汇率的剧烈波动。1992—1993年欧洲货币体系危机，1997年的东南亚金融危机都有国际游资作祟的因素。

§5.4 人民币汇率改革与人民币离岸市场

5.4.1 人民币汇率形成机制改革

为了进一步扩大改革开放和推动人民币国际化，从1994年起，我国政府按照主动性、可控性、渐进性的原则，不断推进人民币汇率形成机制的改革。

1.1994年人民币汇率改革

1994年1月1日，我国政府宣布对外汇管理体制进行改革，实行以市场供求为基础的、单一的、有管理的浮动汇率制度，取消以前官方汇率和调剂市场汇率并存的双轨汇率制度，实现了人民币汇率的并轨。

2.2005年人民币汇率改革

2005年7月21日，中国人民银行宣布对人民币汇率形成机制进行改革，人民币汇率不再钉住单一美元，开始实行以市场供求为基础、参考一篮子货币进行调节、有管理的浮动汇率制度，形成更富弹性的人民币汇率形成机制。自此，人民币兑美元汇率经历了持续十年的升值。

3.2010年人民币汇率改革

2010年6月19日，根据国内外经济金融形势和我国国际收支状况，中国人民银行决定进一步推进人民币汇率形成机制改革，增强人民币汇率弹性。此次汇改是

2005 年汇改的延续，汇率弹性显著增强。

4.2015 年 8 月人民币汇率改革

2015 年 8 月 11 日，中国人民银行宣布完善人民币兑美元汇率中间价形成机制。自宣布之日起，做市商在每日银行间外汇市场开盘前，参考上日银行间外汇市场收盘汇率，综合考虑外汇供求情况以及国际主要货币汇率变化向中国外汇交易中心提供中间价报价。

具体而言，此次汇改之前，中国人民银行每天上午发布一个人民币汇率中间价的"指导价格"，市场当日被允许在该点位±2%的范围内交易。此次汇改实行新的中间价报价方式是：由做市商在每日银行间外汇市场开盘前，参考前一日银行间外汇市场收盘汇率，综合考虑外汇供求情况以及国际主要货币汇率变化，向位于上海的中国外汇交易中心提供中间价报价。

5.人民币纳入特别提款权

2016 年 10 月 1 日，国际货币基金组织（IMF）宣布人民币纳入特别提款权（SDR）。自此，SDR 的价值是由美元、欧元、人民币、日元、英镑这 5 种货币所构成的一篮子货币的当期汇率确定，所占权重分别为 41.73%、30.93%、10.92%、8.33% 和 8.09%。人民币纳入 SDR 是人民币国际化的里程碑，是对中国经济发展成就和金融业改革开放成果的肯定，有助于增强 SDR 的代表性、稳定性和吸引力，也有利于国际货币体系改革向前推进。

6.2017 年 5 月引入逆周期因子

2017 年 5 月，中国人民银行宣布在中间价形成机制引入逆周期因子，即由"收盘价+一篮子"的双目标定价机制转变为"收盘价+一篮子+逆周期调节因子"的三目标定价机制。其原理就是：先通过数学处理提取出前一日人民币收盘汇率变动中的市场供求因素，然后对这一成分进行打折过滤。引入逆周期因子以来，人民币兑美元汇率在合理均衡水平上保持了基本稳定。2020 年 10 月 27 日，中国人民银行宣布，人民币中间价形成机制中的"逆周期因子"将淡出使用。这意味着市场供求在人民币汇率形成中的决定性作用有望得到进一步体现，有利于保持汇率弹性，更好发挥汇率调节宏观经济和国际收支自动稳定器作用，保持货币政策自主性。

专栏 5-1

人民币兑美元汇率走势情况

1994 年人民币汇率改革以来，人民币兑美元走势大致如下：

1994 年汇率并轨以后，人民币兑美元汇率中间价稳定在 8.27 附近。人民币兑美元即期汇率围绕中间价±0.3%的区间内波动。

2005 年 7 月 21 日，汇改当日人民币兑美元汇率中间价上调 2.1%，由 8.27 升至 8.11。自此，人民币兑美元汇率开启了持续 10 年的升值之路。

2007 年 1 月 11 日，人民币兑美元汇率中间价突破 7.8，首次超过港元。5 月 21 日起，即期汇率围绕中间价的波动幅度由±0.3%扩大至±0.5%。年底人民币兑美元汇率中间价为 7.3046，较年初升值 6.5%。

2008年4月10日，人民币兑美元汇率中间价突破7.0。为了抵御全球性金融海啸的冲击，2008年9月至2010年6月，人民币兑美元汇率中间价一直维持在6.83附近。

2010年6月19日，新一轮汇改启动，人民币兑美元汇率重拾升势，年底升破6.6。2011年底，人民币兑美元汇率中间价升破6.3，较2010年初以来升值7.75%。

2012年至2014年分两次扩大了人民币兑美元即期汇率的波动幅度。2012年4月起由±0.5%扩大至±1%，2014年3月起进一步扩大至±2%，波动弹性显著增强。

2013年底，人民币兑美元汇率中间价为6.0969，较2005年汇改前累计升值了35.6%。

2015年8月11日，汇改当日人民币兑美元汇率中间价下调2%（由6.11下调至6.22）。自此，人民币兑美元汇率进入双向波动阶段，市场化程度明显增强。2016年底，人民币兑美元中间价跌破6.9，较2015年汇改前下跌了11.3%。

2017年，人民币兑美元汇率重拾升势。2017年底，人民币兑美元汇率中间价为6.50，较年初升值了5.8%。2018年3月，人民币兑美元汇率开始又一轮下跌。2018年底，人民币兑美元汇率中间价为6.86，较年初下跌了8.37%。2019年8月7日，人民币兑美元汇率中间价破7。这是自2008年4月以来首次破7。

2020年7月至2021年底，人民币兑美元汇率持续升值。2021年底，人民币兑美元汇率中间价为6.3757，较2020年7月升值了11.03%。

图5-1为1994年至2021年人民币兑美元汇率走势图。

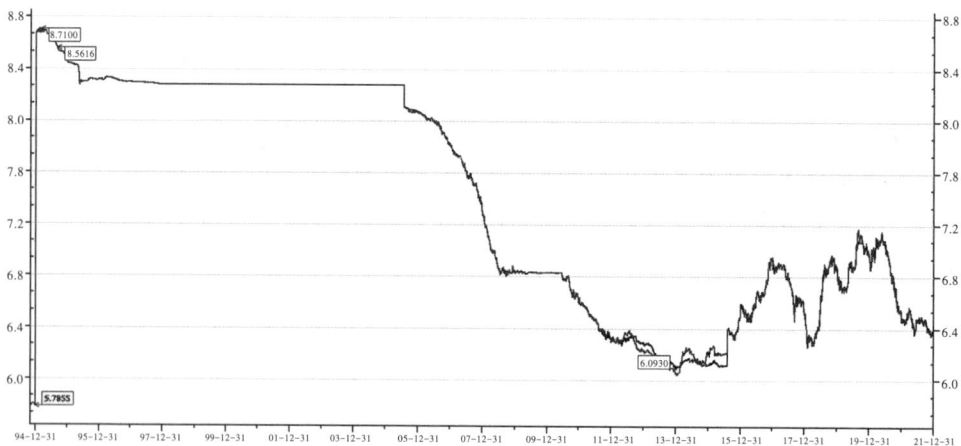

图5-1　人民币兑美元汇率走势图（1994—2021）

5.4.2　人民币离岸市场

随着资本账户的逐渐放开和人民币跨境使用的逐步扩大，2009年以来，人民币离岸市场（offshore RMB markets）逐渐发展起来。**人民币离岸业务是指在中国（大陆）境外经营人民币的存放款，交易双方均为非居民的业务称为离岸金融业务。**

目前，香港是最重要的人民币离岸中心，主要包括货币市场、外汇市场和债券市场等。

1.人民币离岸货币市场

（1）香港人民币存款。香港人民币有三大主要来源：跨境人民币贸易结算，境外直接投资，对东南亚国家的贸易逆差。

（2）人民币存款证（CD）。人民币存款证是银行发行的以人民币计价和结算的短期定息债务工具，信誉好，风险小，利率通常高于活期存款，并可随时转让，是集安全性、盈利性、流动性等优点于一体的信用工具。其发行期限灵活，从6个月到5年不等，最长可达10年。截至2021年底，香港人民币及人民币存款证余额达到8687亿元人民币。

（3）人民币贸易融资和贷款。人民币贸易融资、流动性贷款、银团贷款是离岸人民币贷款业务的重要品种。

（4）人民币同业拆借。2009年11月，香港人民币唯一清算行中银香港推出香港人民币银行间同业拆借利率（HIBOR CNY），并以此为基准设立人民币融资贷款利率。

2.人民币离岸外汇市场

人民币离岸外汇市场主要包括三个子市场，即人民币离岸外汇即期市场（CNH）、人民币离岸无本金交割远期（NDF）市场和人民币离岸可交割远期（CNH DF）市场。

CNH是整个人民币离岸外汇市场的基础。其快速发展始于2009年7月启动的跨境贸易人民币结算试点。2010年6月，香港金融监管局明确香港银行可使用自有人民币头寸为客户办理非贸易项下（不涉及资金回流内地）的兑换服务，CNH的流动性提高。2011年6月，香港财资市场公会推出人民币兑美元的即期汇率定价盘，CNH有了基准汇率，市场基础设施进一步完善。

NDF是实行外汇管制国家和地区的企业和银行为了规避汇率风险而采取的离岸金融衍生工具。根据国际清算银行2010年4月的调查，CNY NDF是离岸人民币外汇期权市场的主要产品，约占全球外汇期权市场日均交易量的2.42%。随着香港人民币存款、债券等离岸资产市场的发展，2010年10月，部分银行开始推出人民币离岸可交割远期（CNH DF），为那些有贸易背景、需要实际结算人民币的企业提供了新的选择和便利。

从产品结构上，境内市场以即期交易为主，占比达58%，而衍生品交易主要是掉期交易；境外市场则与此相反，即期交易占近12%，衍生品交易品种丰富，远期、掉期和期权均占相当大比重。

3.人民币离岸债券市场

香港人民币离岸债券市场的发债主体由内地政策性银行、商业银行、财政部、中资企业香港子公司、香港本地公司、跨国公司、外国金融机构与国际金融组织等组成，境内外任何一家公司和国际组织都可以在香港发行人民币债券。香港人民币债券市场以高质量的超过投资级别的低风险债券为主。2007年到2014年上半年，年债券发行规模为100亿元到1 148亿元，并连续4年保持千亿以上。此后受利率环境、汇率波动等因素影响，发行量有所回落，直到2018年重回增长态势。2021年，香港人民币债券发行规模达970亿元。在香港拥有人民币账户的个人和持有人民币存款许可证的机构投资者可以用所持有的人民币购买"点心债"（dim sum bonds）。"点心债"在产品层面不受香港证监会监管，符合条件的机构都可以申请发行，行政管制较少，市场化程度很高。

★ 本章小结

外汇市场是指由各国中央银行、外汇银行、外汇经纪人和客户等外汇经营主体以及由它们形成的外汇供求买卖关系的总和。现在，外汇市场是一个全天24小时不间断交易的全球最大的金融市场。

外汇市场可分为外汇交易所市场和外汇柜台市场、外汇零售市场与外汇批发市场等。外汇市场的交易方式包括外汇即期交易、外汇远期交易、外汇掉期交易以及外汇期权交易等。

汇率是指两种不同货币之间的相对比价，也就是以一国货币表示的另一国货币的价格。汇率的标价方式有直接标价法和间接标价法。汇率的变化是各种因素交织影响的结果，包括宏观经济因素、政治因素和市场因素。

加入WTO以来，我国经济实力迅速提升，人民币国际化进程加快，人民币汇率波动弹性增大。

★ 综合训练

5.1 单项选择题

1.欧盟一企业与银行做了一笔外汇即期交易，该企业用美元按1.0700/1.0705买进50万欧元，5天后按1.0840/1.0845平仓，其获利为（   ）。

A.7 000美元　　　　B.7 250美元　　　　C.6 275美元　　　　D.6 750美元

2.美国一企业与银行做了一笔为期3个月进行交割的外汇交易。双方约定，该企业可以从第三个工作日开始至到期日内的任何一天与银行进行交割。这笔外汇交易是（   ）。

A.外汇即期交易　　B.外汇择期交易　　C.外汇期货交易　　D.外汇掉期交易

3.关于利率对汇率变动的影响，表述正确的是（   ）。

A.国内利率上升，则本国汇率上升

B.国内利率下降，则本国利率下降

C.需比较国内外的利率和通货膨胀率后确定

D.利率对汇率的影响是长期的

4.下面表述正确的是（   ）。

A.在直接标价法和间接标价法下，升水和贴水的含义恰恰相反

B.远期外汇的买卖价之差总是大于即期外汇的买卖价之差

C.买入价和卖出价是同一笔外汇交易中买卖双方所使用的价格

D.在直接标价法下，汇率上升意味着本币升值

5.现代纸币流通下，可能使一国的汇率上升的原因有（　　　）。

A.政府宣布减少税收　　　　　　　　B.银行利率下降

C.物价下降　　　　　　　　　　　　D.放宽对进口的限制

6.决定远期汇率升贴水的因素有（　　　）。

A.即期汇率　　　　　　　　　　　　B.计算方法

C.时间长短　　　　　　　　　　　　D.两国利率差

5.2　多项选择题

1.根据《中华人民共和国外汇管理条例》的规定，外汇包括（　　　）。

A.欧元现钞　　　　　　B.万事达卡　　　　　　C.特斯拉股票

D.熊猫债券　　　　　　E.特别提款权

2.传统的外汇市场交易主要有（　　　）。

A.套汇交易　　　　　　　　　　　　B.外汇期货交易

C.即期外汇交易　　　　　　　　　　D.远期外汇交易

3.汇率的间接标价法是以每单位本国货币值多少单位外国货币来表示外汇价格的标价方式。目前，国际上使用间接标价法的主要货币有（　　　）。

A.美元　　　　　　　　B.欧元　　　　　　　　C.英镑

D.澳大利亚元　　　　　E.新西兰元　　　　　　F.加拿大元

4.汇率理论中包含了一价定律这一前提条件的理论有（　　　）。

A.绝对购买力平价　　　　　　　　　B.相对购买力平价

C.资产组合分析法　　　　　　　　　D.弹性价格货币分析法

5.下列表述中，正确的有（　　　）。

A.外汇银行同业的外汇买卖差价一般要低于银行与客户之间的买卖差价

B.A币对B币升值10%，B币对A币贬值10%

C.两国间存在利率差异，国际投资者不一定可以从套利交易中获利

D.外汇银行只要存在敞开的头寸就一定要通过交易将其轧平

6.目前，人民币离岸市场主要包括（　　　）。

A.中国香港　　　　　　B.新加坡　　　　　　　C.伦敦

D.中国台湾地区　　　　E.日本东京

5.3　思考题

1.如何区分外汇汇率的直接标价法与间接标价法？

2.外汇市场参与主体选择远期外汇交易的主要动机有哪些？

3.什么是外汇期权交易？

4.人民币外汇掉期与人民币外汇远期交易的主要区别有哪些？

5.相对利率水平如何影响汇率的变动？

6.2015年8月11日人民币汇率形成机制改革的主要内容是什么？

7.假定目前外汇市场上的汇率是：

USD 1=JPY 112.31~113.36

USD 1=CNH 6.4850~6.4870

请根据以上报价计算每100日元兑换人民币（CNH）的汇率。

8.假定市场即期汇率为USD 1=CNH 6.4850~6.4860，3个月远期汇水为50/40，请计算美元对人民币的3个月远期汇率。

第6章

证券投资基金市场

★ 导读

证券投资基金在金融市场中扮演着双重角色，既是重要的机构投资者，也是重要的投资工具。本章首先介绍证券投资基金的概念、类型、运作以及收益分配，然后介绍投资基金业绩评价的理论与主要方法，最后介绍我国私募投资基金的定义、特点以及发展历程和现状。通过本章的学习，读者应达到如下目标：

1. 掌握证券投资基金的定义、特点及类型，以及基金价格的确定。

2. 掌握证券投资基金的运作机制、收益分配。

3. 对我国证券投资基金市场有比较深刻的了解与认识。

4. 掌握证券投资基金业绩的评价方法。

5. 了解我国私募投资基金的基本内容与运作机制。

★ 关键概念

投资基金　公司型基金　契约型基金　封闭式基金　开放式基金　ETF　LOF　基金资产净值　私募投资基金

第6章关键概念

§6.1 证券投资基金市场概述

6.1.1 证券投资基金的概念

1.证券投资基金的定义

投资基金在不同的地区有不同的称谓，美国称"共同基金"（mutual fund）或"互助基金"，也称"投资公司"；英国和中国香港称"单位信托基金"（unit trust）；日本、韩国和中国台湾称"证券投资信托基金"（securities investment trust）。

从证券管理的角度看，**投资基金是一类投资机构，是按照共同投资、共享收益、共担风险的基本原则和股份有限公司的某些原则，运用现代信托关系的机制，将投资者彼此分散的资金集中起来，专门从事为客户进行以证券投资为主的投资活动的投资组织制度**。截至2021年12月，我国境内共有153家公募基金管理人，其中公募基金管理公司137家，取得公募基金管理资格的证券公司和证券资产管理公司共14家、保险资管公司2家。

从投资者的角度看，投资基金是一种投资工具，它通过发售基金份额，将众多投资者的资金集中起来，形成独立财产，由基金托管人托管，基金管理人管理，以投资组合的方法进行证券投资的一种利益共享、风险共担的集合投资方式，是可以与股票、国债、期货、期权放在一起供投资者选择的一种投资工具。

2.证券投资基金的特点

证券投资基金具有五大特点：集合理财、专业管理；组合投资、分散风险；利益共享、风险共担；严格监管、信息透明；独立托管、保障安全。

（1）集合理财、专业管理。

投资基金的实际运营由专门的基金管理公司负责。基金管理公司是专门从事基金投资管理的机构。基金管理公司聘有专门的投资专家或顾问。这些专家和顾问都是以投资分析为职业，具有相当丰富的专业知识和经验，而且他们与国内外的证券市场和经纪人保持密切的联系，从而能够随时获取各种信息。

（2）组合投资、分散风险。

投资基金一般来说较其他的投资方式更有助于风险的分散。一方面，投资基金具有巨大的资金规模，从而使其有可能同时在几十种乃至数百种不同的行业和有价证券上进行分散投资，甚至可以同时在不同的国家和地区进行投资，从而将风险降低到最低程度。在某个行业或某种证券上投资失利，甚至某个国家或地区经济的暂时不景气，都不至于对基金整体收益造成太大的影响。因此，中小投资者只需要投入少量的资金，就可获得非常好的分散投资、降低风险的效果。另一方面，许多国家对投资基金投资分散的程度都有所要求，例如有的国家规定投资基金的投资组合不得少于20个品种，这就为其投资基金投资风险的分散提供了制度上的保障。

（3）利益共享、风险共担。

投资基金资金来源于众多的个人投资者。这些投资者将资金投入投资基金，自然形成了共同投资的结构。投资基金的运作既有收益也有风险，而这些收益和风险也都是由众多的投资者共同承受。

（4）严格监管、信息透明。

由于基金是集中众人的资金，接受委托进行投资，基金操作的好坏直接关系到广大投资人的利益。由于整个基金行业所管理的资产规模越来越大，对整个市场的影响力也在增大。为了保护投资人的合法利益，为了市场的有序健康运行，也为了基金行业自身的发展，必须对基金业进行监管。在我国，基金主要受到中国证监会的监管，基金的部分运作还会受到来自中国人民银行、证券交易所和同业协会等部门的管理。与此相适应的管理制度是对基金信息披露的要求，有关部门规定基金必须向公众投资者披露有关信息，并制定了相应的披露方式，如披露招募说明书、上市公告书、定期报告、临时报告及中国证监会规定应予披露的其他信息。

（5）独立托管、保障安全。

投资基金资产的托管由专门的金融机构负责。担任托管人的金融机构必须经中国证监会和中国人民银行审查批准，是信誉卓著的大银行或非银行金融机构。托管人和管理人应当在行政上、财务上相互独立，其高级管理人员不得在对方兼任任何职务。基金在托管机构中单设账户，与保管机构和管理公司的资产严格分离，独立核算。此外，托管机构对管理公司还负有制约监督的职责。若管理公司的指令违背基金章程或有损投资者的利益，托管机构有权拒绝执行，这无疑提高了基金投资的安全性。

6.1.2 证券投资基金市场的基本类型

1.根据组织形式划分

根据组织形式的不同，基金可以分为公司型基金和契约型基金。

（1）**公司型基金是依据《公司法》成立的、以营利为目的的股份公司。投资基金本身是一家股份公司，是具有法人资格的经济实体。**投资基金对外发行股份，投资者通过购买股份成为该投资基金的股东。公司型基金基本的运作方式同一般的股份公司大致相同。不同的是，公司型基金通常要委托特定的基金管理公司来负责投资的经营和运作，另外还要委托一家与管理公司没有利害关系的金融机构专门负责基金资产的托管。

（2）**契约型基金由基金投资者、基金管理人、基金托管人之间通过订立信托契约建立。**基金投资者就是受益人，凭基金受益凭证索取投资收益。基金管理人即基金管理公司，它是投资基金的创立者（或发起人），它负责投资基金的设立、受益凭证的发行（也可委托承销机构发行）以及基金资金的具体投资运用等。受托者即投资基金保管公司（一般由信托公司或银行充当），它负责为基金设立独立的基金账户，依据基金管理公司的指示保管和处置投资基金的资产，并监督基金投资公司的投资工作。

契约型基金与公司型基金的区别主要体现在以下几个方面：

① 依据的法律基础不同。公司型基金设立的法律基础是《公司法》，其运作受《公司法》以及公司章程的制约。契约型基金设立的法律基础是各国的信托法规，其运作受信托契约的保障和制约。

② 法律形式不同。公司型基金具有法人资格，而契约型基金不具有法人资格。

③ 投资者的地位不同。公司型基金的投资者为公司股东，股东有权选举董事会。基金管理公司和保管机构由董事会委任。董事会和股东对基金具有形式上的控制权。契约型基金依据基金契约（合同），持有人大会与公司型基金的股东大会相比，赋予基金持有者的权利相对较小。

2.根据运作方式划分

根据运作方式的不同，基金可以分为封闭式基金和开放式基金。

（1）**封闭式基金是指基金份额在基金合同期限内固定不变，基金份额可以在依法设立的证券交易所交易，但基金份额持有人不得申请赎回的一种基金运作方式。**

（2）**开放式基金是指基金份额不固定，基金可以向投资者追加发行，投资者可以在基金合同约定的时间和场所进行申购或者赎回的一种基金运作方式。**

二者的主要区别体现在以下几个方面：

① 存续期不同。封闭式基金一般有一个固定的存续期；开放式基金一般是没有期限的。

② 份额限制不同。封闭式基金的基金份额是固定的，在封闭期限内未经法定程序认可不能增减；开放式基金没有规模限制，投资者可随时提出申购或赎回申请，基金份额会随之增加或减少。

③ 交易方式和场所不同。封闭式基金募集完成后，在证券交易所挂牌交易。投资者只能按市场价格进行买卖，交易通过经纪人在投资者之间完成。开放式基金的投资人按照基金合同的规定，在规定的时间和场所向基金管理人或基金的代理销售机构进行申购和赎回，交易在投资者和基金管理人之间完成。目前在我国，除了上市型开放式基金以外，开放式基金一般不在证券交易所交易。投资者除了可以到基金管理人设立的直销中心买卖开放式基金以外，还可以通过基金管理人委托的证券公司、商业银行等代销机构进行开放式基金的申购和赎回。

④ 价格形成方式不同。封闭式基金的交易价格主要受二级市场供求关系的影响，会出现溢价或折价交易现象。开放式基金由于不在证券交易所交易，其买卖价格直接以基金份额净值为基础，不存在溢价或折价交易。我国在封闭式基金的初创期，绝大多数基金是溢价交易的。后来，封闭式基金的溢价逐步消失，变为折价交易。

⑤ 激励约束机制与投资策略不同。封闭式基金由于基金规模固定，即使其投资业绩较好也不能吸引新资金的流入而为基金管理人增加管理费收入。但如果基金的投资业绩不尽如人意，投资者也不能通过赎回基金份额使基金规模下降从而减少

基金管理人的管理费收入。相对地，开放式基金的业绩表现决定于申购和赎回的份额，特别是当基金业绩不理想时，基金经理可能会面临巨额赎回的压力，因此，与封闭式基金相比，开放式基金向基金管理人提供了更好的激励约束机制。但相反，由于封闭式基金的基金份额固定，没有赎回压力，基金经理人完全可以根据预先设定的投资计划进行长期投资和全额投资，并将基金资产投资于流动性较差的证券上，这在一定程度上有利于基金长期业绩的提高。

我国公募基金始于 1998 年，当时都是封闭式基金。2001 年 9 月，首只开放式基金成立，此后就一直以开放式基金为主。2010 年以来，我国公募基金数量占比逐年提升，截至 2021 年底占比达到 99.96%，见表 6-1。

表6-1　　　　我国开放式基金份额与占比变化（2010 年至 2021 年）

时间	全部基金		开放式基金			
	总数	截止日份额（亿份）	总数	占比（%）	截止日份额（亿份）	占比（%）
2021年	9 175	213 600.55	9 163	99.87	213 524.25	99.96
2020年	7 403	172 798.49	7 402	99.99	172 662.05	99.92
2019年	6 091	137 477.29	6 090	99.98	137 049.40	99.69
2018年	5 153	128 746.98	5 150	99.94	128 203.32	99.58
2017年	4 692	110 377.27	4 689	99.94	109 600.54	99.30
2016年	3 821	88 634.54	3 814	99.82	86 948.69	98.10
2015年	2 687	76 856.01	2 678	99.67	75 320.69	98.00
2014年	1 891	42 128.22	1 883	99.58	40 691.68	96.59
2013年	1 552	31 180.10	1 530	98.58	30 011.89	96.25
2012年	1 174	31 558.97	1 149	97.87	30 276.01	95.93
2011年	914	26 510.50	887	97.05	25 291.84	95.40
2010年	704	24 228.41	676	96.02	23 170.46	95.63

资料来源：Wind资讯。

3.依据投资对象划分

依据投资对象的不同，基金可分为股票基金、债券基金、货币市场基金、混合基金等类别。

（1）股票基金是指以股票为主要投资对象的基金。根据中国证监会对基金类别的分类标准，60% 以上的基金资产投资于股票的为股票基金。股票基金提供了一种长期的投资增值性，可供投资者用来满足教育支出、退休支出等远期支出的需要。与房地产一样，股票基金是应付通货膨胀最有效的工具。

（2）债券基金主要以债券为投资对象。根据中国证监会对基金类别的分类标准，80%以上的基金资产投资于债券的为债券基金。

（3）货币市场基金以短期货币市场工具为投资对象。根据中国证监会对基金类别的分类标准，仅投资于货币市场工具的为货币市场基金。本书在第2章已经对其做了介绍。

（4）混合基金同时以股票、债券为投资对象，以期通过在不同资产类别上的投资，实现收益与风险之间的平衡。根据中国证监会对基金类别的分类标准，投资于股票、债券和货币市场工具，但股票投资和债券投资的比例不符合股票基金、债券基金规定的为混合基金。混合基金的风险低于股票基金，预期收益则高于债券基金。

截至2021年12月31日，我国股票基金、债券基金、货币市场基金与混合基金等的情况见表6-2。

表6-2　　　　　　　　我国公募基金市场规模（2021年12月31日）

基金类型	数量合计（只）	占比（%）	份额合计（亿份）	占比（%）	资产净值合计（亿元）	占比（%）
股票型基金	1 752	19.10	15 950.09	7.46	22 645.0067	9.21
混合型基金	3 906	42.57	42 121.22	19.70	60 921.3264	24.77
债券型基金	2 683	29.24	57 374.38	26.84	62 651.3119	25.48
货币市场型基金	332	3.62	93 518.29	43.74	94 111.2937	38.27
另类投资基金	55	0.60	666.08	0.31	805.3599	0.33
QDII基金	194	2.11	2 055.79	0.96	2 140.7688	0.87
FOF基金	240	2.62	2 025.04	0.95	2 233.6297	0.91
REITs	11	0.12	76.00	0.04	364.2535	0.15
其他	2	0.02	0.30	0.00	32.0312	0.01
全部基金	9 175	100.00	213 787.18	100.00	245 904.9819	100.00

资料来源：Wind资讯。

4.根据投资目标划分

根据投资目标的不同，基金可以分为成长型基金、收入型基金和平衡型基金。

（1）成长型基金是指以追求资本增值为基本目标，较少考虑当期收入的基金，主要以具有较高增长潜力的股票为投资对象。

（2）收入型基金是指以追求稳定的经常性收入为基本目标的基金，主要以大盘蓝筹股、公司债券、政府债券等高收益证券为投资对象。

（3）平衡型基金则是既注重资本增值、又注重当期收入的一类基金。

5.依据投资理念划分

依据投资理念的不同，基金可以分为主动型基金和被动（指数）型基金。

（1）主动型基金是一类力图取得超越基准组合表现的基金。

（2）被动型基金并不主动寻求取得超越市场的表现，而是试图复制指数的表现。被动型基金一般选取特定的指数作为跟踪的对象，因此通常也被称为指数型基金。

6.根据募集方式划分

根据募集方式的不同，基金可以分为公募基金和私募基金。

（1）公募基金是指可以面向社会大众公开发行销售的一类基金，主要具有如下特征：可以面向社会公开发售基金份额和宣传推广，基金募集对象不固定；投资金额要求低，适宜中小投资者参与；必须遵守基金法律和法规的约束，并接受监管部门的严格监管。

（2）私募基金则是只能采取非公开方式面向特定投资者募集发行的基金。与公募基金相比，私募基金不能进行公开的发售和宣传推广，投资金额要求高，投资者的资格和人数常常受到严格的限制。

7.根据资金来源和用途划分

根据资金来源和用途的不同，基金可以分为在岸基金和离岸基金。

（1）在岸基金是指在本国募集资金并投资于本国证券市场的证券投资基金。我国当前在境内设立的基金都属于在岸基金。

（2）离岸基金是指一国的证券基金组织在他国发行证券基金份额，并将募集的资金投资于本国或第三国证券市场的证券投资基金。例如，20世纪60年代，一些欧洲国家曾在卢森堡注册基金，向美国投资者发行证券投资基金，并将募集的资金投资于欧洲证券市场。

8.ETF、LOF

（1）ETF。

ETF是指交易型开放式指数基金（exchange traded fund），从广义上说，指可以在证券交易所上市交易的开放式基金。 ETF以复制和追踪某一市场指数（主要是股票指数）为目标，通过充分分散化的投资策略降低非系统风险，通过消极管理的方式最大限度地降低交易成本，以取得市场平均收益水平。其特点主要有：

① 被动操作的指数型基金。ETF以某一选定的指数所包含的成份证券为投资对象，依据构成指数的股票种类和比例，采取完全复制的方法。ETF不但具有传统指数基金的全部特色，而且是更为纯粹的指数基金。

② 独特的实物申购赎回机制。所谓实物申购赎回机制，是指投资人向基金管理公司申购ETF，需要拿这只ETF指定的一篮子股票来换取，赎回时得到的也不是现金，而是相应的股票，如果想变现，需要再卖出这些股票。这样的申购赎回机制，使得ETF的管理人不必为应付投资者的赎回而保留大量现金。由于买卖一篮子股票会使交易成本大大上升，因此ETF的申购赎回的最低份额必须达到一个相当大

的数目。ETF的一级市场交易主要由机构投资者参与。

③实行一级市场与二级市场并存的双重交易机制。一级市场交易是指ETF的申购和赎回使用和得到的是一篮子股票。二级市场交易是指ETF在证券交易所挂牌上市。为了吸引更多中小投资者参与交易，机构投资者一般会通过一级市场申购的ETF份额进行拆分。因此，ETF的二级市场的最低交易份额的数额比一级市场小得多。从ETF的双重交易机制可以看出，ETF的一级市场交易是在投资者和基金管理公司间进行的，而其二级市场交易则在投资者之间进行。一级市场的存在，使二级市场交易价格不可能偏离基金份额净值很多，否则两个市场的价差会引发套利交易。套利交易最终会使套利机会消失，使二级市场价格恢复到基金份额净值附近。

我国首只ETF基金华夏上证50ETF（代码510050.OF）成立于2004年，近10多年来发展非常迅速。截至2021年12月，我国共有642只ETF基金，规模1.42万亿元。

（2）LOF。

LOF是指上市开放式基金（listed open-end fund），它并不是一种新的基金，而是指发行结束后，既可以在一级市场办理日常的申购和赎回，又可以在证券交易所进行实时交易，还可以在一、二级市场上进行套利的开放式基金。只是由于申购和赎回是在指定网点进行，因而需要办理基金份额的转托管手续。LOF是我国借鉴ETF的运作机制的独创产品，我国首只LOF基金南方积极配置（代码160105.SZ）成立于2004年。近10多年来发展非常迅速。截至2021年12月，我国共有400只LOF基金。

（3）LOF和ETF的区别。

LOF与ETF都具备开放式基金场外申购、赎回和场内交易的特点，但两者存在本质区别，主要表现在：

①申购、赎回的标的不同。LOF的申购、赎回是基金份额与现金的对价，而ETF与投资者交换的是基金份额与一篮子股票。

②申购、赎回的场所不同。ETF的申购、赎回通过交易所进行；LOF的申购、赎回可以在代销网点进行也可以在交易所进行。

③对申购、赎回限制不同。只有大投资者（基金份额通常要求在100万份以上）才能参与ETF一级市场的申购、赎回交易；而LOF在申购、赎回上没有特别要求。

④基金投资策略不同。ETF通常采用完全被动式管理方法，以拟合某一指数为目标；而LOF则是普通的开放式基金增加了交易所交易方式，可以是指数型基金，也可以是主动管理型基金。

⑤在二级市场的净值报价上，ETF每15秒提供一个基金净值报价；而LOF在净值报价上频率要比ETF低，通常1天只提供1次或几次基金净值报价。

9.特殊类型基金

（1）系列基金，又称伞型基金，基金发起人根据一份总的基金招募书或基金合同发起，设立多只相互之间可以进行转换的基金（这些基金称为子基金），而由这些子基金共同构成的这一基金体系就合称为伞形基金。通常各子基金投资对象或投资风格有较大差异，子基金之间相互转换的费用比较低廉或免费。这两个设计特点是为了使基金投资人在赎回某一子基金时可方便地转换为另一风格的子基金，因而仍将资金留在该伞形基金内。

（2）基金中的基金（FOF 基金），是指以其他证券投资基金为投资对象的基金投资组合。2015 年《中华人民共和国证券投资基金法》（以下简称《证券投资基金法》）修订之后，FOF 基金得到了一定发展。截至 2021 年 12 月 31 日，我国共有 239 只 FOF 基金，规模 2 333.63 亿元。

（3）保本基金，是指通过采用投资组合保险技术，保证投资者在投资到期时至少能够获得投资本金或一定回报的证券投资基金。保本基金的投资目标是在锁定下跌风险的同时力争有机会获得潜在的高回报。其最大特点是其招募说明书中明确规定有相关的担保条款，即在满足一定的持有期限后，为投资人提供本金或收益的保障。

（4）对冲基金是产生于美国的一种合伙制的小型私人投资公司。这是一种以私募的方式向投资者募集资金的基金，美国的有关法律规定每个对冲基金的合伙人不得超过 500 人（但美国以外的基金不受这个限制的约束），每个投资者个人必须拥有 500 万美元以上的证券资产，而投资机构必须拥有 2 500 万美元的证券资产。这种基金之所以被称作"对冲基金"，是因为 1949 年美国人亚历山大·琼斯创立这一基金时主要从事的是用股票的空头来对冲持有股票的市场风险。"对冲"是"套期保值"的通俗说法，其本来含义是消除风险或大幅度降低风险，但在以后的发展中，对冲基金变成从事高杠杆、高收益、高风险的投资业务的投资机构，与原义有了很大差别。

对冲基金的最大特点是监管方面的宽松条件，对冲基金的投资活动无论是对投资者还是对监管部门都不必进行通报和披露，有限合伙人只是定期获知基金的业绩情况。对冲基金的投资往往有以下特点：①信息不公开、投资黑箱操作；②投资策略不确定、难以依据历史业绩预测未来；③在投资中大量运用各种新创的衍生工具和数量模型，雇用高技术人才，大量运用计算机投资程序，同时在多市场、多品种进行跨期、跨市场、跨品种的投机、套利或套期保值活动；④大量使用保证金、担保等机制，扩大财务杠杆的比例，用较少的资金进行巨额的套利或投机；⑤在税率最低的地方注册，在收益最高的地方投资。

专栏 6-1

索罗斯的量子基金

索罗斯的量子基金成立于 1969 年，它的前身是 1960 年成立的双鹰基金，当时基金的资本额只有 400 万美元，到 1997 年，量子基金的资本已达到 20 亿美元。量子基金最引人注目的业绩是 1992 年投机英镑成功获利 15 亿英镑，并迫使英国退出欧洲货币机制，因此索罗斯获得了"英镑终结者"的称号。

当时英镑相对疲软，而由于参加了欧洲货币机制，汇率浮动的幅度最多只有±2.25%。为了维持欧洲货币机制的正常运行，德国和法国等国不得不在外汇市场中大量买入英镑、卖出本国货币以支持英镑。尽管这样，英镑的汇率仍然难以维持，德国感到力不从心了，德国央行行长发表讲话，认为只有货币贬值才能维护欧洲货币制度，但是他没有说哪国货币应该贬值。索罗斯听出真义，感到德国无力支持英镑了，于是开始买进德国马克、卖出英镑。这时英格兰银行宣布提高利率，进一步证实了索罗斯的看法，他全力以赴，以5%的保证金大笔借入英镑，购买德国马克。他投入了整整10亿美元，结果正如他所料的那样，英国宣布退出欧洲货币机制。而量子基金此役获利15亿英镑，也使对冲基金一举成名。在1997年的东南亚金融危机中，量子基金多次出手，在泰国、印度尼西亚、菲律宾、马来西亚大获成功，使这些国家陷入经济危机甚至政治动荡之中，但是索罗斯在随后冲击中国香港联系汇率的出击中遭到了顽强的抵抗。香港特区政府在中央政府的支持下，坚定维护联系汇率制度的稳定，使索罗斯在香港的汇市投机中损失了10亿美元，并且索罗斯在随后的港股下跌导致的美国股市下跌中又损失了10亿美元。

资料来源：索罗斯.金融大鳄——索罗斯的赚钱哲学 [M].李凌，译.呼和浩特：远方出版社，2006.

6.1.3　我国证券投资基金市场的发展

1.基金业发展的早期探索阶段

1997年11月《证券投资基金管理暂行办法》颁布之前为早期探索阶段。最早成立的基金是1991年10月分别由中国人民银行武汉分行和深圳市南山区人民政府批准设立的"武汉证券投资基金"和"深圳南山风险投资基金"，规模分别为1 000万元和8 000万元。1992年8月中国人民银行总行首次批准在上海设立金龙、宝鼎和建业三家基金，规模各为1亿元。中国国内第一家比较规范的投资基金——淄博乡镇企业投资基金（简称"淄博基金"），于1992年11月经中国人民银行总行批准正式设立，并于1993年8月在上海证券交易所挂牌上市。

2.封闭式基金发展阶段

《证券投资基金管理暂行办法》颁布实施以后至2001年8月为封闭式基金发展阶段。1998年3月27日，"基金开元"和"基金金泰"成立，拉开了中国证券投资基金试点的序幕。这一时期所有的基金与以前的"老基金"相比，规模有很大的增加，所有基金的期限都是15年，都由中国证监会统一批准，而不是像老基金，有中国人民银行总行批准的，有各省分行批准的，也有地方政府批准的，很不规范。

3.开放式基金发展阶段

（1）2001年9月，我国第一只开放式基金——"华安创新"基金诞生，由此我国基金业的发展实现了从封闭式基金到开放式基金的历史性跨越。

（2）2002年8月，南方基金管理公司推出了我国第一只以债券投资为主的"南方宝元"债券基金。

（3）2003 年 3 月，招商基金管理公司推出我国第一只系列基金。

（4）2003 年 5 月，南方基金管理公司推出了我国第一只具有保本特色的基金——"南方避险"保本型基金。

（5）2003 年 12 月，华安基金管理公司推出了我国第一只准货币型基金——"华安现金富利"基金。

（6）2004 年 6 月 1 日，《证券投资基金法》正式实施，以法律形式确认了基金业的地位和作用，成为中国基金业发展历史上的一个重要里程碑。

（7）2004 年 10 月，南方基金管理公司成立了国内第一只上市型开放式基金——南方基金配置基金。

（8）2004 年底，华夏基金管理公司推出国内首只 ETF——华夏上证 50ETF。

通过表 6-2 可以看出，经过 20 多年的快速发展，我国公募基金市场规模已相当可观。截至 2021 年 12 月 31 日，我国公募基金为 9 175 只，共 21.38 万亿份，净值 24.59 万亿元。其中，混合型基金数量占比最多，货币市场型基金份额和净值占比最大。

§6.2　证券投资基金市场的运作

6.2.1　证券投资基金当事人

在证券投资基金运作过程中主要有四个方面的当事人：基金持有人（基金发起人）、基金管理人、基金托管人和基金服务机构。

1.基金持有人

基金持有人是指持有基金单位或基金股份的自然人和法人，是基金资产的所有者和受益人，在公司型基金中还是基金公司的股东。基金契约或基金公司章程会对投资人的权利义务做出明确规定。基金发起人在基金成立之后，也就自然地成为基金持有人。基金持有人除了包括基金发起人之外，还包括其他普通的机构和个人投资者。基金投资者是基金出资人、基金资产所有者和基金投资受益人。

2.基金管理人

基金管理人是基金产品的募集者和基金的管理者，其最主要的职责就是按照基金合同的约定，负责基金资产的投资运作，在风险控制的基础上为基金投资人争取最大的投资收益。在我国，基金管理人只能由依法设立的基金管理公司担任。

基金管理公司的主要业务包括：

（1）基金募集与销售业务。《证券投资基金法》规定，公开募集基金应当经国务院证券监督管理机构注册。未经注册，不得公开或者变相公开募集基金。

（2）投资管理。投资管理业务是基金管理公司最核心的一项业务，基金管理公司之间的竞争在很大程度上取决于其投资管理能力的高低。

（3）基金运营事务。基金运营事务是基金投资管理与市场营销工作的后台保障。它通常包括基金注册登记、核算与估值、基金清算和信息披露等业务。

（4）受托资产管理业务。《证券投资基金法》规定："基金管理公司向特定对象募集资金或者接受特定对象财产委托从事证券投资活动的具体管理办法，由国务院根据本法的原则另行规定。"目前，全国社会保障基金和企业年金作为特定性质的资产已可以委托符合要求的基金管理公司进行资产管理。

（5）投资咨询服务。基金管理公司向特定对象提供投资咨询服务，不得有下列行为：①侵害基金份额持有人和其他客户的合法权益；②承诺投资收益；③与投资咨询客户约定分享投资收益或者分担投资损失；④通过广告等公开方式招揽投资咨询客户；⑤代理投资咨询客户从事证券投资。

3.基金托管人

基金托管人是投资人权益的代表，是基金资产的名义持有人或管理机构。为了保证基金资产的安全，基金应按照资产管理和保管分开的原则进行运作，并由专门的基金托管人保管基金资产。《证券投资基金法》规定：基金托管人由依法设立的商业银行或者其他金融机构担任。

4.基金服务机构

基金管理人、基金托管人既是基金的当事人，又是基金的主要服务机构。除基金管理人与基金托管人外，基金市场上还有许多面向基金提供各类服务的其他服务机构，这些机构主要包括：基金销售机构、注册登记机构、律师事务所、会计师事务所、基金投资咨询公司、基金评级机构等。基金销售机构是受基金管理公司委托从事基金代理销售的机构。目前，在我国承担基金份额注册登记工作的主要是基金管理公司自身和中国证券登记结算有限责任公司。

6.2.2　基金的募集与交易

1.基金的募集

基金的募集又称基金的发售，是指基金管理公司根据有关规定向中国证监会提交募集文件，发售基金份额，募集基金的行为。基金的募集一般要经过申请、核准、发售、备案、公告五个步骤。

2.封闭式基金的交易

我国封闭式基金在刚开始出现时大都是溢价发行，即基金二级市场价格高于基金份额净值；现在已多是折价发行，即二级市场价格低于基金份额净值。折（溢）价率的计算公式如下：

$$折（溢）价率 = \frac{市场价格 - 基金份额净值}{基金份额净值} \times 100\%$$

投资者买卖封闭式基金必须开立深、沪证券账户或深、沪基金账户卡及资金账户。基金账户只能用于基金、国债及其他债券的认购及交易。但如果投资者已经有了股票账户，就不需要另外再开立基金账户，原有的股票账户可以用于买卖封闭式基金。反过来看，基金账户却不可以用来买卖股票。每个投资者只能开设和使用一个资金账户，并只能对应一个股票账户或基金账户。封闭式基金的交易规则与股票相同。

封闭式基金的交易费用结构与股票基本类似，只不过一般费率比股票要低，且常常免征印花税、过户费等。

3.开放式基金的申购与赎回

（1）申购、赎回的概念。

投资者在开放式基金募集期结束后，申请购买基金份额的行为通常被称为基金的申购。

开放式基金的赎回是指基金份额持有人要求基金管理人购回其所持有的开放式基金份额的行为。

开放式基金的基金合同生效后，可有一段短暂的封闭期。我国《开放式证券投资基金运作管理办法》规定：开放式基金成立初期，可以在基金契约和招募说明书规定的期限内只接受申购，不办理赎回，但该期限最长不得超过3个月。之后，进入日常申购、赎回期。封闭期结束后，开放式基金的基金管理人应当在每个工作日办理基金份额的申购、赎回业务。

（2）申购、赎回场所。

申购、赎回可以通过基金管理人的直销中心或基金销售代理人的代销网点进行，也可以通过电话、互联网等电子通信手段进行。

（3）申购、赎回时间。

基金管理人应在申购、赎回开放日前3个工作日，在至少一种中国证监会指定的媒体上刊登公告。申购和赎回的工作日为证券交易所交易日，工作日的具体业务办理时间为上海证券交易所、深圳证券交易所交易日的交易时间。

（4）申购、赎回原则。

股票、债券型基金的申购、赎回原则：①"未知价"交易原则。投资者在申购、赎回时并不能即时获知买卖的成交价格。申购、赎回价格只能以申购、赎回日交易时间结束后基金管理人公布的基金份额净值为基准进行清算。②"金额申购、份额赎回"原则。申购以金额申请，赎回以份额申请。

货币市场基金的申购、赎回原则：①"确定价"原则。申购、赎回基金份额价格以1元人民币为基准进行计算。②"金额申购、份额赎回"原则。申购以金额申请，赎回以份额申请。

（5）收费模式与申购份额、赎回金额的确定。

①收费模式与申购费率。

基金管理人办理开放式基金份额的申购，可以收取申购费。一般而言，基金申购模式有金额申购与份额申购，收费方法有前端收费与后端收费，费用计算方法有全额费率（内扣法）与净额费率（外扣法）。目前，我国多采用金额申购（份额赎回）、前端收费、净额费率（外扣法）。

假设前端收费，采用净额费率即外扣法计算申购费，申购份额可以有两种计算方法，结果是一样的。

方法一：

净申购金额=申购金额/（1+申购费率）

申购费用=申购金额-净申购金额

申购份额=净申购金额/单位基金净值

方法二：

申购价格=单位基金净值×（1+申购费率）

申购份额=申购金额/申购价格

【例6-1】某投资人用100万元申购开放式基金，假定申购的费率为2%（前端收费，采用净额费率即外扣法计算申购费），申购当日单位基金净值为1.5元。那么：

申购价格=1.5×（1+2%）=1.53（元）

申购份额=100/1.53=65.36（万份基金单位）（非整数份额取整数）

若是后端收费，则为：

申购份额=申购金额/单位基金净值

后端申购费用=申购金额×申购费率

②赎回金额的确定。

基金管理人办理开放式基金份额的赎回，应当收取赎回费，赎回费率一般在0至1.5%之间，但中国证监会另有规定的除外。基金管理人可以根据投资人的认购金额、申购金额的数量适用不同的认购、申购费率标准，同时，还可以对选择在赎回时缴纳认购费或者申购费的基金份额持有人，根据其持有基金份额的期限适用不同的认购、申购费率标准。

如果基金实行前端收取认购/申购费，则：

赎回价格=单位基金净值×（1-赎回费率）

赎回金额=赎回份额×赎回价格

如果基金实行后端收取认购/申购费，则：

赎回价格=单位基金净值×（1-赎回费率）

赎回金额=赎回份额×赎回价格-后端申购费用

赎回费率一般按持有时间的长短分级设置。持有时间越长，适用的赎回费率越低。

【例6-2】某投资人要赎回100万份基金单位，假定赎回的费率为1%（采取前端收费），赎回日单位基金净值为1.5元，那么：

赎回价格=1.5×（1-1%）=1.485（元）

赎回金额=100×1.485=148.5（万元）

（6）申购、赎回款项的支付。

申购采用全额交款方式。若资金在规定时间内未全额到账，则申购不成功；申购不成功或无效，款项将退回投资者账户。

投资者赎回申请成交后，基金管理人应通过注册登记机构按规定向投资者支付赎回款项。赎回款项在自受理基金投资者有效赎回申请之日起不超过7个工作日的时间内，划至赎回人资金账户。

（7）申购、赎回登记。

投资者申购基金成功后，登记机构一般在T+1日为投资者办理增加权益的登记手续，投资者自T+2日起有权赎回该部分基金份额。

投资者赎回基金份额成功后，登记机构一般在T+1日为投资者办理扣除权益的登记手续。

（8）巨额赎回的认定及处理方式。

①巨额赎回的认定。

单个开放日基金净赎回申请超过基金总规模的10%时，为巨额赎回。

②巨额赎回的处理方式。

巨额赎回申请发生时，基金管理人在当日接受赎回比例不低于基金总规模10%的前提下，可以对其余赎回申请延期办理。对于当日的赎回申请，应当按单个账户赎回申请量占赎回申请总量的比例，确定当日受理的赎回量；未受理部分可延迟至下一个开放日办理，并以该开放日当日的基金资产净值为依据计算赎回金额，但投资者可在申请赎回时选择将当日未获受理部分予以撤销。

如果开放式基金连续发生巨额赎回，基金管理人可按基金契约及招募说明书载明的规定，暂停接受赎回申请；已经接受的赎回申请可以延缓支付赎回款项，但不得超过正常支付时间20个工作日，并应当在指定媒体上进行公告。

（9）暂停申购、赎回申请。

发生基金契约或招募说明书中未予载明的事项，但基金管理人有正当理由认为需要暂停开放式基金申购、赎回申请的，应当报经中国证监会批准；经批准后，基金管理人应当立即在指定媒体上刊登暂停公告；暂停期间，每两周至少刊登提示性公告一次；暂停期间结束，基金重新开放时，基金管理人应当公告最新的基金单位资产净值。

§6.3　证券投资基金的价格与收益分配

6.3.1　证券投资基金的价格

1.基金资产净值

基金资产净值（net assets value，NAV）指在某一基金估值时点上，按照公允价格计算的基金资产的总市值扣除负债后的余额，该余额是基金单位持有人的权益。按照公允价格计算基金资产的过程就是基金的估值。

基金资产净值=基金资产总值–基金负债

基金份额净值=基金资产净值/基金总份额

单位基金资产净值，即每一基金单位代表的基金资产的净值。单位基金资产净值计算的公式为：

单位基金资产净值-（总资产-总负债）/基金单位总数

其中：总资产是指基金拥有的所有资产（包括股票、债券、银行存款和其他有价证券等）按照公允价格计算的资产总额。总负债是指基金运作及融资时所形成的负债，包括应付给他人的各项费用、应付资金利息等。基金单位总数是指当时发行在外的基金单位的总量。

【例6-3】假设2021年12月31日，A基金的基金资产为37.15亿元，基金的负债为2.26亿元，基金资产净值为34.89亿元，基金份额为33.26亿份，因此，A基金的单位净值为1.049元。投资者如果在这一天申购或赎回A基金，就将按照一个基金单位1.049元的价格进行。

开放式基金由于每天都要接受投资者的申购和赎回，因此，其单位资产净值每天都会在公开媒体上公布，使投资者可以及时了解基金的运作情况；而封闭式基金由于不能进行日常的申购与赎回，其单位资产净值每周公布一次。

2.基金的价格

单位基金资产净值是基金单位价格的内在价值。单位基金资产净值是衡量一个基金经营好坏的主要指标，也是基金单位交易价格的计算依据。

（1）开放式基金的价格。

开放式基金买卖的价格是以基金单位净值为基础进行计算的，按基金单位净值加减一定的费用（申购费与赎回费）进行交易的。

开放式基金单位计价主要取决于基金单位资产净值，具体有两种基本的划分方法：一是已知价法（或称事前价、历史计价）；二是未知价法（或称事后价、预约计价）。已知价法是基金管理公司以接到申购和赎回之前的最近一个交易日的基金单位资产净值作为申购和赎回的依据，投资人可以在申购和赎回时就知道确切的申购价和赎回价。未知价法是基金管理公司以接到申购和赎回当日的基金单位资产净值作为申购和赎回的依据，投资人在申购和赎回时尚无法知道确切的申购价和赎回价。采用未知价法估值，可以增加基金投资人申购和赎回基金单位的不确定性，从而在股市上涨（下跌）时减轻来自投资者的申购（赎回）压力，对市场的剧烈波动起一种缓冲作用。

（2）封闭式基金的价格。

封闭式基金按照市场的交易价格进行买卖，而这个市场价格与基金的单位净值经常是不同的。封闭式基金的价格除了会受到基金单位净值波动和买卖手续费的影响外，还受到市场供求状况、经济形势、政治环境等多种因素的影响，所以，其价格与资产净值常发生偏离。

6.3.2　基金收益来源与收益分配

1.基金收益来源

基金的种类很多，各种类型的基金在投资对象、投资策略和投资目标上都有所不同，从而其投资收益的组成也各不相同。比如，货币市场基金主要是投资于货币市场工具而获得利息收入，债券基金主要投资于各种债券而获得债券利息，股票基金主要靠买卖股票的差价和股票的分红派息获得收益。有些高风险性的基金，比如对冲基金，主要是在金融衍生市场上博杀以获得高额的投资回报。还有一些基金（如 REITs）是通过投资房地产和其他实业来获得投资利润。由于我国证券投资基金不得投资于房地产等领域，基金投资于实业所获得的利润在此不予讨论，从而基金的收益来源主要包括：

① 股票股利收入。股利一般有两种形式，即现金股利与股票股利。由于股票股利是通过股票形式进行的分配，不涉及现金收益，所以尽管属于基金收益，但一般通过在除息日对分配所得的股票进行估值来体现，并不直接记入收入类科目。

② 债券利息。基金的债券利息收入是指基金资产因投资于各种债券（国债、地方政府债券、企业债、金融债等）而定期取得的利息收入。

③ 证券买卖差价收入。证券买卖差价收入又称资本利得收入，是指基金在证券市场上买卖证券形成的价差收益，主要包括股票买卖价差和债券买卖价差。

④ 存款利息收入。存款利息收入是指基金将资金存入银行或中国证券登记结算有限责任公司所获得的利息收入。

⑤ 买入返售证券收入。买入返售证券收入是指在国家规定的场所进行融券业务而取得的收入。买入返售证券收入应在证券持有期内采用直线法计提，并按计提的金额确认。

⑥ 其他收入。其他收入是指除上述收入以外的其他各项收入，如赎回费扣除基本手续费后的余额、手续费返还、因运用基金财产带来的成本或费用的节约等。这些收入项目一般根据发生的实际金额确认。

2.基金收益分配

基金进行收益分配会导致基金份额净值的下降。

（1）封闭式基金的收益分配。

《证券投资基金运作管理办法》第三十五条规定："封闭式基金的收益分配，每年不得少于一次，封闭式基金年度收益分配比例不得低于基金年度已实现收益的90%。"

封闭式基金当年收益应先弥补上一年度亏损，然后再进行当年收益分配。若基金投资的当年发生亏损，则不进行收益分配。基金收益分配后基金份额净值不能低于面值。每份基金单位享有同等分配权。封闭式基金一般采用现金方式分红，但投资者可以选择将所分配的现金，自动转化成基金单位，即红利再投资。

（2）开放式基金的收益分配。

开放式基金的分红方式有两种：

① 现金分红方式。根据基金收益情况，基金管理人按投资人持有基金单位数量的多少，将收益分配给投资人，这是基金收益分配最普遍的形式。

② 分红再投资转换为基金份额，即将应分配的净收益折算为等值的新基金份

额进行基金分配。

《证券投资基金运作管理办法》第三十六条规定："基金收益分配应当采用现金方式。开放式基金的基金份额持有人可以事先选择将所分配的现金收益，按照基金合同有关基金份额申购的约定转为基金份额；基金份额持有人事先未作选择，基金管理人应当支付现金。"

（3）基金收益分配的程序。

不同基金应在各自的招募说明书中明确规定自己的收益分配原则及方式，为投资人提供投资参考。基金收益分配方案先由基金管理人拟订，经基金托管人核实后，报中国证监会备案。在基金收益分配的程序上，由基金管理公司下达指令给基金托管机构，由基金托管机构将核准的分配总金额拨付给基金管理人或过户给代理人。

§6.4　证券投资基金的业绩评价

6.4.1　基金净值收益率的测度

1.简单（净值）收益率计算

简单（净值）收益率的计算不考虑分红再投资的时间价值的影响，其计算公式与股票持有期收益率的计算类似：

$$R = \frac{NAV_t + D - NAV_{t-1}}{NAV_{t-1}} \tag{6.1}$$

其中：R 为简单收益率；NAV_t、NAV_{t-1} 为期末、期初基金的份额净值；D 为考察期内每份基金的分红金额。

2.时间加权收益率

时间加权收益率考虑到了分红再投资，能更准确地对基金的真实投资表现做出衡量，时间加权收益率的假设前提是：红利以除息前一日的单位净值减去单位基金分红后的单位净值立即进行了再投资。

（1）算术平均收益率计算公式：

$$\bar{R}_A = \frac{\sum_{t=1}^{n} R_t}{n} \tag{6.2}$$

其中：R_t 为各期收益率；n 为期数。

（2）几何平均收益率计算公式：

$$\bar{R}_G = \sqrt[n]{\prod_{t=1}^{n}(1 + \bar{R}_t)} - 1 \tag{6.3}$$

一般地，算术平均收益率要大于几何平均收益率，每期的收益率差距越大，两种平均方法的差距越大。几何平均收益率可以准确地衡量基金表现的实际收益情况，因此，常用于对基金过去收益率的衡量上。算术平均收益率一般可以用作对平均收益率的无偏估计，因此，它更多地被用来估计将来收益率。

【例 6-4】假设基金 2020 年的收益率为 100%，2021 年的收益率为 -50%。请分别计算该基金 2020 年至 2021 年的算术平均收益率和几何平均收益率。

解：（1）算术平均收益率为：

$$\bar{R}_A = \frac{100\% - 50\%}{2} = 25\%$$

（2）几何平均收益率为：

$$\bar{R}_G = \sqrt{(1 + 100\%)(1 - 50\%)} - 1 = 0$$

可见，计算方法不同，得出的结论差异非常大。

3. 年（度）化收益率

（1）简单年化收益率。

已知季度收益率，简单年化收益率的计算公式如下：

$$R_{年} = \sum_{i=1}^{4} R_i \tag{6.4}$$

其中：$R_{年}$ 为年化收益率；R_i 为季度收益率。

（2）精确年化收益率。

已知季度收益率，精确年化收益率的计算公式为：

$$R_{年} = \prod_{i=1}^{4} (1 + R_i) - 1 \tag{6.5}$$

其中：$R_{年}$ 为年化收益率；R_i 为季度收益率。

【例 6-5】某基金 2021 年第 1 季度的收益率为 3%，请分别计算该基金的简单年化收益率与精确年化收益率。

解：

（1）简单年化收益率 =3%×4=12%

（2）精确年化收益率 =（1+3%)⁴-1=12.55%

6.4.2　风险调整测度方法

1. 风险调整测度指标

风险调整测度指标的基本思路就是通过对收益加以风险调整，得到一个可以同时对收益与风险加以考虑的综合指标，以期能够排除风险因素对绩效评价的不利影响。具体方法包括：夏普测度、特雷纳测度、詹森指数测度。三种风险调整测度方法的原理，参见第 9 章第 3 节 "资本资产定价模型"（CAPM)。

（1）夏普测度。

夏普（Sharpe）测度是用市场组合的长期平均超额收益除以该时期的标准差。它测度了用总波动性来衡量的回报。计算公式为：

$$\bar{S}_P = \frac{\bar{r}_P - \bar{r}_f}{\sigma_P} \tag{6.6}$$

其中：$\bar{S}_P$ 为 Sharpe 指数；$\bar{r}_P$ 为基金的平均收益率；$\bar{r}_f$ 为基金的平均无风险利率；

σ_P为基金的标准差。

可以根据夏普测度对基金业绩进行排序，夏普测度越大，业绩越好。

（2）特雷纳测度。

特雷纳（Treynor）测度与夏普测度指标类似，给出了单风险的超额收益，但该指标用的是系统风险而不是全部风险。计算公式为：

$$T_P = \frac{\bar{r}_P - \bar{r}_f}{\beta_P} \tag{6.7}$$

其中：T_P为Treynor指数；$\bar{r}_P$为考察期内基金平均回报率；$\bar{r}_f$为考察期内平均无风险收益率；β_P为基金系统风险。

特雷纳测度越大，基金的业绩表现越好。

【例6-6】某基金管理公司旗下有一个资产组合P，下表显示了过去一年组合P与沪深300的风险与收益情况。假设无风险利率为8%。请运用特雷诺测度和夏普测度两个指标，对组合P的业绩与沪深300进行比较。

资产组合	收益率（%）	标准差（%）	β
P	17	20	1.1
M（沪深300）	14	12	1.0

计算：

（1）沪深300的特雷诺测度：$T_M = （R_M - rf）/\beta_M = （14\% - 8\%）/1 = 6\%$；

组合P的特雷诺测度：$T_p = （R_p - rf）/\beta_p = （17\% - 8\%）/1.1 = 8.18\%$

从特雷诺测度看，组合P的业绩优于沪深300

（2）沪深300的夏普测度：$SM = （RM - rf）/\sigma M = （14\% - 8\%）/12\% = 50\%$

组合P的夏普测度：$SP = （RP - rf）/\sigma P = （17\% - 8\%）/20\% = 45\%$

从夏普测度看，组合P略逊于沪深300。

（3）詹森指数测度。

詹森（Jensen）指数是由詹森在1969年在CAPM模型基础上发展出的一个风险调整差异衡量指标，即"组合α值"。詹森指数用公式可表示为：

$$\alpha_p = \bar{r}_p - [\bar{r}_f + \beta_p（r_M - \bar{r}_f）] \tag{6.8}$$

其中：α_p为Jensen指数；$\bar{r}_p$为基金的平均收益率；$\bar{r}_f$为基金的平均无风险利率；β_p为基金系统风险；r_M为市场组合收益率。

从几何上看，詹森指数表现为基金组合的实际收益率，与证券市场线（SML）上具有相同风险水平组合的期望收益率之间的偏离。

2.三种风险调整测度方法的区别与联系

夏普测度与特雷纳测度尽管衡量的都是单位风险的收益率，但二者对风险的计量不同，前者是从全部市场风险角度计量，既包括系统风险，也包括非系统风险，而后者只考虑系统风险，所以两者在对基金业绩的排序结论上有可能不一致。特雷纳测度与詹森测度只对业绩的深度加以考虑，而夏普指数则同时考虑了业绩的深度与广度。詹森测度要求用样本期内所有变量的样本数据进行回归计算。

3.风险调整收益测度的其他方法

（1）信息比率。

信息比率越大，说明基金经理人跟踪误差所获得的超额收益越高。信息比率较大的基金其表现要好于信息比率较低的基金。

（2）M^2测度。

M^2测度的基本思想就是通过无风险利率下的借贷，将被评价组合（基金）的标准差调整到与基准指数相同的水平，进而对基金相对基准指数的表现做出考察。

6.4.3　绩效贡献分析

1.资产配置选择能力与证券选择能力的衡量

不同类别资产实际权重与正常比例之差，乘以相应资产类别的市场指数收益率的和，就可以作为资产配置选择能力的一个衡量指标。基金在不同类别资产上的实际收益率与相应类别资产指数收益率的差，乘以基金在相应资产的实际权重的和，就可以作为证券选择能力的一个衡量指标。

假设在一个考察期内，基金 P 包括了 n 类资产，基金在第 i 类资产上事先确定的正常的（政策规定的）投资比例为 w_{bi}，而实际的投资比例为 w_{pi}。第 i 类资产所对应的基准指数的收益率为 r_{bi}，基金在该类资产上的实际投资收益率为 r_{pi}。那么，资产配置效果（贡献）可由下式表示：

$$T_p = \sum_{i=1}^{N}(w_{pi} - w_{bi})r_{bi} \qquad (6.9)$$

若 $T_p > 0$，说明基金经理在资产配置上具备良好的选择能力；反之，则说明基金经理在资产配置上不具备良好的选择能力。

2.行业或部门选择能力的衡量

假设在一个考察期内，基金 P 在第 j 个行业上的实际投资比例为 w_{pi}，而第 j 个行业在市场指数中的权重为 w_j；第 j 个行业的行业指数在考察期内的收益率为 r_j，那么，行业或部门选择能力则可以用下式加以衡量：

$$T = \sum_{j=1}^{n}(w_{pi} - w_j)r_j \qquad (6.10)$$

从基金股票投资收益率中减去股票指数收益率，再减去行业或部门选择贡献，就可以得到基金股票选择的贡献。

§6.5　我国私募投资基金

6.5.1　私募投资基金概述

私募投资基金简称私募基金（private fund），是指以非公开方式向合格投资者募集资金设立，由基金管理人管理，为投资者进行投资活动的投资基金。

1.私募基金管理人

私募基金管理人是私募基金产品的募集者和基金的管理者，是私募基金的核心。《私募投资基金管理暂行办法》规定，私募基金管理人由依法设立的公司或者合伙企业担任。可见，与公募基金管理人必须是基金管理公司不同，公司或者合伙企业都可以担任私募基金管理人，但必须向中国证券投资基金业协会办理登记。未经登记，任何单位或者个人不得使用"基金""基金管理"等字样或者近似名称进行私募投资活动。而且，私募基金管理人不得兼营与私募基金无关或者存在利益冲突的其他业务。

2.私募基金投资人

《私募投资基金管理暂行办法》规定，私募基金投资人必须是满足一定条件的合格投资者。私募基金的合格投资人是指具备相应风险识别能力和风险承担能力，投资于单只私募基金的金额不低于100万元且符合下列相关标准的单位和个人：①净资产不低于1 000万元的单位；②金融资产不低于300万元或者最近3年个人年均收入不低于50万元的个人。其中，金融资产包括银行存款、股票、债券、基金份额、资产管理计划、银行理财产品、信托计划、保险产品、期货权益等。此外，下列投资者视为合格投资人：①社会保障基金、企业年金等养老基金、慈善基金等社会公益基金；②依法设立并在中国基金业协会备案的投资计划；③投资于所管理私募基金的私募基金管理人及其从业人员；④中国证监会规定的其他投资者。

3.私募基金的投资范围

《私募投资基金管理暂行办法》规定，私募基金的投资对象包括股票、股权、债券、期货、期权、基金份额及投资合同约定的其他投资标的。根据投资范围划分，我国的私募基金可以分为证券投资基金、股权投资基金、创业投资基金和其他私募投资基金等。证券投资基金是指主要投资于上市公司股票、债券和货币市场、衍生品等的基金。股权投资基金和创业投资基金是指投资于非上市股权的基金。其中，股权投资基金主要投资于处于成长期的非上市股权，而创业投资基金则投资于更早的阶段。截至2021年底，我国已备案私募基金产品124 117只，基金净值19.76万亿元。其中，已备案私募证券投资基金产品76 839只，基金净值6.12万亿元；已备案私募股权和创业投资基金产品45 311只，基金净值12.78万亿元。

4.私募基金的组织形式

私募基金的组织形式包括公司型、合伙型和契约式。

公司型基金是具有独立法人地位的股份有限公司、有限责任公司，投资人认购基金份额后，成为基金的股东，基金的重大事项和投资决策由公司董事会决定。合伙型基金是以进行投资活动为目的设立的有限合伙企业，通过募集作为有限合伙人（limited partner，LP）的投资者的资金，由普通合伙人（general partner，GP）负责投资运作，是目前股权创投基金的主流形式。契约式基金是依据基金管理人、托管人和投资者所签署的基金合同而设立的投资基金，是目前证券投资基金的主流形式。

5.私募基金的运作模式

以股权投资基金和创业投资基金为例，私募基金的运作模式可以分为"募集、投资、管理、退出"四步。在募集阶段，私募基金对合格投资者进行资金募集，采用专款专户原则，募集户独立于基金管理人的账户。在投资阶段，对拟投资项目进行尽职调查，通过建立严密的风控体系与投资决策流程而进行投资。在管理阶段，私募基金对所投项目进行投后管理，包括列席股东会、参与企业重大决策和委派财务总监等，并定期向投资者出具管理报告。在退出阶段，根据投资企业的具体情况，私募基金可以通过管理层回购（management buy-out，MBO）、第三方并购（mergers and acquisitions，M&A）或者上市等方式退出投资企业。

证券投资基金的运作流程与公募基金相同，就是将投资者的资金汇集成基金，由基金管理人进行投资运作。其中，投资者、基金管理人、基金托管人通过契约方式建立基金合同。最后，基金管理人通过专业运作获取收益，并将收益分予投资者。

6.5.2　私募基金与公募基金的区别

私募基金是相对于公募基金而言的，两者的区别主要在于：

（1）募集的方式不同。公募基金募集资金是通过公开发售的方式进行的，而私募基金则是通过非公开发售的方式募集，这是私募基金与公募基金最主要的区别。

（2）募集的对象不同。公募基金的募集对象是广大社会公众，即社会上不特定的投资者，不受人数限制。而私募基金募集的对象是特定的合格投资者，单只私募基金的投资人累计不得超过法律规定的人数（200人）。

（3）信息披露要求不同。公募基金对信息披露有非常严格的要求，其投资目标、投资组合等信息都要披露。而私募基金则对信息披露的要求很低，具有较强的保密性。

（4）投资限制不同。公募基金在投资品种、投资比例、投资与基金类型的匹配上有严格的限制，而私募基金的投资限制完全由协议约定。

（5）业绩报酬不同。公募基金不提取业绩报酬，只收取管理费；而私募基金则提取业绩报酬，一般不收或少收管理费。对公募基金来说，业绩仅仅是排名时的荣誉；而对私募基金来说，业绩则是报酬的基础。

6.5.3　我国私募基金的发展历程

我国私募基金的发展大致经历了五个阶段：

（1）1993年至1995年，证券市场私募基金的萌芽阶段。

在此期间，证券公司的主营业务从经纪业务转向承销业务，大客户将资金交由证券公司代理委托投资，与证券公司之间逐渐形成了不规范的信托关系，私募基金初具雏形。

（2）1996年至1998年，证券市场私募基金的形成阶段。

在此期间，上市公司将超募资金委托证券公司进行投资，众多的咨询公司和投资顾问公司以委托理财的方式设立、运作私募基金，私募基金逐渐成形，开始初步发展。

（3）1999年至2000年，证券市场私募基金的发展阶段。

在此期间，综合类券商经批准可以从事资产管理业务，股票市场的较高收益使得大批上市公司更改募集资金的投向，私募基金的数量和规模迅速增长。

（4）2001年至2013年，证券市场私募基金的分化调整阶段。

在此期间，受股市持续低迷、IPO暂停等因素影响，大批私募基金因亏损而出局。

（5）2014年以来，证券私募基金市场的爆发式增长阶段。

2014年6月，中国证监会发布了《私募投资基金监督管理暂行办法》，标志着我国私募基金进入规范发展的新阶段。随着我国资本市场的快速发展，私募基金出现了爆发式增长，见表6-3。

截至2021年底，中国证券投资基金业协会已登记私募基金管理人24 475家。已备案私募基金产品124 117只，管理基金规模19.76万亿元。

表6-3　　　　　　我国私募基金发展情况（2015年至2021年）

截止日期	全部		私募证券投资基金		私募股权、创业基金	
	总数	截止日资产净值（亿元）	只数	截止日资产净值（亿元）	只数	截止日资产净值（亿元）
2015-12-31	24 054	50 724.00	14 553	17 892.00	8 585	30 655.00
2016-12-31	46 505	78 911.00	27 015	27 661.00	17 932	46 897.00
2017-12-31	66 418	111 003.00	32 216	22 858.00	28 465	70 913.00
2018-12-31	74 642	127 783.00	35 688	22 391.00	33 684	86 026.00
2019-12-31	81 739	137 386.00	41 399	24 503.00	36 468	97 426.00
2020-12-31	96 852	159 749.62	54 355	37 662.30	39 802	110 610.01
2021-12-31	124 117	197 639.37	76 839	61 247.38	45 311	127 820.41

数据来源：Wind资读。

★ 本章小结

从证券管理的角度看，投资基金是一类投资机构，是按照共同投资、共享收益、共担风险的原则和股份公司的某些原则，运用现代信托关系的机制，将各个投资者彼此分散的资金集中起来，专门从事为客户进行以证券投资为主的投资活动的投资组织制度。从投资者的角度看，它是一种投资工具，是可以与股票、国债、期货、期权放在一起供投资者选择的一种投资方式。

投资基金的主要类型有：公司型与契约型，开放式与封闭式，公募基金与私募基金，股票基金、债券基金、货币市场基金、混合基金，收入型基金、成长型基金和平衡型基金等。

投资者在开放式基金募集期结束后，申请购买基金份额的行为通常被称为基金的申购。开放式基金的赎回是指基金份额持有人要求基金管理人购回其所持有的开放式基金份额的行为。

基金资产净值指在某一基金估值时点上，按照公允价格计算的基金资产的总市值扣除负债后的余额，该余额是基金单位持有人的权益。单位基金资产净值即每一基金单位代表的基金资产的净值。

基金业绩评价的风险调整测度方法主要有：夏普测度、特雷纳测度、詹森指数测度等。

私募投资基金是指以非公开方式向合格投资者募集资金设立的投资基金。从投资范围看，我国私募基金包括证券投资基金、股权投资基金、创业投资基金和其他私募投资基金。

★ 综合训练

6.1　单项选择题

1.证券投资基金根据投资目标的不同来分类，以下不属于这个类型的是（　　）。

A.成长型基金　　　B.收入型基金　　　C.平衡型基金　　　D.公司型基金

2.在本国募集资金并投资于本国证券市场的证券投资基金是指（　　）。

A.在岸基金　　　B.离岸基金　　　C.伞型基金　　　D.保本基金

3.我国封闭式基金上市要求基金份额持有人不少于（　　）人。

A.200　　　B.500　　　C.1 000　　　D.2 000

4.某投资人有100万元用来申购开放式基金，假定申购的费率为2%（前端收费，采用净额费率即外扣法计算申购费），申购当日单位基金净值为1.5元。那么申购价格是（　　）。

A.1.53元　　　B.1.8元　　　C.2.5元　　　D.4元

5.在风险调整测度指标中，用市场组合的长期平均超额收益除以该时期的标准差的是（　　）。

A.夏普测度　　　B.特雷纳测度　　　C.詹森指数测度　　　D.M^2测度

6.2　多项选择题

1.证券投资基金根据运作方式的不同，可以分为（　　）。

A.开放式基金　　　　　　　　　B.公司型基金

C.契约型基金　　　　　　　　　D.封闭式基金

2.封闭基金上市交易，应符合下列（　　）条件。

A.基金份额总额达到核准规模的80%以上

B.基金合同期限为5年以上

C.基金募集金额不低于 2 亿元人民币

D.基金份额持有人不少于 1 000 人

3.以下属于时间加权收益率是（ 　　 ）。

A.简单（净值）收益率　　　　　　　　B.算术平均收益率

C.几何平均收益率　　　　　　　　　　D.年（度）化收益率

4.以下属于风险调整测度指标的是（ 　　 ）。

A.夏普测度　　　　　　　　　　　　　B.特雷纳测度

C.詹森指数测度　　　　　　　　　　　D.信息比率

5.下列说法正确的有（ 　　 ）。

A.成长型基金是指以追求资本增值为基本目标的基金

B.平衡型基金是指以追求稳定的经常性收入为基本目标的基金

C.货币市场基金以短期货币市场工具为投资对象

D.公募基金是指可以面向社会大众公开发行销售的一类基金

6.3　思考题

1.封闭式基金与开放式基金有何异同？

2.交易型开放式指数基金（ETF）与上市型开放式基金（LOF）有何异同？

3.对冲基金有哪些主要特点？

4.请写出夏普测度、特雷纳测度和詹森指数测度的表达式，并简要说明其意义。

5.按 2021 年 12 月 31 日收盘价计算，开放式基金 A 拥有的金融资产总值为 12 724.3 万元，总负债为 37.4 万元，已售出 1 亿基金单位。试计算基金 A 在 2021 年 12 月 31 日的基金单位资产净值。

6.某开放式基金认购费率为 1%，某投资者以 10 000 元认购该基金，申购当日单位基金净值为 1.1 元，假设认购资金在募集期产生的利息为 12.6 元，在前端收费模式下，计算在基金的认购分别实行全额费率和净额费率的情况下，该投资者认购基金的份额数量。

7.比较私募基金与公募基金的异同。

8.合格投资人应当具备哪些条件？

第7章

金融衍生品市场

★ 导读

金融衍生品市场在金融市场中的地位越来越重要。本章主要介绍金融衍生品的概念、类型及特征，以及金融远期（含期货）、金融期权和金融互换等的原理、类型及实际运用等。通过本章的学习，读者应达到如下目标：

1. 掌握金融衍生品市场的概念、类型及特征

2. 掌握金融期货市场的概念及类型。

3. 了解股指期货的基本概念及交易。

4. 掌握金融期权市场的相关基本概念及分类。

5. 掌握金融期权的盈亏分布。

6. 熟悉金融互换市场的类型与操作。

★ 关键概念

金融衍生品　金融远期　金融期货　套期保值　价格发现
保证金制度　利率期货　外汇期货　股指期货　金融期权　看涨
期权　看跌期权　股票期权　金融互换　利率互换　货币互换

§7.1 金融衍生品市场概述

金融衍生品的发展历史非常悠久，最早可以追溯到 2 500 年前古希腊哲学家泰勒斯运用期权的故事。17世纪早期荷兰郁金香泡沫事件中就有了远期和期权产品。20世纪70年代，国际金融市场动荡加剧，风险管理需求迅速上升，推动了金融衍生品市场快速发展。20世纪80年代以来，金融衍生品市场品种越来越多，交易规模越来越大，在金融市场中的地位越来越重要，对世界各国经济金融的影响越来越大。近30年来，我国金融衍生品市场发展也非常迅速，因此，对金融衍生品市场知识的学习和掌握很有必要。

7.1.1 金融衍生品的概念与类型

金融衍生品（financial derivative）也称金融衍生工具，是交易双方为实现特定目标（如转移风险或投机）而签订的合约。它是在基础金融资产或变量之上衍生出来的，其价格由基础金融资产的价格（或数值）变动决定。基础金融资产既包括现货（如债券、股票、银行存款单等），也包括金融衍生产品。基础变量则包括利率、汇率、各类价格指数、通货膨胀率甚至天气（温度）指数等。

金融衍生品的基本类型包括远期（期货）、期权、互换，场内交易以期货、期权为主。场外交易以远期、期权和互换为主。根据基础资产的不同，金融衍生品可以细分为很多品种，见表7-1。

表7-1 金融衍生品及其类型

基本类型	主要衍生工具（按基础资产的不同）
远期	远期外汇、远期利率协议、远期商品等
期货	外汇期货、股指期货、利率期货等
期权	货币期权、利率期权、股票期权、期货期权、商品期权等
互换	货币互换、利率互换、信用违约互换、收益互换等

7.1.2 金融衍生品的主要特征

金融衍生品具有以下几个主要特点：

1.跨期性

金融衍生品是交易双方通过对利率、汇率、股价等因素变动趋势的预测，约定在未来某一时间按一定的条件进行交易或选择是否交易的合约。无论是哪一种金融衍生品，都会影响交易者在未来一段时间内或未来某时点上的现金流。

2.联动性

从长期看，金融衍生品的价格取决于基础资产或变量的变化。但是，衍生品价格短期波动经常受市场心理和投机因素等的影响，因此，衍生品与基础资产或变量的联动关系经常表现为非线性关系。

3. 高杠杆性

金融衍生品交易采用保证金（margin）制度，即交易者只需交纳相当于基础资产合约价值一定百分比的保证金就可以持有一份合约，达到"以小博大"的效果。比如，交纳 10% 的保证金的交易就是 10 倍杠杆。

4. 高风险性

金融衍生品的交易后果取决于交易者对基础资产未来价格的预测和判断的准确程度，基础资产价格的变幻莫测决定了金融衍生品交易盈亏的不确定性，而且风险呈杠杆倍数放大。

5. 零和博弈

金融衍生品交易双方盈亏完全负相关，并且净损益为零。

6. 交易对象的虚拟性

金融衍生品交易的对象是对基础金融资产在未来各种条件下处置的权利和义务，比如期权的买权或卖权、互换的债务交换义务等，表现出一定的虚拟性。

7. 交易目的的多重性

金融衍生品交易通常有套期保值、投机、套利和资产负债管理等功能。交易的主要目的并不在于所涉及的基础金融资产所有权的转移，而在于转移与该金融资产相关的价值变化的风险或通过风险投资获取经济利益。

§7.2　金融期货市场

7.2.1　金融远期与金融期货

1. 概念

金融远期（financial forward contracts），**是指交易双方约定在未来某一确定时间，按照事先约定的价格买卖一定数量的某种金融资产的合约。**对于金融远期，需要把握几点：（1）远期合约中的某种金融资产称为标的资产或基础资产，第 5 章"远期外汇交易"的标的资产就是外汇。（2）某一确定时间称为交割日，该约定价格称为交割价格。（3）合约中在将来买入基础资产的一方称为"多头"，而在将来卖出基础资产的一方称为"空头"。（4）金融远期合约是金融衍生工具中的"基础工具"，即作为其他衍生工具基础的衍生工具。比如，金融互换就是多个金融远期的组合。

金融期货（financial futures contracts），**是指协议双方约定在将来某一特定的时间按约定的条件（包括价格、交割地点、交割方式）买入或卖出一定标准数量的某种特定金融资产的标准化合约。**期货合约中规定的价格就是期货价格（futures price）。

2.金融期货与金融远期的比较

金融期货是在金融远期的基础上发展起来的，是标准化的金融远期。但两者也有一些区别：

（1）交易场所。期货交易是在特定的期货交易所内集中进行的，而远期交易没有集中交易的场所，交易比较分散。

（2）合约的标准化。期货合约是符合交易所规定的标准化合约，对于交易的标的资产的品质、数量及到期日、交易时间等都有严格而详尽的规定，而远期合约标的资产的品质、数量、交割日期等，均由交易双方自行决定，没有固定的规格和标准。

（3）保证金与逐日结算。期货交易必须在交易前交纳合约金额的5%～10%作为保证金，并由清算公司进行逐日结算。而远期交易通常不需要交纳保证金，合约到期后才结算盈亏。

（4）交易的参与者。由于实行保证金制度而降低了门槛，期货交易吸引了众多机构与个人的参与。而远期合约交易门槛高，参与者大多是专业化生产商、贸易商、金融机构与其他机构投资者。

（5）头寸的结束。期货的交易者并不一定会一直持有相应的头寸直至合约到期并进行交割，大多数交易者是在合约到期前就将持有的头寸对冲平仓，从而解除其到期进行交割的义务。而远期交易由于是交易双方依各自的需要而达成的协议，因此，价格、数量、期限均无规定，倘若一方中途违约，通常不易找到第三方能无条件接续权利和义务，因此，违约一方只有提供额外的优惠条件要求解约或找到第三方接替承受原有的权利和义务。

3.金融期货合约的组成要素

（1）交易标的物。每份合约都必须指明以何种金融工具作为标的资产。例如，外汇期货的标的资产是外汇，主要有美元、英镑、欧元、日元、澳元、加元等币种。

（2）交易单位。交易单位，也称"合约规模"，是指交易所对每一份金融期货合约所规定的交易数量，只要是在该交易所内买卖的金融期货合约，每张合约所包含的数量及交易单位都是相同的。例如，芝加哥商品交易所（CME）的国际货币市场（IMM）规定每一份英镑期货合约的交易单位是62 500英镑；每一份日元期货合约的交易单位是12 500 000日元。

交易单位的大小，视期货市场交易规模、参与者资金实力、合约商品价格波动性等因素而定。交易单位的标准化，极大简化了期货交易的过程，提高了市场效率，使期货交易成为一种只记录期货合约买卖数量的交易。

（3）最小变动价位。最小变动价位通常也称为1个刻度，是指由交易所规定的，在期货交易中每一次价格变动的最小幅度。最小变动价位乘以合约交易单位，就可得到期货合约的最小变动金额。例如，IMM规定：英镑期货合约的最小变动价位是2点（即每英镑0.0002美元），而每份英镑期货合约的交易单位是62 500英镑，所以，一份英镑期货合约的刻度值为 12.50 美元。这意味着，在英镑期货合约交易中，每份合约的每次价格变动至少是 12.50 美元。

最小变动价位大小的确定，一般取决于该金融工具的种类、性质、市场价格波动状况、商业习惯等因素。有了最小变动价位，期货交易就以最小变动价位的整数倍上下波动，便利了交易者核算盈亏。

（4）合约月份。合约月份指各个交易所规定的期货合约交割的月份。在期货交易中，绝大多数合约的交割月份都定在每年的 3 月、6 月、9 月和 12 月。

（5）最后交易日。最后交易日是指由交易所规定的各种合约在到期月份中的最后一个交易日，例如，IMM 规定的最后交易日为交割月份的第三个星期三，合约的交易在交割日前两个营业日（星期一）停止。在芝加哥商品交易所，股票期货合约的最后交易日为交割月份的第三个星期五。

（6）交割。所谓交割，是指由交易所规定的各种期货合约因到期未平仓而进行实际交割的各项条款，主要包括交割日、交割方式及交割地点等。期货合约的交割可分为实物交割与现金结算。例如，在 IMM 交易的欧洲美元期货合约的交割日为最后交易日，交割方式为现金结算；而在 IMM 交易的各种外汇期货合约的交割日为合约月份的第三个星期三，交割方式为实物交割。

4.金融期货市场的基本功能

（1）增强市场的流动性，稳定现货市场。

金融期货对资本形成没有明显的负面影响，同时，一些基本现货市场的流动性由于金融期货和期权市场的存在而得到改善，实际上对现货市场起到了稳定的作用。比如，2013 年 9 月，为了扩大国债和地方政府债券发行，中国金融期货交易所推出了国债期货品种。1995 年 5 月，因"327"国债期货事件我国暂停了国债期货，这是时隔 18 年后作以的恢复。

（2）套期保值，转移风险。

套期保值（hedge）俗称对冲，就是买进或卖出与现货头寸数量相当、方向相反的期货合约，以期在将来某一时间通过卖出或买进相同的期货合约，对冲平仓，结清期货交易带来的盈利或亏损，从而补偿因现货市场价格变动所带来的实际价格风险。这样，套期保值者向投机者转移风险，把风险调节到可以接受的水平。

（3）价格发现。

所谓价格发现，是指在交易所内对多种期货商品合约进行交易的结果能够产生这种商品的期货价格体系。在金融期货市场上，各种期货合约都存在着众多的买者和卖者。这些交易者依其个人立场或所掌握的信息，做出买卖委托后，交易所通过电脑撮合公开竞价出来的价格即为该时刻市场对当时和未来某一时间某种商品现货价格的平均看法，也反映了当时该种商品的供求情况。通过期货市场，降低了找到一种价格和一个交易对象的搜寻成本。

7.2.2 金融期货市场的交易制度

1.集中交易制度

集中交易制度，是指期货交易指令按照"价格优先、时间优先"原则在场内集中撮合成交的交易制度。期货交易所是专门进行期货合约买卖的场所，是期货市场的核心。

2.标准化的期货合约和对冲平仓机制

期货合约是由交易所设计，经主管机构批准后向市场公布的标准化合约。对冲平仓机制，是指投资者通过买进（或卖出）与原先卖出（或买进）相同数量但方向相反的期货合约，以解除合约义务的交易机制。由于通过平仓结束期货头寸，比实物交割既省事又灵活，因而目前绝大多数期货交易都是通过平仓来结清头寸的。通过将期货合约设计成标准化的合约，便于交易双方在合约到期前分别做一笔相反的交易进行对冲，从而避免实物交割。

3.保证金制度

保证金制度，是指期货交易者必须按照所买卖金融期货合约价值的一定比例缴纳资金，用于结算和保证履约。保证金分为结算准备金和交易保证金。结算准备金，是指会员为了交易结算，在交易所专用结算账户中预先准备的资金，是未被合约占用的保证金；交易保证金，是指会员在交易所专用结算账户中确保合约履行的资金，是已被合约占用的保证金。

4.每日结算制度

期货交易所实行每日无负债结算制度，又称"逐日盯市"（mark to market），是指每日交易结束后，交易所按照当天结算价结算所有合约的盈亏、交易保证金、手续费和税金，对应收和应付的款项进行划转，相应增加和减少会员的结算准备金。期货交易结算实行分级结算，交易所对会员进行结算，经纪公司对其代理的投资者进行结算。这种结算制度为期货交易提供了简单高效的对冲机制和结算手续，可以防范期货市场潜在的信用风险。

5.涨跌停板制度

涨跌停板制度，又称价格最大波动限制，是将每日价格限定在一定范围内，一般是以上一个交易日的结算价为基准上下浮动一定数量或比率，超过波动限制的报价视为无效，不能成交。该制度旨在通过人为干预的方式，缓和期货价格的剧烈波动，控制投机头寸，维持市场价格的合理波动。

6.持仓限额制度

持仓限额制度，是指交易所规定会员或投资者可以持有某一合约投机头寸的最大数额。该制度的目的在于防范操纵市场价格的行为和防止期货市场风险过度集中于少数投资者。

7.大户报告制度

大户报告制度是交易所建立限仓制度后，当会员或客户某种持仓合约的投机头寸达到交易所规定的数量时，必须向交易所报告其资金情况、头寸情况等的制度，以便交易所审查大户是否有过度投机和操纵市场行为，并判断大户的交易风险状况的风险控制制度。该制度同样是为了防范操纵市场的行为和防止风险过度集中。

7.2.3 金融期货市场的类型

按照标的资产的不同，金融期货可划分为利率期货、外汇期货和股指期货等。

1.利率期货市场

（1）利率期货的概念。

利率期货（interest rate futures）是指其标的资产（债券类证券）的价格依赖于利率水平的期货合约。 它可以用来回避利率波动所引起的证券价格变动的风险。而利率期货交易指买卖双方在期货交易所内通过公开竞价方式，买卖标准数量的特定债券合约，并在将来某一确定时间内进行交割的交易。

（2）利率期货的类型。

按照合约标的资产的期限，利率期货一般可分为短期利率期货和中长期利率期货两大类。短期利率期货是指合约标的资产的期限在1年之内的各种利率期货，它主要包括国库券期货、欧洲美元定期存款单期货、商业票据期货和定期存单期货等。中长期利率期货是指合约标的资产的期限在1年以上的各种利率期货，它主要包括中期国债期货、长期国债期货、房屋抵押债券期货、市政债券期货等。

（3）利率期货的特征。

① 利率期货价格与实际利率成反方向变动，即利率越高，债券期货价格越低；利率越低，债券期货价格越高。

② 利率期货的交割方法特殊。利率期货主要采取现金交割方式，现券交割比较少。现金交割是以银行现有利率为转换系数来确定期货合约的交割价格。

（4）利率期货的交易。

利率期货市场的交易行为主要有套期保值和投机两种，下面以利率期货的套期保值来说明此类交易的实际操作。

套期保值者主要是通过买卖期货合约来规避利率波动所带来的风险。利用利率期货进行套期保值的策略分空头套期保值与多头套期保值两种。

① 空头套期保值就是在持有债券现货多头的情况下出售期货合约，在利率期货市场上做空。由于固定收益证券价格与实际利率成反方向变动，因此，当已经持有固定收益证券的投资者预计利率将上升（他所持有的证券价格将下降）时，他便可通过出售利率期货合约进行套期保值。这样，如果利率真的上升了，那么他在现货市场上的损失就可以通过期货市场上的盈利来弥补；如果利率下降了，则可以用现货市场的较高盈利弥补在期货市场上的损失。

② 多头套期保值与空头套期保值恰好相反。如果某投资者考虑在将来某个时候购买固定收益证券，他担心利率可能下降（即证券价格将上升），他便要通过购买期货合约进行套期保值。

【例7-1】某投资者持有面值为100万美元的美国长期国债，市场上预期利率将在未来的几个月中上升，亦即该投资者持有的国债有价格下降的风险。为降低利率上升所造成的风险，该投资者在9月1日卖出10手第二年3月到期的长期国债期货合约，其价格为100美元。到第二年2月15日，现货长期国债的价格由上年9月1日的128∶12下降到113∶29①，期货长期国债的价格下降为87∶18。该日投资者买回10手期货合约，此时，他在现货市场亏损144 687.5美元（14.46875×10 000），在期货市场盈利124 375美元（12.4375×1 000×10）。这样利用利率期货进行套期保值，尽管亏损没有被完全抵消，该投资者的损失由144 687.5美元减至20 312.5美元（144 687.5-124 375）。

2.外汇期货市场

（1）外汇期货的概念。

外汇期货（foreign exchange futures）是指以外汇为标的资产，交易双方约定在未来某一确定时间进行外汇交割，并限定了交易币种、合约金额、交易时间、交割方式以及交割地点的标准化合约。外汇期货可以用来规避汇率风险。目前，外汇期货交易的主要品种有：美元、英镑、欧元、日元、瑞士法郎、加拿大元、澳大利亚元等可自由兑换的、在国际上被普遍接受的币种。

（2）人民币期货。

2008年以来，人民币国际化进程不断加快，人民币期货交易也逐渐频繁起来。

2011年10月，芝加哥商品交易所（CME）率先推出了美元/人民币标准与电子微型期货产品；2013年2月，再推出美元/离岸人民币标准与电子微型期货产品。

2012年9月，中国香港交易所推出全球首只可交割的美元兑人民币汇率期货产品。

2014年10月20日，新加坡交易所推出人民币期货合约交易，包括美元/离岸人民币期货和人民币/美元期货合约正式挂牌，合约规模分别为10万美元和50万元人民币。

2015年7月20日，中国台湾期货交易所挂牌两档人民币汇率期货商品，分别为契约规模2万美元的"小型美元兑人民币汇率期货"及契约规模10万美元的"美元兑人民币汇率期货"。

截至2021年底，包括港交所推出的人民币期货，全球范围内已有10个国家或地区上市了人民币外汇期货。其中包括美国芝加哥商品交易所（CME）、CME欧洲交易所、新加坡交易所、中国台湾期货交易所、南非约翰内斯堡证券交易所、巴西商品期货交易所和莫斯科交易所。而中国内地尚未推出人民币期货。从品种来看，

---

① 美国债券报价的最后两位数字表示的是1/32的倍数，如113∶29表示每100美元面值债券的价格为 $113\frac{29}{32}$，即113.90625美元。

除了人民币兑美元汇率期货，还有人民币兑本地币种汇率期货。

表7-2为香港推出的美元兑人民币期货合约。

表7-2 中国香港交易所的美元兑人民币期货合约

交易品种	人民币期货
交易代码	CUS
合约月份	即月、下三个历月及之后的三个季月
合约金额	100 000 美元
报价单位	每美元兑人民币（如1美元兑人民币6.5020元）
最低波幅	0.0001元人民币（小数点后第4位）
交易时间	上午9时整至下午4时15分 （到期合约月份在最后交易日收市时间为上午11时整）
最后结算日	合约月份的第三个星期三
最后交易日	最后结算日之前两个营业日
最后结算价	香港财资市场公会在最后交易日上午11时15分公布的美元兑人民币（香港）即期汇率定盘价
结算方式	由卖方缴付合约指定的美元金额，而买方则缴付以最后结算价计算的人民币金额
交易所费用	人民币8.00元
上市交易所	港交所

（3）外汇期货的特征。

① 外汇期货是一种标准化的合约。在外汇期货合约中，进行交割的货币币种、数量、交割时间等条款都是事先确定好的，唯一可变的因素是价格——汇率。合约的标准化特征，使得市场的流动性大大提高了，同时也大大提高了交易效率。

② 外汇期货是一种能够在交易所内连续买卖的合约。合约的标准化特征，也使得这种合约非常易于连续买卖，因此大量的期货合约都在合约到期日以前以对冲平仓方式结清，而最后真正进行外币交割的只有极少数。

③ 外汇期货是一种由期货交易所和结算所提供履约担保的合约。在外汇期货交易中，期货交易所和结算所充当买卖双方的对手，即既是买方的卖方，又是卖方的买方，同时它们还对合约的履行提供担保，因此买卖双方不必为交易对方的信用担忧。

（4）外汇期货的交易。

外汇期货市场的交易行为主要有套期保值和投机交易两种。利用外汇期货进行套期保值的策略也包括空头套期保值和多头套期保值两种。下面以一个例子来说明外汇期货的套期保值操作：

【例7-2】美国某进口商5月7日签约从中国香港进口价值37 50 000港元的货物，双方约定3个月后支付货款，当时的现汇汇率是7.7303港元/美元。为了防止港元升值而增加进口成本，美国进口商决定对3 750 000港元进行套期保值，因此，他买入6份6月港元期货合约。期货价格是7.7293港元/美元，每份合约的交易单位是625 000港元。3个月后港元真的升值了，这时的现汇汇率是7.5686港元/美元，而6月港元的期货价格是7.5696港元/美元。该美国进口商通过期货合约避免了汇率上涨带来的损失，下面我们对这一交易过程进行讨论，见表7-3。

表7-3　　　　　　　　　　　　多头外汇期货套期保值

	现货市场	期货市场
5月7日	进口货物总价3 750 000港元 现汇汇率7.7303港元/美元 总价值3 750 000/7.7303=485 104（美元）	买入6份6月港元期货合约 期货价格7.7293港元/美元 总价值6×（625 000/7.7293）=485 167（美元）
8月7日	支付货款总价3 750 000港元 现汇汇率7.5686港元/美元 总价值3 750 000/7.5686=495 468（美元）	卖出6份6月港元期货合约 期货价格7.5696港元/美元 总价值6×（625 000/7.5696）=495 403（美元）
盈亏	损失495 468－485 104=10 364（美元）	盈利495 403－485 167=10 236（美元）

由于汇率上升，该进口商在现货市场交易中损失10 364美元，但是由于做了套期保值，在期货交易中盈利10 236美元，因而将净损失降低为128美元（10 364-10 236），达到了进行套期保值交易的目的，规避了部分汇率波动产生的风险。当然，如果本例中港元汇率并不是上升，而是下降了，那么期货市场上的损失就要由现货市场上的盈利来弥补，就会冲减进口商本来可以获得的收益。

3.股指期货市场

（1）股指期货的概念。

股指期货的全称是股票价格指数期货，是指以股票价格指数为标的资产的标准化期货合约。股指期货交易就是买卖股票指数期货合约的交易，双方约定在未来的某个特定日期，按照事先确定的股价指数的大小，进行标的指数的买卖。目前，中国金融期货交易所已经有3个品种的股指期货合约，分别是沪深300股指期货、上证50股指期货和中证500股指期货。

（2）股指期货交易的特点。

① 股指期货既可以防范非系统性风险，又可以防范系统性风险。股票价格指数中包含的股票是经过选择的、具有代表性的一组股票，购买股指期货就相当于投

资于一批股票组合，各只股票之间能够抵消部分或者全部非系统性风险。同时，如果投资者希望利用股指期货防范系统性风险，只需要通过在股票现货市场做一笔与股指期货市场的反向操作交易即可。

② 股指期货合约的面值，通常等于股价指数乘以交易单位。例如，沪深300股期货合约的交易单位是300元人民币，若沪深300股价指数是3 000点，则一张沪深300股指期货的合约面值就是90万元。

③ 股指期货实行现金交割方式。这是股指期货合约与其他形式期货合约的重要区别。在股指期货交割和结算时以现金形式进行，即在交割时只计算盈亏而不转移实物，从而使投资者不必要持有股票就可以涉足股票市场，同时也避免了在交割期股票市场可能出现的"挤市"现象。

④ 股指期货的高杠杆性。一份沪深300股指期货合约的保证金为合约价值的8%，如一份合约的价值是90万元，则投资者只要交7.2万元的保证金就可以交易一份合约。这种高杠杆性，可以使投资者"以小本搏大利"。

（3）主要股指期货介绍。

①沪深300指数期货合约。

沪深300指数以2004年12月31日为基期，基期指数定为1 000点，以调整股本为权数，采用派许加权综合价格指数公式进行计算。该指数选取300只规模大、流动性好的A股股票作为样本，覆盖了沪深两市60%左右的市值，具有良好的市场代表性。其合约主要内容见表7-4：

表7-4　　　　　　　　　　　**沪深300股票指数期货合约**

交易所名称	中国金融期货交易所
交易代码	IF
交易单位	300元×沪深300股票指数
最小变动价位	0.2个指数点（每张合约60元）
每日价格波动限制	上一交易日结算价的±10%
合约月份	当月、下月以及随后两个月
交易时间	上午9：15—11：30，下午13：00—15：15；最后交易日交易时间为上午9：15—11：30，下午13：00—15：00
最低交易保证金	合约价值的8%
交割方式	现金交割
最后交易日	合约到期月份的第3个周五，遇国家法定假日顺延
最后结算价	以最后交易日现货指数最后2小时所有指数点的算术平均价为基础计算

②香港恒生指数期货合约。

香港恒生指数以加权资本市值法计算，共包含 33 只成份股。这 33 只成份股分别属于工商、金融、地产及公用事业 4 个分类指数，其总市值约占香港联合交易所所有上市公司总市值 70%。其合约主要内容见表 7-5。

表7-5 **香港恒生指数期货合约**

交易所名称	香港期货交易所
交易单位	50 港元×恒生指数
最小变动价位	1 个指数点（每张合约 50 港元）
每日价格波动限制	以不高于或低于前一日收市指数 100 点为限
合约月份	现货月、3 月、6 月、9 月、12 月
交易时间	周一至周五 10：00—12：30、14：30—15：30，周三只交易上午半天
最后交易日	每个交易月份的最后一个交易日
最后结算价格	以最后交易日每 5 分钟报出的恒生指数的平均值去掉小数点的整数作为最后结算价格

③标准普尔 500 股票指数期货。

标准普尔指数以 1941—1942 年为基期，基期指数定为 10，采用加权平均法进行计算，以股票上市量为权数，按基期进行加权计算。该指数包含 500 只成份股，其成份股由 400 种工业股票、20 种运输业股票、40 种公用事业股票和 40 种金融业股票组成。其合约主要内容见表 7-6。

表7-6 **标准普尔 500 股票指数期货合约**

交易所名称	芝加哥商品交易所
交易单位	500 美元×标准普尔 500 股票指数
最小变动价位	0.05 个指数点（每张合约 25 美元）
每日价格波动限制	在开盘期间，成交价格不得高于或低于前一交易日结算价 5 个指数点
合约月份	3 月、6 月、9 月、12 月
交易时间	上午 8：30—下午 3：15（芝加哥时间）
最后交易日	最终结算价格确定日之前的那个营业日
最后结算价格	根据合约月份第 3 个星期五的标准普尔 500 股票价格指数之中成份股票的开盘价决定

★ 思政课堂

《期货和衍生品法》

2022 年 4 月 20 日，第十三届全国人大常委会第三十四次会议表决通过了《中华人民共和国期货和衍生品法》（以下简称《期货法》），自 2022 年 8 月 1 日起施行。

《期货法》共 13 章 155 条，重点围绕期货交易、结算与交割基本制度，期货交易者保护制度，期货经营机构与期货服务机构的监管，期货交易场所和期货结算机构的运行，期货市场监督管理，法律责任等作了规定。

《期货法》的通过，在总结历史经验和借鉴国际有益做法的基础上，做了一系列制度安排。该法结合市场实际情况，统一确立了衍生品市场发展和监管急需、国际通行的基础制度，比如单一主协议、终止净额结算、交易报告库等，赋予国务院期货监督管理机构或国务院授权的部门监督管理衍生品市场的职责，并授权国务院依照该法制定具体管理办法。

《期货法》有诸多亮点：第一，重点规范期货市场，兼顾衍生品市场；第二，在总结提炼既有经验的基础上，为改革创新预留了空间。《期货法》有效地平衡了制度稳定和改革创新的关系；第三，发挥期货市场功能，增强服务实体经济能力；第四，加强市场风险防控，维护国家金融安全；第五，构建交易者保护体系，加大普通交易者保护力度；第六，对标国际最佳实践，构建期货市场对外开放的新格局。

三十余年来，我国期货市场从无到有、从小到大、从弱到强，逐步成为助力实体经济发展，有效管理价格风险的重要手段。近年来，随着贸易保护主义和逆全球化趋势的抬头，加之新冠肺炎疫情反复、地缘政治事件等，进一步加剧了大宗商品的价格波动，给实体经济发展带来了较大不确定性，对期货市场的作用也提出了更高的要求。

长期以来，中国期货行业一直依赖《期货管理条例》这一行政法规运行，而场外衍生品市场更是只有部门规章进行规范，与行业和市场的发展早已严重不匹配。《期货法》自 20 世纪 90 年代以来分别列入第八、十、十一、十二、十三届共 5 届全国人大常委会立法计划，历时近三十年。三十年磨一剑，《期货法》有效填补了资本市场法治建设的空白，资本市场法治体系的"四梁八柱"基本完成，对期货市场法治建设具有里程碑的意义，将开启我国期货市场发展的新篇章。

资料来源：高艳云. 三十年磨一剑！期货法出台有效填补空白，资本市场法治体系"四梁八柱"基本完成 [EB/OL]. [2022-4-21]. http://www.cnr.cn/ziben/yw/20220421/t20220421_525801326.shtml. 此处有改编.

§7.3 金融期权市场

7.3.1 金融期权概述

1.金融期权的概念

金融期权（financial option）又称金融选择权，是指赋予其购买者在一个特定的期限内以事先确定好的协议价格购买或出售一定数量的某种金融资产（又称标的资产，如有价证券或金融期货合约等）的权利的合约。

金融期权合约其实只是规定一种权利，并没有赋予其相应的义务。期权买方（也称期权多头）在支付一定费用（称为期权费）后，取得了在未来以既定价格买进（或卖出）一定数量的金融资产的权利而无须承担义务，而期权卖方（也称期权空头）在买方行使权利时，只有履行契约卖出（或买进）的义务而无权利。总的来说，金融期权具有如下三个突出的特点：

（1）交易的对象不是金融资产，而是买入或卖出某种金融资产的权利；

（2）交易双方的权利和义务不对等——买方有买或者卖的权利，而并无义务，卖方则在买方行使权利时有义务履行合约；

（3）买方必须交纳一定的期权费，不管是否执行购买或出售的权利。

2.金融期权合约的构成要素

（1）期权交易的参与者。

期权交易的参与者包括期权的买方和卖方。期权买方就是购买期权合约（而取得合约权利）的人，该合约赋予其在特定期限内买进或卖出一定数量的某种金融资产的权利，如果市场价格发生了对其不利的变化，则可以放弃行使期权，任合约作废，处于交易的主动地位；期权卖方就是出售期权合约（而承担合约义务）的人，在收取期权费后，负有在特定期限内卖出（或买进）期权买方要求买进（或卖出）的一定数量的某种金融资产的责任或义务，处于交易的被动地位。

（2）交易单位。

交易单位表示一份合约允许交易的量。与金融期货一样，金融期权的交易单位也由各交易所分别加以规定。因此，即使是标的资产相同的金融期权合约，在不同的交易所其交易单位也不相同。

（3）期权费。

期权费（premium），又称权利金、保险金以及期权价格，是期权买方为购买期权所支付给期权卖方的费用。

（4）标的资产的种类及数量。

每份期权合约应指明以何种金融资产作为标的资产，同时应规定买卖该种资产的数量。

（5）协议价格。

协议价格，又称执行价格，是指期权交易双方商定的在未来特定期限执行买权或卖权合同的价格。

（6）最后交易日及履约日。

最后交易日是指期权合约在交易所交易的最后截止日。如果期权买方在最后交易日不再做对冲平仓交易，那么，他要么放弃期权，要么在规定的时间内执行期权。履约日则是由期权合约中规定的期权购买者可以实际执行该期权的日期。由于期权有欧式期权和美式期权之分，故不同合约的履约日各不相同。

在期权交易中，由于期权买方既可选择执行期权，也可选择放弃期权，故最后交易日和履约日是两个必须明确的日期。就履约日而言，如果是欧式期权，则履约日为该期权的到期日；如果是美式期权，则履约日为该期权的到期日及其之前的任一营业日。就最后交易日而言，不同的期权合约有着不同的规定。

（7）合约有效期限。

期权合约的有效期限一般不超过9个月，以3个月和6个月最为常见。其表示方法是按月份标示，形成3个循环：1月循环（January cycle）：1-4-7-10，即1月份推出的合约，标准到期月份为4月、7月和10月；2月循环（February cycle）：2-5-8-11，即2月份推出的合约，标准到期月份为5月、8月和11月；3月循环（March cycle）：3-6-9-12，即3月份推出的合约，标准到期月份为6月、9月和12月。

（8）期权交易地点。

标准化的期权合约一般在专门的期权交易所内进行，同时一些期货交易所、商品交易所、证券交易所也会附设期权交易场所，交易标准化期权合约。至于场外非标准化期权合约，则一般由银行或一些投资公司安排，交易地点可由交易双方协商确定。

此外，每份期权合约一般还要规定合约的最小变动价格、每日价格波动限制、合约月份、最后交易日、履约日的选定、交割方式等。

3.金融期权与金融期货的区别

（1）权利与义务的对称性不同。

这是期权与期货最重要的区别。在期货交易中，交易双方的权利和义务是对称的，即都既有要求对方履约的权利，又有自己对对方履约的义务。但在期权交易中，交易双方的权利和义务则明显不对称，即期权的买方有在合约规定的期限内选择是否履约的权利而没有相应的义务，而期权的卖方只有服从购买者选择的义务，而没有权利。

（2）交易的履约保证金不同。

在期货交易中，交易双方均需开立保证金账户，并按规定交纳履约保证金。但在期权交易中，只有期权卖方才需要交纳保证金，期权买方则无须交纳保证金，因为它们的亏损不会超过其已支付的期权费。

（3）标准化要求不一样。

期货合约都是标准化的,因为它都是在交易所中交易的。而期权合约则不一定,在交易所交易的合约都是标准化的,在场外交易的则是非标准化期权合约。

(4)盈利与亏损的特点不同。

从理论上讲,期货交易中交易双方亏损与盈利是对称的,即一方盈利,另一方必亏损,同时亏损与盈利是不确定的。但在期权交易中交易双方的盈亏是不对称的,这主要是因为双方权利和义务的不对称性。并且,期权交易卖方的盈利是确定的(以期权费为限),亏损可能是无限的(看涨期权),也可能是有限的(看跌期权);期权交易买方的亏损是确定的(以期权费为限),盈利可能是无限的(看涨期权),也可能是有限的(看跌期权)。

(5)交易的标的资产不相同。

期货交易的标的资产是某种具体的金融工具,而期权交易的标的资产则是买卖某种金融资产的选择权。

(6)买卖匹配不同。

期货合约的买方到期必须买入标的资产,期货合约的卖方到期必须卖出标的资产。期权合约的买方在到期日或到期前则有买入(看涨期权)或卖出(看跌期权)标的资产的权利,但如果市场价格变化对其不利,也可选择放弃该权利;而期权合约的卖方在到期日或到期前则有根据买方意愿相应卖出(看涨期权)或买入(看跌期权)标的资产的义务。

(7)套期保值的效果不同。

运用期货进行的套期保值,在把不利风险转移出去的同时也转移出了对自己有利的风险。而运用期权进行的套期保值,只把不利风险转移出去而把有利的风险留给了自己。

7.3.2　金融期权的交易制度

金融期权有着严格而又规范的交易制度,根据其特点,我们对其中一些比较重要的交易制度做简要的说明。

1.合约的标准化

凡是在集中的场内市场交易的期权合约都是标准化的合约。在这些标准化合约中,交易单位、最小价格变动单位、每日价格波动限制、协议价格、合约月份、最后交易日、履约日等都由交易所做统一的规定。

2.对冲与履约制度

在交易所期权交易中,如果交易者不想继续持有未到期的期权,那么,在最后交易日或最后交易日之前,他可随时通过反向交易进行对冲平仓。相反,若在最后交易日或最后交易日之前,交易者所持有的期权并未平仓,那么,期权买方就要做好履约准备或者放弃权利,而期权卖方就必须做好应买方要求履约的准备。

在期权的履约中,不同的期权会有不同的履约方式。一般来说,在现货期权中，各种指数期权将以协定价格与市场价格之差实行现金结算；其他各种现货期权在履约时，交易双方将以协定价格做实物交割。期货期权则以协定价格将期权转化为相应的期货。

在交易所期权交易中，无论是对冲还是履约，交易双方都要通过交易所的结算部门来加以配对和结清。

3.头寸限制

头寸限制又称持仓限制或部位限制，是指交易所对每一个交易账户所持有的期权头寸的最高限额。交易所之所以做出这样的规定，主要是为了防止某一投资者承受过大的风险或对市场的操纵能力过大。

不同的交易所有不同的头寸限制。有的以合约的数量作为限制的标准，也有的以合约的总值作为限制的标准。此外，在对头寸限制所作的规定中，一般要分别对每一单方和整个账户的头寸做出规定；所谓单方，指看涨期权的净买方（或净卖方），或看跌期权的净买方（或净卖方）。

4.保证金制度

期权的保证金制度与期货的保证金制度有着相同的性质和功能。但在具体执行中，这两种保证金制度又有很大的不同。期权买方在购买期权时，不需要交纳保证金，但必须全额支付期权费；不允许他们用交纳保证金的方式购买期权，这是由于期权实际上已经包含了一定的杠杆率，按保证金方式购买期权将使这一杠杆比率上升到难以接受的程度。而期权卖方在出售期权时，必须要交纳保证金，这是由于经纪人和交易所需要保证在买方执行期权的时候，期权的出售者不会违约。

7.3.3　金融期权的类型

1.按权利不同划分

根据期权合约赋予期权购买者的不同权利，金融期权可分为看涨期权（call option）和看跌期权（put option）。

（1）看涨期权。

看涨期权是指期权买方在预测某种金融商品或金融期货合约的市场价格将上涨时，购买可在约定的未来一定时期内以事先约定的协议价格向期权出售者买进一定数量的某种金融商品或金融期货合约的权利。例如，某投资者预期 A 公司的股票价格将上涨，于是买入一份 A 公司的股票看涨期权，合约规定期权买方有权在 2 个月内以每股 25 元的执行价格从期权卖方处买进 200 股 A 公司的股票，期权费为每股 2 元。如果 2 个月后 A 公司的股票涨到每股 28 元，期权持有者执行期权以每股 25 元的价格买进 200 股 A 公司股票，然后持有或者卖出。假设其买进后马上以每股 28 元卖出，则可获利 600 元（28×200−25×200），扣除期权费 400 元（2×200），净获利 200 元。相反地，如果 2 个月后 A 公司的股票每股价格低于 25 元，则其将放弃行使该看涨期权的权利，净损失为期权费 400 元。

（2）看跌期权。

看跌期权是指期权买方在预测某种金融商品或金融期货合约的市场价格将下跌时，购买可在约定的未来一定时期内以事先约定的协议价格向期权出售者卖出一定数量的某种金融商品或金融期货合约的权利。

2.按履约时间的不同划分

根据期权合约所规定的履约时间的不同，期权可分为欧式期权与美式期权。

（1）欧式期权。

欧式期权是指期权买方只能在期权到期日那一天行使权利，既不能提前也不能推迟。

（2）美式期权。

美式期权是指期权买方可以在期权到期日或到期日之前的任何一个营业日行使其权利。欧式期权与美式期权其实并没有任何地理位置上的含义，只是对期权买方执行期权的时间有着不同的规定。在欧洲的期权市场上同样交易着美式期权，在美国的金融期权市场上也同样交易着欧式期权。对期权买方来说，美式期权比欧式期权更灵活；而对期权卖方来说，美式期权比欧式期权使他们承担更大的风险，并且必须随时为履约做好准备。因此，在其他情况相同时，美式期权的期权费通常比欧式期权更高一些。目前在期权市场上，交易的大多数期权是美式期权。但欧式期权通常比美式期权更容易分析，并且美式期权的一些性质总是可以由欧式期权的性质推导出来。

3.按期权合约的标的资产不同划分

根据期权合约标的资产的不同，期权可分为现货期权和期货期权。现货期权是指以各种金融工具本身作为金融期权合约标的资产的期权，如货币期权、利率期权、股票期权、股价指数期权等；期货期权是指以各种金融期货合约作为金融期权合约标的资产的期权，如外汇期货期权、利率期货期权、股指期货期权等。

4.按交易环境不同划分

按交易环境的不同，金融期权可分为场内期权（交易所交易期权）与场外期权（柜台式期权）。场内期权是一种标准化的期权，在集中性的期货市场或期权市场进行交易。场外期权是一种非标准化的期权，在非集中性的交易所进行交易。两者的根本区别在于期权合约是否标准化。场内期权的交易数量、协定价格、到期日以及履约时间等均由交易所统一规定，场外期权的交易数量、协定价格、到期日以及履约时间等可由交易双方自由约定。

7.3.4　金融期权的盈亏分布

任何一份期权都有多头（买方）和空头（卖方）。期权多头付出一定的期权费，买进看涨期权或买进看跌期权，就获得了处置某种金融资产的权利，他可以选择行使这个买入或卖出的权利，也可以选择放弃这个权利。而期权空头收取一定的期权费，卖出看涨期权或卖出看跌期权，就有应多头要求相应卖出（看涨期权）或买入（看跌期权）标的资产的义务。下面我们在未考虑货币时间价值的情况下，分别说明看涨期权和看跌期权的盈亏分布。

1.看涨期权的盈亏分布

（1）看涨期权多头。

如图 7-1 所示，当标的资产的市价低于协议价格时，看涨期权多头放弃行权，此时他会亏损，其最大亏损额为期权费；当标的资产的市价高于盈亏平衡点（等于协议价格加上期权费），看涨期权多头就可获利，并且其盈利可能是无限的。

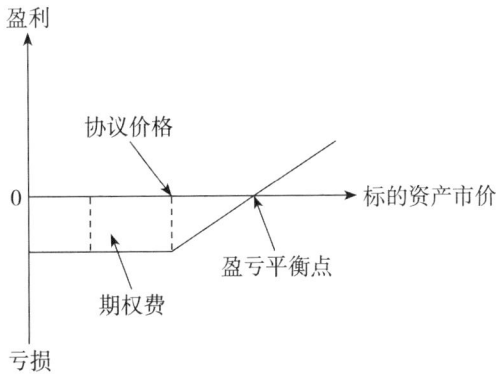

图 7-1　看涨期权多头的盈亏分布

（2）看涨期权空头。

如图 7-2 所示，当标的资产的市价低于协议价格时，看涨期权多头放弃行权，此时看涨期权空头就会获利，其最大盈利额为期权费；当标的资产的市价高于盈亏平衡点（等于协议价格加上期权费），看涨期权空头就会亏损，并且其亏损可能是无限的。

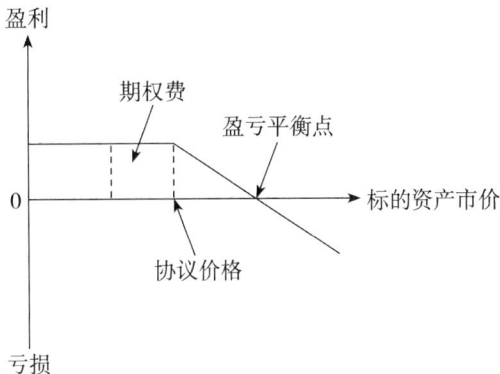

图 7-2　看涨期权空头的盈亏分布

同时，我们用 S 表示标的资产市价，用 X 表示协议价格，把当 $S > X$ 时的看涨期权称为实值期权或价内期权，把 $S = X$ 时的看涨期权称为平价期权，把当 $S < X$ 时的看涨期权称为虚值期权或价外期权。

2.看跌期权的盈亏分布

（1）看跌期权多头。

如图7-3所示，当标的资产的市价高于协议价格时，看跌期权多头放弃行权，此时他会亏损，其最大亏损额为期权费；当标的资产的市价低于盈亏平衡点（等于协议价格减去期权费），看跌期权多头就可获利，但其盈利并不是无限的，当标的资产的价格下跌至0时，其获利额最大，为协议价格减去期权费的差再乘以每份期权合约所包括的标的资产的数量。

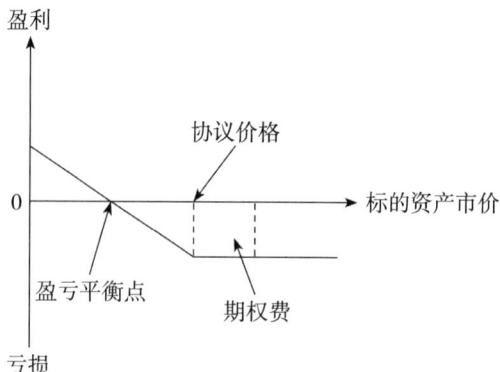

图7-3 看跌期权多头的盈亏分布

（2）看跌期权空头。

如图7-4所示，当标的资产的市价高于协议价格时，看跌期权多头放弃行权，此时看跌期权空头就会获利，其最大盈利额为期权费；当标的资产的市价低于盈亏平衡点（等于协议价格减去期权费）时，看跌期权空头就会亏损，但其亏损并不是无限的，当标的资产的价格下跌至0时，其亏损额最大，为协议价格减去期权费的差再乘以每份期权合约所包括的标的资产的数量。

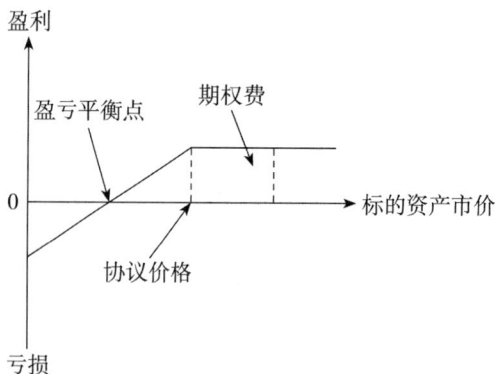

图7-4 看跌期权空头的盈亏分布

同样地，我们用S表示标的资产市价，用X表示协议价格，把当$X>S$时的看跌期权称为实值期权或价内期权，把$X=S$时的看跌期权称为平价期权，把当$X<S$时的看跌期权称为虚值期权或价外期权。

7.3.5 股票期权市场

1.股票期权的基本概念

股票期权（stock options trading）是指期权交易的买方向卖方支付一定的期权费，从卖方取得一种在一定期限内按协定价格购买或出售一定数额股票的权利。股票期权包含以单只股票（个股）为标的的个股期权，也包括以跟踪股票指数的 ETF 为标的的 ETF 期权。个股期权和 ETF 期权均是资本市场重要的期权品种，在风险管理方面具有其他金融工具无法替代的作用。

2.上证 50ETF 期权合约

2015 年 2 月 9 日，我国第一只股票期权上证 50ETF 期权正式上市，证券代码为"510050"，基金管理人为华夏基金管理有限公司。我国上证 50ETF 期权的上市，标志着我国进入了期权时代。上证 50ETF 期权的基本条款见表 7-7：

表7-7 **上证 50ETF 期权合约基本条款**

合约标的	上证 50 交易型开放式指数证券投资基金（"50ETF"）
合约类型	认购期权和认沽期权
合约单位	10 000 份
合约到期月份	当月、下月及随后两个季月
行权价格	5 个（1 个平值合约、2 个虚值合约、2 个实值合约）
行权价格间距	3 元或以下为 0.05 元，3 元至 5 元（含）为 0.1 元，5 元至 10 元（含）为 0.25 元，10 元至 20 元（含）为 0.5 元，20 元至 50 元（含）为 1 元，50 元至 100 元（含）为 2.5 元，100 元以上为 5 元
行权方式	到期日行权（欧式）
交割方式	实物交割（业务规则另有规定的除外）
到期日	到期月份的第四个星期三（遇法定节假日顺延）
行权日	同合约到期日，行权指令提交时间为 9：15—9：25，9：30—11：30，13：00—15：30
交收日	行权日次一交易日
交易时间	上午 9：15—9：25，9：30—11：30（9：15—9：25 为开盘集合竞价时间）下午 13：00—15：00（14：57—15：00 为收盘集合竞价时间）
委托类型	普通限价委托、市价剩余转限价委托、市价剩余撤销委托、全额即时限价委托、全额即时市价委托以及业务规则规定的其他委托类型
买卖类型	买入开仓、买入平仓、卖出开仓、卖出平仓、备兑开仓、备兑平仓以及业务规则规定的其他买卖类型
最小报价单位	0.0001 元

合约标的	上证50交易型开放式指数证券投资基金（"50ETF"）
申报单位	1张或其整数倍
涨跌幅限制	认购期权最大涨幅=Max｛合约标的前收盘价×0.5%，Min［（2×合约标的前收盘价−行权价格），合约标的前收盘价］×10%｝，认购期权最大跌幅=合约标的前收盘价×10%，认沽期权最大涨幅=Max｛行权价格×0.5%，Min［（2×行权价格−合约标的前收盘价），合约标的前收盘价］×10%｝，认沽期权最大跌幅=合约标的前收盘价×10%
熔断机制	连续竞价期间，期权合约盘中交易价格较最近参考价格涨跌幅度达到或者超过50%且价格涨跌绝对值达到或者超过5个最小报价单位时，期权合约进入3分钟的集合竞价交易阶段
开仓保证金最低标准	认购期权义务仓开仓保证金=［合约前结算价+Max（12%×合约标的前收盘价−认购期权虚值，7%×合约标的前收盘价）］×合约单位，认沽期权义务仓开仓保证金=Min［合约前结算价+Max（12%×合约标的前收盘价−认沽期权虚值，7%×行权价格），行权价格］×合约单位
维持保证金最低标准	认购期权义务仓维持保证金=［合约结算价+Max（12%×合约标的收盘价−认购期权虚值，7%×合约标的收盘价）］×合约单位，认沽期权义务仓维持保证金=Min［合约结算价+Max（12%×合标的收盘价−认沽期权虚值，7%×行权价格），行权价格］×合约单位

专栏7-1

股票期权与权证

权证（warrant，在香港译为"涡轮"），是一种有价证券，投资者付出权利金购买后，有权利（而非义务）在某一特定时期（或特定时点）按约定价格向发行人购买或者出售标的证券。其中，发行人一般是指上市公司、上市公司的大股东或证券公司等金融机构；权利金是指购买权证时支付的价款；标的证券可以是个股、基金、债券、一篮子股票或其他证券，也可以是发行人承诺按约定条件向权证持有人购买或出售的证券。简言之，投资者购买权证就是购买一种权利，使其有权在权证到期日以执行价格购买（认购权证）或出售（认沽权证）权证的标的资产。

2005年，权证作为我国股权分置改革中的一项创新正式亮相。2005年8月22日，A股第一只股改权证"宝钢权证"挂牌上市。2008年3月，权证市场迎来了一个畸形产物——券商创设。自此，权证市场出现了疯狂炒作的热潮，演绎了一个又一个神话。2011年8月11日，随着A股最后一只权证"长虹CWB1（580027）"的交易结束。从"狂热"到"死亡"，我国权证市场长达6年的传奇故事就此画下句号。2015年，股票期权正式登场。

股票期权与权证虽然都属于期权，但是，二者又不完全一样。二者的不同见

表7-8。

表7-8　　　　　　　　　　　　　权证与股票期权比较

	权证	股票期权
发行者	标的物发行行或其无关的第三方	交易所或结算公司
产品功能	投资、对冲、套利	投资、对冲、套利、组合结构化产品
发行条款	依据发行者和产品的类型而定	标准化，由交易所制定
标的物	指数、证券等	指数、证券、利率、汇率、期货、商品
发行数量	依发行者所发行的数量	无限
发行期限	6个月到2年	10年之内
合约数量	通常只有一两个执行价格及到期日，不随标的股票价格变化	一般由多个执行价格与多个到期日组成众多合约，并可能随标的价格调整
执行价格	由发行者确定	由交易所确定
市场流动性	可由权证发行者担任做市商或指定做市商	交易所指定做市商
保证金	发行者提供现金或标的证券作为履约保证	卖方交纳保证金
履行权利的义务	由发行者承担履约的义务，二级市场的买卖者不承担义务	卖方承担履约的义务

§7.4　金融互换市场

7.4.1　金融互换概述

1.金融互换的概念

金融互换（financial swaps）即金融掉期，是指两个或两个以上的当事人按照商定的条件，在约定的时间内交换一系列现金流的合约。通过金融互换可以将资产和负债从一种货币转换为需要的另一种货币，或者从一种利率形式转换成另一种利率形式。

2.金融互换与金融远期

金融互换可以理解为多个金融远期的组合。但是，相对远期而言，互换有非常突出的特点，其作用不可替代。因为，第一，很多市场可以提供远期合约，但最长期限都不超过普通的互换产品。第二，互换是一种更有效率的交易工具。换言之，通过一笔互换交易，一个实体就能够有效率地构建出相当于多个远期合约组合的现金流。如果没有互换产品，交易涉及的多个远期合约就不得不分别签订。第三，

1985年国际互换和衍生品协会（ISDA）成立，该协会为国际场外衍生品交易提供了标准协议文本及其附属文件，于是，互换市场的流动性变得越来越好，现在其流动性比许多远期合约特别是期限较长的远期合约的流动性都要好。

3.金融互换的功能

金融互换市场作为金融创新工具市场中发展最快的市场之一，其主要功能有：

（1）提高经济效益功能。通过互换可在全球各市场之间进行套利，从而一方面降低筹资者的融资成本或提高投资者的资产收益，另一方面促进全球金融市场的一体化。

（2）规避风险功能。利用互换，投资者或者筹资者可以规避利率风险和汇率风险。

（3）加强资产负债管理功能。筹资者可以利用互换交易筹措到其所需的任何期限、币种、利率的资金，同时可以灵活地调整其资产负债额和利率期限结构，从而有效地管理资产负债。

（4）规避管制功能。互换为不计入资产负债表的表外业务，可以合法地逃避外汇管制、利率管制及税收限制等。

7.4.2 金融互换的主要类型

金融互换主要包括利率互换和货币互换两种类型。

1.利率互换

（1）利率互换的概念。

利率互换，是指交易双方约定在未来的一定期限内，根据约定数量的同种货币的名义本金交换利息额的金融合约，其中一方的利息额根据浮动利率计算，而另一方的利息额根据固定利率计算。最常见的利率互换是在固定利率与浮动利率之间进行转换。投资者通过利率互换交易可以将浮动利率的资产或负债转换为固定利率的资产或负债，从而达到规避利率风险，进行资产负债管理的目的。

2008年1月18日，中国人民银行发布了《关于开展人民币利率互换业务有关事宜的通知》，正式推出了人民币利率互换业务，参与机构从原来试点规定的部分商业银行和保险公司拓展到所有银行间债券市场参与者。

（2）利率互换的种类。

① 固定利率对浮动利率互换。这是最基本也是最常用的利率互换形式。在这种利率互换中，一方想用固定利率债务换取浮动利率债务，支付浮动利率；另一方想用浮动利率债务换取固定利率债务，支付固定利率。

② 零息对浮动利率互换。在一般利率互换中，互换双方按相同的支付时间和频率向对方支付利息；在零息对浮动利率互换中，支付固定利率的一方在互换协议到期时一次性地向对方支付利息，而支付浮动利率的一方则要定期支付利息给对方。

③ 浮动利率对浮动利率互换。这种互换有多种形式。第一种是以不同利率为基础的浮动利率的互换。比如，一方按6个月LIBOR利率进行支付，而另一方按6个月大额存单或6个月商业票据利率支付。第二种是双方盯住同一种浮动利率，但支付频率不同。比如，一方按6个月LIBOR利率半年支付一次利息，另一方按1个月LIBOR利率每月支付一次利息。第三种是前两种的结合。比如，一方按1个月LIBOR利率每月支付一次利息，而另一方按大额存单利率半年支付一次利息。

④ 远期利率互换。远期利率互换是指利率互换合约的签订是在即期，互换的开始执行推迟至未来的一个时间。

（3）利率互换的运用。

双方进行利率互换的主要原因是双方在固定利率和浮动利率市场上具有比较优势。现举例说明。

【例7-3】假设美国的A公司和B公司有相同的融资需求，A需要1 000万5年期的美元资金，愿意支付浮动利率。A可在市场上以9%的固定利率或者LIBOR+0.5%的浮动利率筹集到资金。B公司也同样需要1 000万5年期的美元资金，愿意支付固定利率。B可在市场上以10.2%的固定利率或者LIBOR+1.2%的浮动利率筹集到资金。表7-9比较了双方的筹资成本。

表7-9　　　　　　　　　　　　　　**双方筹资成本比较**

	固定利率	浮动利率
A公司	9%	LIBOR+0.5%
B公司	10.2%	LIBOR+1.2%
差别	1.2%	0.7%

由表7-9可知，A公司在两个市场上都具有借款的绝对优势，但从相对优势方面考虑，A公司在固定利率市场上具有相对比较优势，而B公司在浮动利率市场上具有相对比较优势。这样，双方就可利用自己的相对比较优势进行利率互换，从而达到共同降低筹资成本的目的。即A以9%的固定利率借入1 000万美元，B以LIBOR+1.2%的浮动利率借入1 000万美元。由于本金相同，双方不必交换本金，只需交换利息的现金流，即A向B支付浮动利息，B向A支付固定利息。通过互换，双方总的筹资成本下降了0.5%=［10.2%+（LIBOR+0.5%）－9%－（LIBOR+1.2%）］，这就是互换的总利益，具体分配比例由双方协商决定，我们假设双方各分一半，则双方都将使筹资成本降低0.25%，即双方最终实际筹资成本分别为：A支付LIBOR+0.25%的浮动利率，B支付9.95%的固定利率。也就是说，通过安排这次利率互换，A公司和B公司都节约了筹资成本。

2.货币互换

（1）货币互换的概念。

货币互换指交易双方约定在一定期限内互相交换约定的不同货币的本金额及相

同或不同性质的利息。货币互换的目的在于降低筹资成本及防止汇率变动风险造成的损失。

（2）货币互换的种类。

① 固定利率对浮动利率货币互换。在这种互换中，双方在开始时交换两种不同货币的本金，然后在互换结束时，再将本金交换过来。互换期间，双方相互支付不同货币的利息，其中一方向对方支付固定利率，另一方向对方支付浮动利率。

② 固定利率对固定利率货币互换。在这种互换中，互换双方在期初，按即期汇率互换本金，并且商定两种货币的利率及利息互换日，同时确定在合约到期日将本金互换回来时的汇率。在期中，双方按照约定的日期、利率进行利息互换。期末，双方按照约定的汇率互换本金。

③ 浮动利率对浮动利率货币互换。在这种互换中，互换双方在期初、期末交换不同货币的本金，期中则进行不同货币的浮动利率互换。该互换能使互换双方消除货币汇率和利率变动的风险。

（3）货币互换的运用。

当某公司的资产负债结构不合理时，可以选择货币互换。现举例说明固定利率对浮动利率货币互换的实际操作。

【例7-4】假定有一家英国公司的英镑固定利率债务过多，造成公司的负债结构不合理，于是该公司决定将5 000万5年期英镑固定利率债务（利率为7%，半年付息一次）换成浮动利率的美元债务（以LIBOR为基础，半年付息一次）。为此，该英国公司与一家互换银行进行了这次货币互换。互换期初，互换双方按当时的即期汇率（1英镑=1.5美元）交换了本金，英国公司付给银行5 000万英镑，银行付给英国公司7 500万美元。互换期中，银行按英镑本金的7%支付固定利息给英国公司，半年付息一次；英国公司按6个月LIBOR浮动利率支付美元利息给银行，半年付息一次。互换期末，银行支付5 000万英镑给英国公司，英国公司支付7 500万美元给银行。

★ 思政课堂

负油价事件与原油国际定价权

1.事件回顾

2020年4月20日，国际原油定价基准之一的美国德州轻质原油（WTI）期货近月合约（WTI2005合约）在临近结算15分钟之内遭受到了空头打压，由于临近到期缺乏流动性，空头仅仅用了不到1万手的空单就将价格打压至-40.32美元/桶，最终结算价收在了-37.63美元/桶，创造了一项另类的"历史纪录"，如图7-5所示。

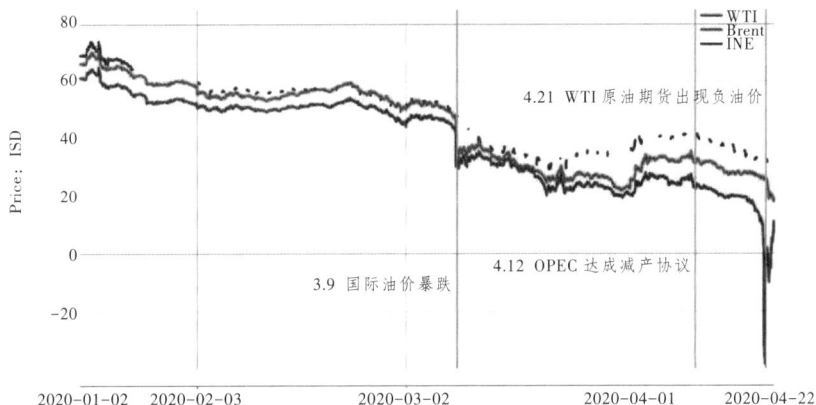

图 7-5　WTI、Brent 以及人民币原油期货（INE）近月合约高频价格序列图

2.油价暴跌与负油价的原因

（1）油价暴跌的宏观原因：新冠肺炎疫情冲击与世界能源巨头之间博弈乱局。

2020 年新型冠状病毒肺炎疫情在全球蔓延，各个国家相继出台管控措施，经济活动和日常交通按下了暂停键，对原油的需求急剧萎缩。但是，世界能源巨头之间的博弈乱局导致原油供给大幅上升。在 3 月初的 OPEC+ 会议上，俄罗斯与 OPEC 未就原油减产达成一致，随后沙特报复性增产，导致原油产能居高不下。原油供求两方面失衡，原油价格应声大跌。3 月 9 日，国际油价单日暴跌近 30%，同时撬动了全球金融市场动荡的"多米诺骨牌"；3 月 19 日，芝加哥商品交易所（CME）修改了交易规则，扩大了涨跌幅和价格波动幅度。4 月 8 日和 4 月 15 日，CME 两次警示可能出现负油价，激化了多空博弈。4 月 20 日，WTI 原油期货近月合约（WTI2005 合约）在临近结算 15 分钟之内，空头仅仅用了不到 1 万手的空单就将价格打压至 -40.32 美元/桶。负油价虽然持续时间不长，但卡在了交易所确定结算价的时点，最终使得结算价收在了 -37.63 美元/桶，逼迫多方高额贴水清算。

（2）负油价的微观原因：WTI 交割和结算制度的缺陷

原油期货价格瞬间跌至负值，这一极端情形不是实物交割能够产生的，而是期货市场短时间内的恐慌性抛售造成的，这与原油期货结算价的定价机制有密切的关系。

WTI 原油期货 5 月合约于 4 月 21 日交割。交割地点是美国库欣（Cushing）地区的管道和储罐，买方需要在库欣地区租罐或者直接到库欣油罐里提取原油。但是在 4 月 17 日之前，库欣的租罐已经被装满，买方实际上租不到库。因此，大量持仓者需要在交割之前平仓出逃，即便价格再低也要不计成本地抛售。

WTI 的结算价为交易日美国东部时间 14：28-14：30 的加权平均价格。而 4 月 20 日美国东部时间 14：28-14：30 内的交易量只有 584 手，而 14：00-14：30

内的交易量也不超过1万手，这等小体量的交易形成的价格表明：空头利用规则，甚至可能是多空合谋绞杀那些没有实物交割资质和有交割资质、但缺乏原油储藏空间，必须在合约到期日（4月21日）平仓的多头。这起事件充分体现了期货交易的杠杆放大效应和多空搏杀的惨烈。也有观点认为，有关方面在之前不久修改了规则导致可以以负油价报价，这是有目的的行为。

3.INE原油期货具备了一定国际定价权

石油是世界的主导性能源，我国是全球第二大石油消费国，对外依存度逐年提升。《中国油气产业发展分析与展望报告蓝皮书（2019-2020）》显示，2019年我国原油进口量5.05亿吨，石油对外依存度达70.8%。面对疫情的巨大冲击，2020年4月中央政治局会议提出了"保粮食能源安全"。2020年原油进口量为5.42万亿吨，创出了历史新高。

全球原油贸易定价主要按照期货市场发现的价格作为基准。WTI原油期货和Brent原油期货长期主导着国际原油的定价权，而亚洲一直没有一个有影响、能充分反映该地区原油实际供求情况的定价基准。2018年3月，上海国际能源交易中心（INE）推出了人民币原油期货。INE原油期货上市三年多来，已经成为亚洲及中东地区最大的原油期货市场。

在此次WTI出现负油价的极端行情中，INE原油期货保持了难能可贵的稳定性。首先，WTI原油期货的交割机制是买方在库欣地区租罐，或者直接到库欣油罐里提取原油，寻找罐容的压力在买方；而INE原油期货原油采用仓单交割，卖方必须将原油运送至指定交割仓库才能形成仓单，寻找罐容的压力在卖方或者交易所。其次，在确定当日结算价以及结算收盘价时，INE原油期货的定价规则更为稳健，相比于WTI原油期货以美东时间最后交易日的14：28-14：30的加权平均价格作为当日结算价和交割结算价，INE原油期货以当日交易均价和最后五个有成交交易日的结算价的平均值作为当日结算价和交割结算价，不容易被任意一方的交易者操控，维护了市场的相对稳定，有利于真实反映国内的原油供求关系。交割机制上的本质区别是和科学的定价规则是人民币INE原油期货保持稳定的原因。另外，自2月3日起，INE暂停了原油期货的夜盘交易，客观上避开了WTI原油期货价格异动的交易时段。2020年3月，INE原油期货在亚洲时段交易量与WTI和Brent相当，已经具备了一定的国际定价权。

资料来源：周颖刚，贝泽赟. 负油价和原油宝事件的剖析与警示IJ]. 财经观察，2020-6-2日. 此处有修改.

★ 本章小结

金融衍生工具又称金融衍生产品，是指其价值依赖其基础资产或标的资产价格的工具，包括金融远期、金融期货、金融期权、金融互换等基本类型。

金融期货是标准化的金融远期，是指协议双方约定在将来某一特定的时间按约定的条件（包括价格、交割地点、交割方式）买入或卖出一定标准数量的某种特定金融工具的标准化合约。按照标的物的不同，金融期货包括利率期货、外汇期货和股指期货。金融期货市场主要具有增强市场流动性、套期保值、转移风险和价格发现等功能。

金融期权又称金融选择权，是指赋予其购买者在一个特定的期限内以事先确定好的协议价格购买或出售一定数量的某种金融资产（又称标的资产）的权利的合约。金融期权可分为看涨期权和看跌期权、欧式期权和美式期权、现货期权和期货期权以及场内期权和场外期权等类型。股票期权交易是指买方向卖方支付一定的期权费，从卖方取得一种在一定期限内按协定价格购买或出售一定数额股票的选择权。

金融互换是指两个或两个以上的当事人按照商定的条件，在约定的时间内，交换一系列现金流的合约。金融互换主要包括利率互换和货币互换。金融互换是多个金融远期的组合。

★ 综合训练

7.1 单项选择题

1.协议双方约定在将来某一特定的时间按约定的条件买入或卖出一定标准数量的某种特定金融工具的标准化合约是（　　　）。

A.金融远期　　　　B.金融期货　　　　C.金融期权　　　　D.金融互换

2.期权购买者只能在期权到期日那一天行使权利，既不能提前也不能推迟的期权是（　　　）。

A.欧式期权　　　　B.现货期权　　　　C.期货期权　　　　D.美式期权

3.标的资产市价高于协议价格时的看涨期权称为（　　　）。

A.虚值期权　　　　B.场内期权　　　　C.实值期权　　　　D.场外期权

4.假定市场上甲公司的股价是每股13元，投资者预计股价将上涨，于是买入100份甲公司股票的看涨期权，其行权价是12.5元，期权费为1元。后来甲公司股价上涨到每股15元时，投资者行权，以每股12.5元的价格买进甲公司股票，然后马上以15元每股的价格卖出，此时他将获得利润（　　　）。

A.150元　　　　B.50元　　　　C.200元　　　　D.250元

5.交易双方约定在一定期限内互相交换约定的不同货币的本金及相同或不同性质的利息的金融衍生合约是（　　　）。

A.货币互换　　　　B.利率期货　C.利率互换　　　　　　D.外汇期货

6.空头套期保值者是指（　　　）。

A.在现货市场做空头，同时在期货市场做空头

B.在现货市场做多头，同时在期货市场做空头

C.在现货市场做多头，同时在期货市场做多头

D.在现货市场做空头，同时在期货市场做多头

7.2 多项选择题

1.属于金融期货市场的交易制度有（　　　）。

A.集中交易制度   B.保证金制度

C.持仓限额制度   D.大户报告制度

2.美式期权允许持有者（　　　）。

A.在到期日或到期前买进标的资产

B.只能在到期日买进标的资产

C.在到期日或到期前卖出标的资产

D.只能在到期日卖出标的资产

3.根据期权合约赋予期权购买者的不同权利，金融期权可分为（　　　）。

A.看涨期权   B.欧式期权   C.看跌期权   D.美式期权

4.金融衍生品的基本类型包括（　　　）。

A.远期   B.期货   C.期权   D.互换

5.企业（含金融机构）或个人参与金融衍生品交易的动机包括（　　　）。

A.套期保值   B.投机   C.套利   D.资产负债管理

6.期权的突出特点包括（　　　）。

A.交易的对象不是金融资产，而是买入或卖出某种金融资产的权利

B.交易双方的权利和义务不对等——买方有买或者卖的权利而并无义务，卖方则在买方行使权利时有义务履行合约

C.买方必须交纳一定的期权费，不管是否执行购买或出售的权利

D.期权交易双方都需要交纳保证金

7.3 思考题

1.什么是金融远期与金融期货？二者的联系与区别是什么？

2.互换可以理解为多个远期的组合。那么，市场上既然已经有了数量众多的远期产品，为什么还会出现类型多样的互换交易？

3.假设国内某投资者持有每股价格为100元的某公司股票8 000股，他预计6个月后股市将下跌，于是卖出50手6月期沪深300股指期货合约进行套期保值。6个月后，沪深300指数下跌了15点，他持有的股票价格下跌了20元。该投资者此时买进同样的期货合约50手，在合约到期前进行平仓，那么该投资者的盈亏如何？

4.什么是金融期权？试述金融期权交易与金融期货交易的区别。

5.假设某投资者以5美元的价格购买了一份基于A公司的股票欧式看涨期权，股票价格为40美元，执行价格为46美元，请问在什么情况下该投资者才会执行这个期权？在什么情况下他才可能盈利？

6.某投资者持有面值为300万美元的美国长期国库券，市场上预期利率将在未来的几个月中上升，该投资者在7月1日卖出10手该年底到期的长期国库券期货合约，其价格为100元。年底，现货长期国库券的价格由7月1日的130：12下降到

115：29，期货长期国库券的价格下降为 87：18。该日投资者买回 10 手期货合约，此时，该投资者的盈亏如何？

7.假设中国建设银行的甲乙两公司客户，都有 3 年期的 1 000 万元的贷款需求。由于它们公司的财务状况和资信的不同，它们面临的利率条件如下：

	固定利率	浮动利率
甲公司	12.%	SHIBOR+0.1%
乙公司	13.5%	SHIBOR+0.5%

甲公司希望以浮动利率借款，而乙公司希望以固定利率借款。请你为建设银行设计一个互换合约，使银行可以从中获得每年 0.1% 的收益，同时对两家公司都有相同的吸引力。

第8章

利率及利率期限结构

导读

关键概念

本章小结

综合训练

★ 导读

利率是金融资产的价格，是经济学中最重要的金融变量之一，所有的金融现象与经济现象均与利率有着非常密切的联系。当前，利率政策在一国中央银行货币政策中的地位越来越重要，中央银行实施利率政策，不仅可以调控国内的宏观经济，而且会影响资本的国际流动。因此，利率以及利率的变化成为人们广泛关注的重大问题。本章介绍利率、利率的计算方法、利率决定理论以及利率期限结构理论，使读者能对利率有一个全面的学习与掌握。通过本章的学习，读者应达到如下目标：

1.掌握利率的概念、本质与种类。

2.掌握利率的各种计算方法。

3.对利率决定理论的发展过程和理论形式有一个系统、全面的了解。

4.对利率期限结构及理论发展有一个较为全面的了解。

★ 关键概念

利率 名义利率 实际利率 单利 复利 终值 现值 内部收益率 到期收益率 实物利率理论 流动性偏好理论 可贷资金理论 IS-LM模型 利率期限结构 即期利率 远期利率

§8.1　利率的定义与计算方法

8.1.1　利率的定义和种类

1.利率的定义

利率是单位货币在单位时间内的利息水平，表明利息的多少。利率通常由国家的中央银行管理。现在，所有国家都把利率作为宏观经济调控的重要工具之一。当经济过热、通货膨胀上升时，便提高利率、收紧信贷；当过热的经济和通货膨胀得到控制时，便会把利率适当地调低。因此，利率是重要的基本经济因素之一。利率就其表现形式来说，是一定时期内利息量同本金的比率，用百分比表示。

2.利率的种类

利率根据不同的范畴划分，分为以下几个类别。

（1）基准利率和一般利率。

按利率的地位来分，可分为基准利率和一般利率。基准利率是金融市场上具有普遍参照作用的利率，其他利率水平或金融资产价格均可根据基准利率水平来确定，是利率市场化机制形成的核心。基准利率具备以下几个基本特征：

① 市场化。基准利率由市场供求关系决定，反映实际市场供求与市场预期。

② 基础性。基准利率在利率体系、金融产品价格体系中处于基础性地位，它与其他金融市场的利率或金融资产的价格具有较强的关联性。

③ 传递性。基准利率所反映的市场信号，或者中央银行通过基准利率所发出的调控信号，能有效地传递到其他金融市场和金融产品价格上。现在国际资本市场上使用的基准利率主要有伦敦同业拆放利率（LIBOR）、新加坡同业拆放利率（SIBOR）、纽约同业拆放利率（NIBOR）、香港同业拆放利率（HIBOR）等。

专栏 8-1

什么是LIBOR

LIBOR（London Inter-bank offered rate）是伦敦同业拆放利率的简称，是英国银行家协会根据其选定的银行在伦敦市场报出的银行同业拆放利率，进行取样并平均计算成为基准利率。现在，LIBOR已经作为国际金融市场中大多数浮动利率的基础利率，作为银行从市场上筹集资金进行转贷的融资成本，贷款协议中议定的LIBOR通常是由几家指定的参考银行，在规定的时间（一般是伦敦时间上午11：00）报价的平均利率。最大量使用的是3个月和6个月的LIBOR。我国对外筹资成本即是在LIBOR的基础上加一定百分点。

大多数主要金融中心都有类似LIBOR的利率，例如，荷兰阿姆斯特丹的AIBOR、德国法兰克福的FIBOR、法国巴黎的PIBOR。美国并无直接对应LIBOR的利率，美国的银行间市场是联邦基金市场，而贷款契约的基础是基本利率，此利率适用于信用等级最佳的借款者。LIBOR直接由市场供需决定，因此不断变化。

（2）固定利率与浮动利率。

按借贷期内利率是否浮动来分，可划分为固定利率与浮动利率。固定利率是指在借贷期内不做调整的利率。实行固定利率，对于借贷双方准确计算成本与收益十分方便。浮动利率是指利率按市场情况可以随时调整，常常采用基本利率加成计算。

（3）名义利率与实际利率。

按利率的真实水平来分，可划分为名义利率与实际利率。**名义利率是中央银行或其他提供资金借贷的机构所公布的未调整通货膨胀因素的利率，即利息与本金的比率。**名义利率虽然是资金提供者或使用者现金收取或支付的利率，但人们应当将通货膨胀因素考虑进去。例如，你在银行存入100元的1年期存款，1年到期时获得5元利息，利率则为5%，这个利率就是名义利率。名义利率并不是投资者能够获得的真实收益，真实收益还与货币的购买力有关。如果发生通货膨胀，投资者的货币购买力就会下降，因此投资者所获得的真实收益必须剔除通货膨胀的影响，这就是实际利率。**实际利率，是指物价水平不变，从而货币购买力不变条件下的利率，即剔除通货膨胀率后储户或投资者得到利息回报的真实利率。**其计算公式为：

$$i = \frac{1+r}{1+\pi} - 1 \tag{8.1}$$

其中：i为实际利率；r为名义利率；π为预期通货膨胀率。

【例8-1】假定你准备去银行存款，银行一年期存款利率为6%，预期通货膨胀率为3%。你这笔一年期存款的实际利率是多少？

解：$i = 1.06/1.03 - 1 = 2.91\%$

8.1.2　利率的计算方法

1.单利与复利的计算

（1）单利的计算。

利息的计算方法有单利和复利两种。**假定一个单位本金的投资在每一个单位时间所得的利息是相等的，且利息并不用于再投资，则按这种形式增长的利息称为单利（simple interest）。**单利计息的一般原则是如果初始投资为p，以单利r计息，则n年后该投资的总价值S为：

$$S = p \times (1 + r \times n) \tag{8.2}$$

如果对于非整数年限采用比例原则，那么经过任意时间t（以年为单位），该投资的总价值为：

$$S = p \times (1 + r \times t) \tag{8.3}$$

（2）复利。

复利（compound interest）就是假定每个计息期所得的利息可以自动地转成投资本金以在下一个计息期赚取利息，俗称"利滚利"。其中的计息期是指相邻两次计息的时间间隔，如年、月、日等。除非特别指明，计息期都是 1 年。重新考虑年利率为 r 的投资，每年利息以复利计算，那么 1 年后，第 1 年的利息会增加到初始投资的本金中，使第二年计息的投资额增大。因此，第 2 年的投资对于第一年的利息依然计息。这就是复利的结果，而且这种结果会年复一年地持续下去。

在每年复利的情况下，初始投资为 p，1 年后变为 $p \times (1 + r)$；2 年后，又通过因子 $(1 + r)$ 变为 $p \times (1 + r)^2$；n 年后这一投资增长为：

$$S = p \times (1 + r)^n \quad (n \geq 1) \tag{8.4}$$

其中：$(1 + r)^n$ 为复利终值因子，亦即复利增长因子，可以通过查复利终值系数表获得。

例如，任何一笔利率为 8% 的投资，5 年后的终值都等于投资额乘以终值因子 1.4693。所以，10 000 元以 8% 的年利率投资，5 年后的终值为 14 693 元。终值因子会随着利率的提高、投资期限的延长而增大。

显然，在一个计息期（即 n=1 时），单利与复利的投资价值是相等的；而在多于一个计息期时，复利计算的投资价值要比单利计算的大。假如前例投资以单利计息，5 年后投资的本利和为 14 000 元，比复利终值少了 693 元。单利、复利的另一个不同点与增长方式有关，当利率不变时，在单利下，每个相等计息期利息增长的绝对数额相等，而在复利下，在相等计息期的利息增长的相对比率为常数。复利几乎用于所有的金融活动（特别是投资活动）中，包括一年或更长期的，也用于短期交易。对于复利计息的结果可以用以下准则进行估计。

专栏 8-2

7-10 法则

投资于年利率为 7% 的资金大约经过 10 年就会翻一番。同样，投资于年利率为 10% 的资金大约经过 7 年会翻一番。因为，在 r=7%、n=10 年时，资金以 1.97 的复利因子增长；在 r=10%、n=7 年时，资金以 1.95 的复利因子增长。对此，更准确的说法是 72 法则，即复利利率和翻番所需年数的乘积为 72。投资于年利率为 10% 的资金经过 7.2 年会翻一番。同样地，投资于年利率为 7.2% 的资金经过 10 年会翻一番。

（3）多次复利与连续复利。

在前面的讨论中，计息期均以年为单位。如果增加计息频率，如以季度、月甚至是天计息，这种更加频繁的复利更会提高年利率的效果。此时，习惯上仍将利率记为年利率，但在计算时则对每一复利计息期运用适当的利率进行。例如，以年利率 r 进行每半年复利意味着每半年以 $r/2$ 进行复利。因此，一笔投资每半年以 $(1 + r/2)$ 增长；一年后，该笔投资将以复利因子 $[1 + (r/2)]^2$ 增长。

在一年复利几次的情况下，有效年利率（effective interest rate）作为年利率复利一次的利率与上述情况会产生相同结果。有效年利率的含义是：将所有的资金投资于具有相同收益率的项目在一年中的收益。例如,年名义利率(nominal interest rate)为6%,每年复利两次,则其增长因子为$(1 + 3\%)^2 = 1.0609$,因此,有效年利率为6.09%。

复利可以以任何频率进行,假设年利率为r,每年复利m次(复利期长短相同),则每期复利的利率为r/m,经过一年m次复利,则其增长因子为$[1 + (r/m)]^m$。有效利率r^*与名义利率r之间的关系用公式可表示为:

$$r^* = [1 + (r/m)]^m - 1 \tag{8.5}$$

表8-1显示了年利率为6%时不同的复利频率下的有效年利率。

表8-1 名义年利率为6%的有效年利率

复利频率	n	有效利率(%)
年	1	6.00000
半年	2	6.09000
季	4	6.13636
月	12	6.16778
周	52	6.17998
日	365	6.18313

如果我们将一年分解为越来越小的区间,如分秒进行复利,就可以得到连续复利(continuous compounding)的概念。连续复利的公式为:

$$\lim_{m \to \infty} [1 + (r/m)]^m = e^r \tag{8.6}$$

此时,有效利率r^*满足$1 + r^* = e^r$。如果名义利率为6%,在连续复利下其增长为$e^{0.06} = 1.0618365$,有效利率为6.18365%,比按日复利下的有效利率6.18313%还要高。因此,连续复利[①]是在既定利率水平下的最大名义利率。

2.终值与现值

终值与现值是一对极其有用的概念。

终值(future value,FV),是指现在某一时点上的一定量现金折合到未来的价值,俗称本利和。在金融市场投资过程中,不同的证券可能意味着不同的现金流。比如,一种债券2年后可能会为你带来1 000元收入,而另一种债券可能为你带来两笔未来收入,即1年后的500元和2年后的500元。我们该如何比较这两种债券收益率的高低呢?显然,不能简单地将两种现金流直接对比,因为不同时间的收入是无法进行直接比较的。

如果年利率为6%,那么,如果将今年的1元钱进行投资,1年后将变为1.06元,它就是现在1元钱1年后的终值。相应地,1年后的1元钱,实际上只相当于现在的0.9434元(1/(1+6%))。0.9434元就是1年后1元钱的现值。**现值(present**

---

① 连续复利用途很广,特别是在金融衍生产品价值分析当中。

value，PV）是将来（或过去）的一笔支付或支付流在当今的价值。

如果以 r 表示利率，FV 表示终值，PV 表示现值，那么根据公式（8.4），1 元钱在 n 年后的终值为 $FV = (1 + r)^n$，而 n 年后的 1 元钱的现值为：

$$PV = \frac{1}{(1 + r)^n} \tag{8.7}$$

其中：$1/(1 + r)^n$ 为复利现值因子，可以通过查复利现值系数表获得。

显然，现值是对终值进行逆运算的结果。根据终值求现值的过程，被称为折现（discount）。现值一般有两个特征：

（1）当给定终值时，贴现率越高，现值便越低；

（2）当给定利率时，取得终值的时间越长，该终值的现值就越低。

【例 8-2】某人拟在 3 年后获得 10 000 元，假设年利率为 6%，他现在应该投入多少钱？

解：$PV = 10\,000/(1 + 6\%)^3 = 10\,000 \times 0.8396 = 8\,396$（元）

3.净现值与内部收益率

（1）净现值。

净现值（net present value，NPV）就是指特定方案未来现金流入的现值与未来现金流出的现值之间的差额，它是投资与企业财务决策中最基本、最常用的评价指标。NPV 法则可以正式表述为：NPV 等于所有的未来流入现金现值减去现在和未来流出现金现值的差额。如果一个项目的 NPV 是正数，就表明该项目是可行的；反之，如果一个项目的 NPV 是负数，就说明该项目是不可行的。

（2）内部收益率。

内部收益率（inner return rate，IRR）是指能够使未来现金流入量现值等于未来现金流出量现值的折现率，换言之，IRR 是指 NPV 恰好为零时的折现率。净现值法虽然考虑了货币的时间价值，可以说明投资方案高于或低于某一特定的投资收益率，但没有揭示方案本身可以达到的具体的收益。IRR 是根据方案的现金流量计算的，是方案本身的投资收益率。

4.年金

年金（annuity）是指每隔相同的期间（如每年或每月）收入或支出的一系列相等数额的现金流。按照收付的次数和支付的时间划分，年金有：（1）普通年金也称后付年金，即于每期期末收入或支出一系列相等数额的款项；（2）即付年金也称预付年金，即在每期期初收入或支出等额款项；（3）递延年金，即于签约后的某一时间开始每隔相同期间收入或支出等额款项；（4）永续年金，即无限期持续相同期限收入或支出等额款项。这里我们仅重点介绍普通年金与永续年金的计算。

（1）普通年金。

①普通年金终值。

普通年金终值是指其最后一次支付时的本利和，它是每次支付的复利终值之和。假设每年的支付金额为 C，利率为 r，期数为 n，则普通年金终值 FV 为：

$$FV = C + C(1 + r) + C(1 + r)^2 + \cdots + C(1 + r)^{n-1} \qquad (8.8)$$

经推导可得：

$$FV = C \times [(1 + r)^n - 1]/r \qquad (8.9)$$

其中：$[(1 + r)^n - 1]/r$ 为普通年金终值系数，在已知 r 与 n 的情况下，可通过查看普通年金终值系数表获得。

【例 8-3】假定赵先生现在 25 岁，开始每月缴存 1 000 元养老金，年利率 6%。到他 60 岁退休时，将积累到多少钱？

解：年利率 6%，则月利率为 0.5%，缴存期限 35 年即 420 个月。1 元普通年金终值系数为 1 424.71 元。

$$FV = 1\,000 \times [(1 + 0.5\%)^{420} - 1]/0.5\% = 1\,424\,710.3 \text{（元）}$$

运用财务计算器或者 Excel 中的函数计算，则更为简便。

②普通年金现值。

普通年金现值是指为在每期期末取得相等金额的款项，现在需要投入的金额。其一般计算公式为：

$$PV = C(1 + r)^{-1} + C(1 + r)^{-2} + \cdots + C(1 + r)^{-n} \qquad (8.10)$$

经推导可得：$PV = C \times [1 - (1 + r)^{-n}]/r$ $\qquad (8.11)$

其中：$[1 - (1 + r)^{-n}]/r$ 为普通年金现值系数，在已知 r 与 n 的情况下，可通过查看普通年金现值系数表获得。

【例 8-4】假如你希望在未来 5 年里，每年能从银行取出 1 000 元，假定年利率 6%，那么你现在必须投入银行多少钱？

解：依公式（8.11），年利率 6%，期限 5 年。那么，现在必须投入 4 212.36 元。

③计算按揭贷款分期偿还。

住房按揭贷款和汽车消费贷款是分期偿还的，分期偿还额的计算就是将公式 (8.11) 进行改写，即：

$$PMT = PV \times r/[1 - (1 + r)^{-n}] \qquad (8.12)$$

【例 8-5】计算按揭贷款月供。赵先生现在 25 岁，向银行申请了一笔住房按揭贷款。假定按揭贷款金额 100 万元，期限 15 年，年利率 6%。这笔按揭贷款的月供是多少？

解：依公式 8.12，年利率 6%，则月利率为 0.5%，偿还期限 15 年即 180 个月。那么，月供需要支付 8 438.57 元。

（2）永续年金。

永续年金就是永远持续的一系列现金流。最典型的例子是英国政府在 19 世纪发行的"安慰"债券，它每年按照债券的票面价值支付利息，但没有到期日。另一个可能更相关的例子是优先股。永续年金没有终止的时间，因而也就无法计算其终值，但是它具有非常明确的、可以计算的现值。永续年金的现值可以通过普通年金现值的计算公式导出：

$$PV = C \times [1 - (1 + r)^{-n}]/t \tag{8.13}$$

当 n→∞时，$(1 + r)^{-n}$ 的极限值为零，故上式可写成：

$$PV = C/r \tag{8.14}$$

【例 8-6】 如果一优先股，每季分配股息 2 元，而利率是每年 1.5%，对于一个准备买这种股票的人来说，他愿意出多少钱来购买此优先股？

解：$PV = 2/1.5\% = 133.33$（元）

假定上述优先股股息是每年 2 元，而利率是年利 6%，则该优先股的价值是：

$PV = 2/6\% = 33.33$（元）

5. 到期收益率法

到期收益率（yield to maturity）**是指使得从证券上获得的收入的现值与其当前市场价格相等时的利率水平。** 到期收益率是一个全期利率，它假定投资者能够持有证券直至到期日为止。要理解到期收益率的概念，我们需要区别不同证券的特点进行分析。

【例 8-7】 假定有三种政府债券分别记为 A、B、C，到期收益率分别记为 r_A、r_B、r_C。债券 A 两年到期，投资者得到 1 000 元；债券 B 是一个附息债券，从现在起一年后向投资者支付 50 元，两年后到期时再支付给投资者 1 050 元（面值加上利息）；债券 C 为永久性债券，即既没有到期日，也不能偿还本金，每年向投资者支付 100 元。这些债券当前市场价格为：债券 A（两年期无息债券）857.34 元、债券 B（两年期附息债券）946.93 元、债券 C（永久性债券）900 元。以上三种债券的到期收益率应当分别如何计算？

解：

（1）债券 A。

债券 A 为两年期零息票债券，终值和现值分别为 1 000 元和 $1\,000/(1 + r_A)^2$ 元，而现价是 857.34 元，使得：

$$857.34 = \frac{1\,000}{(1 + r_A)^2}$$

解得 r_A 为 8%，这就是债券 A 的到期收益率。

（2）债券 B。

债券 B 为附息债券，是债券的典型形式。由于附息债券未来现金流收入不止一次（包括每年的利息和在到期日收回债券的面值），因此，必须把每次现金流的现值加总在一起。计算公式为：

$$946.93 = \frac{50}{(1 + r_B)} + \frac{1\,050}{(1 + r_B)^2}$$

解得 r_B 为 7.975%，这就是债券 B 的到期收益率。

将上式公式化。如果以 C 代表每年利息，以 F 代表面值，以 n 代表距离到期日的年数，以 PV 代表债券的现值，对于一般的附息债券，到期收益率的计算公式为：

$$PV = \frac{C}{1+r} + \frac{C}{(1+r)^2} + \cdots + \frac{C+F}{(1+\imath)^n}$$　　　　(8.15)

附息债券的到期收益率也就是其内部收益率。在上式中，由于 C、F、PV、n 已知，可以计算出到期收益率。实际的计算可以使用试错法进行。当然，现在人们可以借助计算机方便地计算。

附息债券均标明有票面利率，它是年利息与面值之比（本例为5%）。但票面利率并不反映债券真正的利率水平，因为投资者并不一定是按照面值购买的。这里有三种情况。①如果债券的现价与债券的面值相等，则称为平价债券，到期收益率等于票面利率。②如果债券的价格下降到面值以下，则称为折价债券，到期收益率就会高于票面利率。③如果债券的价格上升到面值以上，则称为溢价债券，到期收益率就会低于票面利率。显然，到期收益率与债券的价格是呈反向变动关系的。关于债券价格与到期收益率的反向变动关系，将在第10章第1节详细介绍。

（3）债券 C。

债券 C 为永久性债券，其到期收益率的计算为：

$900 = \dfrac{100}{r_C}$，则 r_C=11.1%

§8.2　利率决定理论

利率作为金融资产的价格，不仅受到经济社会中许多因素的制约，而且利率的变动对整个经济都将会产生重大的影响，因此，经济学家在研究利率的决定问题时，特别重视各种变量的关系以及整个经济的平衡问题。利率决定理论经历了古典利率理论、凯恩斯利率理论、可贷资金利率理论、IS-LM利率分析以及当代动态的利率模型的演变和发展过程。现将这些理论的基本思想介绍如下：

8.2.1　古典学派储蓄投资理论

古典学派储蓄投资理论又称实物利率理论，是指从19世纪末到20世纪30年代的西方利率理论。该理论从储蓄和投资这两个实质因素来讨论利率的决定，认为通过社会存在的一个单一的利率的变动就能使储蓄和投资自动达到一致，从而使经济体系维持在充分就业的均衡状态。在这种状态下，储蓄和投资的真实数量都是利率的函数，利率决定于储蓄和投资的相互作用：当储蓄大于投资时，利率下降，人们自动减少储蓄，增加投资；而当储蓄少于投资时，利率上升，人们自动减少投资，增加储蓄。古典学派储蓄投资理论的利率决定过程如图8-1所示。其中，储蓄 $S=S$ (r)，投资 $I=I$ (r)，显然，储蓄是利率的增函数，投资是利率的减函数。当 $S=I$ 时，利率达到均衡水平；当 S 大于 I 时，资金供给多于资金需求，这就促使利率下降；反之，当 S 小于 I 时，利率水平上升。

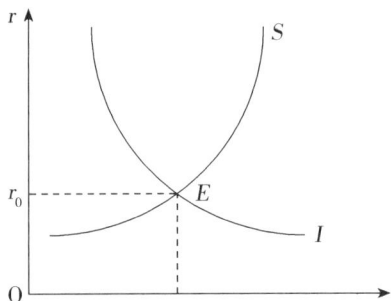

图 8-1 古典学派储蓄投资理论的利率决定过程

8.2.2 凯恩斯流动性偏好理论

凯恩斯认为，货币具有交换媒介与价值贮藏两大职能。货币需求就是人们宁愿牺牲持有生息资产（如各种有价证券）会取得的利息收入，而把不能生息的货币保留在身边。因为与其他的资产形式相比，持有货币可以满足人们的三种动机：交易动机、预防动机和投机动机。凯恩斯流动性偏好理论认为，人们喜欢以货币形式保持一部分财富的愿望或动机，即具有流动性偏好。

交易动机是指人们为了应付日常交易的需要而持有一部分货币的动机。预防动机是人们为了预防意外的支付而持有一部分货币的动机。由交易动机与预防动机引起的货币需求量被认为是收入的函数，与收入同方向变动，受利率的影响较小。因而，模型假定出于交易动机和预防动机的货币需求唯一地取决于收入水平的高低，与利率无关。把两种货币需求合起来用 L_1 表示，用 Y 表示收入，则这种函数关系可写成：$L_1 = L_1(Y)$。如图 8-2 所示，在货币需求–收入坐标图中交易货币需求曲线是一条过原点的射线，而在货币需求–利率的坐标图中，它则是一条垂直线。

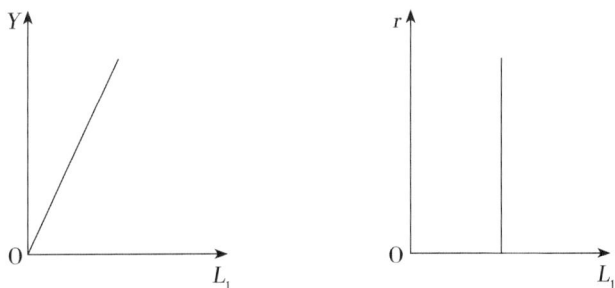

图 8-2 交易动机与预防动机下的货币需求曲线

投机动机是人们为了抓住有利的购买生息资产（如债券等有价证券）的机会而持有一部分货币的动机。我们知道，债券价格与利率之间存在着反向变动关系。正是利率与债券价格之间的这种反向变动关系使得利率对投机性的货币需求有了决定性的影响。

凯恩斯认为，出于投机动机的货币需求是利率的减函数，较低的利率对应着一个较大的投机货币需求量，较高的利率则对应着一个较小的货币需求量。用 L_2 表示出于投机动机的货币需求，r 表示利率，则上述函数关系可表示为：

$$L_2 = L_2(r), \quad L_2' < 0$$

凯恩斯认为，利率是使人们愿意以货币形式持有的财富量（货币需求量）等于现有货币存量（货币供给）的价格，因此均衡利率 r_0 是由货币供给 M_s 和货币需求 M_d 共同决定的。货币供给是由银行体系决定的外生变量（由基础货币和存款准备金率决定），与利率无关。货币需求由交易需求、预防需求和投机需求组成，其中交易需求和预防需求是外生的，投机需求与利率相关。因此，利率是由货币供求决定的，在本质上是一种货币现象，与实质性因素无关。具体决定过程如图8-3所示。

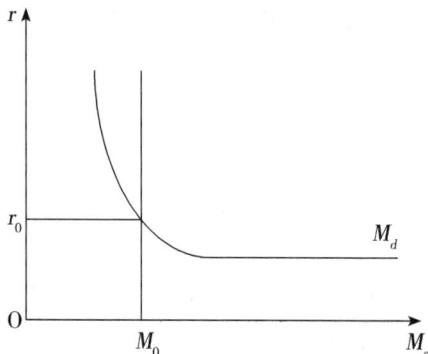

图8-3　流动性偏好利率决定曲线

8.2.3　可贷资金理论

可贷资金理论是在20世纪30年代提出来的，其主要代表人物是剑桥学派的罗伯逊和瑞典学派的俄林。可贷资金理论认为，在利率的决定问题上，古典学派储蓄投资理论只分析实质因素的影响是有缺陷的，凯恩斯流动性偏好理论只分析货币因素的影响同样是有缺陷的，应当同时考虑货币因素与实质因素对利率的影响。

可贷资金理论认为，利率是借贷资金的价格，借贷资金的价格取决于金融市场上的资金供求关系。可贷资金理论的利率决定过程如图8-4所示。

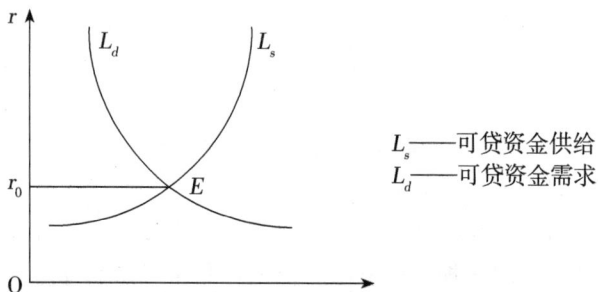

L_s——可贷资金供给
L_d——可贷资金需求

图8-4　可贷资金理论的利率决定过程

其中，当期可借贷资金供给为 L_s，当期可借贷资金需求为 L_d，通过方程式 $L_s=L_d$ 即可以求出均衡利率 r_0。当 $L_s>L_d$ 时，利率就会下降，同时 L_d 也会增加，并在一个较低的利率水平上达到均衡；反之，当 $L_s < L_d$ 时，利率就会上升，同时 L_d 也会减少，并在一个较高的利率水平上达到均衡。

8.2.4 IS–LM模型

IS–LM模型，是由英国经济学家约翰·希克斯和美国凯恩斯学派的创始人汉森，在凯恩斯宏观经济理论基础上概括出的一个经济分析模式，即"希克斯–汉森模型"。

希克斯认为，灵活偏好 L 和货币数量 M 决定着货币市场的均衡，人们持有的货币数量既决定于利率 r，又决定于收入 Y 的水平。由此，在以纵轴表示利率、横轴表示收入的坐标平面上，可以做出一条 LM 曲线，LM 曲线表明的是货币的需求与货币供给相等的利率和收入的组合。LM 曲线向右上方倾斜的原因在于：假定货币供给 M 不变，若国民收入增加，货币的交易需求和预防需求越大，在货币供给量一定的情况下，利率必须上升，以减少对货币的投机需求；反之亦然。

希克斯又认为，社会储蓄 S 和投资 I 的愿望，决定资本市场的均衡，而储蓄和投资又必须同收入水平和利率相一致。在这里，投资包括国内投资、出口和政府的支出；储蓄包括国内储蓄、进口和税收。由此，在纵轴表示利率、横轴表示收入的坐标平面上，又可做出一条 IS 曲线，曲线上的每一点都表示储蓄等于投资，并且同既定的利率和收入水平相适应。IS 曲线的经济意义是：由于利率的上升会引起私人投资需求的下降，从而使总需求及均衡收入也随之下降，所以 IS 曲线的斜率为负。

综合以上分析，希克斯对利率的决定做出了新的解释，认为利率 r 的均衡水平是由 IS 曲线与 LM 曲线的交点决定的。我们必须从整个经济体系来研究利率，只有在货币市场和实物市场同时均衡时，才能形成真正的均衡利率和均衡收入，在此条件下的整个国民经济实现了均衡：在利率均衡点上，同时存在着以 LM 表示的货币市场的均衡和以 IS 表示的资本市场的均衡，如图8-5所示。

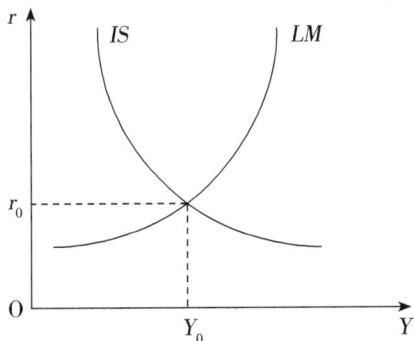

图8-5 IS-LM模型的利率决定过程

§8.3 利率期限结构理论

8.3.1 即期利率与远期利率

在利率期限结构理论研究中，即期利率占据最主要的地位，在实务中，远期利率有着非常广泛的运用。严格地说，利率期限结构是指某个时点不同期限的即期利率与远期利率的关系及变化规律。因此在介绍利率期限结构之前，我们先要弄明白什么是即期利率与远期利率。

1.即期利率

即期利率是指债券票面所标明的利率或购买债券时所获得的折价收益与债券面值的比率。它是某一给定时点上零息债券的到期收益率。

债券有两种基本类型：附息债券和零息债券。购买政府发行的有息债券，在债券到期后，债券持有人可以从政府得到连本带利的一次性支付，这种一次性所得收益与本金的比率就是即期利率。购买政府发行的无息债券，投资者能够以低于票面价值的价格获得，债券到期后，债券持有人可按票面价值获得一次性的支付，这种购入价格的折扣额相对于票面价值的比率则是即期利率。t年期即期利率的计算公式为：

$$P_t = \frac{F_t}{(1 + r_t)^t} \tag{8.16}$$

其中：P_t为t年零息债券的市场价格；F_t为面值；r_t为t年期即期利率。

2.远期利率

远期利率是指隐含在给定的即期利率之中从未来的某一时点到另一时点的利率。如果我们已经确定了收益率曲线，那么所有的远期利率就可以根据收益率曲线上的即期利率求得。所以，远期利率并不是一组独立的利率，而是和收益率曲线紧密相连的。在成熟市场中，一些远期利率也可以直接从市场上观察到，即根据即期利率或期货合约的市场价格推算出来。

如以$f_{t-1,t}$代表第$t-1$至第t年间的远期利率，r_t代表t年期即期利率，r_{t-1}代表$t-1$年期的即期利率，其一般计算公式为：

$$f_{t-1,t} = \frac{(1 + r_t)^t}{(1 + r_{t-1})^{t-1}} - 1 \tag{8.17}$$

从上面的式子看出，远期利率由即期利率决定。远期利率有着非常广泛的应用，可以预示市场对未来利率走势的期望，是中央银行制定和执行货币政策的参考工具，也是利率衍生品的定价基础。

【例8-8】假定第1、2、3年期的即期利率分别为5%、6%、7%，计算3年期的远期利率。

解：依公式8.16，3年期的远期利率为：

$$f_3 = \frac{(1 + 7\%)^3}{(1 + 6\%)^2} - 1 = \frac{1.2250}{1.1236} - 1 = 9.02\%$$

8.3.2 利率期限结构理论

由于零息债券的到期收益率等于相同期限的市场即期利率，从对应关系上来说，任何时刻的利率期限结构都是利率水平和期限相联系的函数。因此，利率的期限结构，即零息债券的到期收益率与期限的关系可以用一条曲线来表示，如水平线、向上倾斜和向下倾斜的曲线。甚至还可能出现更复杂的收益率曲线，即债券收益率曲线是上述部分或全部收益率曲线的组合。收益率曲线的变化，本质上体现了债券的到期收益率与期限之间的关系，即债券的短期利率和长期利率表现的差异性。利率的期限结构理论说明为什么各种不同的国债即期利率会有差别，而且这种差别会随期限的长短而变化。利率期限结构理论主要包括预期理论假说、市场分割理论、流动性偏好理论和优先偏好理论等四个理论，它们都从定性的角度讨论市场上存在的利率期限结构的形状、形成的原因以及所代表的含义。

1.预期理论假说

预期理论假说是由欧文·费雪于 1896 年提出的，并由希克斯和卢茨等发展和完善起来，是最古老的期限结构理论。预期理论认为，长期债券的现期利率是短期债券的预期利率的函数，长期利率与短期利率之间的关系取决于现期短期利率与未来预期短期利率之间的关系。预期理论存在如下前提假设：（1）金融市场是完全竞争的；（2）投资者对市场中的债券期限没有偏好，其投资行为完全取决于预期收益变动，投资者将只会购买预期收益率高的债券；（3）所有的市场参与者有着共同的预期；（4）在投资者的投资组合中，各种不同期限的债券是完全替代的，并且各种债券具有相等的预期收益率。同时长期利率与短期利率存在如下关系：

$$R_n = \sqrt[n]{(1 + r_1)(1 + r_2)(1 + r_3)\cdots(1 + r_n)} - 1 \tag{8.18}$$

其中：R_n 为长期利率；n 为其年限；r_1 为目前短期利率；r_2、$r_3\cdots r_n$ 为将来（从第 2 年开始）预期的每年短期利率。

因此，如果预期的未来短期债券利率与现期短期债券利率相等，那么长期债券的利率就与短期债券的利率相等，收益率曲线是一条水平线；如果预期的未来短期债券利率上升，那么长期债券的利率必然高于现期短期债券的利率，收益率曲线是向上倾斜的曲线；如果预期的短期债券利率下降，则债券的期限越长，利率越低，收益率曲线就向下倾斜。

预期理论的长、短期国债可以相互替代的观点为人们普遍接受，但这一理论最主要的缺陷是严格地假定人们对未来短期债券的利率具有确定的预期，如果对未来债券利率的预期是不确定的，那么预期假说也就不再成立。只要未来债券的利率预期不确定，各种不同期限的债券就不可能完全相互替代。其次，该理论还假定，资金在长期资金市场和短期资金市场之间的流动是完全自由的。这两个假定都过于理想化，与金融市场的实际差距太远，而且预期理论还忽视了风险因素。

2.市场分割理论

市场分割理论的产生源于市场的非有效性（或非完美性）和投资者的有限理性，它的最早倡导者是卡伯特森。市场分割理论认为预期理论的假设条件在现实中是不成立的，因此也不存在预期形成的收益率曲线；事实上，整个金融市场是被不同期限的债券所分割开来的，而且不同期限的债券之间完全不能替代。

该理论认为，由于存在法律、偏好或其他因素的限制，投资者和债券的发行者都不能无成本地实现资金在不同期限的证券之间的自由转移。因此，证券市场并不是一个统一的无差别的市场，而是分别存在着短期市场、中期市场和长期市场，不同市场上的利率分别由各市场的供给和需求决定。在这些假定下，该理论认为，收益率曲线之所以具有不同的形状，是由于在分割的市场条件下，投资者在风险水平等因素的限制下，会对期限不同的债券有着不同的需求。当对短期债券的需求高于对长期债券的需求时，短期债券的价格会上升，短期利率会降低，长期利率高于短期利率，此时收益率曲线向上倾斜；当对长期债券的需求大于对短期债券的需求时，则长期债券的价格会上升，长期利率会下降，长期利率低于短期利率，此时收益率曲线向下倾斜。

3.流动性偏好理论

该理论由凯恩斯最早提出，由希克斯加以完善，认为风险规避因素将影响利率期限结构。随后，豪根、米凯塞森、考夫曼等人又从不同角度发展了流动性偏好理论。流动性偏好理论认为风险规避和预期是影响国债利率期限结构的两大因素，希克斯首先提出了不同期限债券的风险程度与利率结构的关系，较为完整地建立了流动性偏好理论，米凯塞森则认为应将预期和风险规避两因素结合起来，在流动性偏好利率结构理论中，长期利率等于现在短期利率和预期未来短期利率及相关的流动性报酬的几何平均数。根据流动性偏好理论，不同期限的债券之间存在一定的替代性，这意味着一种债券的预期收益确实可以影响不同期限债券的收益。但是不同期限的债券并非完全可替代的，因为投资者对不同期限的债券具有不同的偏好。范·霍恩认为，远期利率除了包括预期信息之外，还包括了风险因素，它可能是对流动性的补偿。影响短期债券被扣除补偿的因素包括：不同期限债券的可获得程度及投资者对流动性的偏好程度。在债券定价中，流动性偏好导致了价格的差别。

流动性偏好理论认为风险与收益具有正相关关系，这说明了短期国债利率和长期国债利率间的利差（即流动性报酬）是风险和机会成本的补偿。这一理论假定，大多数投资者偏好持有短期证券。为了吸引投资者持有期限较长的债券，必须向他们支付流动性补偿，而且流动性补偿随着时间的延长而增加，因此，实际观察到的收益率曲线总是要比预期假说所预计的高。这一理论还假定投资者是风险厌恶者，他只有在获得补偿后才会进行风险投资，即使投资者预期短期利率保持不变，收益曲线也是向上倾斜的。

4.优先偏好理论

优先偏好理论由莫迪利安尼和萨奇于1966年提出，该理论假设不同期限的债券是替代品，这意味着一种债券的预期收益率可以影响不同期限债券的预期收益率。同时，该理论承认投资者对不同期限的债券存在着偏好。例如，若投资者对某种期限债券的偏好大于其他期限的债券，他总是习惯地投资于所偏好的该种期限债券，只有当另一种期限债券的预期收益率大于他所偏好期限债券的预期收益率时，他才愿意购买非偏好期限的债券。由于一般投资者对短期债券的偏好大于长期债券，因此，为了让投资者购买长期债券，必须向他们支付正值的期限升水。考虑了偏好习性的因素就可以更好地解释收益曲线，收益曲线的形状由预期未来利率与风险升水共同决定，它们正向或反向地引导市场参与者脱离了偏好习性。根据这一理论，收益曲线明显地上升、下降、平缓或隆起都是可能的。

优先偏好理论实质上是市场分割理论与流动性偏好理论的折中，一方面它承认市场分割现象，投资者受各种因素的影响而偏好于不同期限的市场，因此市场上既有短期也有长期的借贷者，这一点使得该理论不同于流动性偏好理论，后者主张所有市场参与者都倾向于短期投资。另一方面，它又认为市场分割并不完全，在足够的利益诱导下，比如支付收益升水，短期市场投资者和长期市场投资者会发生相互转换，这一点又使该理论与市场分割理论有所差异，在后者看来，无论何种诱导因素，不同期限市场的投资者都不会相互融合。正因为如此，优先偏好理论也被称为局部市场分割理论。事实上，市场分割理论中的中期市场参与者行为已经暗含了优先偏好理论的某些观点。

★ 本章小结

利率是金融资产（包括资金）的价格。利率的种类很多，如基准利率和一般利率、固定利率与浮动利率、名义利率与实际利率等。

利率的计算方法分单利与复利两种，在实际的金融市场活动中，复利更为重要。

现值就是未来现金收入（现金流）的贴现值，终值就是将来值，是指现在一定量的资金在未来某一时点上的价值。

到期收益率是购买国债的内部收益率，它相当于投资者按照当前市场价格购买并且一直持有到期满时可以获得的年平均收益率。

即期利率是指债券票面所标明的利率或购买债券时所获得的折价收益与债券面值的比率，是某一给定时点上零息票债券的到期收益率。远期利率则是指隐含在给定的即期利率之中，是从未来的某一时点到另一时点的利率。

利率决定理论经历了古典利率理论、凯恩斯利率理论、可贷资金利率理论、IS-LM 利率分析等的演变和发展过程。

利率的期限结构就是零息债券的到期收益率与期限的关系，可以用一条曲线来表示，如水平线、向上倾斜和向下倾斜的曲线。收益率曲线的变化本质上体现了债券的到期收益率与期限之间的关系，即债券的短期利率和长期利率表现的差异性。利率的期限结构理论研究了市场上存在的利率期限结构的形状、它们的形成原因以及所代表的含义，主要包括预期理论假说、市场分割理论、流动性理论和优先偏好理论等。

★ 综合训练

8.1 单项选择题

1.某五年期息票率为8%，面值为1 000元的债券，现在的价格是973元，则下面说法正确的是（　　）。

A.到期收益率大于8%　　　　　　　B.到期收益率等于8%

C.到期收益率小于8%　　　　　　　D.以上都不对

2.下列有关利率期限结构的说法正确的是（　　）。

A.预期假说认为，如果预期将来短期利率高于目前的短期利率，收益率曲线就是平的

B.预期假说认为，长期利率等于预期短期利率

C.流动性偏好假说认为，在其他条件相同的情况下，期限越长，收益率越低

D.市场分割假说认为，不同的借款人和贷款人对收益率曲线的不同区段有不同的偏好

3.名义利率是8%，通货膨胀率为10%，则实际利率为（　　）。

A.18%　　　　　B.2%　　　　　C.−2%　　　　　D.8%

4.假定名义年利率为10%，每年复利两次，那么，有效（年）利率为（　　）。

A.10%　　　　　B.5%　　　　　C.10.25%　　　　　D.10.38%

5.根据凯恩斯流动性偏好理论，与利率相关的是（　　）。

A.交易动机　　　　　　　　　　B.预防动机

C.投机动机　　　　　　　　　　D.以上都不对

6.市场上一年期国债的利率为7%，两年期国债的利率为8%，则第二年的远期利率为（　　）。

A.8%　　　　　B.9.01%　　　　　C.7%　　　　　D.9.58%

8.2 多项选择题

1.基准利率的特征包括（　　）。

A.市场化　　　　B.基础性　　　　　　C.不变性　　　　D.传递性

2.关于名义利率与实际利率，以下说法正确的是（　　）。

A.名义利率不能完全反映资金时间价值，实际利率才真实地反映了资金的时间价值

B.当通货膨胀率较低时，实际利率约等于名义利率与价格指数之差

C.名义利率越大，周期越短，实际利率与名义利率的差值就越大

D.实际利率不可能小于零

3.按照收付的次数和支付的时间划分，年金有（　　）。

A.普通年金　　　　　　　　　　B.即付年金

C.递延年金　　　　　　　　　　　D.永续年金

4.根据IS–LM模型，利率的决定因素有（　　　）。

A.储蓄供给　　　　　　　　　　　B.投资需要

C.货币供给　　　　　　　　　　　D.货币需求

5.根据优先偏好理论，以下说法正确的有（　　　）。

A.不同债券间是可以替代的　　　　B.市场是完全分割的

C.投资者对不同债券之间存在着偏好　　D.收益曲线是保持上升形状的

8.3　思考题

1.什么是内含收益率？如何根据内含收益率与净现值法对投资项目进行分析？

2.什么是到期收益率？

3.什么是利率期限结构？简述利率期限结构理论的内容。

4.张先生现在30岁，向银行申请了一笔住房按揭贷款。按揭贷款金额200万元，期限10年，年利率12%。这笔按揭贷款的月供是多少？

5.相对古典利率理论、凯恩斯流动性偏好理论，可贷资金理论有哪些改进？

6.根据流动性偏好理论，如果通货膨胀率在以后几年内预计会下跌，长期利率会高于短期利率。这个观点是否正确？为什么？

第9章

资本市场理论

★ 导读

　　资本市场理论很多，本章选择最具影响力的三个理论进行介绍，它们是：有效市场假说、资产组合理论、资本资产定价模型。通过本章的学习，读者应达到如下目标：

　　1.掌握有效市场假说的基本含义与有效市场的三种形态。

　　2.掌握有效市场假说对投资实践的指导意义。

　　3.掌握风险的类型与通过资产组合分散风险的原理。

　　4.理解资本资产定价模型的假设条件。

　　5.掌握资本资产定价模型的运用。

★ 关键概念

　　有效市场假说　行为金融　资产组合　系统性风险　可行集　有效集　资本资产定价模型（CAPM）　分离定理　市场组合　资本市场线　证券市场线　β系数

第9章关键概念

§9.1 有效市场假说

9.1.1 有效市场假说概述

1.有效市场假说的产生与发展

有效市场假说（efficient markets hypothesis，EMH）最早可追溯到1900年法国数学家巴契里耶的论文《投机理论》，当时还没有"有效市场"的概念，巴契里耶从数学角度研究了股票价格变化的规律，认为市场在信息处理方面是有效的，过去、现在和未来的事件已经反映在股票价格中。1970年，尤金·法玛率先提出了"有效市场"的定义，他认为："证券价格完全反映所有可得信息，则市场是有效的。"2013年，尤金·法玛、拉尔斯·皮特·汉森以及罗伯特·J·席勒三人共同获得了诺贝尔经济学奖。后来，马尔基尔对"有效市场"提出了更确切的定义，他认为："如果市场在决定证券价格时，完全正确地反映出所有有关信息，则这个市场是有效的。换言之，如果市场上所有的参与者都获知这些信息，则信息不会对证券价格产生影响。"

2.有效市场假说的前提条件

法玛认为，有效市场假说有三个充分条件：证券交易不存在交易成本；交易者免费获得信息；同质预期假设，即全部市场参与者对当前价格和其他信息具有相同的理解和预期。

这是对一个完美市场的描述，现实中并不存在无摩擦的市场。但是法玛乐观地认为以上三个假定只是有效市场假说的充分条件而非必要条件。在此基础上，他坚持以实证方法研究资本市场，认为只要投资者获得足够的相关信息，有效市场假说便可以成立。

3.有效市场假说的理论基础

有效市场假说建立在三个逐渐放松的假设基础之上：

（1）理性投资者假设。

投资者是理性的，他们可以对证券价值做出合理的评估。当投资者是理性的，一旦获得信息，就会迅速做出反应，买进或者卖出股票，股价相应调整。这样，信息的变化会在价格上及时得到反映，证券价格随着新的信息调整到相应水平。

（2）随机交易假设。

即使市场上非理性投资者数量很大，但是，由于他们的交易策略相互独立，交易是随机的，彼此之间的随机交易相互抵消，也会使证券价格接近真实的价值。

（3）有效套利假设。

即使某些非理性投资者行为趋同，交易策略相关，他们的交易不能抵消，理性投资者的套利也可以消除他们的行为对价格的影响。套利是指在两个不同市场中，低买高卖，以有利的价格同时买进卖出同种证券的行为。假使某一证券由于非理性投资者的交易而被高估，价格超出了真实的价值，套利者就会卖出这种证券，同时买进本质相同的另一证券规避风险。其结果是被高估的证券价格回落。如果价格被低估，套利者就会作相反的操作使证券不可能被长时间地低估。因此，即使存在非理性投资者，他们的交易行为又是相关联的，套利行为也还是能保证证券价格与其价值的一致。

9.1.2　有效市场假说的内容

有效市场假说认为，股价会反映所有的相关信息，即使股价偏离基本价值，也是由于信息的不对称或对信息的理解差异所导致的。随着时间的推移，投资者会获得越来越完全的信息，并通过学习正确地理解信息，因此股价会回归基本价值。因此，有效市场假说否认了利用现有信息获取超额收益的可能性，任何个人投资者、机构投资者都不可能通过利用信息进行分析来持续获取高于市场平均水平的收益。换言之，积极的投资者采取基本面分析、技术分析等方法都是无法获得超额收益的。

1.有效市场的分类

法玛将市场上的信息分为三类：一是历史信息，即证券过去的价格、成交量、公司背景等；二是公开信息，如公司的经营状况、财务状况、盈利公告、重大事件公告等；三是非公开信息，即内部信息。在此基础上，法玛按照股价对信息的反映程度不同，把有效市场分为三类。

（1）弱式有效市场。

这是最低层次的有效市场。如果一个市场是有效的，那么价格将会反映所有的历史信息，包括股票的历史价格、交易数量等。如果历史信息包含了对股价预测有用的信息，由于其可轻易获得，那么，很快就会有投资者挖掘出这些信息并据此进行交易，股价因此得以修正。也就是说，如果市场弱式有效，投资者通过对历史信息的分析（即技术分析），是无法获得超额收益的。

（2）半强式有效市场。

如果一个市场是半强式有效的，那么股票价格不仅反映了所有历史信息，而且也反映了所有的公开信息。在这种情况下，没有投资者能够利用公开信息来推测出股价变动趋势以获取超额收益。而且，任何一个与股票价值有关的信息都不需要真正发生，只须公布预期这一事件将会发生，股价便会相应地波动。比如，公司股利发放、资产注入等重大事件，消息公布当天股价就会迅速反映事件对公司价值的影响，而不用等到事件真正发生的时候才反映。在半强式有效市场假设下，投资者通过基本面分析的方法也无法获得超额收益。基本面分析是指通过对公司的盈利水平、红利预期和利率水平进行股票估价。

（3）强式有效市场。

强式有效市场是有效市场的最高形式。如果市场强式有效，那么股票价格将会反映市场上所有的相关信息，包括内部信息。这是一个很强的假设，因为股价不仅反映了半强式有效假设下的所有信息，甚至连公司内部的信息也反映到股价中。有两个说法证明了这个可能性：一是外部的分析人士通过深入的分析或者刺探的形式获得了信息；二是公司内部人士通过内部信息进行交易，则内部信息就会通过这些内部人的交易反映出来。虽然内幕交易在许多国家被认定为违法行为，但仍不能完全阻止其发生。

对有效市场假说的检验具有现实意义。很多学者对各国资本市场进行了大量的实证检验，发现较为成熟的资本市场能达到弱式有效及半强式有效，但不能达到强式有效。

2. 有效市场假说与投资策略

市场有效性的探讨一直是金融市场争论的主题之一。对有效市场所持的观点反过来成为投资者投资策略的指导，认为市场非有效的投资者采取积极的投资策略，认为市场有效的投资者则采取消极的投资策略。

（1）积极投资策略。

积极投资策略也称为主动投资策略，是指投资者根据某种方法或方法体系形成对投资标的价格转折点的系统预测，并根据这一预测体系选择自己的攻防策略，其核心思想是"投资标的选择"与"时机抉择"。积极型投资者经常采用的分析方法主要包括基本面分析与技术分析。关于基本面分析与技术分析的基本内容已经在第4章做了简要介绍。

（2）消极投资策略。

消极投资策略也称为被动投资策略，是指投资人完全放弃对投资标的价格转折点的系统预测的努力，仅根据对投资标的的某一基本统计特征选择自己的操作战略，其核心思想可以概括为完全放弃"时机抉择"。消极投资策略主要分为两种，即购存策略与组合管理策略。购存策略是非常简单的策略，也就是购买了某种证券之后长期持有。组合管理策略就是依据"共同基金原理"，持有市场组合或者复制市场组合。具体内容将在资产组合理论与资本资产定价模型这两节进行介绍。

9.1.3　有效市场假说的挑战

1. 理性人假设的非合理性

在现实世界中，人类绝对的理性是不存在的。人类的行为，有理性的一面，也有诸多非理性的一面。诺贝尔经济学奖获得者赫伯特·西蒙（Herbert A. Simon）认为，人不可能是完全理性的，而只能是介于完全理性与非理性之间的"有限理性人"。换言之，人的行为是"愿意理性，但只能有限地做到"。

即使在有限理性假设下，人们的行为也会受到外在条件的限制而导致非理性行为。在现实的资本市场中，由于难以超越的客观障碍，局限了行为个体的最大理性化行为。比如，信息的收集与理解受到投资人的精力与时间限制，投资人的决策又会受到其投资经历与投资成本限制。现实中，有三种心理作用使得人们不能遵循理性人假设行为：

（1）对待风险的态度。人们往往愿意获得收益，而不愿意承担损失，损失的效用函数比收益的效用函数曲线陡峭。人们在评估风险资产时，并不是以最终可能达到的财富水平为标准，而是以相对于某个参照点的损失或收益来进行评价。

（2）以历史来预测将来。人们经常根据较短时期的历史来判断将来，而忽视了这一短暂的历史或许只是出于偶然。比如投资者会根据一些公司短期内的高增长来推测未来的高增长，这种过度反应降低了未来收益，因为实际未来收益率不可能无限制地提高。

（3）提问方式的心理暗示。相同的问题按照不同的方式提出来，人们往往会给出不一样的答案。

2.随机交易假设的非合理性

有效市场理论的第二个假设认为，如果存在缺乏理性的投资者，他们之间的交易因为随机进行，会相互抵消，因此不会对有效市场产生影响。心理学的研究表明，人们并不只是偶然偏离理性，而是经常以同样的方式偏离。在很多时候，无论个人投资者还是机构投资者，他们的交易行为都存在很大的相关性，并不是随机发生的。比如，在大致相同的时间，大家都买进或卖出相同的股票；人们潜意识中会模仿周围人的行为，大家倾向于犯同样的错误。可以说，噪声交易者（非理性交易者）的存在有一定的社会性。非随机发生的非理性交易不能相互抵消，甚至还会加剧市场的非理性与非有效。历史上频繁发生的股票市场泡沫就是其有力的证明。

3."套利者修正"假设的非合理性

有效市场假说认为，非理性投资者会相互影响，但理性的套利者则没有偏见。后者将消除前者对证券价格的影响，从而将价格稳定在基本价值上。但事实上，由于风险、成本的存在，现实中的套利行为并没有那么大的作用。

专栏9-1

行为金融

传统经济学理论都建立在理性经济人假定基础上，认为人们能对生活中面临的所有选择的价值进行计算和权衡，择其最优者而行之。一旦人们犯了错误做了非理性的事情，"市场的力量"会迅速把人们拉回到正确、理性的道路上。20世纪70年代以来，学者们开始怀疑理性经济人假定的现实合理性，并根据有限理性假定和非理性假定等情形提出了诸多创新性理论，行为金融就是其中最杰出的代表。行为金融就是将心理学尤其是行为科学的理论融入金融学之中，是一门新兴交叉学科，对传统金融理论的创新发展具有重要意义。20世纪90年代以来，行为金融逐渐成为主流经济学的重要内容而备受关注。2002年，丹尼尔·卡内曼获得诺贝尔经济学奖，因为他把"把心理学研究和经济学研究结合在一起，特别是与在不确定状况下的决策制定有关的研究"。2013年，尤金·法玛、拉尔斯·皮特·汉森以及罗伯特·J.席勒等三人共同获得了诺贝尔经济学奖，因为他们为"现有对资产价值的认知奠定了基础"。2017年，理查德·塞勒获得诺贝尔经济学奖，因为他在个人决策的经济学原理和心理分析之间建立了桥梁。

本专栏仅介绍行为金融理论中较常见的心理偏差和投资行为偏差。

1.过度自信

人们倾向于过度相信自己的能力。过度自信源于人们的乐观主义,大多数人对自己的能力、知识和对未来的预期能力表现出过分的乐观自信。人们不能通过不断的理性学习过程来修正自己的信念,导致人们过度自信,引发投资活动中的交易过度和后见之明。由于过度自信,投资者认为自己掌握了可以带来投资收益的信息,并坚信自己可以通过频繁交易活动获取收益,因此导致了大量盲目交易的产生。后见之明是指投资者在某件不确定事件结果出现后,自我认定"我早就知道很可能是这个结果",这种行为偏差没有任何的事实根据,完全是情感上的自我安慰,是过度自信一种典型的表现。同时,过度自信还带有强烈的"自我归因",投资者容易把成功归因于自己,而把失败归咎于他人或者客观条件。

2.信息反应偏差

对信息的反应方式是行为金融学的研究重点之一。研究发现,投资者对信息的理解和反应会出现非理性偏差,表现为反应过度和反应不足。过度反应是投资者对信息赋予过高的权重,造成股价在利空消息下过度下跌,而在利好消息下过度上涨。反应不足也可称为"保守主义",它是指人们在新的信息到来时,对原有信念的修正不足,特别是当新的信息并非显而易见的时候,人们不会给予足够的重视。

3.后悔厌恶

后悔厌恶是一种非常普遍且容易理解的心理,人们常常为做出错误的决策而自责不已。损失让人痛苦,而后悔是除了承担损失之外自认为必须为此负责的感受,它更甚于损失。后悔厌恶就是指为了避免决策失误所带来的后悔,人们往往会做出的非理性行为。首先,损失厌恶,这是指人们在决策过程中,对盈利和损失的权衡是不均衡的,赋予避害因素的考虑远远大于趋利因素的权重,即人们对可能亏损的忧虑程度高于同等收益中获得快乐的程度。其次,处置效应,这是指人们认为盈利证券给投资者呈现的是盈利前景,投资者此时倾向于接受确定性的结果,而亏损给投资者呈现的是损失前景,投资者更倾向于冒险赌博,于是,投资者会迅速卖出盈利证券而持有亏损证券更长时间。与此相类似的还有确认性偏差,它是指人们一旦形成了先验信念,他们就会有意识地去寻找有利于证实自身信念的各种证据。

4.心理账户

人们常常错误地将一些资产的价值估计得比另外一些资产的价值低,比如赌场上赢得的资金、股市上获得的收益、意想不到的遗产等,人们倾向于轻率地或愚蠢地使用这些被低估的资产。人们根据资金的来源、资金的用途等因素将资金进行分类,这种现象被称为心理账户。人们容易把投资武断地分配到单独的心理账户中,并根据投资所在的账户分别做出决策。对于不同心理账户里的资金,人们的投资风险偏好不同。

5.从众心理

当客观事实模糊时,大众的行为称为信息源,提供给个人如何行动的信息。人们会模仿大众的行为采取行动，这种心理特征称为从众心理。行为人容易受到其他行为人和整体行为环境的影响，特别是在市场环境骤变的突发事件中，个人的从众非理性会达到相当高的程度。

6.模糊规避

人们在进行决策的时候会厌恶不确定性。在面对选择性冒险的时候，倾向于把已知的概率作为依据，而规避不确定的概率。当新的金融产品出现的时候，往往会被投资人增加过多的风险溢价，而经过一段时间以后，当人们对该种金融产品有了一定把握之后，相应地便会降低风险溢价。

资料来源：改编自博迪，凯恩，马库斯. 投资学 [M]. 汪昌云，张永冀，译. 10版. 北京：机械工业出版社，2017.

§9.2　资产组合理论

9.2.1　资产组合理论概述

现代资产组合理论（portfolio theory）创立于20世纪50年代。1952年3月，哈里·马柯维茨（Harry M. Markowitz）在《金融学期刊》上发表《证券组合选择》一文，1959年，他出版了其博士论文《投资组合选择：有效率地分散投资策略》，提出了完整的资产组合理论。1990年，哈里·马柯维茨与威廉·夏普（William F. Sharpe）、默顿·米勒（Merton Miller）共同获得了诺贝尔经济学奖。

古谚云，"不要把所有的鸡蛋放进同一个篮子里""不入虎穴，焉得虎子"。现代资产组合理论运用定量分析方法对它们进行了很好的诠释。**现代资产组合理论假定，投资者总是厌恶风险，希望在一定风险水平下获得最大可能的预期收益，或者在获得一定预期收益时使风险最小。这意味着投资者在要求预期收益最大化时追求风险最小化**，进行资产组合决策就是在两个目标之间寻求一个平衡点。马柯维茨根据风险分散原理，用期望收益率和收益率方差分别衡量资产组合的预期收益和风险，运用均值方差模型确定组合的构成，在此基础上提出了分散投资风险的方法。

9.2.2　资产组合的收益与风险

1.单个资产的收益与风险

在现实生活中，人们随时需要做出决策，然而当需要决策的可能结果不止一个时，就会产生不确定性，只要存在不确定性，风险也就相伴而生。现代经济学明确地将风险定义为不确定性以及由不确定性引发的损失。风险在经济生活中无处不在，金融风险更是金融活动的题中应有之义。根据风险的定义，可以将证券分成无风险资产与风险资产两类。无风险资产是指未来收益率固定不变，不存在任何不确定性的资产；风险资产是指未来收益率依据具体经济环境的变化而变动，存在不确定性的资产。无风险资产的收益率确定不变，可以直接得到有关收益的数据。风险资产的收益率是一个随机变量，需要借助期望值和方差衡量。

（1）单个资产的期望收益率。

对投资者而言，所持证券能够获得的收益包括利息（股息）收益与资本利得两个部分。为了衡量证券在持有期间的收益率，需要综合考虑利息收益和资本利得，其计算公式为：

$$HPR = \frac{P_T - P_0 + D}{P_0} \tag{9.1}$$

其中：HPR 为投资者的持有期收益率；P_0 为投资者所持证券的期初价格；P_T 为证券在 T 期的价格；D 为投资者在证券持有期间所获得的资本收益，由股息或利息构成。

由于风险资产的收益具有不确定性，不能简单地用公式 9.1 计算风险资产的收益率，而需要利用期望值这个概念。收益率的期望值即期望收益率，是各种可能收益率的一个加权平均值，以各种收益率对应的发生概率为权数，其计算公式为：

$$E(R) = \sum_{i=1}^{N} P_i R_i \tag{9.2}$$

其中：$E(R)$ 为期望收益率；R_i 为第 i 个证券可能的收益率；P_i 为第 i 个可能的收益率发生的概率；N 为该证券可能的收益率个数。

（2）单个资产收益率的方差。

作为随机变量，收益率的方差是收益率在期望收益率周围离散程度的一个度量，它是收益率每个可能取值与期望值之差的平方的加权平均，其中权数为各种收益率对应的发生概率。单个资产收益率的方差的定义公式为：

$$\sigma^2 = \sum_{i=1}^{N} P_i \big[R_i - E(R) \big]^2 \tag{9.3}$$

其中：σ^2 为收益率的方差，也可以用 $Var(R)$ 表示；其他符号的含义同前述公式一致。

有时为了表述的方便会用到标准差的概念，即方差的平方根，记为 σ。由于方差是平方和的平均值，其计量单位是原来单位的平方。标准差通过对方差开方，恢复了原来的计量单位，与方差相比更便于比较。

通常情况下，当期望收益率相同时，收益率的方差或者标准差越小，对应的风险也越小，反之则越大。

【例 9-1】某证券的期末收益率及每一种收益率对应的概率见表 9-1，计算该证券的期望收益率与标准差。

表 9-1　　　　　　　　**某证券期末收益率及其对应的概率**

期末收益率（R_i）	3%	2.5%	3.2%	-2%
发生概率（P_i）	10%	20%	50%	20%

解：①计算该证券的期望收益率。

$$E(R) = \sum_{i=1}^{N} P_i R_i = 3\% \times 10\% + 2.5\% \times 20\% + 3.2\% \times 50\% + (-2\%) \times 20\% = 2\%$$

②计算该证券收益率的标准差。

$$\sigma = \sqrt{(3\% - 2\%)^2 \times 0.1 + (2.5\% - 2\%)^2 \times 0.2 + (3.2\% - 2\%)^2 \times 0.5 + (-2\% - 2\%)^2 \times 0.2}$$
$$= 2.08\%$$

2.资产组合的收益与风险

投资者通常不会把所有的资金投入一个证券，而是选择构造一个资产组合，将资金进行分散投资。资产组合的期望值和方差与单个资产相比，在计算上更为复杂，但是遵循的基本原理是一样的，可以根据单个资产的计算公式推导资产组合的期望收益和风险的计算公式。

（1）资产组合的收益率。

资产组合的收益率是构成资产组合的各个证券收益率的加权平均值，其中权数为每种证券在组合中所占的比例。因此，资产组合的期望收益率就是组合中每个证券的期望收益率的加权平均值。

$$E(R_p) = \sum_{i=1}^{N} W_i E(R_i) \tag{9.4}$$

其中：$E(R_p)$为整个组合的期望收益率；W_i为第i个证券的投资金额在组合的投资总金额中所占的比例；$E(R_i)$为第i个证券的期望收益率；N为构成该组合的证券数。

（2）协方差。

与单个资产衡量风险的方法不太一样，资产组合的风险除了用方差外，还要用到协方差，因为证券组合的风险不仅与每种证券的风险有关，还会受证券之间相互关系的影响。证券间的关系对收益的影响用协方差衡量，协方差度量两个随机变量之间的相关性，如证券 X 和证券 Y 之间的收益率的协方差为：

$$COV(X, Y) = E\left\{ \left[R_X - E(R_X) \right] \left[R_Y - E(R_Y) \right] \right\} \tag{9.5}$$

其中：$COV(X, Y)$为证券 X 和证券 Y 之间的协方差，也可以用σ_{XY}表示。协方差为正值时，意味着当 X 的收益率大于其期望值时，Y 的也大于其期望值；X 的收益率小于其期望值时，Y 的也小于其期望值，即两个证券的收益率朝同一个方向变动。协方差为负值时，两个证券的收益率具有反向变动的关系，一个证券收益率的上升代表另一个证券收益率的下降。协方差为零时，表示两个证券之间没有关联，一个证券收益率的变动对另一个证券的收益率没有任何影响。

（3）相关系数。

由于自身的计算特点，协方差具有一个缺陷：当不同资产组合的规模存在差异时，无法根据协方差的大小比较两个组合之间的风险。作为一个无量纲的统计量，相关系数可以解决这个问题。假设σ_X和σ_Y分别为证券 X 和证券 Y 的收益率标准差，σ_{XY}为两种证券之间的协方差，则它们的相关系数ρ_{XY}为：

$$\rho_{XY} = \frac{\sigma_{XY}}{\sigma_X \sigma_Y} \tag{9.6}$$

根据公式很容易判断出相关系数是介于 -1 和 +1 之间的无量纲值。-1 表明两种证券的收益率变化方向完全相反，称为完全负相关；+1 表明收益率变化方向完全相同，称为完全正相关；0 则表示两个收益率之间不存在任何关系。如果相关系数位于（-1，0）区间，则两种证券的收益率存在普通的负相关关系；如果相关系数位于（0，+1），则收益率存在普通的正相关关系。

（4）资产组合的方差。

资产组合的方差并不是各个证券方差的简单加权值，它的大小还会与任意两个证券之间的协方差有关。沿用已有的符号，资产组合的方差可以用下式计算：

$$\sigma_p^2 = E\left\{\left[R_p - E(R_p)\right]^2\right\}$$

$$= \sum_{i=1}^{N} W_i^2 \sigma_i^2 + \sum_{i=1}^{N}\sum_{\substack{j=1 \\ i \neq j}}^{N} W_i W_j \sigma_{ij} \tag{9.7}$$

$$= \sum_{i=1}^{N}\sum_{j=1}^{N} W_i W_j \sigma_{ij} \tag{9.8}$$

【例 9-2】资产组合 P 由三种证券 A、B、C 构成，三种证券的投资金额占总投资额的比例分别为 W_A=0.2、W_B=0.5、W_C=0.3，对应的期望收益率为 $E(R_A)$=12%、$E(R_B)$=8%、$E(R_C)$=16%，计算整个资产组合 P 的期望收益率和标准差。三种证券的方差和协方差由下列协方差矩阵给出（注：为了简便，将矩阵中数字的单位万分之一省略）：

$$\begin{pmatrix} 35 & 43 & 28 \\ 43 & 67 & 59 \\ 28 & 59 & 50 \end{pmatrix}$$

解：①计算期望收益率：

$$E(R_p) = \sum_{i=1}^{N} W_i E(R_i)$$

$$= W_A \times E(R_A) + W_B \times E(R_B) + W_C \times E(R_C)$$

$$= 0.2 \times 12\% + 0.5 \times 8\% + 0.3 \times 16\% = 11.2\%$$

②三种证券的方差与协方差。为了简便起见，上述矩阵已经给出了三种证券的方差与协方差。根据矩阵，三种证券的方差分别为：σ_A^2=35，σ_B^2=67，σ_C^2=50；三种证券每两两之间的协方差分别为：σ_{AB}=43，σ_{AC}=28，σ_{BC}=59。方差与协方差均省略了单位万分之一。

③计算组合的方差：

$$\sigma_p^2 = \sum_{i=1}^{N} W_i^2 \sigma_i^2 + \sum_{i=1}^{N}\sum_{\substack{j=1 \\ i \neq j}}^{N} W_i W_j \sigma_{ij}$$

$$= W_A^2 \sigma_A^2 + W_B^2 \sigma_B^2 + W_C^2 \sigma_C^2 + 2W_A W_B \sigma_{AB} + 2W_A W_C \sigma_{AC} + 2W_B W_C \sigma_{BC}$$

$$= (0.2)^2 \times 35 + (0.5)^2 \times 67 + (0.3)^2 \times 50 + 2 \times 0.2 \times 0.5 \times 43 + 2 \times 0.2 \times 0.3 \times 28$$

$$\quad + 2 \times 0.5 \times 0.3 \times 59$$

$$= 52.31$$

$$\sigma_p = \sqrt{52.31} = 7.23\%$$

3.资产组合与风险分散

用公式（9.7）衡量资产组合的风险时，从公式构成可以发现，资产组合的风险由两部分决定：式子中第一项只与单个证券的风险和投资比例有关，通常称为非系统性风险（non-systematic risk）；第二项不仅取决于单个证券的风险和投资比例，还涉及证券之间的协方差，通常称为系统性风险（systematic risk）。**系统性风险是指一个市场内因多种外部或内部的不利因素经过长时间积累没有被发现或重视，在某段时间共振导致无法控制使金融系统参与者恐慌性出逃（抛售），造成全市场投资风险加大。系统性风险对市场上所有参与者都有影响，无法通过分散投资来加以消除。**

非系统性风险由某一特殊因素引起，这种因素通常只对特定的公司或行业产生影响，不会影响其他公司或行业。非系统性风险可以通过分散投资来降低，如果分散充分有效，就可以消除非系统性风险。因此，非系统性风险又称为可分散风险。系统性风险是由对整个市场都有影响的因素引起的风险，这些因素有国家宏观经济政策、经济周期性变动等，它们来自企业外部，是企业无法控制的因素。系统性风险不可能通过分散投资、建立资产组合而予以降低，因此，系统性风险又被称为不可分散风险。

如果投资者以资产组合方式进行投资，尽管他仍然要承担该组合的风险，但是这种投资方式对于系统性风险和非系统性风险具有不同的分散效果，这可以由公式9.7推导得出：

$$\sigma_p^2 = \sum_{i=1}^{N} W_i^2 \sigma_i^2 + \sum_{i=1}^{N}\sum_{\substack{j=1\\i\neq j}}^{N} W_i W_j \sigma_{ij}$$

$$= \frac{1}{N}\sigma^2 + (1 - \frac{1}{N})\sigma_{ij} \tag{9.9}$$

与公式9.7相似，公式9.9中第一项表示组合的非系统性风险，第二项表示组合的系统性风险。在公式9.9的推导中，假设构成组合P的全部证券等权重，即 $W_i = \frac{1}{N}$。随着组合中包含证券数目N的增加并趋向于无穷大时，$\frac{1}{N}$ 趋向于零，因此第一项 $\frac{1}{N}\sigma^2$ 趋于零，第二项 $(1 - \frac{1}{N})\sigma_{ij}$ 趋于 σ_{ij}。所以整个组合的非系统性风险随证券数目的增加而减少，即非系统性风险被分散。但是，组合的系统性风险在证券数目增加时，并不能完全被消除，而是逐渐收敛于某一个有限数。

公式9.9的推导过程说明任何资产组合的总风险都是由系统性风险和非系统性风险构成，随着组合中证券数目的增加，非系统性风险会减少，直至趋于零，系统性风险则收敛于某一有限数，图9-1描述了这种变化。

资产组合总风险（％）

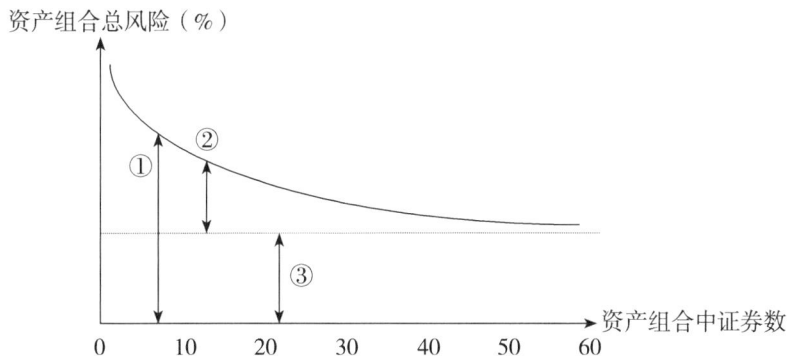

图9-1 资产组合的风险构成

说明：①代表组合的总风险；②代表非系统性风险；③代表系统性风险。

4.两资产组合

以前面对资产组合的描述为基础，现在具体分析资产组合中最简单的一类——两资产组合。假设投资者将资金分散投资于证券1和证券2，投资比重分别为W_1和W_2，满足条件$W_1 + W_2 = 1$，则两资产组合的期望收益率为：

$$E(R_p) = W_1 \times R_1 + W_2 \times R_2$$
$$= W_1 \times R_1 + (1 - W_1) \times R_2 \tag{9.10}$$

组合的方差为：

$$\sigma_p^2 = W_1^2 \times \sigma_1^2 + W_2^2 \times \sigma_2^2 + 2W_1 \times W_2 \times \sigma_{12}$$
$$= W_1^2 \times \sigma_1^2 + (1 - W_1)^2 \times \sigma_2^2 + 2\rho_{12} \times W_1 \times (1 - W_1) \times \sigma_1 \times \sigma_2 \tag{9.11}$$

其中：ρ_{12}为证券1和证券2之间的相关系数，取值范围为-1到+1。

ρ_{12}的取值有三个特殊情形，分别是完全不相关（0）、完全负相关（-1）和完全正相关（+1），于是，式9.11就可以简化为三个特例：

当$\rho_{12}=0$时，$\sigma_p^2 = W_1^2 \times \sigma_1^2 + W_2^2 \times \sigma_2^2$

当$\rho_{12}=-1$时，$\sigma_p^2 = (W_1 \times \sigma_1 - W_2 \times \sigma_2)^2$

当$\rho_{12}=+1$时，$\sigma_p^2 = (W_1 \times \sigma_1 + W_2 \times \sigma_2)^2$

将ρ_{12}分别在-1到+1之间赋值，便可得到两资产组合风险与收益的关系，如图9-2所示：

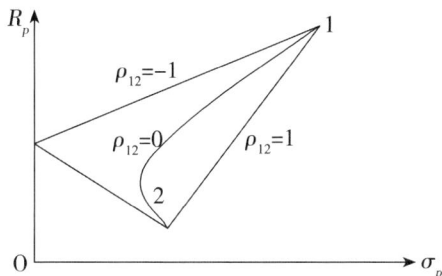

图9-2 两资产组合收益与风险的关系

由图9-2可以看出：所有两资产组合曲线都通过1和2两点（1点表示只投资于证券1，2点表示只投资于证券2）。无论相关系数ρ取什么值，组合曲线都向左凸出，其凸出的程度由 ρ 决定：ρ 越小，凸出的程度越大，当 $\rho=-1$ 时，达到最大曲度（一条折线）；ρ 越大，曲线越显得平滑，当 $\rho=1$ 时，曲线最为平滑（一条直线）。

9.2.3 最佳风险资产组合

上一节分析了资产组合的收益和风险及衡量方法，通过讨论发现资产组合可以分散投资的非系统性风险。但是，投资者需要考虑的是，如何在众多选择中挑选适当的证券构造资产组合，实现既定收益率下风险最小或既定风险下收益率最大的目标。如果投资者对每一种可能的组合都加以分析评估，工作量是非常大的。幸运的是，利用马柯维茨提出的有效集（组合）理论，投资者无须对所有资产组合一一评估，就能够解决证券的选择问题。

1.有效集理论

（1）可行集。

为了说明有效集理论，必须从可行集开始。面对可供选择的 N 种证券，投资者投资于每种证券的资金比例的变动，将产生无数的资产组合，每种组合都有对应的收益和风险。可行集就是由 N 种证券构成的所有组合的集合，它包含了现实生活中所有可能的组合，任何一个组合都位于可行集的内部或边界上。一般来说，以标准差为横轴，期望收益率为纵轴描述的可行集呈现伞状，如图9-3所示。随着可供选择证券的变化，可行集的图形会有所调整，但是它的伞形图案不会发生根本性变化。

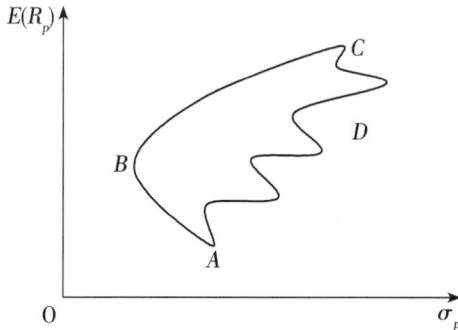

图9-3　可行集

（2）有效集。

可行集包含所有可能的资产组合，但是投资者没有必要也不可能对所有的组合都进行分析。对理性投资者而言，他们总是厌恶风险而追求收益最大化，所以，他们只会选择同样收益率水平下具有最小风险的组合，或者选择同样风险水平下具有最大收益率的组合。可行集中能够同时满足这两个条件的资产组合的集合称为有效集（efficient set）。

显然，有效集是可行集的一个子集，下面讨论如何在可行集中确定有效集的位置。

首先考虑同样收益率水平下具有最小风险的组合。在所有组合中，A点的期望收益率最小，C点的期望收益率最大。因此，对各种期望收益率而言，从A点到C点的范围包含了各种资产组合能够提供的期望收益率。在此范围内，任意作一条横轴的平行线，发现在既定的期望收益率水平下，具有最小风险的资产组合总是位于从A点经B点到C点的曲线段上。因此，满足第一个条件的组合位于可行集中从A点到C点的左边界上。

接着考虑同样风险水平下具有最大收益率的组合。在所有组合中，B点的风险最小，D点的风险最大。因此，从B点到D点的范围包含了各种资产组合所能提供的风险。在此范围内，任意作一条纵轴的平行线，发现在既定的风险水平下，具有最大期望收益率的资产组合总是位于从B点经C点到D点的曲线段上。因此，满足第二个条件的组合位于可行集中从B点到D点的上方边界上。

由于有效集是同时满足以上两个条件的可行集，因此有效集应该是曲线段AC和BD的交集，也就是曲线段BC，其他可行集都无法同时满足这两个条件，投资者只需要对BC上的资产组合进行分析评估就好。

从图9-3看到，有效集曲线是一条向上倾斜且向上凸的曲线，曲线上不可能有凹陷。有效集曲线的这些特征在推导最佳资产组合时将会具有决定性作用。

2.无差异曲线

对任何一个厌恶风险而追求收益最大化的投资者来说，风险越小或收益率越大，代表的投资效用越大。但是，不同的投资者对风险的厌恶程度或对收益的偏好程度存在差异，这时需要用无差异曲线（indifference curve）反映这种差异。无差异曲线代表了能够使投资者得到相同期望效用的资产组合的集合，同可行集一样，可以在标准差-期望收益率坐标上表示，如图9-4所示。

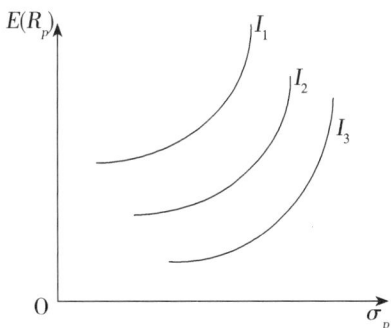

图9-4 无差异曲线

无差异曲线的第一个特征是曲线斜率为正，并且一般凸向右下方。对投资者而言，风险代表负效用，收益代表正效用，按照期望收益的边际效用递减规律，为了吸引投资者承受更高的风险，必须提供更高的收益率。表现在图形上，就是曲线的斜率为正值，期望收益率随标准差的增加而增加。

第二个特征是一条曲线对应一定的期望效用，越靠近左上方的曲线代表的期望效用越大。三条曲线 I_1、I_2、I_3 中，I_1 代表的期望效用最大。

第三个特征是无差异曲线越陡峭，表明投资者越厌恶风险。无差异曲线的斜率代表风险和收益之间的替代率，斜率越大，相同风险对应的收益率越高。对风险厌恶者而言，为了让他们多承受同样的风险，提供的收益必须相应提高。如图9-5所示，投资者 A 比投资者 B 更厌恶风险。

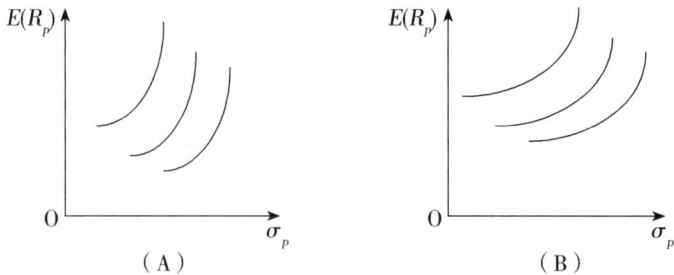

图9-5　投资者的风险厌恶程度

3.最佳风险资产组合的确定

确定了有效集的位置后，投资者就可以根据个人对风险的偏好程度，在有效集曲线上寻找能够使投资效用最大化的资产组合。如图9-6所示，这个组合位于有效集与无差异曲线的切点 P 上（这里仅讨论不允许卖空情况下的最佳组合）。

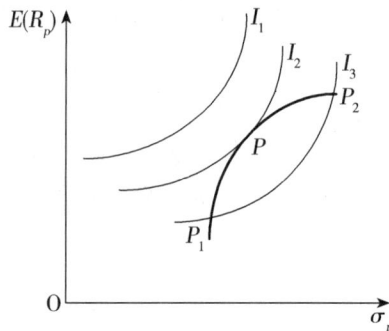

图9-6　最佳组合的确定

图9-6中，有效集曲线与无差异曲线 I_3 交于 P_1、P_2 两点，与 I_2 切于 P 点，所以这三点代表的资产组合都是有效组合。但是由于 I_2 位于 I_3 的左上方，P 点资产组合的期望效用大于 P_1 和 P_2 点的资产组合，因此，投资者会选择组合 P。虽然 I_1 代表的期望效用最大，但它与有效集并没有交点或切点，能够产生更大效用的组合无法达到，因此，投资者的最佳资产组合只能是无差异曲线 I_2 与有效集曲线的切点 P。而且，由于无差异曲线下凸，有效集曲线上凸，决定了两者之间有且仅有一个切点，对任何投资者而言，最佳资产组合总是唯一的。

【例9-3】假设有三种风险资产 A、B 和 C，它们的期望收益率分别为4%、8%、12%，方差分别为0.25、0.64、0.36，其中的协方差为 $\sigma_{AB}=0.24$、$\sigma_{BC}=0.16$、$\sigma_{AC}=0.40$。给定组合的期望收益率为10%，求出这三种风险资产的最佳资产组合。

解：将题目给出的条件代入方程组中，就可以求出每种风险资产在最佳组合中所占的权数 W_A、W_B 和 W_C。

$2 \times 0.25 \times W_A + 2 \times 0.24 \times W_B + 2 \times 0.40 \times W_C + 0.04 \times \lambda_1 + \lambda_2 = 0$

$2 \times 0.24 \times W_A + 2 \times 0.64 \times W_B + 2 \times 0.16 \times W_C + 0.08 \times \lambda_1 + \lambda_2 = 0$

$2 \times 0.40 \times W_A + 2 \times 0.16 \times W_B + 2 \times 0.36 \times W_C + 0.12 \times \lambda_1 + \lambda_2 = 0$

$0.04 \times W_A + 0.08 \times W_B + 0.12 \times W_C = 0.10$

$W_A + W_B + W_C = 1$

解方程组得：

$W_A = 6.06\% \quad W_B = 37.88\% \quad W_C = 56.06\%$

根据计算结果知道，当投资者将全部资金的 6.06% 投资于风险资产 A，37.88% 投资于风险资产 B，56.06% 投资于风险资产 C，所获得的资产组合能以最小的风险实现 10% 的期望收益率。

9.2.4　无风险资产与风险资产组合

前面的讨论都集中于风险资产，而没有考虑无风险资产的情况。现在引入无风险资产，在允许投资者进行无风险贷款或无风险借款的情况下，探究有效集曲线和最佳资产组合会发生怎样的变动。

1. 无风险资产

无风险资产是指未来收益率固定不变、不存在任何不确定性的资产或证券。实践中常常将国库券视为无风险资产，因为一方面它不可能违约，另一方面短期内物价水平趋向稳定，利率变动引发市场风险的概率可以忽略不计。

当存在无风险资产时，投资者可以对无风险资产和风险资产进行配置，形成新的资产组合。无风险贷款就是将一部分资金投资于无风险资产，将其余部分投资于风险资产；无风险借款就是按照无风险利率借入一部分资金投资于风险资产。无风险资产的引入使可供投资者选择的资产组合发生变动，因此，由有效集曲线与无差异曲线的切点决定的最佳组合也将发生变化，下面从无风险贷款与无风险借款两方面加以讨论。

2. 允许无风险贷款

（1）允许无风险贷款时的有效集曲线。

引入无风险贷款后，投资者可以将部分资金投资于无风险资产，将其余部分投资于风险资产。假设投资者将资金中的 W 部分投资于无风险资产 F，则有（$1-W$）部分投资于风险资产 K，K 是有效集曲线上的任意一个组合（其中 P 是 K 的一个特例，它是过 F 点的直线与风险资产有效集曲线的切点）。于是有，该投资者的资产组合 T 的期望收益率和标准差的关系如图 9-7 所示，无风险资产 F 和风险资产 K 构成的资产组合 T 位于连接 F 和 K 之间的线段上，T 点的具体位置取决于投资比例 W，其中 F 点代表无风险资产。

考虑无风险贷款后，有效集曲线由线段 FP 和曲线 PB 构成，其中的线段 FP 代表无风险资产 F 和 P 组合构成的资产组合。

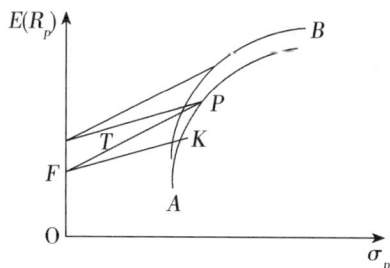

图9-7　无风险资产与有效集

（2）允许无风险贷款时最佳资产组合的确定。

引入无风险贷款后，有效集发生了变化，由有效集与无差异曲线的切点决定的最佳资产组合也会改变，但是这种变化只对部分投资者产生影响。按照投资者偏好的不同，可以分为两种情况。如果投资者比较厌恶风险，则这部分投资者的最佳资产组合如图9-8（A）所示。如果投资者对风险的厌恶程度较低，他的无差异曲线与有效集的切点的位置在曲线PB上，引入无风险贷款导致有效集的变动对这部分投资者不会产生影响，如图9-8（B）所示。

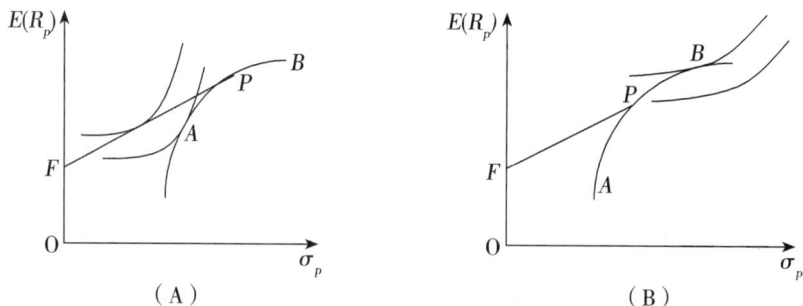

（A）

（B）

图9-8　无风险贷款下最佳组合的确定

3.允许无风险借款

（1）允许无风险借款时的有效集曲线。

如果允许无风险借款，投资者将按照无风险利率借入资金投资于风险资产，从而投向风险资产的资金比例大于1。这时可以将无风险借款看成负的无风险贷款，即在无风险资产和风险资产构成的组合T中，投资于无风险资产的比例$W<0$。如图9-9所示，与允许无风险贷款时相同，无风险借款将对有效集产生部分影响，有效集曲线由曲线AP和射线PC构成的，其中的射线PC代表无风险资产F和P组合构成的资产组合。

（2）允许无风险借款时最佳资产组合的确定。

与允许无风险贷款时一样，有效集曲线变动将只对部分投资者产生影响。对于风险厌恶程度较低的投资者而言，其最佳资产组合包括无风险借款和风险资产，如图9-10（A）所示。对于风险厌恶程度较高的投资者而言，无差异曲线与有效集的切点的位置在曲线AP上，引入无风险借款导致有效集曲线的变动对这部分投资者将不产生影响，如图9-10（B）所示。

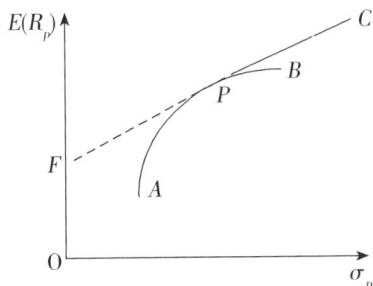

图 9-9 允许无风险借款时的有效集

综上所述，如果同时允许无风险贷款与无风险借款，则投资者的有效集曲线将变成一条直线，它经过无风险资产 F，和原有效集曲线相切于 P。这时，对所有类型的投资者而言，有效集曲线的变动都会影响他们的投资组合，需要重新进行组合构造，确定最佳组合。

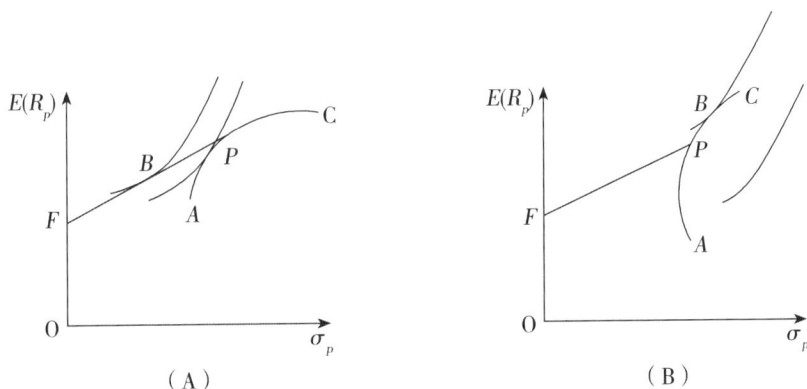

图 9-10 无风险借款下最佳组合的确定

§9.3 资本资产定价模型

9.3.1 资本资产定价模型概述

上一节介绍了资产组合理论，阐述投资者如何根据有效集曲线与无差异曲线的切点确定最佳资产组合。作为资产组合理论的发展和延伸，资本资产定价模型（Capital Asset Pricing Model，CAPM）最早由威廉·夏普（William Sharpe）于 1964 年提出，林特纳、莫欣等随后进行了一些完善。该模型主要用于描述均衡市场中，资产的期望收益率与风险之间的关系，即如何根据资产的风险大小进行合理定价。1990 年，威廉·夏普与哈里·马柯维茨、默顿·米勒共同获得了诺贝尔经济学奖。

资本资产定价模型主要由资本市场线（capital market line，CML）与证券市场线（security market line，SML）组成。该理论与有效市场假说是两个最重要的资本市场理论，其他理论都是在它们的基础上发展起来的，因而共同构成了现代金融市场理论的基石。

9.3.2 资本市场均衡

1.资本资产定价模型的假设条件

为了便于分析资本市场均衡状态下各变量之间的内在关系，资本资产定价模型首先提出了如下假设：

（1）资本市场不存在摩擦。摩擦指的是对整个市场的信息和资金自由流动设置的障碍，没有摩擦的市场将不存在与交易有关的费用，也没有对红利、股息和资本收益的税收，同时每位投资者都可以及时获取免费信息，能够无限制地买卖资产。

（2）投资者根据资产组合理论做出投资决策。与资产组合理论相似，任何一位投资者都根据期望收益率和方差进行资产选择，他们都是风险厌恶者，总是希望自己的投资组合在相同方差下具有最大期望收益率或者在相同收益率下具有最小方差。因此，为了做出决策，投资者只需要了解资产的期望收益率和方差。

（3）投资者具有同质预期。根据已有假设，所有投资者都能获得相同信息，并且他们都按资产组合理论进行投资决策，运用同一种方法估计的期望收益率和方差自然相同，投资者最后会得到一样的预期。

（4）单一的投资期限。对所有投资者而言，他们的投资期限都一样，而且在这一期间资本市场的投资机会成本不变。投资者都在投资期的期初计划并实施投资策略，直到期末获取投资收益。

（5）存在无风险资产。资本市场上的资产借贷利率相等，投资者可以按同一利率水平无限制地借贷无风险资产。

2.分离定理

根据以上假设条件，投资者将得到相同的期望收益率和方差，由此，按照现代资产组合理论，投资者具有相同的有效集曲线。根据上一节的分析，在引入无风险资产后，投资者的有效集曲线会发生变化，在投资者可以按照相同利率进行无风险借贷的前提下，他们的有效集曲线和切点组合仍然保持一致。因此，无论是否存在无风险资产，不同投资者最终选择的组合出现差异只能是因为他们的风险厌恶程度不同，即他们有不同的无差异曲线。无差异曲线斜率的不同使得投资者的最佳资产组合出现差异，但是任何一位投资者的风险资产组合的构成却是一样的（如图9-11中的 P 点）。也就是说，尽管每位投资者的最佳资产组合会有差异，但是，他们的最佳资产组合都由无风险资产与风险资产组合构成，其中风险资产组合的构成一样。每位投资者都选择由相同风险资产和无风险资产构成的最佳资产组合，差别仅在于不同最佳组合中的资金分配不同。**这就是分离定理，即最佳资产组合的确定与投资者的风险偏好无关，投资者需要做的只是根据风险偏好确定最佳组合中无风险资产与风险资产组合各自的投资比例。**

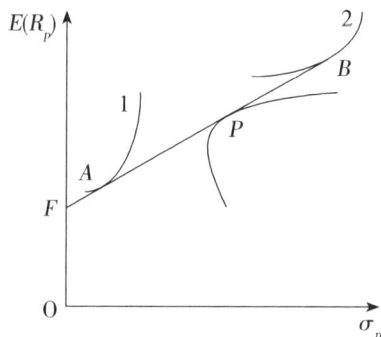

图 9-11　分离定理下的切点组合

分离定理可以用图 9-11 描述。图中的曲线 1 代表风险厌恶程度较高投资者的无差异曲线，他的最佳资产组合是 A 点，也就是说，该投资者将部分资金投资于无风险资产，剩余部分用于风险资产组合。曲线 2 代表风险厌恶程度较低投资者的无差异曲线，他的最佳资产组合是 B 点，即他会借入部分无风险资产投资于风险资产组合。虽然 A 点和 B 点的位置不同，但是它们处于同一条直线上，它们都是由无风险资产 F 与同一个风险资产组合 P 构成。因此，对具有不同风险偏好程度的投资者而言，他们的最佳组合中的风险资产组合都是 P。

根据分离定理，投资者确定最佳组合的过程实际上分为两步：首先，确定风险资产组合。这一过程与投资者的风险偏好无关，对不同投资者而言，大家的选择都一样，因此可以参考专业人士的分析结论。然后，投资者需要根据各自的风险偏好将资金分配于风险资产组合与无风险资产之间，构建一个最佳资产组合。

3.市场组合

分离定理不仅决定了投资者的最佳组合，而且保证在均衡状态下，投资组合包含了市场上任何一种证券（均衡状态指市场上的供给等于需求的情况）。这是因为，根据分离定理，每位投资者的投资组合中都包含相同的风险资产组合 P。如果一种证券在组合 P 中所占的比重为零，这意味着市场上没有哪位投资者会持有这种证券，即它的市场需求量为零，该证券的价格自然会下降，引发证券收益率的上升。当证券收益率上升到一定程度后，受高收益率的吸引，投资者会开始在风险资产组合 P 中包含该种证券，该种证券被纳入投资组合。因此，在市场达到均衡状态、证券价格保持稳定水平时，投资组合应该包含市场上所有的证券。

同理，均衡状态下，风险资产组合 P 中每种证券的资金分配比例必须等于各种证券总市值与全部证券总市值的比例。因为，如果组合 P 中某种证券的资金分配比例低于该证券总市值与全部证券市值的比例，对该种证券的需求量就小于市场上该种证券的供给量。供需不平衡的情况下，市场的均衡状态就无法维持，证券的价格必须做出相应的调整，以引导投资者改变对证券的需求量或供应量。这种价格调整在供需达到平衡时才会停止，此时证券在组合 P 中的比例肯定等于该证券总市值与全部证券总市值的比例。

综合以上两点：**均衡状态下，投资者最佳组合中的风险资产组合由市场上的所有证券构成，而且其中任何一种证券的资金分配比例都等于该证券总市值与全部证券总市值的比例**。这种证券组合就称为市场组合，通常用字母M表示。从图形上看，无差异曲线与有效集曲线的切点代表的投资组合P就是市场组合。理论上，市场组合应该包含市场上所有的证券，但在现实世界中，由于构造组合的成本问题以及投资者自身的限制，很难做到这一点。为了尽可能恰当地代表市场上的全部证券，实践中常常用一些指数近似代替市场组合。这些指数在编制时一般都选择具有一定代表性的证券，它们能够比较合理地反映市场组合的大部分信息，从而可以作为市场组合的近似替代，如我国的沪深300指数与美国的S&P500指数。

9.3.3　资本市场线

由上述分析可以知道，当市场达到均衡状态时，市场组合就是无差异曲线与有效集曲线的切点组合，它代表任何一位投资者的风险资产组合。**投资者在选择最佳组合时，只需要在无风险资产F与市场组合M之间分配资金就可以了，因此，连接F和M的直线可以表示任意一位投资者的最佳组合，这条直线就是资本市场线（CML）**。以期望收益率和标准差为坐标轴，资本市场线表明在均衡状态下，任何一个最佳组合都是由市场组合M与无风险资产F构成，如图9-12所示。

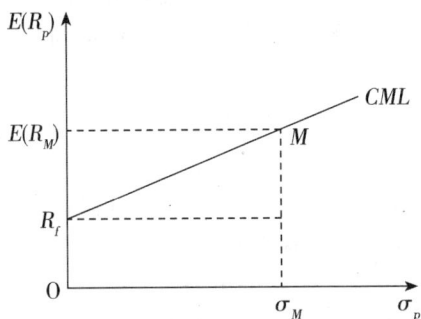

图9-12　资本市场线

由图9-12可知，资本市场线的斜率等于市场组合的期望收益率与无风险资产收益率之差除以它们的标准差之差，即 $[E(R_M) - R_f]/\sigma_M$。同时，资本市场线与纵轴的截距为 R_f，所以可以写出资本市场线的表达式：

$$E(R_p) = R_f + \frac{E(R_M) - R_f}{\sigma_M} \times \sigma_p \tag{9.12}$$

其中：$E(R_p)$ 和 σ_p 分别为投资组合的期望收益率和标准差。

公式中资本市场线的斜率 $[E(R_M) - R_f]/\sigma_M$ 为市场组合的单位风险报酬，也称夏普比率，主要用于度量增加单位风险所需要增加的期望收益率。

由公式9.12可以看出，市场的均衡状态由无风险利率 R_f 和单位风险报酬表示，它们分别描述时间报酬和风险报酬的大小。前者度量资金的时间价值，后者度量承担单位风险所要求的回报。第6章第4节基金业绩评价就用到了夏普比率。

9.3.4　证券市场线

资本市场线描述的是均衡状态下，由多个资产构成的有效组合的期望收益率与标准差之间的关系，但是，它并没有给出单个证券的情况。资本市场线上的每一点描述的都是一个有效资产组合的期望收益率与标准差之间的关系，因为单个证券不可能是一个有效组合，所以它们不会出现在资产市场线上。为了表示单个证券期望收益率与标准差之间的关系，有必要引入证券市场线这一概念。

1.单个证券的风险

在介绍证券市场线之前，先分析单个证券的风险度量问题。

资本市场线给出了有效组合的期望收益率与风险的关系：期望收益率与风险之间具有线性关系，随着风险的增加，期望收益率也将增加。这种关系存在的前提是，资本资产定价模型中假定，对于有效组合，可以用标准差衡量投资者承担的具有收益回报的风险，然而对于单个证券，就不能再用标准差衡量投资者承担的这种风险。造成差别的原因是单个证券的风险总是包含系统风险和非系统风险，在均衡市场上，只有系统风险能够得到补偿，非系统风险与收益无关。有效组合中的非系统风险通常已经被完全分散，剩下的只有可以带来收益的系统风险，所以可以用标准差衡量有效组合的风险。单个证券中存在的非系统风险并不能为投资者带来任何收益，只有系统风险才在某种意义上代表投资者的期望收益率，所以，对于单个证券，只需要了解它们的系统风险与期望收益率之间的关系。有效组合的标准差是由每个单独的证券分别贡献形成，单个证券的总风险中只有对有效组合的标准差有贡献的部分才能获得收益，单个证券的总风险中对有效组合的风险具有贡献的部分，即市场组合的方差由证券 i 与市场组合 M 之间的协方差 σ_{iM} 来表示：

$$\sigma_M^2 = W_{1M}\sigma_{1M} + W_{2M}\sigma_{2M} + \cdots + W_{NM}\sigma_{NM}$$

$$= \sum_{i=1}^{N} W_{iM}\sigma_{iM} \tag{9.13}$$

公式 9.13 表明，市场组合的方差等于所有证券与市场组合协方差的加权平均值，权数为证券在市场组合中的比重，即可以用单个证券与市场组合之间的协方差衡量该种证券对市场组合方差的贡献大小。

由此可见，在衡量市场组合的风险时，重要的不是各种证券的总风险，而是各种证券与市场组合的协方差。所以，具有较高风险的证券不一定会有较高的期望收益率，具有较低风险的证券的期望收益率不一定会比较低。单个证券的风险水平应该由其与市场组合的协方差衡量。

2.证券市场线

由于单个证券的风险可以通过其与市场组合的协方差衡量，所以，具有较大协方差的证券必须提供较高的收益率以弥补投资者承受的高风险。对于任何一种证券，如果它的收益率低于与其自身风险相符的收益率，投资者就会选择把这种证券从投资组合中剔除。投资者的出售行为将直接导致证券价格下降，从而证券收益率上升。当收益率上升到适当水平，投资者才会重新购买这种证券，此时市场重新达到均衡。同样，如果某种证券的收益率高于与其自身风险相符的收益率，投资者就会扩大组合中该种证券的比重，需求量的增加会提高证券的价格，导致证券收益率下降。当收益率下降到适当水平，投资者会停止购买这种证券，此时市场实现新的均衡。在均衡状态下，与资本市场线一样，单个证券的收益和风险的关系也可以用一个直线方程描述：

$$E(R_i) = R_f + \frac{[E(R_M) - R_f]}{\sigma_M^2} \times \sigma_{iM}$$

$$= R_f + [E(R_M) - R_f] \times \beta_i \tag{9.14}$$

公式9.14就是资本资产定价模型的最普通形式——**证券市场线（SML）**，它表明在市场达到均衡时，任何一种证券的期望收益率都由两部分组成：一是无风险收益率R_f，二是风险溢价$[E(R_M) - R_f]$。

证券市场线中，$\beta_i = \dfrac{\sigma_{iM}}{\sigma_M^2}$，是证券i对市场组合风险的贡献度，被称为$\beta$系数。

公式9.14还可写为：

$$E(R_i) - R_f = [E(R_M) - R_f] \times \beta_i \tag{9.15}$$

公式9.15左边代表证券i的超额收益率，等式右边的$(E(R_M) - R_f)$代表市场组合的超额收益率。整个公式说明任何一种证券的超额收益率都是以市场组合的超额收益率为基础，根据各自的风险大小β_i进行适当调整得到。

对于证券市场线而言，如果以期望收益率为纵轴、协方差为横轴在坐标图中将每个证券期望收益率与协方差的关系表示出来，所有证券肯定会位于同一直线上，如图9-13（A）所示。直线上的点M代表市场组合，对应的纵轴上的值为市场组合的期望收益率$E(R_M)$，横轴上的值为市场组合的方差σ_M^2。可以根据证券协方差的大小判断他们在直线上所处的位置：协方差σ_{iM}小于σ_M^2的证券位于M点的左下方，大于σ_M^2的证券位于M点的右上方。因此，具有相同协方差的证券必定在证券市场线上的同一位置，即他们应该提供相同的期望收益率。

如果以期望收益率为纵轴、贝塔值为横轴在坐标图中描述证券期望收益率与协方差的关系，可以得到图9-13（B）。此时，市场组合M的贝塔值为1，因为市场组合自身与自身的协方差就是市场组合的方差，由协方差与方差相除得到的市场组合的贝塔值自然为1。与图9-13（A）相似，可以根据证券贝塔值的大小判断他们在直线上所处的位置：贝塔值小于1的证券位于M点的左下方，大于1的证券位于M点的右上方。投资者习惯上将β值小于1的证券称为防御性证券，等于1的称为中性证券，大于1的称为攻击性证券。

3.证券市场线与资本市场线

与资本市场线一样，证券市场线也可以用于描述有效组合的收益率与风险的关系。

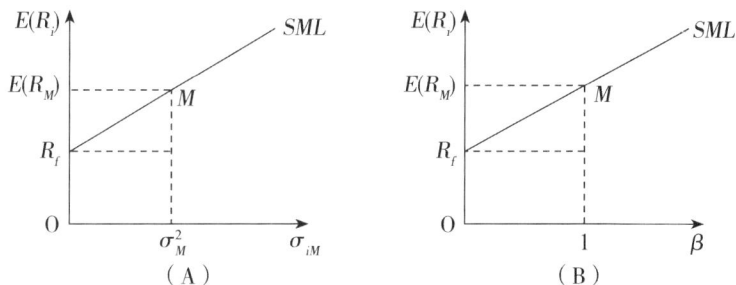

图 9-13 证券市场线

但与资本市场线不同的是，证券市场线还可以描述单个证券的收益率与风险的关系，或者说所有的证券都可以在证券市场线上找到对应的点。所以，资本市场线给出有效组合的期望收益率与标准差之间的线性关系，证券市场线同时给出单个证券和有效组合的期望收益率与方差之间的线性关系。

对证券市场线而言，有效组合在期望收益率-贝塔值坐标图中的位置与单个证券一样，都在证券市场线上。但是，对资本市场线而言，情况就有些不同。单个证券在期望收益率-标准差坐标图中的位置与有效组合不一样，单个证券不会落在资本市场线上，而是在资本市场线的下方。原因很简单，与有效组合相比，具有相同总风险的单个证券只能获得较小的期望收益率。单个证券的总风险中有一部分是没有回报的非系统风险，有效组合的总风险不包含非系统风险，有效组合自然能够获得高一些的期望收益率。

资本资产定价模型的假设条件与现实情况存在差距。为了简化问题进行适当的假定是必要的，但是这些假设也导致了资本资产定价模型在实际运用中的缺陷，于是对资本资产定价模型的某些假设条件逐步放松，得到资本资产定价模型的扩展模型，如放松了无风险资产一定存在的假设，得到零贝塔模型；在考虑投资风险时，除了证券价格变动，加入未来收入水平变化、未来物价水平变化等引起的风险，得到多要素资本资产定价模型；放松不存在市场摩擦的严苛假设，推导出存在税收时的模型等。对于扩展模型的详细介绍，有兴趣的读者可以参考金融市场学与投资学相关教材或文献。

4.资本资产定价模型的应用

（1）β 系数测度投资风险。

资本市场线刻画了有效资产组合的风险溢价，是资产组合标准差的函数，标准差被用于测度有效分散化的资产组合的风险。而证券市场线则刻画单项资产的风险溢价。测度单项资产风险的工具则是资产对于资产组合方差的贡献度（即 β 值）。而证券市场线为评估投资业绩提供了基准，一项投资的风险确定，以 β 值测度其投资风险，证券市场线就能得出投资者为补偿风险所要求的期望收益和货币的时间价值。第6章第4节基金业绩评价用到的特雷诺比率，其原理就是证券市场线与 β 系数。

（2）α 值寻找错误定价股票。

资本资产定价模型在资金管理中的应用则表现为，若将证券市场线作为估计风险资产正常收益的基准，则证券分析的目的在于推测证券的实际期望收益。若某只股票被认为是好股票，即认为其价格被低估，那么就会有偏离证券市场线给定的正常收益的超额期望收益出现，这一期望收益大于资本资产定价模型给出的值，价格高估的股票期望收益则低于证券市场线给出的值。

股票实际期望收益率同正常期望收益率之间的差，称之为 α。比如，市场期望收益率为10%，某只股票的 β 值为1.5，短期国库券利率为4%，则根据证券市场线可得这只股票的期望收益率为13%。而若某投资者估计这只股票的收益率为15%，就意味着 $\alpha=2\%$。有人认为资产组合管理的起点是一个消极的市场指数组合。资产组合管理人只是不断地把 $\alpha>0$ 的证券融进资产组合，同时把 $\alpha<0$ 的证券剔出组合。

α 经常用于对组合业绩进行评价，这种方法就是詹森测度（见第6章第4节），如果某基金构建的组合实现了正的 α，就表明该基金取得了高于市场平均收益的收益。

（3）预测必要收益率（资本化率）。

另外，资本资产定价模型还用于资本预算决策。对一个考虑新项目的企业而言，资本资产定价模型给出了该新项目基于 β 值应有的必要收益率。这一收益率是投资者基于投资风险可以接受的收益率。管理人可利用资本资产定价模型得到内部收益率（IRR）的临界值或此项目的必要收益率。

★ 本章小结

本章对三个重要的资本市场理论进行了全面、系统的介绍。

有效市场假说是关于市场信息处理有效性的理论。该理论认为，股价会充分、及时地反映所有的相关信息，股价偏离基本价值是因为信息的不对称或对信息的理解差异所导致的。随着时间的推移与信息的获得，股价会回归基本价值。根据股价对信息的反映程度，有效市场可分为弱式有效市场、半强式有效市场和强式有效市场。

现代资产组合理论根据风险分散原理，用期望收益率和收益率方差分别衡量资产组合的预期收益和风险，运用均值方差模型构建资产组合，分散非系统性风险。

资本资产定价模型（CAPM）描绘了在均衡状态下资产（含有效组合）的期望收益率与其风险之间的线性关系。其中，资本市场线描绘的是有效组合的期望收益率与其标准差（总风险）之间的线性关系；证券市场线描绘的是单个或组合资产的期望收益率与其 β 系数（系统性风险）之间的线性关系。

资本资产定价模型自提出以来就受到了学术界与实务界的广泛关注。很多学者通过放松CAPM的假定进行了大量研究，相继提出了一些CAPM扩展模型。现在，CAPM模型及其扩展模型被广泛运用于资产定价、业绩评价、投资分析和财务分析等诸多领域。

★ 综合训练

9.1 单项选择题

1.如果有效市场假设成立，说法正确的是（   ）。

A.未来事件能够被准确地预测

B.价格能够反映所有可得到的信息

C.证券价格由于不可辨别的原因而变化

D.价格保持不变

2.有效市场的支持者极力主张（   ）

A. 主动性的交易策略　　　　　　B. 投资于指数基金

C. 只进行单一证券的投资　　　　D. 短线交易

3.假定某公司向它的股东们宣布发放一大笔意想不到的现金红利。在没有信息泄露的有效市场上，投资者可以预测（   ）。

A.在公布时有大幅的价格变化　　B.在公布时有大幅的价格上涨

C.在公布后有大幅的价格下跌　　D.在公布后没有大幅的价格变动

4.不知足且厌恶风险的投资者的偏好无差异曲线具有的特征是（   ）。

A.无差异曲线向左上方倾斜

B.收益增加的速度快于风险增加的速度

C.无差异曲线之间可能相交

D.无差异曲线位置与该曲线上的组合给投资者带来的满意程度无关

5.证券市场线描述的是（   ）。

A.证券的预期收益率与其系统风险的关系

B.市场组合是风险性证券的最佳资产组合

C.证券收益与指数收益的关系

D.由市场组合与无风险资产组成的完整的资产组合

6.如果无风险利率为6%，市场组合M预期收益率为14%，某有效组合P的预期收益率为18%。根据CAPM模型，组合P的β值等于（   ）。

A.0.5　　　　　　　B.1　　　　　　　C.1.5　　　　　　　D.2

9.2 多项选择题

1.关于弱式有效市场假说，表述正确的有（   ）。

A.技术分析无效

B.基本面分析无效

C.能够根据股票的历史价格信息对未来的价格进行预测

D.在类似美国这样的发达资本市场上，可以认为市场已经达到弱式有效

2.因为在组合理论和CAPM模型中做出原创性贡献而获诺贝尔经济学奖的是（   ）。

A.尤金·法玛　　　　　　B.哈里·马柯维茨　　　　　C.威廉·夏普

D.赫伯特·西蒙　　　　　　E.罗伯特·希勒

3.关于CAPM模型，说法错误的有（　　）。

A.β值为0的股票的预期收益率为0

B.CAPM模型表明如果要投资者持有高风险的证券，相应地也提供更高的回报率

C.通过将0.75的投资预算投入到国库券，其余投入到市场组合，可以构建β值为0.75的资产组合

D.根据CAPM模型，一个资产组合的总风险很高的时候，必然会带来很高的收益

4.下列关于市场组合的说法，正确的有（　　）。

A.它包括所有证券

B.它在有效边界上

C.市场组合中所有证券所占比重与它们的市值成正比

D.它是资本市场线和无差异曲线的切点

E.以上各项都正确

5.市场组合的风险溢价将和（　　）成比例。

A.投资者整体的平均风险厌恶程度　　B.市场组合的风险即它的方差

C.用β值测度的市场组合的风险　　D.市场组合的标准差

9.3　思考题

1.一个成功的企业（例如微软）长年取得巨额的利润。这是否意味着违背了市场有效假定？

2.积极投资策略与消极投资策略各自的核心思想与方法。

3.短期国库券（被认为是无风险的）的收益率约为5%。假定一个β值为1的资产组合市场要求的期望收益率是12%，根据证券市场线模型，回答：

（1）市场组合的预期收益率是多少？

（2）β值为0的股票的预期收益率是多少？

（3）假定投资者正考虑买入一股票，价格为40元。该股票预计来年派发红利3元。投资者预期可以以41元卖出。股票的β值为-0.5，该股票是被高估还是低估了？

4.无风险收益率为7%，市场期望收益率为15%。假定某证券期望收益率为12%，其β值为1.3。那么作为一个理性的投资者会怎么做，为什么？

5.写出资本市场线和证券市场线的表达式，并解释两者的涵义。

6.有效市场假说在目前遭遇了哪些挑战？

7.假设你管理的风险资产组合和无风险资产的信息如下：风险资产组合P预期收益率为11%，标准差15%，无风险利率5%。（1）你的委托人要把他总投资预算的多大一部分投资于你的风险资产组合P中，才能使他的总投资预期回报率达到8%？他在风险资产组合P上投入的比例是多少？在无风险资产上又是多少？（2）他的投资回报率的标准差是多少？

第10章

金融资产价值分析

★ 导读

价格机制是金融市场运行机制的核心。金融资产的价值决定是金融市场学中最复杂、最难，同时也是最重要的问题。本章运用理论与实践相结合的方法，对债券、普通股、期权这几个主要金融资产的价值或价格决定进行系统的阐述。通过本章的学习，读者应达到如下目标：

1. 掌握债券的定价原理与债券价格的利率敏感性。
2. 运用股息贴现模型、市盈率模型与自由现金流分析法分析普通股的价值。
3. 掌握期权价值的构成与影响因素。

★ 关键概念

收入资本化法　到期收益率　必要收益率　久期　凸度　账面价值　市净率 托宾Q　股息贴现模型　市盈率　自由现金流　期权内在价值　期权时间价值

§10.1 债券价值分析

10.1.1 债券定价方法

债券赋予持有人有权在未来获得两类现金流,即在债券存续期内定期获得利息收入以及在债券到期时收回本金。这两类现金流是比较容易确定的,甚至是固定的,因而债券是最主要的固定收益证券。债券的价值或合理价格就是债券未来现金流的现值。债券的定价过程是:在债券未来现金流、必要收益率已知的情况下,计算债券未来现金流的现值。这整个定价过程即收入资本化法。

1.债券定价方法——收入资本化法

收入资本化法认为,任何资产的内在价值都取决于投资者对持有该资产预期的未来现金流的现值和。投资者根据资产内在价值与市场价格是否一致可以判断该资产是否被低估或高估,进而做出正确的投资决策。所以,债券内在价值成为债券价值分析的核心。

从收益资本化法定价基础上产生了两种债券价值分析方法:第一种方法涉及到期收益率,类似于内部收益率法;第二种涉及内在价值,类似于净现值法。

(1)根据到期收益率分析债券价值。

这种方法的核心是比较两类到期收益率的差异。**所比较的两类到期收益率中,一类是根据债券现有的市场价格和债券的特性,确定的债券的到期收益率,用 y 表示;另一类是投资者所要求的必要收益率,用 y' 表示。**

假定债券的价格为 P,每期支付的利息为 c,到期偿还本金(面值)为 A,那么,该债券的到期收益率可以通过求解下面方程式中的 y 得到。

$$P = \frac{c}{(1+y)} + \frac{c}{(1+y)^2} + \cdots + \frac{c}{(1+y)^n} + \frac{A}{(1+y)^n} \tag{10.1}$$

将 y 与投资者所要求的必要收益率 y' 相比较。如果 $y > y'$,则该债券的价格被低估,值得购买;如果 $y < y'$,则该债券的价格被高估,可以卖出(甚至卖空);如果 $y = y'$,债券的价格等于债券价值,市场处于均衡状态。

当现值给定时,由等式能解出到期收益率 y 的值,金融计算器和电子制表软件都有编好的程序。这种方法不需要关于未来利率水平的假设,即 y 是唯一收益率。

(2)根据内在价值分析债券价值。

这种方法的核心是比较债券的内在价值与债券价格。这种方法把债券的内在价值(V)与债券价格(P)两者的差额,定义为债券投资者的净现值(NPV)。当净现值大于零时,意味着内在价值大于债券价格,即投资者的必要收益率 y' 低于债券实际的到期收益率 y,该债券被低估;反之,该债券被高估。

$$NPV = V - P \tag{10.2}$$

其中：

$$V = \frac{c}{\left(1 + y'\right)} + \frac{c}{\left(1 + y'\right)^2} + \cdots + \frac{c}{\left(1 + y'\right)^n} + \frac{A}{\left(1 + y'\right)^n} \tag{10.3}$$

比较公式 10.1 和公式 10.3，可以很好地理解两种方法的融合之处。债券实际的到期收益率 y 是通过市场价格 P 等计算出来的，而投资者在考虑物价水平、债券自身特性和发行人的资信情况等因素后得到必要收益率，代入公式 10.3，可以得到投资者认为合理的债券的内在价值，再通过与市场价格 P 比较，从而可以做出投资决策。

【例 10-1】某债券面值 1 000 元，3 年期，息票率 8%。

（1）假如该债券当前市场价格为 900 元，计算该债券的到期收益率。

（2）假如你的要求收益率（y'）为 10%，计算该债券的合理价格（内在价值）。

（3）假如你以 900 元的价格购买到了该债券，净现值是多少？

解：（1）根据公式 10.1，有：

$$900 = \frac{80}{\left(1 + y\right)} + \frac{80}{\left(1 + y\right)^2} + \frac{1\,080}{\left(1 + y\right)^3}，则，y=12\%。$$

（2）根据式（10.3），有：

$$V = \frac{80}{\left(1 + 10\%\right)} + \frac{80}{\left(1 + 10\%\right)^2} + \frac{1\,080}{\left(1 + 10\%\right)^3}，则，V=950.26\ 元。$$

（3）根据公式 10.2，有：

$$NPV = V - P=950.26-900=50.26（元）$$

2. 三种债券的价值分析

债券进行定价时，通常面对的是一个由利息年金加本金组成的现金流。通过债券的必要收益率或者贴现率贴现就可以发现债券的价格。就债券定价而言，有两种特殊债券：一是零息票债券，该债券不支付利息，到期偿还本金，其未来现金流实际上是一个到期偿还的本金；二是永续债券，没有期限，不偿还本金，未来现金流实际上是一个无穷的利息年金。

（1）零息票债券。

零息票债券（zero-coupon bond），是一种以低于面值的贴现方式发行，不支付利息，到期按债券面值偿还的债券。债券发行价格与面值之间的差额就是投资者的利息收入。由于面值是投资者未来唯一的现金流，所以贴现债券的内在价值用公式可以表示为：

$$V = \frac{A}{\left(1 + y'\right)^T} \tag{10.4}$$

其中：V 为内在价值；A 为面值；y' 为必要收益率；T 为债券到期时间。

（2）永续债券。

永续债券是一种没有到期日的特殊的定息债券，不偿还本金，未来现金流实际上是一个无穷的利息年金。内在价值的计算公式为：

$$V = \frac{c}{(1+y')} + \frac{c}{(1+y')^2} + \frac{c}{(1+y')^3} + \cdots = \frac{c}{y'} \tag{10.5}$$

（3）一般债券。

一般债券即直接债券，按照票面金额计算利息，分为附息票债券和不附息票债券。债券期满时收回本金（面值），定期获得固定的利息收入。所以，投资者的未来现金流包括了本金与利息两部分。直接债券的内在价值公式为：

$$V = \frac{c}{(1+y')} + \frac{c}{(1+y')^2} + \frac{c}{(1+y')^3} + \cdots + \frac{c}{(1+y')^T} + \frac{A}{(1+y')^T} \tag{10.6}$$

其中：V 为债券内在价值；c 为债券每期支付的利息；A 为债券面值；y' 为必要收益率；T 为到期期限。假设每年支付一次利息。

如果债券每半年支付利息一次，那么债券的现金流和贴现率将在每年付息一次的基础上进行相应的调整：一是每次支付的利息是 $c/2$；二是贴现率是 $y'/2$；三是时期的个数是 $2T$。每半年付息一次的债券的定价公式为：

$$V = \frac{c/2}{(1+y'/2)} + \frac{c/2}{(1+y'/2)^2} + \frac{c/2}{(1+y'/2)^3} + \cdots + \frac{c/2}{(1+y'/2)^{2T}} + \frac{A}{(1+y'/2)^{2T}} \tag{10.7}$$

注意，在使用收入资本化方法时，必须先确定 c、T、P、y' 的值，y' 比较难确定，因为它取决于投资者对债券的某些特点以及当前市场条件的主观评价。因此，债券分析的关键是如何确定 y' 的合理取值。

3.必要收益率（y'）的影响因素与取值

必要收益率，不同教材的称法不同（如有些教材称其为要求收益率），表示字母也有差异，但含义是相同的。它是指投资者投资于某项金融资产（主观上）所要求获得的最低回报率，主要由三部分组成：投资期间的纯时间价值、投资期间的预期通货膨胀率以及投资所包含的风险。相应地，对于债券而言，必要收益率也由三部分组成：实际无风险收益率、预期通货膨胀率以及债券的风险溢价。必要收益率的计算公式为：

$y' = $ 实际无风险收益率 $+$ 预期通货膨胀率 $+$ 债券的风险溢价

实际无风险收益率和预期通货膨胀率是由外部因素决定的，两者之和大约等于无风险收益率。债券的风险溢价是由债券投资中的各种风险因素共同决定的。债券投资者一般将承担利率风险、购买力风险、流动性风险、信用风险和赎回风险等多种风险，这些风险都应最终体现在必要收益率中。未来确定债券的必要收益率，除了考虑物价水平等外部因素外，还需要考虑债券自身特性和发行人的资信情况，如债券的类型、偿还期、可赎回性和评级等。具体而言，债券的风险溢价主要体现了信用风险、流动性风险和赎回风险，而无风险收益率则考虑了利率风险和购买力风险。

10.1.2　债券的性质与价值分析

1.债券的基本属性与价格

债券的价格由面值、息票率、偿还期和市场利率共同决定。一般来说，在其他因素不变时，债券的面值越大，债券的价格越高；债券的息票率越高，债券的价格越高；市场利率越高，债券的价格越低；当债券的息票率大于市场利率时，为溢价债券；当债券的息票率小于市场利率时，为折价债券。

偿还期与债券价格之间的关系较为复杂，它依赖于债券息票率与市场利率的大小关系。当市场利率大于息票率时，债券的偿还期越长，债券价格越低；反之，当市场利率小于息票率时，债券的偿还期越长，债券的价格越高。

（1）息票率、市场利率与债券价格。

图10-1描述了市场利率与债券价格的关系，图中包含面值1 000元，到期时间为30年，息票率依次为0、5%、10%、15%的4只债券。可以看出，债券价格与市场利率呈反方向变动关系，市场利率越高，债券价格越低；市场利率变化越大，债券价格变化越大。当市场利率等于息票率时，债券价格等于面值。当市场利率等于零的时候，债券价格等于各期利息和本金之和。

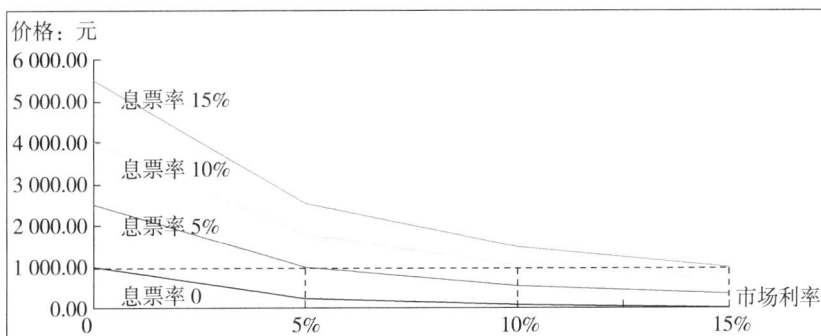

图10-1　市场利率与债券价格的关系图

从图10-1也可以看出，在其他因素相同时，债券的息票率越高，债券价格越高，即债券价格与息票率成正比。在其他属性不变的条件下，债券的息票率越低，债券价格的波动幅度越大。

（2）到期期限、市场利率与债券价格。

图10-2描述了息票率为10%，期限为20年的债券在不同市场利率和不同到期期限下的价格变化情况。如果市场利率高于息票率，为折价债券；如果市场利率低于息票率，为溢价债券；两者相等，为平价债券。

图10-3显示，期限越长的债券对市场利率变化越敏感，同等幅度的市场利率变化所引起债券价格的变化幅度越大。这涉及债券的久期，将在后文进行介绍。

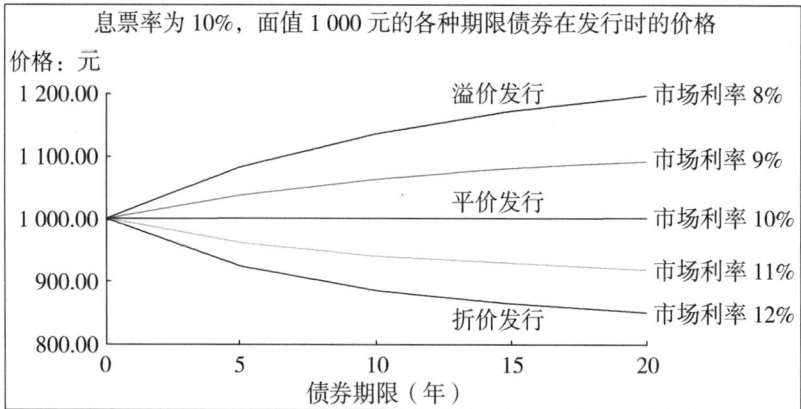

图10-2 债券价格与期限的关系

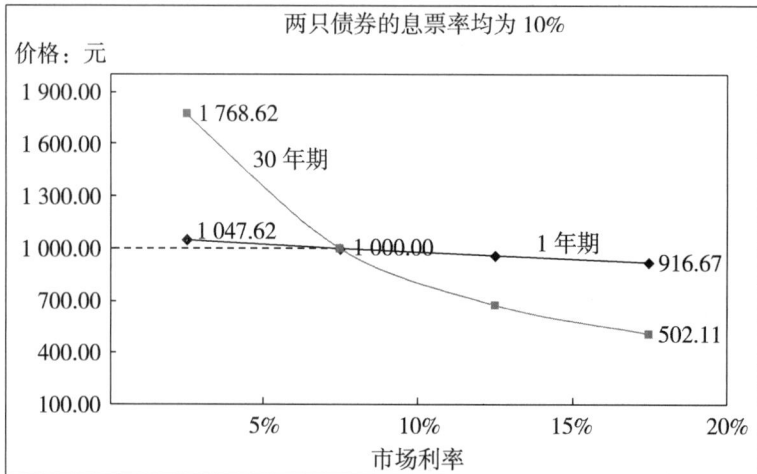

图10-3 债券价格对市场利率的敏感性

随着时间的不断推移，债券的偿还期越来越短，距离到期日越来越近，债券持有人收到的利息收入越来越少，利息收入的现值将不断下降，但是本金的现值将不断上升。至于债券价格随时间如何变化，则取决于这两个因素的作用大小。对于折价债券，由于息票率低于市场利率，因此，利息收入对于债券价格的影响处于次要地位，本金对于债券价格的影响处于主要地位，该债券的价格将随时间的推移不断上涨，最后在到期日收敛于面值，如图10-4所示。相反，对于溢价债券，债券的价格将随时间的推移不断下跌，在到期日收敛于面值。

2.特别属性与债券价格

（1）可赎回性。

许多债券在发行时含有可赎回条款，即在一定时间内发行人有权赎回债券。当市场利率下降并低于债券的息票率时，债券的发行人能够以更低的成本筹到资金。发行人行使赎回权时，以赎回价格将债券从投资者手中收回。初始赎回价格通常设定为债券面值加上年利息，并且随着到期时间的减少而下降，逐渐趋近于面值。尽

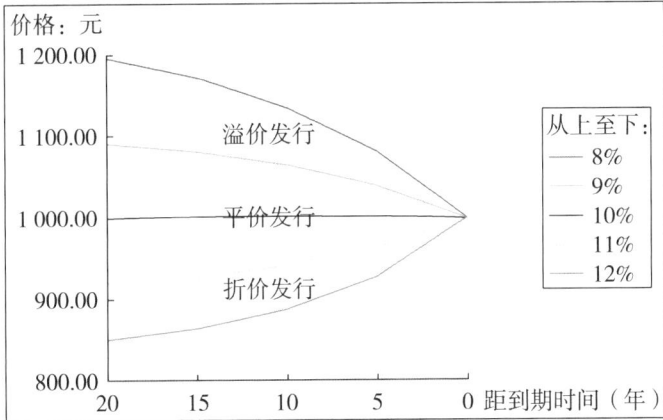

图 10-4 债券价格时间轨迹

管债券的赎回价格高于面值，但是，赎回价格的存在制约了债券市场价格的上升空间，并且增加了投资者的交易成本，所以降低了投资者的投资收益率。一般而言，息票率越高，发行人行使赎回权的可能性越大，投资债券的实际收益率与债券承诺的收益率之间的差额越大。为弥补被赎回的风险，这种债券发行时通常有较高的息票率和较高的承诺到期收益率。

（2）可延期性。

可延期债券是一种较新的债券。与可赎回债券相比，它给予持有者而不是发行者一种终止或继续拥有债券的权利。如果市场利率低于息票率，投资者将继续拥有债券；反之，如果市场利率上升，超过了息票率，投资者将放弃这种债券，收回资金，投资于其他收益率更高的资产。这一规定有利于投资者，所以可延期债券的息票率和承诺的到期收益率较低。

（3）可转换性。

可转换债券的持有者有权将债券转换为一定数量的普通股股票。每单位债券可转换得的股票数称为转换率，可转换得的股票当前价值称为市场转换价值，债券价格与市场转换价值的差额称为转换损益。

【例 10-2】债券价格为 1 000 元，转换率为 30，当前股价每股 25 元，此时，转换损失为：

30×25−1 000=−250（元）

则投资者不会行使转换权。如果股价升至每股 35 元，则转换收益为：

30×35−1 000=50（元）

可见，投资者可以从公司股票的升值中受益。

可转换债券息票率和到期收益率通常较低。但是，如果从转换中获利，则持有者的实际收益率会大于承诺的收益率。

（4）流动性。

债券的流动性，是指债券持有者将手中的债券变现的能力。如果变现的速度很快，并且不会遭受变现所可能带来的损失，那么这种债券的流动性就比较高；反之，如果变现速度很慢，或者为了迅速变现必须承担额外的损失，这些债券的流动性就比较差。通常用债券的买卖差价的大小反映债券的流动性大小。买卖差价较小的债券流动性比较高。这是因为绝大多数的债券的交易发生在债券的经纪人市场。对于经纪人来说，买卖流动性高的债券的风险低于流动性低的债券。在其他条件相同的情况下，流动性高的债券的到期收益率比较低，反之亦然。相应地，债券的流动性与债券的内在价值成正比例关系。

（5）税收特性。

不同国家的法律不同，不同种类的债券可能享受不同的税收待遇，同种债券在不同的国家也可能享受不同的税收待遇。由于利息收入纳税与否直接影响着投资的实际收益率，所以，税收待遇成为影响债券的市场价格和收益率的一个重要因素。现举例说明如下。

【例10-3】政府债券的收益率 r_m 为8%，收入免税；公司债券的收益率 r 为9%，但需要缴纳20%的所得税。政府债券与公司债券哪一种对投资者更有吸引力？

解：

方法1：应税公司债券的税后收益率=9%×（1-20%）=7.2%，低于政府债券收益率（8%）。

方法2：政府债券的等价应税收益率=8%/（1-20%）=10%，高于应税公司债券收益率（9%）。

政府债券对投资者更有吸引力。

（6）违约风险。

债券的违约风险是指债券发行人未履行契约的规定支付债券的本金和利息，给债券投资者带来损失的可能性。债券评级是反映债券违约风险的重要指标。债券信用评级的内容与指标请参见第3章。债券存在着违约风险，投资者必然要求获得相应的风险补偿，收益率也应该提高。

由于违约风险的存在，债券承诺的到期收益率不一定能够实现，只是一种可能的最大收益率，故投资者更关注的是期望的到期收益率。如果公司保持了清偿力，有风险债券就会获得比无风险债券更高的实际收益率；如果公司破产，则前者获得的收益率可能会低于后者。

10.1.3　债券定价原理

1.债券定价原理

1962年，马尔基尔（Malkiel）最早系统地提出了债券定价的5个原理。

定理一：债券的价格与债券的收益率呈反向变动关系。当债券价格上升时，债券的收益率下降；反之，当债券价格下降时，债券的收益率上升，如图10-5所示。

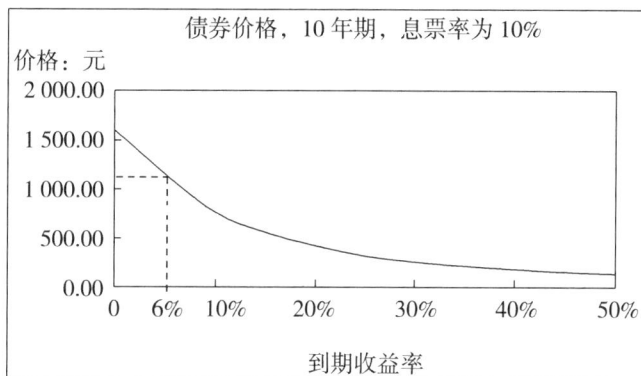

图 10-5　债券的价格与债券的收益率成反比例关系

定理二：当债券的收益率不变，即债券的息票率与收益率之间的差额固定不变时，债券的到期时间与债券价格的波动幅度之间成正比关系。换言之，到期时间越长，价格波动幅度越大；反之，到期时间越短，价格波动幅度越小。

定理三：随着债券到期时间的临近，债券价格的波动幅度减小，并且是以递增的速度减小；反之，到期时间越长，债券价格波动幅度增加，并且是以递减的速度增加，如图 10-4 所示。

定理四：对于期限既定的债券，由收益率下降导致的债券价格上升的幅度大于同等幅度的收益率上升导致的债券价格下降的幅度。换言之，对于同等幅度的收益率变动，收益率下降给投资者带来的利润大于收益率上升给投资者带来的损失。这涉及债券的久期与凸度，将在下文详细阐述。

定理五：对于给定的收益率变动幅度，债券的息票率与债券价格的波动幅度之间成反比关系。换言之，息票率越高，债券价格的波动幅度越小。[①]

2. 债券定价两个特性

（1）久期。

债券久期（duration）最早是马考勒（F.R.Macaulay）于 1938 年提出的，又称马考勒久期（简记为 D）。马考勒使用加权平均数的形式计算债券的平均到期时间，即马考勒久期。**久期是对债券实际持有期限的一个测度，也是衡量债券利率敏感性的重要工具。**

马考勒久期的计算公式为：

$$D = \frac{\sum_{t=1}^{T} PV(c_t) \times t}{B} = \sum_{t=1}^{T} [\frac{PV(c_t)}{P_0} \times t] \tag{10.8}$$

其中：B 为债券当前的市场价格；$PV(c_t)$ 为债券未来第 t 期可获现金流（利息或本金）的现值；T 为债券的到期时间。

【例 10-4】债券 A 面值 1 000 元，刚平价发行，3 年期，息票率 7%，计算其久期。

解：依题意，债券 A 平价发行即价格与面值相等（为 1 000 元），息票率与到期

---

① 第五个定理不适用于一年期的债券和以统一公债为代表的无限期债券。

收益率相等（为7%）。根据公式10.8计算的结果是：债券A的名义期限为3年，久期为2.81年。计算过程如表10-1所示：

表10-1 债券久期的计算

t	现价	到期收益率		
	1 000	7%		
t	C_t	$PV(C_t)$	$PV(C_t)/P_0$	$PV(C_t)/P_0 \times t$
1	70	65.42	0.07	0.07
2	70	61.14	0.06	0.12
3	1 070	873.44	0.87	2.62
		1 000.00	1.00	2.81

关于马考勒久期（D）与债券的期限（T）之间的关系，存在以下6个定理：①只有贴现债券的马考勒久期等于它们的到期时间；②一般债券的马考勒久期小于或等于它们的到期时间，只有仅剩最后一期就要期满的一般债券的马考勒久期等于它们的到期时间，并等于1；③统一公债的马考勒久期等于 $[1 + 1/y]$，y 是计算现值采用的贴现率；④在到期时间相同的条件下，息票率越高，久期越短；⑤在息票率不变的条件下，到期时期越长，久期一般也越长；⑥在其他条件不变的情况下，债券的到期收益率越低，久期越长。

如前所述，长期债券价格对市场利率波动的敏感性比短期债券价格要大。这只是个定性的描述，而用久期可以量化这个关系，用公式表示就是：

$$\frac{\Delta P}{P} = -D \times \frac{\Delta(1 + y)}{1 + y} \tag{10.9}$$

其中：$\frac{\Delta P}{P}$ 为债券价格变动率；$\frac{\Delta(1 + y)}{1 + y}$ 为债券收益率（1+y）变动率；D 为债券久期。

也就是说，债券价格变动率等于债券收益率（1+y）变动率与久期的乘积，由于债券价格与收益率呈反向变动关系，因此在其前面加了一个"负号"。从公式可以看出，债券的久期越大，对于债券收益率同等幅度的变化，债券价格的变动幅度就越大。

通常，人们并不是直接运用公式10.9，而是将 $D^* = \frac{D}{1 + y}$ 定义为"修正的久期"，用 Δy 代替 $\Delta(1 + y)$，从而将公式10.9变为：

$$\frac{\Delta P}{P} = -D^* \Delta y \tag{10.10}$$

这个公式的含义是，债券价格变动是收益率 y 变动的线性函数，用图形表示就是斜率为 $-D^*$ 的直线，即图10-6中的直线A。运用久期，计算债券价格变动就简单多了。

【例10-5】假设债券B现价为1 000元，久期为10年，到期收益率（即折现率）为8%。假设到期收益率上升至9%，计算该债券价格变化情况。

计算过程：

第一步，计算修正久期。给定了债券B的久期为10年，则修正久期=10/1.08=9.26年。

第二步，计算价格变动率。依公式 10.10，债券 B 的价格变化率 $=-9.26\times1\%$ $=-9.26\%$。

第三步，计算价格变动情况。当到期收益率由 8% 上升至 9% 时，债券 B 的价格由 1 000 元降至 907.40 元，即下降 92.6 元。

（2）凸度。

债券价格变动率和收益率变动之间的关系并不是线性关系，而是非线性关系。也就是说，用久期计算出来的债券价格变动幅度与实际的债券价格变动幅度之间存在着差异。这种差异的产生就是由于存在债券凸度。**所谓凸度（convexity），是指债券价格变动率与收益率变动率关系曲线的曲度，用 C 表示。**

图 10-6 中，直线 A 表示用久期近似计算的收益率变动与价格变动率的关系，曲线 B 与曲线 C 分别表示不同凸度的收益率变动幅度与价格变动率之间的实际关系，其中 C 的凸度大于 B。从中可以看出，当收益率下降时，价格的实际上升率高于用久期计算出来的近似值，而且凸度越大，实际上升率越高；而当收益率下降时，价格的实际下跌比率却小于用久期计算出来的近似值，且凸度越大，价格的实际下跌比率越小。这说明：①当收益率变动幅度较大时，用久期近似计算的价格变动率就不准确，需要考虑凸度调整；②在其他条件相同时，人们应该偏好凸度大的债券。

考虑了凸度问题后，收益率变动幅度与价格变动率之间的关系可以重新写为：

$$\frac{\Delta P}{P} = -D^{*}\Delta y + \frac{1}{2}C(\Delta y)^2 \qquad\qquad (10.11)$$

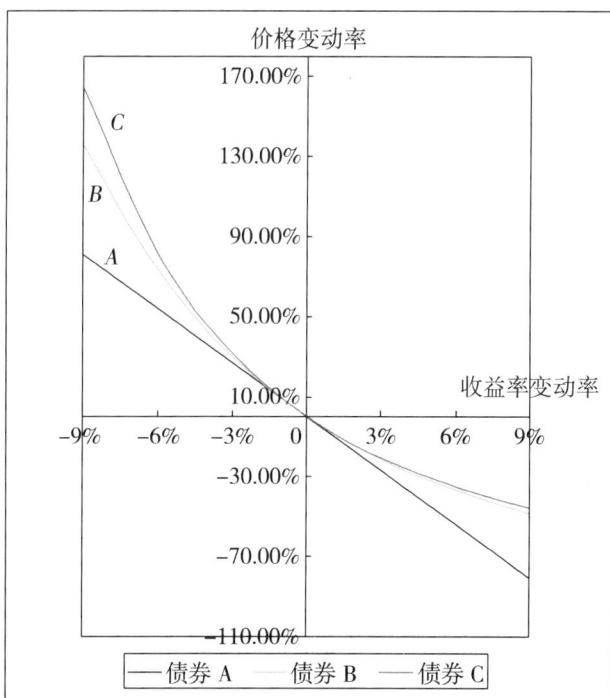

图 10-6 价格敏感度与凸度的关系

§10.2 普通股价值分析

10.2.1 会计方法对股票价值的评估

1.每股账面价值

普通股代表对公司拥有的所有权,账面价值(book value)是一种被经常使用的股票估价方法。**账面价值就是资产负债表上的公司净资产值(也称所有者权益),等于账面资产价值减去负债项目之后的余额。**公司净资产值与发行在外的普通股股数的比值就是每股账面价值,即每股净资产。

账面价值只是一个会计概念,不是一个经济概念。运用每股账面价值来进行股票估价存在以下缺陷:

(1)由于通货膨胀与技术进步等原因,报表内的资产项目,如存货、厂房、机器设备、土地等资产项目的账面价值通常并不等于其市场价值。

(2)有些对公司经营可能产生重大影响的资产,如商誉等无形资产,并不能在账面得到体现。

(3)由于公司是一个整体,是对各项资产有效而合理的组合,公司多种资产组合的整体价值会超过各项单独资产价值之和,而这种协同效应的价值并不能在账面得到反映。

(4)每股账面价值是运用会计准则,将购置成本分摊到每年的结果,而股票的市价则将公司作为一个持续经营实体来考虑,反映出公司预期未来现金流的现值。因此,通常情况下,每股账面价值与每股市场价格是不相等的。如果某公司股票的市场价格高于其账面价值,并不能说明该公司股票一定被高估了,还应该仔细研究该公司股票的内在价值,并将其与市场价格进行比较。

人们可能会把每股账面价值当作股票价格的底线,这并不总是正确的。在很多情况下,公司股票的市场价格会高于其每股账面价值,表现为**公司股票的价格与账面价值的比率(即"市净率")**大于1。但是,并非所有股票的市价都会高于其每股账面价值,在股票市场持续低迷或者公司经营出现重大亏损的情况下,一些股票的市场价格可能会低于其账面价值,即市净率会小于1,市场上俗称"破净"。

2.清算价值

清算价值(liquidation value)是指公司破产后,将其资产项目分别出售或清算,而后以出售所得资金清偿所有债务后剩余的资金,该部分资金归股东所有。公司的清算价值与发行在外的普通股股数的比值就是每股清算价值。相对于每股账面价值来说,每股清算价值更好地反映了公司股票市场价格的底线。因为如果公司的清算价值高于其市场价格,该公司通常会成为被收购接管的目标。

3.重置成本

重置成本(replacement cost)是指重置公司各项资产的价值,减去负债项目后的净值。公司的重置成本可以较好地反映公司的市场价格，在发生通货膨胀的情况下更是如此。当然，以重置成本来评估公司的股票价格也存在着一些缺陷，因为它忽略了某些决定公司价值的重要因素，如公司的商誉以及公司的盈利前景等。

一般来说，公司的重置成本不应低于其市场价格。因为如果重置成本低于市场价格，投资者可以重置（复制）该公司，然后以市场价格出售，从中获利。如果有许多投资者采用该策略，将会降低行业内所有公司的市场价格并提高重置成本，直至公司的市场价格等于其重置成本。这个观点在经济学家当中十分流行，诺贝尔经济学奖获得者詹姆斯·托宾对公司的重置成本与公司市场价值之间的关系进行了研究，并提出了一个重要的分析指标——托宾 Q。

托宾 Q 是公司所有资产的市场价值与重置成本的比值。 托宾 Q 的具体含义是：（1）如果 Q>1，表明公司资本、设备的价值高于其重置成本，这会促使公司追加对资本、设备的投资；（2）如果 Q<1，表明公司资本、设备的价值等于或低于其重置成本，公司不会追加对资本、设备的投资。

虽然把重点放在资产负债表上，可以得出账面价值、清算价值或重置成本等有用信息，但是分析家通常会转向预期未来现金流，以求得公司作为持续经营实体的价值的更好估计。

10.2.2　内在价值与市场价格比较法

通过对股票内在价值与市场价格的比较，可以判断出股票是否被高估或者低估。现举例说明。

【例 10-6】假定股票投资期（即持有期）为 1 年，甲股票预期每股红利 $E(D_1)$ 为 2 元，现价 P_0 为 10 元，预期一年后的股票价格 $E(P_1)$ 为 11 元，β 系数为 1.2。市场实际无风险利率（r_f）为 6%，市场组合预期超额收益率 $[\overline{R}_m - R_f]$ 为 5%。问：甲股票的市场价格是被低估还是被高估？

解：可以运用两种方法进行计算与分析。

方法 1：比较预期持有收益率与必要收益率的差异

将公司作为持续经营实体的最常用的估价模型来源于对一个事实的观察：股票投资者期望有包括现金红利和资本利得或损失在内的收益。

根据给定的信息，投资者投资于甲股票 1 年预期的持有期收益（HPR）由以下公式计算得出：

$$HPR = \overline{R}_i = \frac{E(D_1) + [E(P_1) - P_0]}{P_0} = 30\%$$

然后，再将其与均衡水平下的应得收益率或"公平收益率"进行比较。

根据 CAPM 模型，当股票被正确定价（即处于均衡水平）时，投资者能够期望股票获得的收益率为：

$$y = r_f + [\overline{R}_m - r_f] \times \beta = 6\% + 1.2 \times 5\% = 12\%$$

结果显示：$\overline{R}_i > y$，差额为 18%。显然，甲股票是被低估了，值得投资。

方法2：比较股票内在价值与市场价格

股票的每股内在价值用 V_0 表示，是投资者从股票上所能得到的全部现金回报（包括红利和资本利得）用正确反映了风险调整的利率 k 折现所得的现值。不论何时，如果内在价值或投资者对股票实际价值的估计超过市场价格，那么该股票就被认为是低估了，值得投资。

根据给定的信息，甲股票的内在价值为：

$$V_0 = \frac{E(D_1) + E(P_1)}{(1 + k)} = \frac{2 + 11}{1.12} = 11.60\,元$$

结果显示，甲股票的内在价值 V_0（11.60元）高于现价 P_0（10元）。甲股票的价值被低估了。

在市场处于均衡状态（即市场有效）时，市场价格将反映所有市场参与者对内在价值的估计。这意味着对 V_0 的估计与现价 P_0 不同的投资者，实际上必定在 $E(D_1)$、$E(P_1)$ 或 k 的估计上全部或部分地与市场共识不同。市场对应得收益率 y 的共识，即市场资本化率。

10.2.3 股息折现模型

1.股息折现模型概述

（1）股息折现模型一般形式。

收入资本化法认为任何资产的内在价值取决于持有资产可能带来的未来的现金流收入的现值和。由于未来的现金流取决于投资者的预测，需要利用折现率将未来的现金流调整为它们的现值。在选用折现率时，不仅要考虑货币的时间价值，而且应该反映未来现金流的风险大小。<u>运用收入资本化法分析普通股价值的模型就是股息折现模型</u>。其函数表达式为：

$$V = \frac{D_1}{(1 + y)} + \frac{D_2}{(1 + y)^2} + \frac{D_3}{(1 + y)^3} + \cdots = \sum_{t=1}^{\infty} \frac{D_t}{(1 + y)^t} \tag{10.12}$$

其中：V 为普通股的内在价值，D_t 为普通股第 t 期支付的股息和红利，y 为折现率，又称资本化率。

股息折现模型假定股票的价值等于它的内在价值，而股息是投资股票唯一的现金流。事实上，绝大多数投资者并非在投资之后永久性地持有所投资的股票，即：在买进股票一段时间之后可能抛出该股票。所以，根据收入资本化法，卖出股票的现金流收入也应该纳入股票内在价值的计算。

而考虑卖出股票的现金流收入后股票价值仍为：

$$V = \frac{D_1}{(1 + y)} + \frac{D_2}{(1 + y)^2} + \frac{D_3}{(1 + y)^3} + \frac{D_4}{(1 + y)^{3+1}} + \frac{D_5}{(1 + y)^{3+2}} + \cdots = \sum_{t=1}^{\infty} \frac{D_t}{(1 + y)^t} \tag{10.13}$$

在对股票未来每期股息进行预测时，关键在于预测每期股息的增长率。如果用 g_t 表示第 t 期的股息增长率，其数学表达式为：

$$g_t = \frac{D_t - D_{t-1}}{D_{t-1}} \tag{10.14}$$

根据对股息增长率的不同假定，股息折现模型可以分成零增长模型、固定增长模型、多元增长模型和三阶段股息折现模型等形式。

（2）利用股息折现模型指导投资。

股息折现模型可以帮助投资者判断某股票的价格属于低估还是高估，判断股票价格高估抑或低估的方法包括两类。

①计算股票投资的净现值。如果净现值大于零，说明该股票被低估；反之，则该股票被高估。用数学公式可表示为：

$$NPV = V - P = \left[\sum_{t=1}^{\infty} \frac{D_t}{(1+y)^t} \right] - P \tag{10.15}$$

其中：NPV 为净现值，P 为股票的市场价格。

②比较折现率与内部收益率（IRR）的差异。如果折现率小于内部收益率，说明该股票的净现值大于零，即该股票被低估；反之，当折现率大于内部收益率时，该股票的净现值小于零，说明该股票被高估。内部收益率是当净现值等于零时的一个特殊的折现率，即：

$$NPV = V - P = \left[\sum_{t=1}^{\infty} \frac{D_t}{(1+IRR)^t} \right] - P = 0 \tag{10.16}$$

2.股息折现模型分类

（1）零增长模型。

零增长模型是股息折现模型的一种特殊形式，它假定股息是固定不变的。零增长模型还适用于统一公债和优先股的价值分析。股息不变股票的价值为：

$$V = \frac{D_0}{y} \tag{10.17}$$

$$NPV = V - P = \frac{D_0}{y} - P = 0$$

因此，可推出内部收益率为：

$$IRR = \frac{D_0}{P}$$

（2）固定增长模型。

固定增长模型是股息折现模型的第二种特殊形式。它有三个假定条件：①股息的支付在时间上是永久性的；②股息的增长速度是一个常数 g；③模型中的折现率大于股息增长率。

根据上述3个假定条件，股票价值为：

$$V = \frac{D_0(1+g)}{y-g} = \frac{D_1}{y-g} \tag{10.18}$$

其中：D_0、D_1 分别为初期和第一期支付的股息。当股息增长率等于零时，固定增长模型就变成了零增长模型。

【例10-7】已经无风险利率 r_f 为5%，市场要求收益率为10%。假定HF公司股票的 β 系数为1.5.预计HF公司下年度每股红利 D_1 为2元，且可持续增长率 $g=10\%$，计算HF公司股票的价格。

解：（1）根据CAPM模型计算HF公司的资本化率。

$y_1 = 5\% + 1.5 \times (10\% - 5\%) = 12.5\%$

（2）根据公式（10.8）计算HF公司的股票价格。

$y_2 = 2/(12.5\% - 10\%) = 80$（元）

（3）多元增长模型。

普通股定价中最一般的股息折现模型为多元增长模型。固定增长模型假定股息增长率是恒久不变的，但事实上，大多数公司要经历其本身的生命周期，股息增长率也会随之改变。在发展初期，由于再投资的盈利机会较多，公司的派息比率一般比较低，但股息的增长率相对较高。公司进入成熟期后，随着竞争对手的加入，市场需求趋于饱和，再投资的盈利机会越来越少，公司会提高派息比率，但股息增长的速度会放慢。

多元增长模型假定在某一时点 T 之后股息增长率为一常数 g，在这之前股息增长率是可变的。多元增长模型的内在价值计算公式为：

$$V = \sum_{t=1}^{T} \frac{D_t}{(1+y)^t} + \frac{D_{T+1}}{(y-g)(1+y)^T} \tag{10.19}$$

10.2.4 市盈率模型

1.市盈率的概念

市盈率（price earnings ratio，简称PE），也称为价格-盈利倍数、本益本，是公司每股价格与每股收益（即税后利润）的比值。 它反映了在不同股票之间进行比较的一种相对价格，即以每股盈利能力作为衡量标准时股票的价值所在，也就是公司"每1元税后利润的市场价格"。它把股票价格和公司的盈利能力结合在一起，综合反映一家上市公司的股价高低程度或者股票市场的市场价值的高低程度。

根据每股盈余的不同确定方法，股票市盈率的计算口径分为静态、动态和滚动三种。

静态市盈率用的是上一个自然年度的每股收益，滞后非常明显，参考价值不高。动态市盈率是根据已发布的财报来预测未来的收益进行计算，实时性比较强，能够展现一家公司的业绩增长或发展的动态变化，但是利用的年每股收益数据是预测数据，可能会出现偏差。滚动市盈率最常用，因为它既克服了静态市盈率的滞后性缺点，也和静态市盈率一样都是确定性的收益，还具备了动态市盈率一定的实时性，且克服了动态市盈率的预测不确定性。

计算公式分别为：

静态市盈率=当前每股价格/上一个自然年度的每股收益

动态市盈率=当前每股价格/通过季报数据折算的年每股收益

滚动市盈率（TTM）=当前每股价格/前四个季度的每股预期收益

2.市盈率模型

（1）市盈率的固定增长模型。

可以根据固定增长的股息折现模型（公式10.18）推导出市盈率的固定增长模型。

简单推导过程如下：

假定：公司过去年度的每股收益与每股股息分别为E_0与D_0，预期年增长率保持固定比率g的增长，派息比率为b，即$D_1 = E_1 \times b$，相应地，留存收益比率或再投资率为$d=1-b$，派息比率与再投资率保持不变。那么，我们就可以推导出市盈率的固定增长模型为：

$$\frac{P_0}{E_1} = \frac{1-b}{y-g} = \frac{1-b}{y-ROE \times b} \qquad (10.20)$$

其中：y为投资者的必要收益率，即市场资本化比率，股息每年按照一个固定的比率g增长，同时，股息增长率g来源于留存收益再投资的回报率ROE，即"$g=ROE×b$"。

（2）市盈率的零增长模型

市盈率的零增长模型意味着公司的派息比率$b=1$（相应地，留存收益比率$d=0$），且$g=0$。

这样，根据公式10.20就可以推导出市盈率的零增长模型为：

$$\frac{P_0}{E_1} = \frac{1}{y} \qquad (10.21)$$

（3）市盈率的影响因素。

从公式10.20中可以直观地看出，决定市盈率的直接因素包括：派息比率b、必要收益率y和股息增长率g。其中，必要收益率y与市盈率呈负相关，但是，股息增长率g和派息比率b与市盈率的关系还取决于公司ROE与y之间的对比。具体而言，①当ROE大于y时，市盈率将随派息比率的增加而上升。②当ROE小于y时，市盈率将随派息比率的增加而下降。

3.市盈率模型的特点与应用

（1）市盈率模型的优点。

与股息折现模型相比，市盈率模型的历史更为悠久。在运用当中，市盈率模型具有以下几方面的优点：

① 市盈率是股票价格与每股收益的比率，数据容易获得、简单、直观，所以，市盈率模型可以直接应用于不同收益水平的股票的价格之间的比较，包括横向比较与纵向比较。

② 对于那些在某段时间内没有支付股息的股票，市盈率模型同样适用，而股息折现模型却不能使用。

③ 虽然市盈率模型同样需要对有关变量进行预测，但是所涉及的变量预测比

股息折现模型要简单。

（2）市盈率模型的缺点。

① 市盈率模型只表明不同股票市盈率的相对大小，却不能决定股票绝对的市盈率水平。

② 每股收益的质量难以保证，因为收益数据容易被操纵。

③ 每股收益的波动性很大，如周期性公司的每股收益在景气时期就会比较高，而在萧条时期就会比较低，因而不同时期的市盈率就会有很大的不同。

④ 收益为负时，市盈率没有意义。

⑤ 市盈率的合理倍数很难确定，这也就是大家在运用市盈率指标时谁也不能说服谁的原因。①

一般来说，如果公司股票的市盈率高，则表明两种可能性：一是股票价格被高估，存在泡沫；二是市场对公司未来的成长潜力有一个良好的预期。如果公司股票的市盈率低，也表明两种可能性：一是股票价格被低估；二是市场预期公司面临的风险比较大，前景不好，因而要求更高的必要收益率。在具体运用时，要认真分析这两种可能性的大小。

10.2.5　自由现金流折现模型

1.自由现金流折现模型的理论依据

股息折现模型运用了这样的假定：留存收益是公司进行权益投资的唯一源泉。如果我们允许对新项目进行外部融资，则股利政策与资本结构如何影响公司股票的价值？

莫迪格利安尼与米勒提出的 MM 理论认为，如果我们认定一个公司的股票的价值不受其将来投资项目的融资方式影响，那么，无论股利政策还是资本结构都不会影响股权的价值。MM 理论的根据是，一个公司股权的内在价值是公司现有资产加上未来投资的现值所创造的股东净现金流的现值。考虑到现有与未来的投资，公司的现金红利与融资政策只是影响现有股东获得收益的方式，如股利或资本利得，而不是它们的现值。

2.自由现金流

自由现金流（free cash flows）就是公司税后营业现金流扣除当年追加的投资金额后所剩余的资金。为了让大家对这个概念有更深刻的理解，下面举个例子来说明。

【例 10-8】假设在刚刚过去的一年里，某公司的税前营业现金流为 2 000 000元，预计今后会以 7% 的速度增长。为了保持这个增长速度，公司需要将每年税前利润的 20% 进行再投资。假定该公司的税率为 25%，这一年的折旧额为 200 000元，并预计今后折旧的增长速度与营业现金流的增长速度相同，该公司的市场资本

---

① 最典型的事件是，在 2001 年中国股市大辩论当中，当时中国股市的平均市盈率已经达到 60 倍，吴敬琏教授据此认为中国股市存在严重泡沫，而另一方则认为中国股市的估值是合理的，谁也无法说服对方。

化比率为12%，当前债务为4 000 000元。那么该公司的自由现金流可以计算如表10-2所示：

表10-2 自由现金流的计算过程 单位：元

税前营业现金流	2 000 000
折旧额	200 000
应税所得	1 800 000
应缴税款（税率25%）	450 000
税后收益	1 350 000
税后营业现金流（税后收益+折旧）	1 550 000
追加的投资（税前营业现金流的20%）	400 000
自由现金流（税后营业现金流-新的投资）	1 150 000

3.自由现金流折现模型

计算出公司的自由现金流之后，就可以用自由现金流折现模型来计算公司的价值。不过，与股息折现模型和市盈率模型不同的是，自由现金流折现模型是先对公司的总体价值进行评估，然后再扣除各项非股权债务（nonequity claim），最后得到公司的股权价值。因此，其计算步骤是：

首先，把公司未来的现金流折算成现值，就得到公司的总体价值（内在价值），用公式表示就是：

$$V_0 = \sum_{t=1}^{\infty} \frac{FCF_t}{(1+k)^t} \tag{10.22}$$

其中：FCF_t为公司未来第t年的自由现金流。

如果公司未来自由现金流以一固定比率g增长（即$FCF_t = FCF_0 \times (1+g)^t$），那么公式10.22就可以简化为：

$$V_0 = \frac{FCF_1}{k-g} = \frac{FCF_0(1+g)}{k-g} \tag{10.23}$$

第二步，把公司的总体价值扣除债务总额，就得到公司的股权价值。[①]

【例10-9】以例10-8中数据为例，$FCF_0 = 1\,006\,000$元，$g = 7\%$，$k = 12\%$，并假设该公司现有普通股1 000 000股，那么该公司的总体价值为：

$$V_0 = \frac{FCF_0(1+g)}{k-g} = \frac{1\,006\,000 \times (1+0.07)}{0.12-0.07} = 21\,528\,400(元)$$

由于现有债务为4 000 000元，因此该公司的股权价值为：

21 528 400-4 000 000=17528 400(元)

所以，每股价值为17.53元。

需要指出的是，自由现金流折现模型中的资本化率与股息折现模型、市盈率模

---

① 为了简单起见，在这里并没有考虑债务利息及相应的税收节省问题。

型中的资本化率略有差异。前者适用于评估没有负债时的权益（unleveraged equity），后两者适用于评估存在负债情况下的权益（leveraged equity）。由于杠杆比率会影响股票的贝塔系数，所以两个资本化率并非完全相同。

§10.3 期权价值分析基础[①]

10.3.1 内在价值与时间价值

1.期权价格（期权费）

期权价格指的是期权买卖双方在达成期权交易时，由买方向卖方支付的购买该项期权的金额。

2.期权价格构成

期权价格是由买卖双方竞价产生的。期权价格可分为两部分，即内在价值和时间价值，即：

期权价格=内在价值+时间价值

3.期权内在价值

期权内在价值是立即执行期权合约时可获取的利润。对于看涨期权多头来说，内在价值为执行价格低于标的资产市场价格的差额。对于看跌期权多头来说，内在价值为执行价格高于标的资产市场价格的差额。"实值期权"具有内在价值。"平值期权"内在价值为零。"虚值期权"无内在价值。期权的内在价值不可能小于0。

期权内在价值的图示详见第7章第2节"金融期权的盈亏分布"

4.期权时间价值

期权时间价值是指期权到期前，期权费超过内在价值的部分，即期权费减内在价值。一般来说，在其他条件一定的情况下，到期时间越长，期权的时间价值越大。

一般来说，平值期权时间价值最大，交易通常也最活跃。期权处于平值时，期权向实值还是虚值转化的方向难以确定，转为实值则买方盈利，转为虚值则卖方盈利，故投机性最强，时间价值最大。用公式可表示为：

实值期权期权费=内在价值 + 时间价值

平值期权期权费=时间价值

虚值期权期权费=时间价值

10.3.2 期权价值的决定因素

影响看涨期权价值的因素至少有六个：标的资产的市场价格、期权的协议价格、到期期限、标的资产价格的波动率、无风险利率及标的资产的收益。因为执行看涨期权的收益等于 S_T-X，所以看涨期权价值与股票价格同向变动，而与执行价

[①] 本节只介绍期权价值分析的基本原理，对难度较大与较复杂的数理推导不做展开。

格反向变动。看涨期权预期收益的幅度随 S_0-X 的增加而增加。

1.标的资产的市场价格与期权的协议价格

由于看涨期权在执行时，其收益等于标的资产当时的市价与协议价格之差。因此，标的资产的价格越高、协议价格越低，看涨期权的价格就越高。

对于看跌期权而言，由于执行时其收益等于协议价格与标的资产市价的差额，因此，标的资产的价格越低、协议价格越高，看跌期权的价格就越高。

2.期权的有效期

对于美式期权而言，由于它可以在有效期内任何时间执行，有效期越长，多头获利机会就越大，而且有效期长的期权包含了有效期短的期权的所有执行机会，因此有效期越长，期权价格越高。

对于欧式期权而言，由于它只能在期末执行，有效期长的期权就不一定包含有效期短的期权的所有执行机会。但在一般情况下（即剔除标的资产支付大量收益这一特殊情况），由于有效期越长，标的资产的风险越大、空头亏损的风险也越大，因此即使是欧式期权，有效期越长，其期权价格也越高，即期权的边际时间价值（marginal time value）为正值。

随着时间的延长，期权时间价值的增幅是递减的，即当时间流逝同样长度，期限长的期权的时间价值减小幅度将小于期限短的期权时间价值的减小幅度。

3.标的资产价格的波动率

简单地说，标的资产价格的波动率是用来衡量标的资产未来价格变动不确定性的指标。由于期权多头的最大亏损额仅限于期权价格，而最大盈利额则取决于执行期权时标的资产市场价格与协议价格的差额，因此波动率越大，对期权多头越有利，期权价格也就越高。

4.无风险利率

无风险利率对期权价格的影响可从两个角度来考察。首先，从比较静态的角度考察，即比较不同利率水平下的两种均衡状态。如果状态1的无风险利率较高，则标的资产的预期收益率也应较高，这意味着对应于标的资产现在特定的市价 S_0，未来预期价格 $E(S_T)$ 较高。同时由于折现率较高，未来同样预期盈利的现值就较低。这两种效应都将减少看跌期权的价值。但对于看涨期权来说，前者将使期权价格上升，而后者将使期权价格下降。由于前者的效应大于后者，因此对应于较高的无风险利率，看涨期权的价格也较高。其次，从动态的角度考察，即考察一个均衡被打破到另一个均衡建立的过程。在标的资产价格与利率负相关情况下（如股票、债券等），当无风险利率提高时，原有均衡被打破，为了使标的资产预期收益率提高，均衡过程通常是通过同时降低标的资产的期初价格和预期未来价格（前者的降幅更大）来实现的。同时折现率也随之上升。对于看涨期权来说，两种效应都将使期权价格下降，而对于看跌期权来说，前者效应为正，后者为负，由于前者效应通常大于后者，因此其净效应使看跌期权价格上升。

5.标的资产的收益

由于标的资产分红付息等将降低标的资产的价格，而协议价格并未进行相应调整，因此标的资产在期权有效期内产生收益将使看涨期权价格下降，而使看跌期权价格上升。

10.3.3 布莱克-斯科尔斯期权定价模型

期权是购买方支付一定的期权费（权利金）后所获得的在将来允许的时间买或卖一定数量的标的资产的选择权。期权价格是期权合约中唯一随市场供求变化而变化的，它的高低直接影响买卖双方的盈亏状况，是期权交易的核心问题。早在1900年，法国数学家劳雷斯·巴契里耶在其著作《投机理论》中就讨论过期权定价问题。20世纪70年代以来，伴随着期权市场的迅速发展，期权定价理论的研究取得了突破性进展。

1.布莱克-斯科尔斯期权定价模型概述

1997年，第二十九届诺贝尔经济学奖授予了两位学者——哈佛商学院教授罗伯特·默顿（Robert Merton）和斯坦福大学教授迈伦·斯科尔斯（Myron Scholes）。他们创立和发展的布莱克-斯科尔斯期权定价模型（Black-Scholes option pricing model），为包括股票、债券、货币、商品在内的新兴衍生金融市场的各种以市场价格变动为定价基础的衍生金融工具的合理定价奠定了基础。

2.布莱克-斯科尔斯期权定价模型（以下简称B-S模型）及其假设条件

（1）B-S模型有5个重要的假设：

① 风险资产收益率服从对数正态分布；

② 在期权有效期内，无风险利率和风险资产收益变量是恒定的；

③ 市场无摩擦，即不存在税收和交易成本；

④ 风险资产在期权有效期内无红利及其他所得（该假设后被放弃）；

⑤ 该期权是欧式期权，即在期权到期前不可实施。

（2）B-S模型定价公式：

$$c = SN(d_1) - Xe^{-r(T-t)}N(d_2) \quad p = e^{-r(T-t)}[XN(-d_2) - FN(-d_1)] \tag{10.24}$$

其中：

$$d_1 = \frac{\ln(S/X) + (r + \sigma^2/2)(T-t)}{\sigma\sqrt{T-t}}$$

$$d_2 = \frac{\ln(S/X) + (r - \sigma^2/2)(T-t)}{\sigma\sqrt{T-t}} = d_1 - \sigma\sqrt{T-t}$$

c为当前的看涨期权价格；p为当前的看跌期权价格；S为当前的股票价格；$N(x)$为标准正态分布变量的累计概率分布函数（即这个变量小于X的概率），根据标准正态分布函数特性，我们有$N(-x) = 1 - N(x)$。X是执行价格；e为2.71828，即自然对数的底；r为无风险利率（与期权的到期期限相同的安全资产的连续复利的年收益率不同，与离散时间的收益率r_f也不同）；T是期权到期时间；σ为股票连续复利的年收益率的标准差；$N(d_1)$ 与 $N(d_2)$ 为期权到期时处于实值的概率。

这就是无收益资产欧式看涨期权、欧式看跌期权的定价公式。

在标的资产无收益情况下，由于 $C=c$，因此式（10.24）也给出了无收益资产美式看涨期权的价值。

由于美式看跌期权与看涨期权之间不存在严密的平价关系，因此美式看跌期权的定价还没有得到一个精确的解析公式，但可以用蒙特卡罗模拟、二项式和有限差分三种数值方法以及解析近似方法求出。[①]

10.3.4　二项式期权定价

1. 二项式期权定价模型概述

B-S 期权定价模型虽然有许多优点，但是它的推导过程难以为人们所接受。1979 年，罗斯等人使用一种比较浅显的方法设计出一种期权的定价模型，称为二项式模型（binomial model）或二项式法（binomial tree）。

二项式期权定价模型是由考克斯、罗斯、鲁宾斯坦和夏普等人提出的一种期权定价模型，主要用于计算美式期权的价值。

2. 基本原理

二项式期权定价实际上可以通过一个简单的例子来考察。假定股票价格运动只有两种可能：股票价格或者涨到给定的较高水平，或者降到给定的较低水平。与此同时，我们可以根据股票价格、协议价格来计算出在此结点上的期权价格，在风险中性条件下在求解 $T-\Delta t$ 时刻的每一结点上的期权价值时，都可通过将 T 时的期权价值的预期值在 Δt 时间长度内以无风险利率 r 折现求出。同理，要求解 $T-2\Delta t$ 时的每一结点的期权价值时，也可以将 $T-\Delta t$ 时的期权价值预期值在时间 Δt 内以无风险利率 r 折现求出，依此类推。这就是二项式期权定价模型，该模型是由考克斯、罗斯和鲁宾斯坦于 1979 年首先提出的。

为了对期权进行定价，二项式模型也应用风险中性定价原理，并假定：所有可交易证券的期望收益率都是无风险利率；未来现金流可以用其期望值按无风险利率折现来计算现值。

对于参数确定等二项式期权定价模型的具体构建，由于篇幅所限，在此不做展开。

专栏 10-1

价值投资的思想及其演变

1934 年，华尔街著名投资专家、哥伦比亚大学商学院教授本杰明·格雷厄姆与戴维·多德合著的《证券分析》一书出版，倡导价值投资。其基本思想如下：首先，股票市场的价格波动带有很强的投机色彩，但是长期看来必将回归"基本价值"，谨慎的投资者不应该追随短期价格波动，而应该集中精力寻找价格低于基本

[①]　限于篇幅和难度，本书只介绍二项式方法，对其他方法有兴趣的读者可参见 J. C. Hull 所著的 Options, Futures, and Other Derivative Securities（《期权、期货与其他衍生证券》）。

价值的股票；其次，为了保证投资安全，最值得青睐的股票是那些被严重低估的股票，即市场价格明显低于基本价值的股票，这些股票几乎没有再下跌的空间，从谷底反弹只是时间问题，投资者集中持有这些股票就能以承担较小的风险而获取较大的收益。

价值投资的基本思想很简单，但是面临两个重要问题：什么是股票的"基本价值"？什么样的股票算是"严重低估"？格雷厄姆认为，一家上市公司的基本价值是这家公司所有资产的重置成本，也就是在当前条件下"重新建立"这样一家公司所必需的成本。例如，假设重新建立一家与GE公司规模相当、主营业务相同、固定资产价值相同的公司需要花费800亿美元，那么GE公司的基本价值就是800亿美元。为了确定公司的重置成本，格雷厄姆把大部分精力都用于财务报表分析，力图找出财务报表中被低估、隐瞒或忽略的资产，并根据市场实际情况估计"重新购买"这些资产究竟要花费多少钱。不同行业的公司资产的重置成本往往千差万别，高科技企业的资产实际价值经常远远高于其账面价值，衰退型企业的账面资产则有可能一文不值，必须经过详细的个案分析才能确定。

格雷厄姆的投资策略可以用以下公式来表示：

公司股票价值＝账面资产和隐性账面资产的重置成本

从公式中可以看出，格雷厄姆对公司的估价非常谨慎甚至保守，局限于账面资产尤其是固定资产。后来，著名经济学家托宾提出了"托宾Q值"的概念，即公司市值与账面资产重置成本的比率，在一般情况下，托宾Q值总是大于1。然而，在格雷厄姆看来，托宾Q值大于1的股票都是不值得投资的股票（当然，格雷厄姆所处的时代还没有托宾Q值这个概念）。

如果公司股票价格只是略低于它的基本价值，格雷厄姆并不会急于购买；只有当股票价格比基本价值低50%甚至更多的时候，他才会认为它被市场"严重低估"了。50%的价值差距（格雷厄姆把它定义为"安全边际"）足以弥补投资者可能出现的判断失误，也足以抵消市场可能存在的偏见。一只股票可能迟迟无法上涨到基本价值水平，但它不会长期停留在被严重低估的水平，只要来一次小幅反弹，就足以令投资者受益匪浅。换言之，格雷厄姆基本上只投资托宾Q值小于0.5的股票，这种股票显然是安全的。事实上，拥有雄厚资金的机构投资者可以把这种公司的股票全部买下，然后予以清算，这样在理论上就可以获得100%的利润。即使投资者对公司账面资产的重置成本估计有误差，这种误差也不可能达到50%。也就是说，投资者可以获得无风险的套利机会。

按照20世纪50年代以后出现的金融学理论，公司股票价格不可能长期低于其账面资产的重置成本，因为一旦股价真的跌到这样低的水平，投资者肯定会蜂拥购买，导致股价回升，套利机会就会消失。但是，格雷厄姆的《证券分析》出版之时正值1929—1932年股灾结束，华尔街股市哀鸿遍野，充斥着跌破净资产的股票，投资者对市场前景严重缺乏信心，这正是价值投资的大好时机。通过大量搜集上市公司财务数据，格雷厄姆及其同事找到了无数符合价值投资理念的公司，这些公司往往仍然具备持续的盈利能力，只是由于在1929年股灾中给投资者造成了太严重的伤害，因此暂时处于被严重低估的状态。格雷厄姆大量买进了这些股票，并在随后的反弹行情中赚取了巨额利润，成为华尔街历史上著名的"传奇"之一。但是此后数十年，随着公司财务信息日益透明、投资者素质日益提升，想在股市中找到被严重低估的优质股票已经越来越困难。现在，纽约证券交易所几乎没有什么股票符合格雷厄姆的"严重低估"原则，托宾Q值大于1成为股市的常态，按照格雷厄姆倡导的选股方法在很大程度上已经丧失了可操作性。

但是，从20世纪70年代以来，彼得·林奇、沃伦·巴菲特等价值投资者却仍然取得了远远高于市场平均收益的利润。作为格雷厄姆的学生，沃伦·巴菲特在理论上和实践上都把价值投资推向了一个新的高度。结果在20世纪的最后20年，价值投资基金不但没有消亡，反而日益壮大，诞生了不少著名的基金经理人。而且，随着行为金融学和信息经济学研究的兴起，经典金融学的"有效市场假设"受到了越来越严重的质疑，价值投资在理论上的地位也得到了重新确认。

作为新价值投资流派的代表者，巴菲特承认，仅仅凭借财务报表分析已经不可能在当前的股市赢得利润，因为现在的信息太公开了，价值评估专家也太多了，报表里能够被发掘的东西早已被发掘完毕。因此，价值投资应该关注"财务报表之外的价值"，比如公司的品牌价值、客户忠诚度、技术领先程度、长期经营理念乃至高层管理人员的能力和性格等，这些价值是不会出现在财务报表上的。例如，巴菲特最欣赏的可口可乐公司，其品牌价值排名世界第一，这就使它的股票能够维持很高的市盈率，远远超过类似的饮料公司。实际上，巴菲特考察的还是公司资产的重置成本，但是他把无形资产作为公司资产最重要的组成部分，从而超越了传统价值投资拘泥于财务报表和固定资产的保守观念。曾经被巴菲特长期看好的公司还有可口可乐、苹果、吉列刀片等，几乎都是拥有强大的无形资产、在本行业拥有近乎垄断地位的公司。巴菲特本人毫不讳言，他追求的是公司的"特许经营权价值"，这个特许经营权不是政府赋予的，而是公司管理层在长期的正确经营方针中从客户那里争取到的，这才是烧不毁、拆不掉、偷不走、压不碎的核心竞争力。

简言之，巴菲特的价值投资策略可以用以下公式来表示：

公司股票价值=资产的重置成本+特许经营权价值（两者合称"盈利能力价值"）

从公式中可以看到，巴菲特超越格雷厄姆的地方在于他超越了账面资产的狭隘范畴。虽然格雷厄姆也强调"广义账面资产"，但他指的广义账面资产主要是由于财务会计准则或公司会计政策而没有列入报表的资产，这些资产基本上还是有形资产。诸如品牌价值或商誉这样的纯粹的无形资产，格雷厄姆基本上没有考虑。但是，这并不是格雷厄姆的局限性，而是时代的局限性。

资料来源：改编自刘建位，徐晓杰. 跟大师学投资［M］. 北京：民主与建设出版社，2006.

★ 本章小结

本章分别对债券、普通股、期权等主要金融资产的价值进行了分析。

收入资本化法是判断债券价格高估或低估的一种常用方法。该方法的核心是对债券的未来现金流进行折现，得出债券的内在价值。然后将其内在价值与市场价格进行比较，如果前者高于（或低于）后者，就表明债券被低估（或高估）。

债券的属性是债券价值分析中非常重要的一些因素，它包括债券的到期期限、息票率、可赎回条款、税收待遇、流动性、违约风险、可转换性以及可延期性等。当市场利率调整时，债券的期限越长，息票率越低，债券价格的波动幅度越大；可赎回的债券和无税收优惠待遇的债券的收益率较高；可转换和可延期的债券的收益率较低；债券收益率与债券的违约风险成正比，与债券的流动性成反比。债券属性与债券价格之间的关系可以归纳为债券定价的5个原理。

普通股价值分析的方法有：账面价值法、股息折现模型、市盈率模型和自由现金流折现模型等。

期权价值等于内在价值与时间价值之和。内在价值等于零和期权立即执行时所具有的价值这两者之中的较大值。期权时间价值在内在价值为零时最大，并随标的资产市价与协议价格之间差额的绝对值变大而递减。随着时间的延长，期权时间价值是递增的，但增幅是递减的。期权价格的影响因素有标的资产的市价、期权的协议价格、期权的有效期、标的资产价格的波动率、无风险利率、标的资产的收益等6个。为了给期权定价，本章简要介绍了著名的布莱克-斯科尔斯模型与二项式法的基本原理。

★ 综合训练

10.1 单项选择题

1.一免税债券的息票率为5.6%，而应税债券为8%，都按面值出售。要使投资者对两种债券感觉无差异，税收等级（边际税率）应为（　　）。

    A.30.0%　　　　　　B.39.6%　　　　　　C.41.7%　　　　　　D.42.9%

2.一面值1 000元的附息债券的息票率为6%，每年付息一次，修正久期为10年，市价为800元，到期收益率为8%。如果到期收益率提高到9%，那么运用久期计算法，预计其价格将降低（　　）。

    A.76.56元　　　　　B.76.92元　　　　　C.77.67元　　　　　D.80.00元

3.不影响折现率的因素是（　　）。

    A.无风险资产收益率　　　　　　　　B.股票的风险溢价

    C.资产收益率　　　　　　　　　　　D.预期通货膨胀率

4.内在价值为零的期权是（　　）。

    A.价内期权　　　　B.虚值期权　　　　C.实值期权　　　　D.A 和 C

5.关于到期前的看涨期权，表述正确的是（　　）。

    A.看涨期权的内在价值比实际价值大

    B.看涨期权的内在价值总是正的

    C.看涨期权的实际价值比内在价值大

D.看涨期权的内在价值总是大于它的时间价值

6.股票评估与股票的（　　　）有关。

A.内在价值　　　　　　　　B.账面价值　　　　　　　　C.市场价值

D.清算价格　　　　　　　　E.票面价格

7.某企业购买 A 股票 100 万股，买入价每股 5 元，持有 3 个月后卖出，卖出价为每股 6 元，在持有期间每股分得现金股利 0.1 元，则该企业持有期收益率为（　　　）。

A.10%　　　　　　　B.40%　　　　　　　C.8%　　　　　　　D.22%

10.2　多项选择题

1.以下关于债券的叙述，正确的有（　　　）。

A.当债券价格上升时，债券的收益率下降；反之，当债券价格下降时，债券的收益率上升

B.到期时间越长，价格波动幅度越大；反之，到期时间越短，价格波动幅度越小

C.随着债券到期时间的临近，债券价格的波动幅度减少，并且是以递减的速度减少的

D.对于期限既定的债券，由收益率下降导致的债券价格上升的幅度大于同等幅度的收益率上升导致的债券价格下降的幅度

E.对于给定的收益率变动幅度，债券的息票率与债券价格的波动幅度之间成反比关系

2.关于市盈率模型与股息折现模型，正确的有（　　　）。

A.市盈率模型的数据容易获得、简单、直观，并且市盈率模型可以直接应用于不同收益水平的股票的价格之间的比较

B.对于那些在某段时间内没有支付股息的股票，股息折现模型也能够使用

C.市盈率模型只能决定不同股票市盈率的相对大小，却不能决定股票绝对的市盈率水平

D.股息折现模型是一个理论上非常完美的模型

E.收益为负时，市盈率没有意义

3.影响期权价值的变量有（　　　）。

A.无风险利率水平　　　　　　　　B.期权到期时间

C.股票的红利　　　　　　　　　　D.股价的变动性

E.到期执行价格

4.在布莱克–斯科尔斯期权价格模型中，输入（　　　）因素可以直接观察到到期权的理论价值。

A.已发行在外的证券价格

B.无风险利息率

C.到期时间

D.外在资产回报率的方差

E.期权执行价格

5.其他条件不变，股票看涨期权的价格与（　　　）因素正相关。

A.股价　　　　　　　B.到期时间　　　　　C.股票易变性　　　　　D.到期价格

E.上述各项均不准确

6.下列有关市盈率的说法不正确的是（　　　）。

A.市盈率越高，表明投资者对该股票的评价越高

B.上市公司的市盈率是广大股票投资者进行短期投资的重要决策指标

C.市盈率越高，表明投资于该股票的风险越大

D.市盈率越高，表明着企业未来成长的潜力越大

10.3　计算题

1.假定投资者计划一年的投资，想在三种债券间进行选择。三种债券有相同的违约风险，都是10年到期。第一种是零息债券，到期支付1 000元；第二种是息票率为8%，每年付80元的债券；第三种债券息票率为10%，每年支付100元。

A.如果三种债券都有8%的到期收益率，它们的价格各应是多少？

B.如果投资者预期在下年年初时到期收益率为8%，那时的三种债券价格各为多少？对每种债券，投资者的税前持有期收益率是多少？如果税收等级为：普通收入税率30%，资本收益税率20%，则每种债券的税后收益率为多少？

2.一种3年期债券的息票率为6%，每年支付一次利息，到期收益率为6%，请计算该债券的久期。如果到期收益率为10%，那么久期等于多少？

3.预期F公司的股息增长率是5%。

A.预期今年年底的股息是8元/股，资本化率为10%，请根据DDM模型求该公司股票的内在价值。

B.预期每股盈利12元，求股东权益收益率。

4.假设某公司的有关资料如下：$ROE=17\%$，$E_1=3.5$美元，$\beta=1.2$。某投资者预测的未来市场情况为：$E(r_m) = 14\%$，$r_f = 6\%$，请计算在$b=20\%$、$b=40\%$和$b=60\%$的情况下，该公司股票的内在价值分别为多少？

5. 股票A和股票B的投资指标见表10-3：

表10-3　　　　　　　　　　　股票 A 和股票 B 的投资指标

项目	股票A	股票B
股东权益收益率	14%	12%
预期每股盈利（元/股）	2.00	1.65
预期每股股息（元/股）	1.00	1.00
当前股票价格（元/股）	27.00	25.00
资本化率	10%	10%

请计算：

（1）两只股票的派息比率。

（2）它们的股息增长率。

（3）它们的内在价值。

综合考虑上述条件，你将投资于哪只股票？

第11章

金融市场监管

★ 导读

金融安全是国家安全的重要组成部分。金融市场的高效运转关系到一国的经济效率。金融市场严重的信息不对称和产品业务高度的专业性，使得金融市场监管成为必需。金融市场监管和金融市场发展相辅相成，缺一不可。本章根据我国金融市场监管体系，循序渐进地概括介绍了金融市场监管基本制度的构成、相关理论等，重点介绍了中国金融市场监管的演变、框架以及监管内容。通过本章的学习，读者应达到如下目标：

1. 掌握金融市场监管体制的构成和模式，监管的目的、内容和手段。
2. 了解金融机构内部控制机制原则，以及我国金融机构的行业自律组织。
3. 了解我国金融市场监管体系的发展演变和框架。
4. 掌握我国银行业和银行间市场监管的主要内容。
5. 掌握我国证券市场和衍生品市场监管的主要内容。

★ 关键概念

金融市场监管　内部控制　行业自律　市场约束　信息披露　《巴塞尔协议》　系统重要性金融机构　注册制　核准制

第11章关键概念

§11.1　金融市场监管概述

11.1.1　金融市场监管的概念

金融市场监管是经济监管的重要组成部分，根据监管主体的不同，金融市场监管有狭义和广义之分。狭义的金融市场监管是指金融市场监管当局依据国家法律、法规的授权对整个金融业（包括金融机构以及金融机构在金融市场上所有的业务活动）实施的监督管理。广义的金融市场监管除包括上述监管之外，还包括金融机构的内部控制与稽核、行业自律性组织的监管、社会中介组织的监管等。在实践中，一般更多地使用狭义的概念。

金融监管需要解决的问题包括金融市场监管的原因、主体、客体、内容和手段。一般来说，一个有效的金融监管体制必须具备以下三个最基本要素：监管主体（监管当局）、监管客体（监管对象）、监管手段（各种方式、工具等）。

金融市场机制可能失灵，不同金融机构和不同金融工具、业务之间的界限日益模糊，导致在金融全球化的背景下，金融领域风险急剧增大。因此，加强金融市场监管，以保持货币制度和经济秩序稳定，维护信用活动的良性运转，对于中央银行贯彻执行货币政策，防止发生系统性金融风险，确保国家金融安全，十分必要。

11.1.2　金融市场监管的目标与原则

1.金融市场监管的目标

以对银行业的监管为例，迄今为止，世界各国的金融市场监管目标主要有三种类型：以美国为代表的"多目标型"、以日本为代表的"双重目标型"和以英国为代表的"单一目标型"。在"单一目标型"中，按照保护主体的不同，又可以划分为：以英国为代表的保护存款人（金融产品的消费者）利益和以德国为代表的保证银行资产安全（金融产品的供给者）两种类型。我国的金融市场监管目标类似于德国型的单一目标，东西方9个国家的金融市场（以银行市场为例）监管目标综合对比见表11-1。

实践中，无论是美国的多目标型，还是日本的双重目标型、英国的单一目标型，维护存款人利益是大多数国家金融市场监管的出发点和立足点。另一方面，在金融混业经营的新环境下，金融交易规模急剧扩张，金融交易方式日趋复杂，金融机构和金融市场之间的相互依赖程度和危机互相感染可能性明显增大，导致了金融体系的系统性风险上升，金融危机的发生频率和破坏程度扩大。因而，防止发生金融系统性危机或减少危机破坏力，成为当今各国金融市场监管的首要任务之一。

表11-1 各国的金融市场监管目标（以银行市场为例）

类型	国家	金融市场监管目标摘要
多目标型	美国	维护公众对银行体系的信心；为建立有效率、有竞争力的银行系统服务；保护消费者；允许银行体系适应经济变化而变化
双重目标型	日本	维护信用、确保存款人利益；谋求金融活动顺利进行，经济健全发展
	韩国	增进银行体系健全运作；促进经济发展，有效利用资源
单一目标型	英国	保护存款人利益
	加拿大	规范货币与信用，促进经济与金融发展
	德国	保证银行资产安全和业务运营正常
	法国	确保银行体系正常运作
	新西兰	保持金融体系的效率及健全性
	中国	维护金融业的合法、稳健运行

资料来源：李扬，王松奇.中国金融理论前沿Ⅱ［M］.北京：社会科学文献出版社，2001：172.

2.金融市场监管的原则

金融监管原则是监管过程中监管当局的行为准则，大体包括以下9个方面：

（1）依法原则。

金融监管必须依据现行的金融法规，保持监管的严肃性、权威性、强制性和一贯性，而不能随心所欲，凭个人好恶办事，更不能知法犯法、执法犯法、有法不依。

（2）独立原则。

所谓独立原则，就是指不干涉金融机构的内部管理，即要按金融监管的规律进行监管，不能对金融机构的内部管理以官方的或非官方的方式进行干预。

（3）综合性原则。

综合性原则的含义是全面的，包括：要综合运用各种金融监管手段即经济手段、行政手段、法律手段等；要综合运用金融监管的方式、方法或工具，即监管工具要现代化、系统化；日常监管与重点监管、事前督导与事后监察要同时运用；金融监管机制和方案要科学化、系统化、最优化，确保金融监管的优质高效。

（4）"三公"原则。

"三公"原则即公平、公开、公正原则。监管对象，不论其性质、规模、背景，都必须在统一标准下展开合理竞争，金融监管当局也要按照统一的监管标准和监管方式对它们实施监管。

（5）统一原则。

统一原则要求在金融监管工作中贯彻以下统一：一是各级金融监管机构要统一监管标准和口径；二是宏观金融监管与微观金融监管要统一；三是国内金融监管的政策、法规、措施要与国际金融监管相统一。

（6）协调原则。

协调原则是指"内部自律"与"外部监管"相结合。外部强制管理不论多缜密严格，也只是相对的，如果监管对象不配合，而是设法逃避，那么外部监管难以收到实效；反之，如将全部希望放在内控上，则可能导致一些金融机构开展违规经营。

（7）适度原则。

适度原则是指监管适度和合理竞争的结合。金融市场监管的宗旨就是通过适度的监管，实现适度的金融市场竞争，如果监管过严或过度，不允许竞争和创新，就必然会限制金融业和社会经济的健康发展。

（8）稳健原则。

稳健原则就是要保证金融业稳健运行，努力防范金融风险。安全稳健并不是金融业存在和发展的最终目标，它的最终目的是满足社会经济的需要，促进社会经济稳健、协调发展。

（9）效益原则。

以最低的监管成本获得最佳监管效果是金融监管当局的重要原则之一，这一原则中的效益是包括社会效益在内的全面效益。

11.1.3　金融市场监管的内容、方法和手段

1.金融市场监管的内容

（1）市场准入监管。

所有国家对金融机构的监管都是从市场准入开始的。市场准入是指政府行政管理部门按照市场运行规则设立或准许某一行业及其所属机构进入市场的一种管制行为。

金融机构的设立申请主要包括三个方面：一是要有注册资本，金融监管当局主要监管资本充足率指标；二是要有素质较高的管理人员；三是要有最低限度的认缴资本额。

（2）业务运营监管。

业务运营监管是对金融机构的各项经营行为的监管。虽然各国金融监管部门并不完全相同，但在监管内容上都体现了保证金融机构经营安全性、流动性、营利性三个方面。目前，我国对金融机构业务运营监管的内容主要包括：业务经营的合法性，资本的充足性，资产质量的稳妥可靠性、流动性及营利性，内部管理水平和内部制度的健全性。

2015年12月，中国人民银行发布《关于部署完善宏观审慎政策框架的公告》，

宣布从2016年起将原有的差别准备金动态调整和合意贷款管理机制升级为宏观审慎评估体系（macro prudential assessment，简称MPA）。MPA体系的主要内容为：重点考虑资本和杠杆情况、资产负债情况、流动性、定价行为、资产质量、外债风险、信贷政策执行等七大方面，其中，广义信贷增速和资本充足率是评估体系的核心。

（3）市场退出监管。

市场退出监管是指监管当局对金融机构退出金融业、破产倒闭或合（兼）并、变更等的管理。金融机构退出市场，表明该金融机构已经停止经营金融业务，应依法处理其债权债务，分配剩余财产，注销企业登记，其最终结果是取消该金融机构的法人资格。具体而言，市场退出监管主要包括问题金融机构的拯救（或接管）、金融机构的市场退出两方面。重新注资、接管、收购合并、国有化、债权人参与治理、资产证券化、私有化或出售给外国投资者等都是国际上拯救危机金融机构常用的办法；而金融机构的市场退出经常采取的程序则包括解散、关闭与撤销、破产清算。

2.金融市场监管的方法

金融市场监管的主要方法包括以下几种：一是市场准入；二是稽核检查，分为非现场监管和现场监管两种；三是综合监管，充分发挥监管部门、金融机构自律性管理以及审计、市场监管、税务等部门及会计师事务所的力量，实现全方位的立体化监管；四是市场退出监管。

3.金融市场监管的手段

不同国家、不同时期的监管手段是不同的。例如，市场体制健全的国家，主要采用法律手段；市场体制不发达的国家，则更多地使用行政手段。总的看来，目前金融市场监管使用的手段主要有以下4种。

（1）法律手段。

运用法律手段进行金融监管，具有强制性和约束性，各金融机构必须依法行事，否则将受到法律制裁。因此，各国金融监管当局无不大力使用法律手段。法律手段发挥作用的前提是金融法律的权威性和有效性，以及立法的超前性、执法的严格性。

（2）技术手段。

监管当局实施金融监管必须采用先进的技术手段，如运用电子计算机和先进的通信设备实现全系统联网。这样，监管当局不仅可以加快和提高收集、处理信息资料及客观评价监管对象的经营状况的速度和能力，而且可以扩大监管的覆盖面，提高监管频率，及时发现问题和隐患，快速反馈监控结果，降低金融业的不稳定性，防范金融风险。

（3）行政手段。

行政手段是指金融监管当局采用计划、政策、制度、办法等进行直接的行政干预和管理。运用行政手段实施金融监管，具有见效快、针对性强的特点。特别是当金融机构或金融活动出现波动时，行政手段甚至是不可替代的。然而，行政手段只能作为一种辅助性手段。从监管的发展方向看，各国都倾向于非行政化，逐步放弃用行政命令的方式来管理金融业，而更多地采用法律手段、经济手段。不过，完全摒弃行政手段也是不现实的，即使是市场经济高度发达的国家，在特殊时期仍可能需要它。

（4）经济手段。

经济手段是指金融监管当局以监管金融活动和金融机构为主要目的，采用间接调控方式影响金融活动和参与主体的行为。金融监管的经济手段很多，比如在对商业银行进行监管时，最后贷款人手段和存款保险制度等就是非常典型的经济手段。在证券市场监管中，货币信贷政策和税收政策都是非常重要的经济手段。

专栏11-1

证券市场监管

一、禁止操纵证券市场行为

（一）操纵证券市场是违法犯罪行为

操纵证券市场牟利是常见的违法犯罪行为，严重损害了"三公"原则，各国证券立法都禁止操纵证券市场行为。然而，道高一尺，魔高一丈。由于利益驱使，市场操纵手段不断翻新，监管难度不断加大。因此，《证券法》修订不断把一些新的操纵市场行为纳入禁止之列。

我国证券立法禁止操纵证券市场。1999年《证券法》禁止连续交易操纵、约定交易操纵和自买自卖操纵行为等三种操纵市场行为。2007年证监会颁发了《证券市场操纵行为认定指引（试行）》，除了对上述三种操纵行为的认定进行了细化之外，还增加了其他5种操纵行为的认定，包括：蛊惑交易、抢先交易、虚假申报、特定价格操纵、特定时段操纵。

在此前立法基础上，2020年新《证券法》禁止操纵市场的行为由3种增加到8种。第五十五条规定：禁止任何人以下列手段操纵证券市场，影响或者意图影响证券交易价格或者证券交易量：（1）单独或者通过合谋，集中资金优势、持股优势或者利用信息优势联合或者连续买卖；（2）与他人串通，以事先约定的时间、价格和方式相互进行证券交易；（3）在自己实际控制的账户之间进行证券交易；（4）不以成交为目的，频繁或者大量申报并撤销申报；（5）利用虚假或者不确定的重大信息，诱导投资者进行证券交易；（6）对证券、发行人公开作出评价、预测或者投资建议，并进行反向证券交易；（7）利用在其他相关市场的活动操纵证券市场；（8）操纵证券市场的其他手段。操纵证券市场行为给投资者造成损失的，行为人应当依法承担赔偿责任。

新《证券法》提高了对操纵市场行为的处罚力度。第一百九十二条规定：违反本法第五十五条的规定，操纵证券市场的，责令依法处理其非法持有的证券，没收违法所得，并处以违法所得一倍以上十倍以下的罚款；没有违法所得或者违法所得不足一百万元的，处以一百万元以上一千万元以下的罚款。单位操纵证券市场的，还应当对直接负责的主管人员和其他直接责任人员给予警告，并处以五十万元以上五百万元以下的罚款。

（二）徐翔案

2015年11月1日，泽熙投资管理有限公司法定代表人、总经理徐翔涉嫌通过非法手段获取股市内幕信息，从事内幕交易、操纵股票交易价格，被公安机关采取刑事强制措施。

2016年4月29日，徐翔等人涉嫌操纵证券市场、内幕交易犯罪，被依法批准逮捕。

2017年1月23日，青岛市中级人民法院对徐翔案做出判决：被告人徐翔犯操纵证券市场罪，被判有期徒刑五年半，罚金110亿元。同时，涉案的王巍、竺勇分别被判处有期徒刑三年、有期徒刑二年缓刑三年，同时并处罚金。

二、禁止内幕交易行为

（一）内幕交易是违法犯罪行为

内幕交易也是常见的违法犯罪行为，严重损害了"三公"原则，各国证券立法都禁止内幕交易。

（二）我国证券立法禁止内幕交易行为

2007年9月，证监会颁发了《证券市场内幕交易行为认定指引（试行）》，对内幕人的认定做了细化，补充了内幕人、内幕信息的范围，对当然内幕人、法定内幕人、规定内幕人和其他途径获取内幕信息者的举证责任进行了合理划分。

《证券市场内幕交易行为认定指引（试行）》的主要内容包括：

（1）内幕交易行为，是指证券交易内幕信息知情人或非法获取内幕信息的人，在内幕信息公开前买卖相关证券，或者泄露该信息，或者建议他人买卖相关证券的行为。

（2）内幕人，是指内幕信息公开前直接或者间接获取内幕信息的人（包括自然人和单位），又分为"内幕信息知情人"和"其他证券交易内幕信息知情人"。

（3）内幕信息，是指证券交易活动中，涉及公司的经营、财务或者对公司证券的市场价格有重大影响的尚未公开的信息。具体内容参见《证券法》第六十七条、七十五条等相关规定。

（4）提高了对内幕交易行为的处罚力度。

（三）首例政府官员因内幕交易、泄露内幕信息获罪

2011年10月27日，广东省中山市原市委副书记、原市长李启红因犯内幕交易、泄露内幕信息罪和受贿罪，被广州市中级人民法院一审判处有期徒刑11年，并处罚金2 000万元、没收财产10万元。

三、首例证券民事赔偿代表人诉讼案

2021年11月12日，广州市中级人民法院对康美药业（600518）证券民事赔偿特别代表人诉讼案作出一审判决：康美药业责任人向投资者予以赔偿全部损失24.59亿元。公司实际控制人马兴田夫妇及邱锡伟等4名原高管人员与审计机构，承担100%的连带赔偿责任；另有13名高管人员按过错程度分别承担20%、10%、5%的连带赔偿责任。特别是，5位兼职独立董事被分别判处10%、5%的连带赔偿责任（每位赔偿金额近1亿元）。康美药业财务欺诈案就是我国证券民事赔偿特别代表人诉讼首案。证券民事赔偿特别代表人诉讼制度的建立，将成为我国打击财务造假，提升虚假信息披露违法成本的重要武器。

§11.2　金融市场监管体制

11.2.1　金融市场监管体制的含义和模式

金融市场监管体制是由一系列监管法律法规和监管组织机构组成的体系，它涉及金融监管当局、中央银行与金融监管对象等多个要素。

从广义上讲，金融市场监管体制包括监管目标、监管范围、监管理论和监管方式、监管主体的确立及权限划分等。从狭义上讲，金融市场监管体制主要是指监管主体的确立及其职责、权限划分。如果从组织体系、运行机制等诸方面来认识，金融市场监管体制则是指为了实现特定的社会经济目标而对金融活动施加影响的一整套机制和组织结构的总和。

金融市场监管体制是各国历史和国情的产物，与各国的政治、社会经济制度、历史等有着密切的联系，因此，只有建立健全适应本国国情的金融监管体制，才能提高金融监管效率，确保金融市场公平、高效、有序地竞争，维护整个金融体系的稳健运行。

纵观各国金融市场监管体制的历史变化可以看出，金融市场监管体制没有恒定不变的形式，不同国家，甚至同一国家不同时期金融市场监管体制都处于不断发展变化过程中，这是因为其金融监管的市场环境或政治环境发生了变化。由于设立金融市场监管体制的实质就是解决由谁来监管、由什么机构来监管和按照什么样的组织结构进行监管，相应地由谁来对监管效果负责和如何负责的问题，因此，设立金融市场监管体制首先面临的就是要选择和建立一个能够实现最佳监管的模式的问题。根据分类标准的不同，金融市场监管体制的模式也各不相同。

1.根据金融监管权力的分配结构和层次划分

根据金融监管权力的分配结构和层次划分，金融市场监管体系可分为三种模式，详见表11-2。

表11-2   根据金融监管权力的分配结构和层次划分的模式

类型	定义	优缺点
双线多头模式	中央和地方两级都对金融机构有监督权,即所谓的"双线";同时,每一级又有若干机构共同行使监管职能,即所谓"多头"。代表国家有美国和加拿大	能防止金融权力过分集中,有利于提高监管效率,能因地制宜选择监管部门。但易造成重复检查和真空,且金融监管法规不统一,可能产生漏洞
单线多头模式	全国的金融监管权集中在中央,地方没有独立的权力,即所谓"单线";在中央一级由两家或两家以上机构共同负责监管,即所谓"多头"。代表国家有德国和法国	有利于金融体系的集中统一和监管效率的提高,但需要各部门的协作,在法制不健全、部门难以协作的国家,难以有效运行
集中单一模式	这是由一家金融机构集中进行监管的体制。该监管模式在发达国家和发展中国家都很普遍。英国的金融监管局、荷兰的中央银行都是对金融业进行全面监管的监管机构	金融管理集中,法规统一,避免了责任真空的现象。但易滋生官僚作风,引发腐败

2.根据监管主体数量划分

根据监管主体数量划分,金融市场监管体制的模式可分为两种,见表11-3。

表11-3   根据监管主体数量划分的模式

类型	定义	优缺点
单一全能模式	由一家监管机构对所有金融机构的全部金融业务进行监管。实行该模式的国家还不多,但有增加的趋势	监管机构在不同的监管领域可获得经济规模和增效作用,可减少监管成本;有利于公平竞争、政策的一致性,避免监管的重复与遗漏。但缺乏权力的竞争,可能引发官僚主义
多头分业模式	由两个或两个以上的管理机构分别对金融机构按业务进行监管。这是世界上绝大多数国家所采用的模式	适应不同金融细分行业的监管需要;可避免文化差异冲突,提高监管效率

3.按照功能和机构划分

(1)分业监管体制。

分业监管体制也称分头监管体制,它是在银行、证券和保险领域内分别设置独立的监管机构,专司本领域监管的体制。实行分业监管体制的代表性国家有美国、德国、波兰和中国等。

(2)集中监管体制。

集中监管体制也称统一监管体制或混业监管体制，即只设一个统一的金融监管机构，对金融机构、金融市场和金融业务进行全面监管的体制。在这一监管体制下，监管机构可能是中央银行，也可能是其他专设的金融监管机构。实行该体制的代表国家有英国、日本、韩国和新加坡等。

（3）不完全集中监管体制。

不完全集中监管体制也称不完全统一监管体制。该体制存在"牵头式""双峰式""伞式监管+功能监管"等三个细分类型，表11-4对此做了比较说明。

表11-4 **不完全集中监管体制的类型比较**

类型	定义	模式
"牵头式"监管体制	在分业监管机构之上设置一个牵头监管机构，负责在不同监管机构之间的协调工作。代表国家有巴西和法国	在分业监管主体之间建立了一站合作、协商的机制
"双峰式"监管体制	依据金融监管目标设置两类监管机构，故名为"双峰式"监管体制。代表国家有澳大利亚、奥地利	一类机构对金融机构和金融市场进行审慎监管，以控制金融业的系统风险；另一类机构专门对金融机构的经营业务和相关机构的金融业务进行监管
"伞式监管+功能监管"模式	对于同时从事银行、证券、互助基金、保险与商业银行等业务的金融持股公司实行伞式监管制度，即从整体上指定联储为金融持股公司的伞形监管人，负责该类公司的综合监管。该模式也是美国1999年后形成的监管新模式	金融持股公司又按其所经营业务的种类不同接受不同行业主要功能监管人的监督。由美联储委员会负责审慎监管

11.2.2 金融机构内部控制制度

金融机构内部控制是金融机构在经营管理活动中，为保证管理有效，保障资产安全完整，保证会计资料准确、真实，实现经营目标，以及鼓励遵守既定的管理政策而相应采取的所有方法和手段。依据中国人民银行1997年公布的《加强金融机构内部控制的指导原则》，**金融机构的内部控制是金融机构的一种自律行为，是金融机构为完成既定的经营目标而制定和实施的涵盖各项业务活动，涉及内部各级机构、各职能部门及其工作人员的一系列具有控制职能的方法、措施和程序的总称。**

根据中国人民银行《加强金融机构内部控制的指导原则》和《商业银行内部控制指引》的规定，我国金融机构应当按照以下原则来建立内部控制制度：

（1）有效性原则。各种内部控制制度包括最高决策层所制定的业务规章和发布的指令，必须符合国家和监管部门的规章，必须具有高度的权威性，必须真正落到实处，成为所有员工严格遵守的行动指南；执行内控制度不能存在任何例外，任何人（包括董事长、总经理）不得拥有超越制度或违反规章的权力。

（2）审慎性原则。内部控制的核心是有效防范各种风险，任何制度的建立都要以防范风险、审慎经营为出发点。

（3）全面性原则。内部控制必须渗透到金融机构的各项业务过程和各个操作环境之中，覆盖所有的部门和岗位，不能留任何死角。

（4）及时性原则。新设立的金融机构或新开办的业务种类，必须树立"内控优先"的思想，首先建章立制，采取有效的控制措施。

（5）独立性原则。内部控制的检查、评价部门必须独立于内部控制的建立和执行部门，直接的操作人员和直接的控制人员必须适当分开，并向不同的管理人员报告工作；在存在管理人员职责交叉的情况下，要为负责控制的人员提供可以直接向最高管理层报告的渠道。

11.2.3 金融机构的行业自律

金融业的自律组织是金融监管体制的重要组成部分，其职能包括：金融业的行业自律管理机构、金融业同业之间的协调机构、金融业的服务机构以及监管当局的助手。金融业的自律机构对行业的稳定发展必不可少，它的存在和职能不仅可以防止过度竞争，还有助于改善金融机构的经营环境，加强金融业的监管。我国金融业面临着不断开放和深化改革的挑战，为了配合金融监管的有效性以及金融稳定的需要，建立金融业行业自律组织十分必要。

随着我国金融机构多元化的发展，金融机构行业自律的作用正在逐渐加强，银行业、证券业、保险业分别建立了各自的地方性和全国性的行业自律组织。

1.银行业的行业自律

中国银行业协会成立于2000年5月，主管单位现为中国银行保险监督管理委员会。协会的最高权力机构为会员代表大会，理事会为其执行机构。协会以促进会员单位实现共同利益为宗旨，履行自律、维权、协调、服务职能，维护银行业合法权益，维护银行业市场秩序，提高银行业从业人员素质，提高为会员服务的水平，促进银行业的健康发展。

截至2021年12月，中国银行业协会共有769家会员单位、32个专业委员会。

2.证券业的行业自律

中国证券业协会成立于1991年8月，接受中国证监会和民政部的业务指导和监督管理。协会最高权力机构是由全体会员组成的会员大会，理事会为其执行机构。协会的宗旨是：在国家对证券业实行集中统一监督管理的前提下，进行证券业自律管理；发挥政府与证券行业间的桥梁和纽带作用；为会员服务，维护会员的合法权益；维持证券业的正当竞争秩序，促进证券市场的公开、公平、公正，推动证券市场的健康稳定发展。

截至2021年12月，中国证券业协会共有会员382家，其中，法定会员140家，普通会员162家，特别会员80家；共有观察员350家。

3.保险业的行业自律

中国保险行业协会成立于 2001 年 2 月，主管单位现为中国银行保险监督管理委员会。协会的最高权力机构是会员大会，理事会是会员大会的执行机构。协会的宗旨是：依据《中华人民共和国保险法》，配合监管部门督促会员自律，满足会员需求，维护行业利益，促进市场公开、公平、公正，推动行业发展，全面提高保险业服务经济发展和社会稳定的能力。其基本职责是：自律、维权、服务、交流、宣传。

截至 2021 年 12 月，保险业协会共有会员 350 家，其中：集团（控股）公司 13 家，财产保险公司 85 家，人身保险公司 92 家，再保险公司 14 家，资产管理公司 15 家，保险中介机构 71 家，地方保险协会（含中介协会）44 家，保险相关机构 16 家。

4.基金业的行业自律

中国证券投资基金业协会成立于 2012 年 6 月，接受中国证监会和民政部的业务指导和监督管理。协会的最高权力机构为全体会员组成的会员大会。协会主要职责包括：教育和组织会员遵守有关证券投资的法律、行政法规，维护投资人合法权益；依法维护会员的合法权益，反映会员的建议和要求；制定和实施行业自律规则，监督、检查会员及其从业人员的执业行为，对违反自律规则和协会章程的，按照规定给予纪律处分；制定行业执业标准和业务规范，组织基金从业人员的从业考试、资质管理和业务培训；提供会员服务，组织行业交流，推动行业创新，开展行业宣传和投资人教育活动；对会员之间、会员与客户之间发生的基金业务纠纷进行调解；依法办理非公开募集基金的登记、备案；协会章程规定的其他职责。

5.银行间市场交易商协会

银行间市场交易商协会成立于 2007 年 9 月，业务主管单位为中国人民银行。协会是由市场参与者自愿组成的，包括银行间债券市场、同业拆借市场、外汇市场、票据市场、黄金市场和衍生品市场在内的银行间市场的自律组织。协会宗旨包括：对银行间市场进行自律管理，维持银行间市场正当竞争秩序；推动金融产品创新，促进市场健康快速发展；为会员服务，组织会员交流，依法维护会员的合法权益；为政府服务，贯彻政府政策意图，更好促进政府和市场的双向沟通。协会会员包括单位会员和个人会员，银行间债券市场、拆借市场、外汇市场、票据市场、黄金市场和衍生品市场的参与者、中介机构及相关领域的从业人员和专家学者均可自愿申请成为协会会员。协会单位会员涵盖政策性银行、商业银行、信用社、保险公司、证券公司、信托公司、投资基金、财务公司、信用评级公司、大中型工商企业等各类金融机构和非金融机构。截至 2021 年 12 月，协会会员共 8 826 家。

11.2.4　金融机构的市场约束机制

金融监管中的市场约束（Market Discipline）是指通过一定的信息披露和信息

公开制度，由金融市场中的主体来约束自己的经营行为，通过影响金融机构的利润和市场份额等，来促使金融机构努力提高经营管理水平，以适度的竞争来维持整个金融业的健康运行。这里，信息披露是对金融机构实施监督的关键环节，没有公开的信息披露，市场约束就不可能发挥作用，而信息披露的透明度取决于金融机构所披露的信息的充分、准确、连贯和及时，并且要具有公允性和可比性，能真实反映金融机构的经营成果和财务状况。信息披露的公允性要求把任何可能影响消费者或债权人做出正确决策的信息都能及时披露出来。

市场约束大多具有两个最基本的特点：一是以市场经济为基础，市场约束是与市场经济的发育程度密切相关的，没有充分发育的市场经济，市场约束也就难以卓有成效地实施；二是市场约束需要一定的制度和规则，尤其是信息披露制度，其中信息公开、透明是重要的条件，规范信息披露并增加透明度，有利于金融市场的高效运转以及市场参与各方实施有效的监督。

《巴塞尔协议》是巴塞尔委员会制定的在全球范围内主要的银行资本和风险监管标准。巴塞尔委员会由来自各个国家的银行监管当局组成，是国际清算银行的四个常务委员会之一。《巴塞尔协议 II》引入市场约束机制，与最低资本要求和监察审理程序并列为银行业稳健运行的三大支柱。2010 年 9 月，相关各方就《巴塞尔协议 III》的内容达成一致，根据协议，商业银行必须上调资本金比率，以加强抵御金融风险的能力，核心内容在于提高了全球银行业的最低资本监管标准。《巴塞尔协议》所体现出来的商业银行约束理念同样适用于金融业的其他机构。

§11.3 我国金融市场监管

11.3.1 我国金融市场监管体制的发展演变

1.1984—1992 年间的集中监管体制阶段

改革开放以前，与计划经济体制相适应，我国实行的是高度集中的金融管理体制。改革开放以后，1979—1984 年，我国先后恢复了中行、农行、建行以及人保的业务，外资金融机构也开始在北京、上海等地设立代表处。1983 年 9 月，国务院决定由中国人民银行专门履行中央银行职能。1984 年中国工商银行成立，中国人民银行成为现代意义上的中央银行，负责货币政策的制定和金融监管。在此时期，银行、信托、保险、证券等所有金融业务都归中国人民银行监管，形成了初步的集中监管体制。

2.1992—2017 年间的分业监管体制阶段

1990 年底，上海和深圳两个证券交易所成立，推动了中国证券市场的快速发展。1992 年 10 月，国务院证券委员会和中国证券监督管理委员会成立，负责股票发行上市的监管，中国人民银行仍然对债券和基金实施监管。

　　1997 年，受东南亚金融危机的影响，第一次全国金融工作会议提前召开，并决定健全证券市场的"集中统一"监管体制。1998 年 6 月，国务院将证券委员会并入证监会，将人民银行的证券监管权移交给证监会。1998 年 11 月，成立中国保险监督管理委员会，将人民银行的保险监管权分离出来，由保监会统一行使，而中国人民银行则专门负责货币政策和对银行业监管。2003 年 4 月，中国银行监督管理委员会成立，我国"一行三会"的分业监管体制正式形成。

　　3.2017 年以来的"双支柱"金融监管阶段

　　随着金融市场的快速发展，"一行三会"分业监管体制暴露出了诸多弊端。主要表现为：一是监管重叠、监管交叉盲区并存，比如 2016 年资本市场大戏"宝万之争"；二是宏观与微观之间、微观监管部门之间均不协调。因此，2017 年 7 月，第五次全国金融工作会议提出要"金融监管协调，补齐监管短板"。党的十九大报告提出要"健全货币政策和宏观审慎政策双支柱调控框架，健全金融监管体系，守住不发生系统性金融风险的底线"。2017 年 11 月，国务院金融稳定发展委员会（简称"金融委"）成立，强化综合监管，落实金融监管部门监管职责，突出功能监管和行为监管。2018 年 3 月，国务院进行机构改革，将银监会与保监会的职责整合，组建中国银行保险监督管理委员会（简称"银保监会"）。同时，将银保监会拟订银行业、保险业重要法律法规草案和审慎监管基本制度的职责划入人民银行，强化人民银行宏观审慎管理和系统性风险防范职责。"一委一行两会"的新时代中国金融监管体系正式形成，如图 11-1 所示。

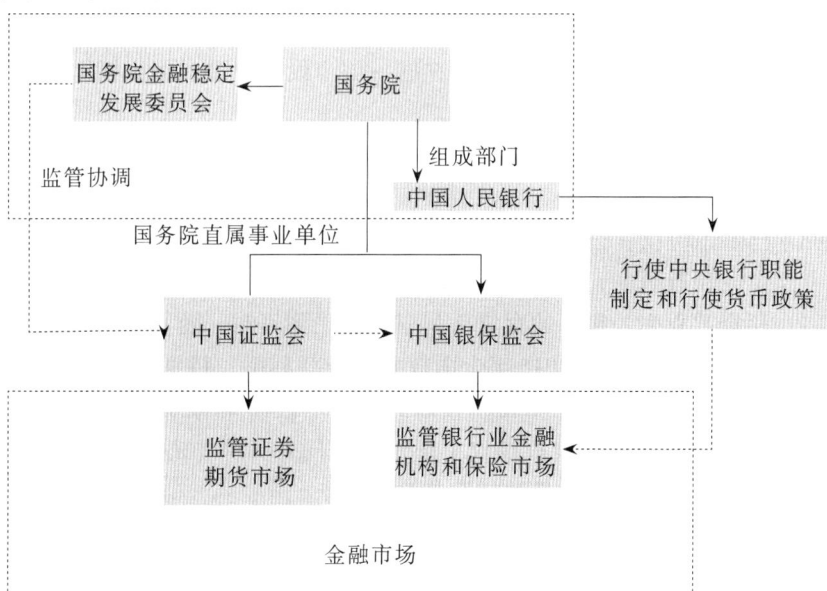

图 11-1　中国金融监管体系

11.3.2　商业银行监管

我国金融体系以间接融资为主，银行业占绝对主导地位。而且，商业银行是货币市场、债券市场、外汇市场、衍生品市场以及基金市场（资管市场）等的最重要参与者，因而商业银行是金融市场监管的最主要对象。对银行业的监管主要由中国银保监会实施，由于银行在货币政策中的特殊作用，人民银行也对银行实施宏观审慎监管。2021年12月，为完善宏观审慎政策治理机制，提高防范化解系统性金融风险的能力，人民银行发布了《宏观审慎政策指引（试行）》。

1.银行监管的目标

（1）维护金融秩序的安全；

（2）保护存款人和公众利益；

（3）维护银行业公平有效竞争；

（4）保证中央银行货币政策的顺利实施。

2.银行监管的内容

（1）准入限制：包括机构准入、业务范围准入、人员准入、股东变更审查等。例如，具备一定资本实力、从业经验和能力的个人和机构才允许从事银行业务活动。

（2）严格的信息披露报告制度。

（3）业务活动的限制：例如，银行资金不允许直接进入股市，投资某一资产具有比例的限制等。

（4）过度竞争的限制：为了防范在同一城市设立过多的银行机构，引发过度竞争，银行开办分支机构受到严格审查。

（5）市场退出监管：包括问题银行的处理、纠正性监管、救助性监管和市场退出等。

（6）巴塞尔协议：巴塞尔协议对国际银行业监管提出统一框架，增强了银行监管的可操作性和透明度，为银行业监管提供指南。

（7）存贷款利率。银行的存贷款利率曾经受到管制，随着利率市场化程度的推进，我国先后于2013年和2015年全面放开存贷款利率。特别是，2013年10月，人民银行建立了贷款市场报价利率（LPR）集中报价和发布机制。LPR是"loan prime rate"的缩写，人民银行授权全国银行间同业拆借中心于每月20日发布，每家银行参照LPR和自身实际情况进行贷款定价。

3.我国商业银行风险监管的核心指标

我国商业银行风险监管的核心指标见表11-5。

表 11-5 我国商业银行风险监管核心指标一览表

指标类别		一级指标	二级指标	指标值
风险水平	流动性风险	1.流动性比例		大于等于25%
		2.核心负债依存度		大于等于60%
		3.流动性缺口率		大于等于-10%
	信用风险	4.不良资产率	4.1不良贷款率	小于等于4% 小于等于5%
		5.单一集团客户授信集中度	5.1单一客户贷款集中度	小于等于15% 小于等于10%
		6.全部关联度		小于等于50%
	市场风险	7.累计外汇敞口头寸比例		小于等于20%
		8.利率风险敏感度		
	操作风险	9.操作风险损失率		
风险迁徙	正常类贷款	10.正常贷款迁徙率	10.1正常类贷款迁徙率 10.2关注类贷款迁徙率	
	不良贷款	11.不良贷款迁徙率	11.1次级贷款迁徙率 11.2可疑贷款迁徙率	
风险抵补	盈利能力	12.成本收入比		小于等于35%
		13.资产利润率		大于等于0.6%
		14.资本利润率		大于等于11%
	准备金充足程度	15.资产损失准备充足率	15.1贷款准备充足率	大于100%
	资本充足程度	16.资本充足率	16.1核心资本充足率	大于等于8% 大于等于5%

资料来源：中国银行保险监督管理委员会。

4.系统重要性银行监管

2008 年，美国次贷危机引发的全球金融海啸暴露出系统重要性金融机构的监管问题。金融稳定委员会（FSB）提出系统重要性金融机构的定义及范畴。**所谓系统重要性金融机构（Systemically Important Financial Institutions，简称SIFIs），是指业务规模较大、业务复杂程度较高，其一旦陷入困境或破产将引发金融体系严重动荡、造成不良经济后果的金融机构。**按照行业划分为系统重要性银行（SIBs）、系统重要性保险（SIIs）和非银行非保险系统重要性金融机构（NBNI SIFIs）。同时，金融稳定委员会设计出一套监管指标框架（如通过资本及相关指标的监管）来减小系统重要性金融机构发生危机的可能性和风险传染的范围。

作为宏观审慎管理制度的重要组成部分，我国系统重要性银行的监管制度建设不断加快。2018年11月，"一行两会"联合发布《关于完善系统重要性金融机构监管的指导意见》。2020年9月，人民银行、银保监会发布《全球系统重要性银行总损失吸收能力管理办法（征求意见稿）》和《关于建立逆周期资本缓冲机制的通知》两份文件，标志着系统重要性银行的监管正式启动。2021年11月，人民银行、银保监会发布《系统重要性银行评估办法》和《系统重要性银行附加监管规定（试行）》（简称《附加监管规定》）。《附加监管规定》借鉴了国际金融监管的实践经验，充分考虑我国银行业实际情况，有助于健全我国宏观审慎政策框架，补齐系统重要性银行监管制度短板。根据《系统重要性银行评估办法》，人民银行、银保监会基于2020年数据，评估认定了19家国内系统重要性银行，包括6家国有控股大型商业银行、9家股份制商业银行和4家城市商业银行，分为五组。

《附加监管规定》要求系统重要性银行在满足最低资本要求、储备资本和逆周期资本要求基础上，还应满足一定的附加资本要求，由核心一级资本满足。第一组到第五组的银行分别适用0.25%、0.5%、0.75%、1%和1.5%的附加资本要求。此外，系统重要性银行在满足杠杆率要求的基础上，应额外满足附加杠杆率要求。附加杠杆率要求，系统重要性银行附加资本要求的50%由一级资本满足。除资本和杠杆率要求之外，《附加监管规定》也提出将对系统重要性银行的流动性和大额风险暴露进行评估。

5.我国存款保险制度

2015年5月1日，我国《存款保险条例》正式实施。条例规定：我国境内设立的商业银行、农村合作银行、农村信用合作社等吸收存款的银行业金融机构，必须向存款保险基金管理机构缴纳保险费，形成存款保险基金。一旦银行出现危机，存款保险基金将对存款人提供最高50万元的赔付额。存款保险制度对于稳定金融体系、保证储户利益以及加强银行监管、促进金融改革具有重要意义。在包商银行破产事件中，存款保险基金根据《存款保险条件》第十八条的规定，向蒙商银行、徽商银行提供资金支持，并分担原包商银行的资产减值损失，促成蒙商银行、徽商银行顺利收购承接相关业务并平稳运行。

11.3.3　证券市场监管

1.证券市场监管概述

证券市场监管，除了泛指管束、检查或一般性的监察督促外，还特别强调依据《证券法》和行政规章等对构成特定社会的主体及其相关活动进行规制的行为。具体而言，证券市场监督是国家证券监督管理机构为保障证券市场的有序运行及健康发展，而对证券市场各方参与主体以及证券的发行、上市和交易活动进行的全面、持续的检查和督促；证券市场管理是国家证券监管管理机构通过制定规范市场主体及其活动的有关法律法规，对证券的发行、上市、交易以及市场主体进行的控制、协调与组织。

在证券市场监管活动中，实施主体是中国证监会和上海、深圳、北京证券交易所。实施的对象是证券市场的各方参与主体及其证券发行、上市和交易活动。

2.我国证券监管的主要内容

（1）证券经营机构的监管，包括对证券经营机构设立资格的监管以及对证券经营机构资金的监管。

（2）上市公司证券发行的监管，是指证券监管部门对证券发行的审查、核准和监控。由于证券发行监管是整个证券市场监管的第一道闸门，对证券发行的监管将直接影响交易市场的发展和稳定，因而，世界上绝大多数国家都非常重视对证券发行的监管。按照审核制度划分，世界上各国证券发行监管主要可以分为核准制和注册制。

① 注册制是指发行申请人在准备发行股票时，必须将依法公开的各种资料完全、准确地向证券监管机构呈报并申请注册。证券监管机构只对申报资料的全面性、真实性、准确性和及时性作形式审查。如果申报资料没有包含任何不真实的信息且证券监管机构对申报资料没有异议，则经过一定的法定期限，申请自动生效。一旦申请生效，发行人就可以发行股票，其发行无须再由证券监管机构批准。

② 核准制是指发行申请人在准备发行股票时，不仅要充分公开企业的真实情况，而且必须符合有关法律和证券监督机构规定的必备条件，证券监管机构有权否决不符合条件的股票发行的申请。在核准制下，证券监管机构不仅要进行注册制下所要求的形式审查，而且要对发行人的经营业绩、发展前景、发行数量和发行价格等条件进行实质审核，并以此作为发行人是否符合发行实质条件的判断，进而最终决定是否准予发行。

从 2018 年 11 月宣布设立科创板并试点注册制以来，我国股票发行制度从过去的核准制向着注册制大步迈进。2019 年，科创板在上海证券交易所开市，注册制试点正式落地。2020 年 3 月 1 日，新修订的《证券法》正式实施，其中第九条规定：公开发行证券，必须符合法律、行政法规规定的条件，并依法报经国务院证券监管管理机构或者国务院授权部门注册。2020 年 8 月，深交所创业板开启注册制试点。2021 年 9 月，北交所开市并同步试点注册制。

（3）上市公司信息披露的监管。

证券市场监管原则中的公开原则即信息公开原则，信息披露监管就是实现公开原则的重要举措。美国《1933 年证券法》最早确定了信息披露制度，是世界各国证券市场监管立法的典范，是各国仿效和借鉴的对象，我国也是如此。

我国新《证券法》最重要的修订内容之一就是信息披露单独设立一章（即第五章）。我国证券市场信息披露监管突出强制性披露，也支持自愿披露。新《证券法》第七十八条规定：证券发行人及法律、行政法规和国务院证券监督管理机构规定的其他信息披露义务人，应当及时依法履行信息披露义务。信息披露义务人披露的信息，应当真实、准确、完整，简明清晰，通俗易懂，不得有虚假记载、误导性陈述或者重大遗漏。

信息披露包括定期报告和非定期报告。定期报告分为季度报告、中期报告和年度报告，必须在规定的时间内报送并公告。非定期报告即临时报告。新《证券法》第八十条规定：发生可能对上市公司、股票交易价格产生较大影响的重大事件，投资者尚未得知时，公司应当立即将有关该重大事件的情况报送临时报告并公告。前款所称重大事件包括：公司的经营方针和经营范围的重大变化；公司订立重要合同、提供重大担保或者从事关联交易，可能对公司的资产、负债、权益和经营成果产生重要影响；公司发生重大债务和未能清偿到期重大债务的违约情况；公司发生重大亏损或者重大损失；公司的董事、三分之一以上监事或者经理发生变动，董事长或者经理无法履行职责；等等。

针对未按规定履行披露信息义务的处罚方面，新《证券法》修订有两大显著特点。一是明显提高了处罚力度。新《证券法》第一百九十七条规定：信息披露义务人未按照本法规定报送有关报告或者履行信息披露义务的，责令改正，给予警告，并处以50万元以上500万元以下的罚款（此前规定的罚款是30万元以上60万元以下）。二是确定了证券特别代表人诉讼制度。新《证券法》第九十五条规定：投资者提起虚假陈述等证券民事赔偿诉讼时，诉讼标的是同一种类，且当事人一方人数众多的，可以依法推选代表人进行诉讼。投资者保护机构受五十名以上投资者委托，可以作为代表人参加特别代表人诉讼。康美药业（600518）财务欺诈案就是我国首例证券民事赔偿特别代表人诉讼案。

（4）证券市场禁止行为的监管。

证券市场禁止行为是指证券法律所禁止，在证券发行、交易等活动过程中发生的，各证券市场主体以欺诈方式损害他人利益，破坏市场秩序的行为。由于证券市场禁止行为违背了证券市场运行的公平、公正、公开的基本原则，扭曲市场供求关系，破坏了市场机制的正常运作，而且造成了对广大投资者利益及证券市场秩序的严重削弱，因而为各国证券立法所禁止。

1993年8月，国务院颁布了《禁止证券欺诈行为暂行办法》，对各类证券市场禁止行为的认定及法律责任做了专门规定。被禁止的证券欺诈行为包括：证券发行、交易和相关活动中内幕交易、操纵市场、欺诈客户、虚假陈述行为。1999年《证券法》正式实施，第五条规定：证券的发行、交易活动，必须遵守法律、行政法规；禁止欺诈、内幕交易和操纵证券市场的行为。第五十条规定：禁止证券交易内幕信息的知情人和非法获取内幕信息的人利用内幕信息从事证券交易活动。内幕信息是指在证券交易活动中，涉及发行人的经营、财务或者对该发行人证券的市场价格有重大影响的尚未公开的信息。第五十五条规定：禁止任何人操纵证券市场，影响或者意图影响证券交易价格或者证券交易量。第五十六条规定：禁止任何单位和个人编造、传播虚假信息或者误导性信息，扰乱证券市场。

11.3.4　金融衍生品市场监管

金融衍生品是把双刃剑，它具有独特的风险转移和价格发现等功能，同时具有虚拟性、表外性、高杠杆率和投机性强等特点。在提高金融市场运行效率的同时，也带来了巨大的风险。近30年来，国际、国内爆发了很多起触目惊心的衍生品交易风险事件，这表明，在金融衍生品市场发展过程中必须加强监管。

1．场内衍生品市场及其监管

1990年10月，郑州粮食批发市场成立，首次引入期货交易机制，这是我国最早的场内衍生品市场。当时，由于没有明确的行政主管部门，配套法律法规严重滞后，期货市场出现了无序发展的势头，国内各类交易所大量涌现，最多时达50多家，期货经纪机构达1 000多家，特别是地下外盘期货交易猖獗，造成了外汇流失，引发了一些经济纠纷和社会问题。

1993年11月，国务院发布《关于制止期货市场盲目发展的通知》，对期货市场进行规范整顿。到1996年，期货交易所从50余家减至3家，即上海期货交易所、大连商品交易所、郑州商品交易所，期货经纪公司从1 000多家减至不到100家。

1992年12月，上海证券交易所推出了国债期货交易。1995年2月爆发了"327"国债期货风波事件，5月17日证监会决定暂停国债期货交易。首次国债期货交易试点宣告失败。

1999年，国务院颁布《期货交易管理暂行条例》以及与之相配套的规范期货交易所、期货经纪公司及其高管人员的四个管理办法，我国期货市场正式纳入法治轨道。

2004年1月，国务院颁布《国务院关于推进资本市场改革开放和稳定发展的若干意见》（简称"国九条"），提出要"稳步发展期货市场"，"在严格控制风险的前提下，逐步推出为大宗商品生产者和消费者提供发现价格和套期保值功能的商品期货品种"。

2014年5月，国务院发布《关于进一步促进资本市场健康发展的若干意见》（简称"新国九条"），提出要"继续推出大宗资源性产品期货品种，发展商品期权、商品指数、碳排放权等交易工具。允许符合条件的机构投资者以对冲风险为目的使用期货衍生品工具。逐步丰富股指期货、股指期权和股票期权品种"。"新国九条"的发布，极大地推动了衍生品市场的发展。

截至2021年底，4家商品期货交易所（2013年新成立了上海国际能源交易中心）挂牌品种近60个。

在4家商品期货交易所中，国债期货和股指期货在中国金融交易所（简称"中金所"）挂牌交易。2013年9月6日，在暂停18年之后，证监会宣布恢复国债期货上市交易。目前，中金所挂牌国债期货有2年期、5年期和10年期3个品种。2010年4月16日，中金所推出沪深300股指期货。2015年4月16日，中金所又推出了两个股指期货品种：中证500股指期货和上证50股指期货。

2015年2月9日，上海证券交易所上市国内首个ETF期权品种上证50ETF期权。2015年11月8日，证监会宣布启动扩大股票股指期权试点工作，批准上交所和深交所上市沪深300ETF期权、中金所上市沪深300股指期权。

2.场外衍生品市场及其监管

2005年8月，人民银行发布《关于扩大外汇指定银行对客户远期结售汇业务和开办人民币与外币掉期业务的通知》，允许符合条件的外汇指定银行开办不涉及利率互换的人民币与外币掉期业务。2006年2月，人民银行发布《关于开展人民币利率互换交易试点有关事宜的通知》。2007年7月，人民银行发布《关于在银行间外汇市场开办人民币外汇货币掉期业务有关问题的通知》。

2010年10月，银行间市场交易商协会发布《银行间市场信用风险缓释工具试点业务指引》，11月，首批信用风险缓释合约（CRWA）上线交易。

2011年2月6日，国家外汇管理局（简称"外管局"）发布《关于人民币对外汇期权交易有关问题的通知》。同年11月，外管局发布《关于银行办理人民币对外汇期权组合业务有关问题的通知》。

2021年12月3日，人民银行会同银保监会、证监会、外管局发布《关于促进衍生品业务规范发展的指导意见（征求意见稿）》，规定：（1）非金融机构不得向公众发行具有衍生品业务特征的产品或提供衍生品交易服务，相关金融管理部门及其授权的自律组织另有规定的除外；（2）金融机构开展柜台对客衍生品业务，应当仅面向合格投资者，合格投资者的标准由相关金融管理部门具体规定；（3）金融机构开展跨境相关衍生品业务需履行必要的报告或报批程序、严控风险，银行保险机构原则上不得开展场外衍生品跨境非套期保值交易。指导意见出台的主要背景是2020年4月20日，美国西得克萨斯轻质原油（WTI）期货近月合约（WTI2005合约）一度跌至负值，最终结算价收在-37.63美元/桶，引发了中国银行"原油宝"穿仓事件。

★ **思政课堂**

维护金融稳定需要构建长效机制

为贯彻落实党中央、国务院关于防范化解金融风险、健全金融法治的决策部署，建立维护金融稳定的长效机制，2022年4月，人民银行会同有关部门深入研究、反复论证，起草了《中华人民共和国金融稳定法（草案征求意见稿）》，向社会公开征求意见。

党中央、国务院高度重视金融法治建设。近年来，我国金融立法工作稳步推进，形成了以《中国人民银行法》《商业银行法》《证券法》《保险法》等金融基础法律为统领，以金融行政法规、部门规章和规范性文件为重要内容、地方性法规为补充的多层次金融法律体系。但涉及金融稳定的法律制度缺乏整体设计和跨行业跨部门的统筹安排，相关条款分散，规定过于原则，一些重要问题还缺乏制度规范。因此，有必要专门制定金融稳定法，建立金融风险防范、化解和处置的制度安排，与其他金融法律各有侧重、互为补充。

防范化解金融风险是金融工作的永恒主题。在党中央、国务院的坚强领导下，国务院金融稳定发展委员会统筹协调、靠前指挥，近年来各部门、各地区协作联动，防范化解重大金融风险攻坚战取得重要阶段性成果，长期积累的风险点得到有效处置，金融风险整体收敛、总体可控，金融稳定基础更加牢靠，金融业总体平稳健康发展。当前我国正向实现第二个百年奋斗目标迈进，立足"两个大局"，有必要制度先行、未雨绸缪，制定《金融稳定法》，总结重大金融风险攻坚战中行之有效的经验做法，健全维护金融稳定的长效机制，切实维护国家经济金融安全和社会稳定。

金融稳定法草案征求意见稿共六章四十八条，分为总则、金融风险防范、金融风险化解、金融风险处置、法律责任、附则。草案旨在建立健全高效权威、协调有力的金融稳定工作机制，进一步压实金融机构及其主要股东、实际控制人的主体责任，地方政府的属地责任和金融监管部门的监管责任；加强金融风险防范和早期纠正，实现风险早发现、早干预；建立市场化、法治化处置机制，明确处置资金来源和使用安排，完善处置措施工具，保护市场主体合法权益；强化对违法违规行为的责任追究，以进一步筑牢金融安全网，坚决守住不发生系统性金融风险的底线。

下一步，人民银行将会同有关部门坚持以习近平法治思想为指导，坚持科学立法、民主立法、依法立法，充分吸收社会各界反馈的意见建议，进一步修改完善金融稳定法草案，按照立法程序配合立法机关高质量推进后续工作，推动金融稳定法早日出台。

资料来源：中国人民银行. 中国人民银行就《中华人民共和国金融稳定法（草案征求意见稿）》公开征求意见［EB/OL］.［2022-04-06］. http://www.pbc.gov.cn/goutongjiaoliu/113456/113469/4525737/index.html.

★ 本章小结

金融市场监管是经济监管的重要组成部分，是维护金融市场健康稳定发展、防范金融市场系统性风险、维护国家金融安全的重要环节。基于此，各个国家与地区均根据其金融市场的发展情况与需要，建立了各自的金融市场监管体制。根据监管主体的不同，金融市场监管有狭义和广义之分，但大多以狭义为主。狭义的金融市场监管是指金融市场监管当局依据国家法律、法规的授权对整个金融业（包括金融机构以及金融机构在金融市场上所有的业务活动）实施的监督管理。

金融市场监管目标主要有三种类型：多目标型、双重目标型、单一目标型。我国的金融市场监管目标属于单一目标。金融市场监管的内容主要包括：市场准入监管、业务运营监管和市场退出监管。

根据监管权力的分配结构和层次划分，金融市场监管体制可以分为：双线多头型、单线多头型以及集中单一型；按照监管主体数量划分，金融市场监管体制可以分为：单一全能模式和全能分业模式；按照功能和机构划分，金融市场监管体制可以分为：分业监管体制、集中监管体制和不完全集中体制。根据金融市场的构成，金融市场监管包括商业银行监管、货币市场监管、外汇市场监管、证券市场监管、金融衍生品市场监管、保险业监管等。

党的十八大以来，我国金融市场监管体制有了非常大的进步。主要表现为：一是形成了"一委一行两会"的金融市场监管组织体系。二是初步形成了"货币政策和宏观审慎政策双支柱调控框架"。三是强化了综合监管和功能监管，补齐监管短板。四是金融立法不断完善，比如修订《证券法》和《中华人民共和国刑法》有关条款。五是加强了对金融市场违法违规行为的惩处力度，比如包商银行破产、康美药业特别代表人诉讼案，等等。

★ 综合训练

11.1 单项选择题

1.目前，我国金融监管的主要目标可以概括为（　　　）。

A.保护存款人利益　　　　　　　　B.保持金融体系效率及健全

C.维护金融业的合法、稳健运行　　　D.促进经济发展，有效利用资源

2.根据我国《存款保险条例》，一旦银行发生危机，存款保险基金将对存款人提供最高（　　　）万元的赔付额。

A.20　　　　　　　　B.50　　　　　　　　C.80　　　　　　　　D.100

3.关于证券发行注册制与核准制，不正确的是（　　　）。

A.核准制即所谓的"实质管理原则"

B.注册制即所谓的"公开原则"

C.在注册制下，证券监管机关有权否决不符合实质条件的证券发行申请

D.核准制主要适合于证券市场历史不长、投资者素质不高的国家或地区

4.根据我国商业银行风险监管核心指标要求，商业银行的一级核心资本充足率必须达到（　　　）。

A.8%　　　　　　　　B.10%　　　　　　　　C.4%　　　　　　　　D.5%

5.我国首例证券民事赔偿特别代表人诉讼案是（　　　）。

A.康得新案　　　B.乐视网案　　　C.康美药业案　　　D.银广夏案

11.2 多项选择题

1.目前，国际上对金融业实行分业监管体制的国家主要有（　　　）。

A.美国　　　　　　　　B.德国　　　　　　　　C.英国

D.中国　　　　　　　　E.波兰

2.金融市场退出监管的内容有（　　　）。

A.业务经营的合法性　　　B.资本的充足性　　　C.营利性

D.危机金融机构的拯救　　　E.金融机构的市场退出

3.我国商业银行信用风险监管的核心指标包括（　　）。

A.不良资产率　　　　　　　　　　B.资本充足率

C.单一集团客户授信集中度　　　　D.全部关联度

E.累计外汇敞口头寸比例

4.《巴塞尔协议Ⅲ》主要内容为（　　）。

A.商业银行上调资本金比率

B.加强抵御金融风险的能力

C.监察审理程序

D.提高全球银行业的最低资本监管标准

E.累计外汇敞口头寸比例

5.我国《证券法》规定，证券的发行、交易活动，必须遵守法律、行政法规，禁止（　　）行为。

A.内幕交易　　　　　　　B.操纵市场　　　　　　　C.欺诈客户

D.虚假陈述　　　　　　　E.大宗交易

6.我国对上市公司信息披露的监管主要包括（　　）。

A.证券发行与上市的信息公开制度　　B.持续信息公开制度

C.证券交易所信息公开制度　　　　　D.虚假陈述惩罚制度

E.证券欺诈惩罚制度

7.目前，我国的商品期货交易所有（　　）。

A.中国金融交易所　　　　B.上海期货交易所　　　　C.大连商品交易所

D.郑州商品交易所　　　　E.上海国际能源交易中心

11.3　思考题

1.金融市场监管的内容有哪些？

2.证券发行监管分为哪两类？两者有哪些主要区别？

3.联系实际简述我国目前商业银行监管的主要内容。

4.我国对金融衍生品市场的监管现状如何？

5.证券市场上的禁止行为有哪些？

6.什么是系统重要金融机构？

7.什么是证券内幕交易行为？

8.宏观审慎评估体系（MPA）主要包括哪些方面？

参考文献

［1］米什金. 货币金融学［M］. 蒋先玲，等译. 2版. 北京：机械工业出版社，2020.

［2］赫尔. 期权、期货及其他衍生产品［M］. 王勇，索吾林，译. 北京：机械工业出版社，2018.

［3］法博齐. 固定收益证券手册［M］. 范舟，王新荣，等译. 8版. 北京：中国人民大学出版社，2018.

［4］博迪，凯恩，马库斯. 投资学［M］. 汪昌云，张永翼，译. 北京：机械工业出版社，2017.

［5］马尔基尔. 漫步华尔街［M］. 张伟，译. 北京：机械工业出版社，2018.

［6］法博齐，莫迪利亚尼. 资本市场：机构与工具［M］. 4版. 汪涛，郭宁，译. 北京：中国人民大学出版社，2015.

［7］希勒. 非理性繁荣［M］. 3版. 李心丹，俞红海，译. 北京：中国人民大学出版社，2016.

［8］塔克曼，塞拉特. 固定收益证券［M］. 范龙振，林祥亮，戴思聪，等译. 3版. 北京：机械工业出版社，2014.

［9］希勒. 金融与好的社会［M］. 束宇，译. 北京：中信出版社，2012.

［10］博迪，默顿，克利顿. 金融学［M］. 曹辉，曹音，译. 2版. 北京：中国人民大学出版社，2010.

［11］索罗斯. 超越金融［M］. 宋嘉，译. 北京：中信出版社，2010.

［12］比特纳. 贪婪、欺诈和无知——美国次贷危机真相［M］. 覃扬眉，丁颖颖，译. 北京：中信出版社，2008.

［13］胡滨，郑联盛，尹振涛. 中国金融监管报告（2021）［M］. 北京：社会科学文献出版社，2021.

［14］中国人民银行金融稳定分析小组. 中国金融稳定报告（2021）［M］. 北京：中国金融出版社，2021.

［15］徐晟. 投资学［M］. 3版. 大连：东北财经大学出版社，2021.

［16］贺学会. 证券投资学［M］. 3版. 大连：东北财经大学出版社，2018.

［17］张亦春，郑振龙，林海. 金融市场学［M］. 5版. 北京：高等教育出版社，2017.

［18］张亦春，许文彬. 金融学［M］. 2版. 北京：高等教育出版社，2017.

［19］郑振龙，陈蓉. 金融工程［M］. 4版. 北京：高等教育出版社，2016.

［20］冯科. 金融监管学［M］. 北京：北京大学出版社，2015.

［21］杜金富．金融市场学［M］．4 版．大连：东北财经大学出版社，2014.

［22］林华．金融新格局——资产证券化的突破与创新［M］．北京：中信出版社，2014.

［23］何孝星，陈善昂，邱扬茜．证券投资理论与实务［M］．2 版．北京：清华大学出版社，2013.

［24］祁敬宇．金融监管学［M］．2 版．西安：西安交通大学出版社，2013.

［25］史永东．金融经济学［M］．大连：东北财经大学出版社，2012.

［26］陈志武．金融的逻辑［M］．北京：国际文化出版公司，2009.

［27］刘鸿儒．突破——中国资本市场发展之路［M］．北京：中国金融出版社，2008.